"行心创"生活课堂

——陶行知生活教育思想当代演进与教学实践

周志平 ◎著

海峡出版发行集团 | 福建教育出版社

图书在版编目（CIP）数据

"行心创"生活课堂：陶行知生活教育思想当代演进与教学实践 / 周志平著. —福州：福建教育出版社，2024.7（2025.5重印）
ISBN 978-7-5334-9980-8

Ⅰ.①行… Ⅱ.①周… Ⅲ.①陶行知（1891—1946）—教育思想—研究 Ⅳ.①G40-092.6

中国国家版本馆 CIP 数据核字（2024）第 107053 号

"Xing Xin Chuang" Shenghuo Ketang
——Tao Xingzhi Shenghuo Jiaoyu Sixiang Dangdai Yanjin Yu Jiaoxue Shijian

"行心创"生活课堂
——陶行知生活教育思想当代演进与教学实践
周志平 著

出版发行	福建教育出版社 （福州市梦山路 27 号　邮编：350025　网址：www.fep.com.cn） 编辑部电话：0591-83726290　83727141 发行部电话：0591-83721876　87115073　010-62024258）
出版人	江金辉
印　刷	福州德安彩色印刷有限公司 （福州市金山工业区浦上标准厂房 B 区 42 栋）
开　本	710 毫米×1000 毫米　1/16
印　张	21.75
字　数	383 千字
插　页	2
版　次	2024 年 7 月第 1 版　2025 年 5 月第 3 次印刷
书　号	ISBN 978-7-5334-9980-8
定　价	48.00 元

如发现本书印装质量问题，请向本社出版科（电话：0591-83726019）调换。

序一

新时代"生活·实践"教育如何走向深入，推动教育改革发展创新

　　人工智能时代已经来临，在第四次工业革命背景下，教育如何塑造未来社会的基石，已成为一个富有挑战性的重大时代命题。周志平专著《"行心创"生活课堂——陶行知生活教育思想当代演进与教学实践》对此作出了有力回答。他近日发来书稿请我作序，我欣然应允。志平是我弟子福建师范大学教育学院老师涂怀京的硕士研究生，也是我的再传弟子，陶研界的一位后起之秀。他长期从事陶行知教育理论和实践研究。早在2014年我就了解到他在陶研界倡议"新生活教育"，此后沿着这条"创陶"之路他进行了十年多的探索，仅在"教学做合一"的课堂教学研究上，就先后经历了五次概念升级，从新生活课堂、生活力课堂、微观公平课堂、"行知创"生活课堂到如今的"行心创"生活课堂。他巧妙地建构了"行心创"这一概念来落地"生活·实践"教育课堂教学的新路径，并将"行心创"生活课堂的理论建构对标陶行知生活教育基础和马克思主义生活哲学基础。为了夯实"行心创"生活课堂的理论基础，他系统研究了陶行知生活教育理论的形成过程，深入思考，将陶行知的"生活教育"与毛泽东的《实践论》精髓巧妙结合，同时结合陶研界，如前任中陶会会长朱小蔓的情感教育和笔者的

"生活·实践"教育等理论,创造性地提出了"行心创"生活教育主张。这一新生活教育主张与生活哲学紧密融通,构建了经验世界、良心世界和人造世界的生活世界图景,这既是对陶行知生活教育智慧的继承,也是对新时代人民对美好生活需求的回应,更是对中国式现代化追求物质文明与精神文明(心智文明)相协调需求的回应。

该书的核心——"行心创"生活教育主张,正如志平在书中指出的是对"生活·实践"教育理念的进一步创造性演进。它不仅仅是一部理论著作,更是将教育理论进一步生成课堂教学的理论,并开发出具体教学模式、策略和案例。该书系统地阐述了"行心创"生活课堂的缘起、哲学基础、理论体系、课堂模式、教学策略、具体设计案例和教师成长,为读者呈现了一幅生动的理论与实践蓝图。具体来说,他巧妙地将陶行知的"教学做合一"思想——行动、思想和新价值之产生(行动是老子、知识是儿子、创造是孙子)与毛泽东《实践论》的精髓——感性认识、理性认识和变革实践相融合,从知拓展到情和意,形成了心智育人路径,构建了"行"(行动)、"心"(认知、情感和意志)、"创"(创造)三者有机结合,既扎根于现实生活(核心素养、生活课堂)又指向未来创新的教育体系(应对 AI 时代的心智育人)。这一体系的实践路径可以更有效地落实学生核心素养——关键能力、正确价值观和必备品格,并进一步指向了学生的生活力、生活关系和生活方式的培养。

初览之后,我认为该书具有以下几个鲜明特色:一是始终站在将马克思主义基本原理和中国优秀传统文化相结合的高度,来推进陶行知生活教育思想的当代发展;二是构建了"行心创"的方法论,提出了由经验世界、良心世界和人造世界构成的生活世界;三是建构了"行心创"生活教育主张,提出了生活力、生活关系和生活方式的培养目标;四是演绎了"行心创"生活课堂的理论和实践体系,包括教学模式、教学策略和实践案例;五是探索了"行心创"理念下的教师成长的路径。

"行心创"生活课堂与"生活·实践"教育之间,存在着紧密而深刻的内在联系。"生活·实践教育"是我多年教育理论研究和教育实践探索的结晶,自1982年理论植基至今,分别经历了"生活教育研究""阳光教育实践"和"生活·实践"教育实验三个阶段。它以陶行知生活教育学说为理论渊源,践行习近平总书记实践育人指示精神,针对教育与生活、学校与社会、教学与实践脱节现实弊端,注重培养具有中国心、全球观、现代性全面发展时代新人,是一种素质教育的新探索,对于落实立德树人根本任务,深化教育教学改革,推动教育高质量发展具有重要的现实意义。"生活·实践"教育在继承陶行知生活教育学说精髓的基础上,根据当代中国社会发展和教育改革的需要,将其"生活即教育、社会即学校、教学做合一"三大原理创新发展为"生活即学习、生命即成长、生存即共进、世界即课堂、实践即教学、创新即未来"六个原理;并将其"生活力、自动力、创造力"的"三力论"创新发展为"生活力、实践力、学习力、自主力、合作力、创造力"的"六力论",是21世纪的生活教育。而"行心创"生活课堂,则是在践行习近平总书记实践育人指示精神下,对"生活·实践"教育之"实践"进行具体展开,展开为"行知创""行情创"和"行意创"三个维度,每个维度又展开成五个进阶环节,如"行知创"展开为"问题—概念—原理—技术—应用","行情创"展开为"情绪—价值—共情—联结—关系","行意创"展开成"需要—目标—计划—执行—习惯",形成了在日常课堂教学可以操作的步骤和流程,从而构建了"行心创"生活课堂的实践模式,落地了"生活·实践"教育期盼的"知情意相统一发展",为培养具有"六力"的新时代人才提供了课堂实践支撑。可以说,"行心创"生活课堂是"生活·实践"教育理念在微观层面的深化与拓展,两者相辅相成,共同推动着教育向更加有利于精神(心智)文明建设和美好生活(打通的生活世界)构建的方向迈进。

该书的价值,在于它为当前教育改革提供了一种新的视角和路径。面对传统教育模式中存在的重知识轻能力、重理论轻实践、重动脑轻动手,脱离生活,脱离社会,脱离实践的突出问题,"行心创"生活教育理论在课程生活化(杜威路径)和生活课程化(陶行知生活教育路径)之外探索出了第三条路径,即"课程化生活"的路径。它不仅能够在当前教育背景下促进教师教学从"教"与"学"的观念转向"做"或"实践"观念，推动课堂教学模式的创新，更能够培养学生心智，瞄准中华民族伟大复兴及中华文明精神家园建设的新时代使命。因此，该书对于广大教育工作者、教育研究者以及关心教育发展的社会各界人士来说，都具有一定的启发意义，对一线教师而言，更是具有指导价值。

"生活·实践"教育的实践探索，方兴未艾。从最初的理论构想到如今的广泛实验，我们始终致力于将此理念转化为现实的教育生产力。在教育实践中，我们注重培养学生的21世纪六项关键能力，即生活力、实践力、学习力、自主力、合作力和创造力，努力让他们成为具有全球观、中国心、现代化的时代新人。同时，我们也积极探索多样化的教育途径和方式，如通过学校教育、家庭教育、社会教育的有机结合，实现教育资源的优化配置和协同效应的最大化。此外，我们还注重文化符号、教育理念、课程教材、教学方法、平台载体、行动推进、管理制度、评价体系八大系统的建设与实践，力求构建一个更加完善、更加高效的"生活·实践"教育体系。

当前，"生活·实践"教育正面临着前所未有的发展机遇，同时也需要"生活·实践"教育共同体各地中心在实践中探索其课程、课堂、学校建设的理论和实践新路径。为了推动这一理念的深入发展和实践创新，我们正启动多个重点项目。其中包括加强学"陶"研读工作，深入挖掘陶行知教育思想的现代价值；完善各地中心组织机构建设，确保工作计划的顺利推进；持续发展"生活·实践教育"实验学校，扩大"生活·实践"教育的覆盖面和影响力；举办学术论坛和教研交流活动，促进教育经验的分享与借鉴；推进"生活·实践"教育实验工作，鼓励实验学校的个性化和特色化发展；加快刊物媒体建设步伐，形成共同体的发展成果汇聚和传播阵地；参与推选活动弘扬教育家精神，推动教师队伍建设；加强经验交流与合作，促进各地共同发展；打造实验区、先行区和展示地，树立典型示范，带动全局发展，等等。这些项目的实施将有力推动"生活·实践"教育的深化发展和实践创新。

最后，我衷心希望该书能够成为广大一线教师课堂改革的有益参考。同时我也期望本书的作者能够继续秉承陶行知的开辟、创造精神，深化研究，不断拓展"行心创"生活教育主张的内涵和外延，推动"生活·实践"教育走向更深入的发展，为新时代我国基础教育事业的繁荣发展作出新的贡献。

周洪宇

2024 年 7 月

序言作者系"当代教育名家"，中国教育学会副会长，"生活·实践"教育共同体总负责人，华中师范大学教育学院教授、博士生导师。

序二

探索教育新境，共创公平未来

在这个新时代，教育作为塑造未来社会的基石，其重要性不言而喻。每一次教育理念的革新，都是对人性深刻洞察后的智慧结晶，都是对时代需求的积极响应。今天，我很高兴能为周志平这样一部充满创新精神与实践经验的作品——《"行心创"生活课堂——陶行知生活教育思想当代演进与教学实践》作序。

周志平不仅在科研上勤勉不辍，而且在实践中勇于探索。他总是以敏锐的理论洞察力，寻求更加符合新时代需求、更加贴近学生心灵的教育路径。他一毕业就在福建省陶行知研究会工作，之后担任福建省陶行知研究会副秘书长，研究会七年历练为他奠定了"创陶"的基础。2017年6月，他入职福建教育学院，之后仍然把陶行知教育思想作为他的研究基础。我是在福建省陶行知研究会认识周志平的，并邀请他参与我所申报的全国教育科学规划项目"基于学校教育过程的微观公平研究"（2016年立项，2021年免鉴定结题）。我带领课题组到省内外城乡学校调研、听课、研讨，周志平是参与最多也最善于总结、提炼学校微观公平经验与问题的成员之一。在此过程中，他从课题组普通成员到第一核心成员，主持申报了福建省教育科学规划重点课题"义务教育阶段课堂公平教学实践研究"，还撰写《课堂公平的内涵及实现》等论文，并在核心刊物上发表。我们合作撰写了调研论文《乡镇初中教师自我公平感知影响与重建——基于承认正义理论的视角》、专著《均衡·优质·活力：基于差异的学校教育微观公平理论与实践》。我们和团队成员共同的研究成果获2020年基础教育福建省教学成果奖（特等奖）、2022年基础教育国家级教学成果奖（二等奖）。2023年，我们的专著《均衡·优质·活力：基于差异的学校教育微观公平理论与实践》荣获福建省第十五届社会科学优秀成果奖（二等奖）。这一系列学校教育微观公平的成果，特别是实践成果，渗透了陶行知生活教育理论，以及"教学做合一"方法论的思想。

事实上，正如周志平在本书《后记》所述，他对陶行知教育思想的研究是持之以恒的。面对中国教育领域的种种挑战与未知，他似乎想探索最根本的问题并揭示其最本质的规律，他的切入点是不断创新陶行知生活教育思想，从倡议"新生活教育""大自我生活教育"，到认同和践行周洪宇教授的"生活·实践"教育，再到提出"行心创"生活教育，他的研究和创新是没有停止的。同时，在课堂研究上他也没有停息，从生活力课堂到新生活课堂，从新生活课堂到课堂公平，从课堂公平到"行知创"生活课堂，从"行知创"生活课堂到"行心创"生活课堂，他在基础教育领域的探索与研究始终不懈，持续耕耘。令人意想不到的是，他的学术视野是比较宽的，不仅是研究陶行知，他还更多地探讨生活教育的哲学基础、心理学基础，这才有了"行心创"生活教育下的"行心创"生活课堂。

当细细翻阅这本书，我看到了本书所探讨的"行心创"生活课堂理论，这既是对陶行知先生"生活教育"思想的继承与发展，又是对毛泽东《实践论》精髓的深刻领悟与灵活运用。在志平看来，教育不应仅仅局限于书本知识的传授，而应更加注重培养学生的生活力、生活关系和生活方式，让他们在生活情境中学习、成长和创新。他强调通过实践实现生活与教育的深度融合，通过对实践的内在规律研究，提出"行心创"的实践新路径，旨在从"行知创""行情创""行意创"三个维度培养学生的生活力、构建良好的生活关系，进而改变人的生活方式。在这里，"行"指的是实际行动，强调学生在实践中学习、在体验中成长；

"心"指的是心灵的认知和感知、学生情感和意志的培养,让教育触及心灵深处;"创"则是指创新和创造,鼓励学生勇于探索未知领域,敢于提出新观点、新方法。通过"行知创""行情创"和"行意创"三个阶段的有机结合,学生不仅能够在认知层面得到升华,更能在情感和意志层面实现飞跃,从而成长为全面发展、具有创新精神和实践能力的新时代人才。

可以说,在"行心创"生活课堂中,知、情和意三个维度被巧妙融合,且又与核心素养的关键能力、正确价值观和必备品格一一对应。难能可贵的是,"行心创"生活课堂所形成的"行知创""行情创"和"行意创"三个有机组成部分,正是培养学生关键能力、正确价值观和必备品格的重要途径,它们共同促进学生全面而自由的发展。

尤为值得一提的是,本书的研究价值不仅在于对陶行知生活教育思想的当代演进,也在于它为我们提供了一个审视教育公平的新视角和新路径。在当前教育改革不断深化的背景下,如何确保每个学生都能享受到公平、优质的教育资源和服务?如何打破传统教育的束缚和限制,让教育更加贴近学生实际需求和社会发展趋势?这些问题一直困扰着广大教育工作者和政策制定者。本书以其独特的视角和深刻的洞察力为我们提供了有益的启示和参考。"行心创"生活课堂与我所倡导的微观公平教育的课堂公平之间存在着紧密的内在联系。微观公平课堂关注师生交往的日常生活教育实践,致力于促进更多师生享受均衡、优质和活力的教育。而"行心创"生活课堂,正是这一理念在具体教学场景中的生动体现。它通过"行知创"的深度学习来实现优质、"行情创"的协同学习来实现活力和"行意创"的项目式学习来实现均衡。"行心创"生活课堂就是一种典型的微观公平课堂,它不仅关注学生的认知发展,更重视其情感与意志的培养,力求在微观层面上实现教育的均衡、优质和活力。也可以说,"行心创"生活课堂是微观公平课堂理论在教学实践中的一次成功探索与创新。

至于微观公平教育理论与实践,我们已经看到越来越多的学校和教育工作者正在积极尝试与探索,它是一个大的理论框架,只要是好的教育思想和课堂教学实践，往往都在微观上追求教育公平，促进每个学生全面而自由的发展。如今，更多微观公平教育的实验学校在实践，学校从调整课程设置向均衡、优质和活力方向发展，到实施基于差异化的均衡、优质和活力的课堂教学；从师生关系的和谐构建，到教育评价的多元创新……每一步的探索都凝聚着教育同仁对教育公平的深切关怀与不懈追求。未来，随着教育改革的深入推进和社会各界的共同努力，微观公平教育理论和实践必将在更广阔的天地间绽放出更加绚丽的光彩。

在此，我也想对本书的作者表示最诚挚的祝贺和感谢。这是一部充满创新精神和实践智慧的著作，它不仅丰富了学校教育理论体系，更为研究者、一线教师等提供了课堂教学的实践经验和启示。我相信这部作品一定会得到广大读者的喜爱和认可，并在教育领域产生积极的影响。

最后，我衷心希望本书能够成为广大读者了解"行心创"生活课堂与微观公平教育的一扇窗口，激发更多人对陶行知生活教育思想当代演进进行探索，共同发展新时代陶行知的教育思想，同时也希望更多的读者能关注教育公平的理想思考与追求。愿每一位读者都能从这部作品中汲取灵感和力量，勇敢地修炼自己的"行"与"心"，面对教育领域的挑战与机遇不断去"创"教育的公平与卓越！

2024 年 7 月

序言作者系福建省教育科学研究所基础教育研究室主任、研究员，基础教育国家级教学成果奖（二等奖）主持人，福建省陶行知研究会副会长。

前言

"一个民族要走在时代前列,就一刻不能没有理论思维,一刻不能没有正确思想指引。"① 作为一名教师,民族复兴的道理不能不想明白。"教师重要,就在于教师的工作是塑造灵魂、塑造生命、塑造人的工作。"② 一个民族必须有一个民族的精神世界,我们的教育要为着培养学生的理论思维和良知世界去,要让学生能够产生思想,有丰富的良知,有民族灵魂,唯有这样才有民族的长久复兴。为了让读者更好地理解本书的主要内容,有必要在前言中介绍这本书背后的一些底层逻辑。

三个生活世界

几乎人人都会形成自己的世界观,只是所形成的世界观各种各样。过去的哲学家认为,世界观可以总分为两类:一是唯物的世界观,二是唯心的世界观。而且认为唯物的世界观比唯心的世界观要先进。在我们民族的精神发展史上,这两类世界观也都存在。当前我们民族是以唯物的马克思主义世界观来引领的,也就是把客观世界、生活世界作为本原。因此,民族精神世界的丰富程度与生活世界紧密相关。我们常常说回归生活世界,那么什么是生活世界?生活世界可以从三

---

① 习近平. 习近平谈治国理政 第四卷 [M]. 北京:外文出版社,2022:29.
② 习近平. 做党和人民满意的好老师——同北京师范大学师生代表座谈时的讲话(2014年9月9日)[N]. 人民日报,2014-09-10(002).

个维度来理解。先从横向来看，可以将生活世界分为三类。这是由于"全部社会生活在本质上是实践的"①，并且马克思主义哲学对实践主体进行了划分，即个人主体、集团（群体）主体和类（人类）主体。② 在此，将这三者简称为"个体""集体"和"类体"，相应的生活世界可以分为个体生活世界、集体生活世界和类体生活世界这三类。再从纵向看，生活世界也有三个分层：一个是物质世界，一个是实践世界，一个是意识世界。不论是横向还是纵向，生活世界的各个维度都能相互构成平面，你中有我，我中有你，比如类体生活世界，有物质的、实践的和意识的方面，它是人类共有的生活。集体生活是一个集体（单位、社团、民族或国家等）的生活，但同样，集体生活中也有物质的、实践的和意识的方面，个体生活中亦是如此。随着横向和纵向的交织，人类的生活世界，还会随着时间走向不同的深度，有着辩证发展的深度，如在教育维度，主要是带领人类认知感性的经验世界、理性的精神世界和实践的人造世界。有的人，一辈子可能都无法进入理性的精神世界，也就无法真正开展实践，他们活在经验世界中，盲目地跟随他人的步伐，重复着他人的模式，就这样过完一生。

生活世界是丰富的、立体的世界，是全面的世界，我们的教育，无非是向每一个教育者去展示这样的世界，让他们能够活在这样的世界中。

然而，从纵向方面看，我们民族主要擅长感性思考、经验总结，但理性意识还发展不充分。从横向分层看，个体生活世界不够充分。当然其他民族的文明在生活世界中也有发展不充分的方面，这就会导致该民族精神的不充分，其民族后代的精神发育就不健全。

那么，为什么是这三个生活世界？这三个生活世界什么关系？

在物理学中，我们知道这个世界由三元构成，即物质、能量和信息。能量和信息也是物质，三者的关系是物质包含了能量和信息，能量包含了信息。信息是以能量的方式进行传播，但是能量不一定就是信息，这就是说能量包含了信息，信息属于能量的范畴。用三个圆表示，就是包含关系。

而生活世界，即人类的生活世界，是由物质世界、人类的实践世界和人类的意识世界构成的。其中，一切都统一于物质世界，即实践世界和意识世界都属于

---

① 中共中央马克思恩格斯列宁斯大林著作编译局. 马克思恩格斯文集 第一卷 [M]. 北京：人民出版社，2009：501.
② 魏莉. 马克思主义基本原理十讲 [M]. 北京：人民日报出版社，2021：39.

物质世界。这符合马克思主义哲学基本原理中关于"世界统一于物质"的论断。此外，人类的实践世界逐渐形成了意识世界，随着意识世界的丰富也就形成了人类的科学世界。

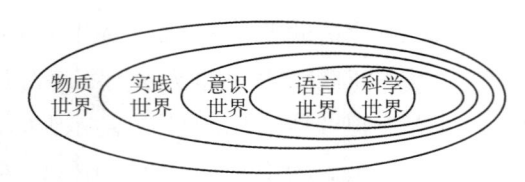

图 1　构成生活世界的各层世界关系图

当下的各种学科、科学都属于意识世界范畴。意识中逐渐形成语言，语言是一种意识工具，学科意识既是人类独有的一种意识，同时也是一种工具。因此，物质世界包含了实践世界和意识（语言）世界，而实践世界又包含了意识（语言）世界。

从唯物主义角度来看，上面的关系是合理的。从辩证唯物主义角度来看，生活世界的三种世界之间还有更加丰富的关系。一是物质世界更基础、更本质，实践世界和意识（语言）世界都以其为基础。二是意识（语言）世界是物质世界和实践世界发展的方向。三是物质世界以其基础性作用限定着实践世界和意识（语言）世界的发展范围。而语言实践以其方向性，反作用于物质世界和实践世界，方向明确地引导着物质世界和实践世界的发展。

意识（语言）世界产生共性和类体，意识（语言）世界是从个别中寻找出一般来。语言形成一个个概念（名称）就是采用归纳法，它总在寻求一种共性，随着"下定义"的出现，这种寻求共性概念的行为更是确定了意识（语言）世界产生共性的本质。所以，人类所谓的关于共同性、一般性的建立都少不了意识（语言）世界的功劳。

实践世界指向的是一种集体性——公性，但实践世界最多只能产生有限的集体性行为，人们认识一个事物，总是从实践经验出发，又要在实践中检验，这种检验总是有限的个体集合行为，是无法持久的，人类必须通过意识（语言）世界将这种有限的检验变成共性，所以实践世界提供的总是有限的集体性行为。

物质世界指向个性。任何实践和语言都要基于个体在物质世界的参与活动，只有大量的个体提供实践经验，才能逐渐形成意识（语言）世界，所以实践世界是建立在个体物质世界的基础之上的。

在实际中，现实的个体组建成集体，集体组建成类体。我们将生活世界的三个世界与类体、集体、个体联系起来，目的是要讲清楚这三者之间的关系。

基于物质世界、实践世界和意识（语言）世界的三者关系，我们不难看到，个体是集体和类体的基础，而类体是个体和集体的方向。在现实中，我们不能只强调公共的优先性，而要同时注意个体的基础性。

三种生活教育

生活世界通过教育作用于我们民族中的每一个人，这就形成了生活教育。生活易有两种不良倾向，即本本主义和经验主义，生活教育便是要引导学生走实践的道路，因而是一种实事求是的教育。当然，教育本身还有代际差别，这种代际体现了人类生活实践的程度，这就形成了"生活·实践"教育，而本书所说的"实践"其实就是"行—心—创"（后统一简称为"行心创"）的过程，此过程最终凝练成"行心创"生活教育思想。

"实践"是马克思主义哲学的核心概念之一，"革命的实践"和"哲学在于改变世界"都与之紧密相关。① 马克思主义将实践的唯物主义者称为共产主义者。② 马克思主义哲学还指出："实践的主体是指处于一定社会关系中的具有实践能力的人。人是世界活动中具有自主性和能动性的因素，他担负实践的目的、操作实践工具、改造实践客体的多种任务。"③ 结合前文所述，马克思主义哲学将实践主体分为"个体""集体"和"类体"，因而"行心创"生活教育从实践出发，可以通过三种教育来实现。一是类体生活教育，即学科生活教育，这是以学科教生活，学科是意识（语言）世界的精华，是共性的，因而是本质的，类体的。二是集体生活教育，即以活动教生活，这是通过学校、家庭和社区等集体开展各种活动来教生活，是公性。三是个体生活教育，即以生活教生活，再通过个体的日常生活来提升生活，这是个性。从这三者的关系来看，也存在个体生活教育是基

---

① 《马克思恩格斯列宁哲学经典著作导读》编写组. 马克思恩格斯列宁哲学经典著作导读［M］. 北京：人民出版社，高等教育出版社，2012：86—87.
② 《马克思恩格斯列宁哲学经典著作导读》编写组. 马克思恩格斯列宁哲学经典著作导读［M］. 北京：人民出版社，高等教育出版社，2012：111.
③ 卫兴华，赵家祥. 马克思主义基本原理概论［M］. 北京：北京大学出版社，2008：45.

础，类体和集体生活教育是方向的关系。一切类体生活教育和集体生活教育应该以个体生活教育为基础，而个体生活教育和集体生活教育又应该以类体生活教育为方向，即将个体生活和集体生活逐渐发展成共性生活，再通过意识（语言）世界来表达。例如幼儿的民间游戏，可以逐渐通过意识（语言）世界，使其语言化，成为一门在幼儿园实施的园本课程，如果足够学理化，甚至可以逐渐形成学科。又如个体的良好日常生活管理，也可以逐渐集体化，变成更多人科学的日常生活管理，并最终课程化、学科化。

在目前的学校教育中，我们主要是公共性教育，缺乏以个体生活教育为基础的教育，这是我们的教育缺乏活力的一个重要原因。

教育学已经经历了两代。第一代是赫尔巴特的学科中心、教师中心的教育学，其教学方法围绕如何传递知识展开，评价上侧重考试。第二代是由杜威开始的活动中心、儿童中心的教育学，其教学方法围绕知识的探索展开，评价上侧重素质测评。第三代是由陶行知开始的以生活为中心的生活教育学，"行心创"生活教育正是属于第三代教育学，这是以生活为中心、以师生为中心的教育学，其教学方法围绕生活方式的培养来展开，评价上侧重对生活方式的考察。

第三代教育学也使得教育的功能发生又一次转变，第一代教育学的教育功能侧重于选拔人才；第二代教育学的教育功能侧重于培养人才；第三代教育学的教育功能则侧重于服务人才。陶行知先生说："教师的服务精神，系教育的命脉。"[1] 在他看来，教育更倾向于是种服务。

随着政府从古代传统的统治到现代管理，再到当代服务型政府的转变，也就是从自上而下的统治、管理，即公共性政府转变为自下而上的服务型政府。服务型政府通过简政放权，放活基层单位，来重新塑造一个活力型组织。但是如果简政放权过度，也是不行的。因此最好的是做到辩证，既要活力又要效率。[2]

当前的教育系统是一个效率型教育系统，教育从共性教育系统逐渐过渡到公共性教育系统，课程类型也在学科课程的基础上增加了大量的活动课程，既在学科课程中设置了大量活动内容，也专门开设了综合实践活动课程。

教育转型就是要将教育的个体生活教育、集体生活教育和类体生活教育有机

---

[1] 陶行知. 陶行知全集 第一卷 [M]. 成都：四川教育出版社，1991：395.
[2] 周志平. 陶研服务中国基础教育发展的着力点——从教育公平与质量的角度探究 [J]. 生活教育，2016（23）：10—13.

地统一起来,生活世界的生活教育就是要让三者有机统一起来,建立一个"活力-效率型"的教育系统。

建立"活力-效率型"的教育系统,就必须在学校教育中开展个体生活课程,对个体的主体性、理性和实践性进行系统培养,培养人的生活力、生活关系,乃至生活方式,为公共性生活教育建立基础。

生活教育是回归生活世界的教育,当我们清楚了生活世界的三元特征,也就清楚了生活教育的三元特征,也就明白了第三代教育学的历史使命,也就能弄清教育转型的方向了。"行心创"生活教育学,作为第三代教育学,有望开启未来新的历程,促进中国教育在当代的转型。

统一的方法论

"行心创"生活教育最直接的实践是"行心创"生活课堂,"行心创"生活课堂是辩证唯物主义的,也是实践唯物主义的。对唯物主义而言,有辩证唯物主义,也有形而上的唯物主义。在辩证唯物主义下,"行心创"生活课堂的所有相关体系都是三元的。

我们还可以更大胆地向宇宙层面探讨。对于辩证唯物主义而言,世界是统一于物质的,也是运动的。对物质世界而言,运动、联系和发展是极为重要的三个特性(见图2)。

这幅图隐含着两条路径:一条是"运动—联系—发展"的路径,一条是"运动—发展"的路径。在宇宙中,前者路径中的物质运动通过联系,最终可能发展出各种卫星、行星、恒星、星云。而后者的路径,并不发生联系,就只是"运动—发展",这种运动就是简单运动,形成的可能就只是各种尘埃,弥散在宇宙中。

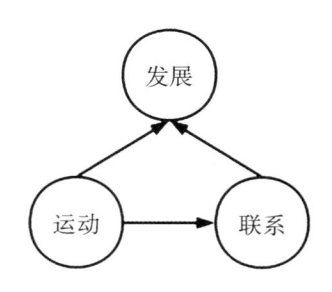

图 2 物质的三个特性及其发展路径

随着这种发展,宇宙中逐渐形成了生命,并构成了第二个层次的发展(见图3)。

这里也有两条路径,一条是"生命—生产—生活",另一条是"生命—生活"。前者的生活以生产为基础,后者的生活就是生命本能。我们知道,人是会使用工具进行生产的动物,因此,在后一个路径中,生命世界逐渐演化出了人,

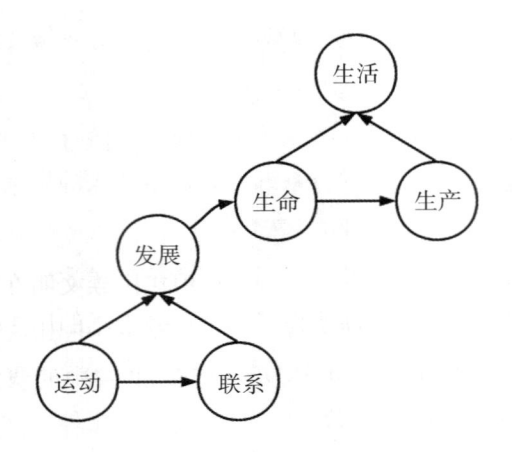

图3 从物质发展的路径到生命发展的路径

人也凭借生产，让其生活发生了变化。

于是历史又进入了人的生活哲学时代，我们所倡导的"行心创"生活教育和"行心创"生活课堂，都与这个相关。对人来说，在生活世界中，依然存在两条路径，让人与人之间产生区别（见图4）。

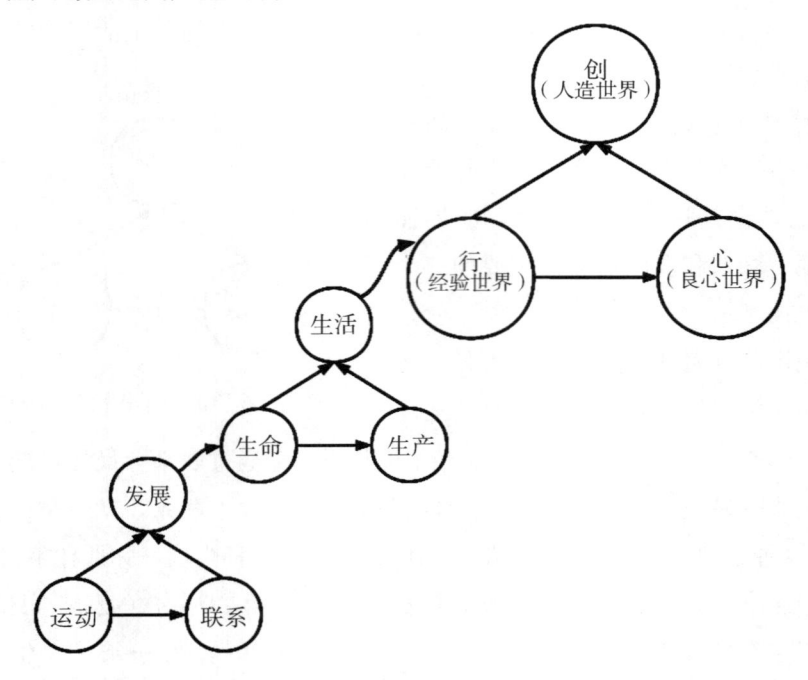

图4 从物质发展、生命发展到人的发展路径

从图4可以看出，人的生活世界进入到新的层次，包含经验世界、良心世界

和人造世界。从"轴心时代"① 开始，人们的良心世界才得以系统地建立，并且越来越丰富。在人造世界之上，未来将出现一个智能机器的时代。但到目前为止，我们还是主要在这三个层次中深耕与发展。这里也有两条路径：一条是"行—心—创"，一条是"行—创"。在这里，笔者把"行—创"路径看成旧生活，而把"行—心—创"看成新生活，这是因为"行—创"是在行动中去创造，这种创造并不需要搞清楚创造的原理。过去几千年，中华民族文明在"行—心—创"这条路径上走得不太顺利，一直到近现代以后，正如孙中山先生喊出的"行易知难"，我们民族才慢慢知道了搞清楚事物的原理（心智中的认知维度）对创造具有巨大作用，"行—心—创"这条路径才算是走顺，但依然不为普通民众所知，更没有进入普遍的教育教学中。在"行—创"这种创造中，教育水平的高低并非决定因素，人们往往只要模仿做事就可以。而在"行—心—创"路径中，人们要不断接受教育，构建自己的良心世界，这才是"行心创"生活教育。作为"行心创"生活教育的主要应用维度，"行心创"生活课堂的核心在于良心世界的构建，那么这个良心世界是怎么构建的呢？（见图5）

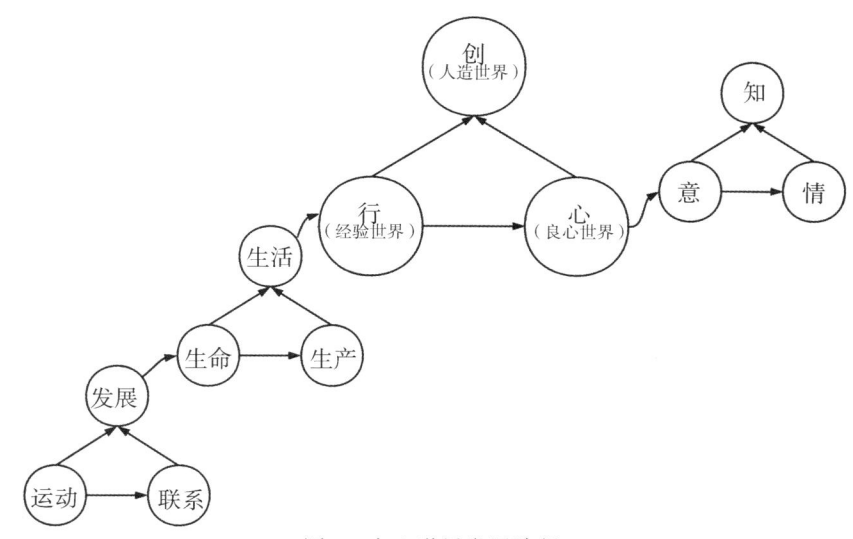

图5 良心世界发展路径

---

① 轴心时代是德国思想家卡尔·雅斯贝尔斯在《历史的起源与目标》一书中明确提出的一个跨文化研究的概念，是指公元前800年至公元前200年间。这个时期，在世界不同区域形成了三大轴心文明，即中国先秦文明、古希腊文明、古印度文明。

这个良心世界从"意"出发，也有两条路径：一条是经过"情"到"知"；另一条是直接从"意"到"知"。大多数都是从自身目的和立场出发，带着立场的偏见，受制于自身的固有视角去认知这个世界，而这往往是不被察觉的。另一条从"意"出发，通过"情"，然后再认知这个世界，多了一道，这使得认知更加完整。情感有三元，一元是自我的视角，二元是我和你的视角，三元是我、你和他的视角，通过"情"的认知会更完整，而不像从"意"到"知"的一元视角，只是从自己的角度出发来认知这个世界。

打通三个世界

首先要构建良心世界。古今中外，从世界范围而言，人类有三大元精神，古希腊人的求知精神、中华民族儒家圣人孔子的仁爱精神和古希伯来人的信仰精神。[①] 这三大元精神，对应了知、情、意，塑造了人类的良心世界。再以中华民族为例，中国古人也探索过相同的问题，并试图构建中华民族的良心世界。比如儒家的内圣外王，内圣的修身的致知、正心和诚意，就是对应知、情、意，并且要培养"智、仁、勇"这样的人，而"智、仁、勇"对应的也是知、情、意。然而儒家终不知道如何通过"致知"获得科学规律，但却一直重视"情意"层面的"德"的培养。

在王阳明之前，儒家倡导的是内圣外王，主张向尧、舜、周公和孔子这样的圣人学习，发展出格物、致知、正心、诚意、修身、齐家、治国、平天下这八条目的路径。此后，黄宗羲、王船山等倡导"做实功的人"，而到毛泽东时，则强调发挥"自觉能动性"，即"做实践的人"，如毛泽东的"心之力"探索，同时代的陶行知的"知情意合一"的探索等。可见从古至今，国人对良心世界的探索一直在进行。直到毛泽东遇到了马克思主义，才将良心世界与经验世界和人造世界打通，进行辩证发展，主观世界和客观世界的改造才真正对接得更好。如今笔者又将之与陶行知生活教育进行对接，再加以继承与发展，将马克思主义的基本原理应用于学校教育领域，并进一步应用于日常的课堂教学中，最终探索出"行心创"的生活课堂。

---

① 黎鸣. 人性与命运[M]. 北京：中国档案出版社，2006：27.

从偏理想、抽象的内圣外王，到能并重实务、实践和生活的人，"做人"越来越不是少部分的精英的"学问"和"实践"，而是每个普通人、平凡人过好这一生、活出人生意义的事情。因此，本书所倡导的"做人"，是面对每个人的，这种"做人"也与"做事"形成统一，构成了在生活中"做人"，在做事中"做人"，通过改变生活方式而"做人"。

说到良心世界，我们会容易想到王阳明先生的致良知。我们这里的良心世界与王阳明先生的良知有些类似，即心智世界。王阳明的良知是心之本体，但多指情意，需要诚意和正心的功夫，而我们这里的良心包含见闻之识。王阳明的良知虽然也与见闻之识相关，但这里的见闻之识多是继承和应用逻辑学的认知成果。

良心世界包含三个维度，就是平常我们认为的知、情、意，三者关系是情包含知，意包含情和知。换句话说，意分化出情，情又分化出知，知是最后分化出来的，是人类大脑最为高级的机能。本书探讨的"行心创"生活课堂主要有三条进路，分别是"行知创""行情创"和"行意创"，我们通过这三条进路，在日常课堂构建自己的良心世界，乃至打通三个世界。

当然对于经验世界，中国传统文化也一直很重视，就是"行"，不论是早期儒家的"格物"，还是后期儒家的王阳明"知行合一"、王船山的"行"和"实学"。但是也不能说儒家不重视"客观世界"改造，比如"外王"的齐家、治国、平天下，就是中国传统知识分子"改造世界"的理想进阶之路。可以说三个世界在《大学》的八条目中都有所蕴含，即"行心创"方法论古已有之。格物是"行"，致知、正心、诚意是知情意的"心"，修身、齐家、治国、平天下是"创"。只是它们所打通的路径还不够清晰（环节不够细），在实践中的操作不具体。

首先，我们从"知"的维度来说，这里的"知"是认知。它包含五个阶段，"经验—概念—原理—技术—作品"，也就是快速对一个事物进行感性到理性，理性到创造性的认识发展。五个环节完成认知的进阶，认知进阶后更容易突破情感的进阶。这五个认知阶段为毛泽东《实践论》所印证。毛泽东《实践论》中指出："社会实践的继续，使人们在实践中引起感觉和印象的东西反复了多次，于是在人们的脑子里生起了一个认识过程中的突变（即飞跃），产生了概念。"[①] 又

---

① 毛泽东. 毛泽东选集 第一卷 [M]. 北京：人民出版社，1966：262.

指出，"将丰富的感觉材料加以去粗取精、去伪存真、由此及彼、由表及里的改造制作工夫，造成概念和理论的系统"①。毛泽东已经将认知的"概念"和"理论"两个部分指出来了，另外，"经验"和"作品"也有涉及，用的是"现象""变革的实践"这两个概念，同时毛泽东也指出了从"概念"到"理论"的方法是"去粗取精、去伪存真、由此及彼、由表及里"。

其次，"情"的维度，它也包含五个阶段，"情绪—价值—共情—联结—关系"。平日我们遇到的态度问题，也就是情感问题，但情感最后是"关系"。因此这个情感问题的核心，就是理清楚几个关系，在解决情感问题方面，远可以有圣人王阳明，近代有伟大人民教育家陶行知，而当代教育名家魏书生也可以算是一个典型代表，以魏书生的做法为例，他常引导学生处理好几对关系。一是客观世界和主观世界的关系。例如，魏书生就常跟学生说，客观世界决定了主观世界，我们人的一生很短暂，停留在世上仅有一百来年，甚至不到，一生生长在地球的哪个时代、哪个空间，出生在怎样的家庭都不一样，人生的历程也不一样。能活下来，能有饭吃，能有书读，能健康成长，就是非常幸运的了，所以说人生不要抱怨，毕竟在客观世界中，99%的事情我们决定不了。二是现在与未来的关系，即近处和远处的关系，也是时间的关系。然而我们经常想着远处，害怕未来，想着困难、忧虑、焦虑、折腾、抱怨。但陶行知提出要"远处着眼，近处着手"②。人最大的不同就是脑子，也就是那个良知世界会不同，所以，我们只要瞄准了发展我们良知世界的那个目标，并提升我们的创造能力，做好"行—心—创"，"在劳力上劳心"③，就没有干不好的事情了。所谓的"在劳力上劳心"可以这么理解："劳力"可以看成是"行"，"在劳力上劳心"就是"在行上劳心"，也指向了"行—心—创"。三是自己和他人的关系。人不要嫉妒、抱怨，不要与别人比，因为每个人都不一样。要知道，人性是光明和黑暗的集合体，人有善有恶，但我们要学王阳明，去恶为善，放大我们心的光明，越做越好，从小事做起，逐步改进，慢慢收获小进步、小成长、小快乐。想清楚这些，你就剩下一个目标——专注做自己，专注发展自己的光明。如果你在做好自己的基础上，还能为集体做点事，那就更有德了，这就是厚德载物了。

---

① 毛泽东. 毛泽东选集 第一卷 [M]. 北京：人民出版社，1966：268.
② 胡晓风，等. 陶行知教育文集 [M]. 成都：四川教育出版社，2007：98.
③ 胡晓风，等. 陶行知教育文集 [M]. 成都：四川教育出版社，2007：177.

最后，是"意志"问题，意志包含"需求、目标、计划、执行和习惯"。就是树立人生目标，构建人生蓝图，要发展自己作为人的光明和德性，一点点进步，为善，去恶。要"远处着眼，近处着手"，近处着手要从小计划开始，做小事，取得小进步，这样就有了小自豪、小胜利。历史上强大的意志力榜样有很多，如毛泽东、曾国藩。这里要着重提一下曾国藩，他是真正做到了习惯环节的反省和复盘的。曾国藩并非一开始就是意志力强大的。他中进士之前，意志力大概到执行这个环节，但没有达成习惯，而后通过记日记，反省自己，从此开始了"脱胎换骨"的发展，并逐渐提升了其目标环节，变成了"做圣人"，由此提升了计划环节，能坚定计划，不随便改动，然后又提升了执行环节，做到"今日事，今日毕"。

而在知、情、意三个维度的认知能力方面，毛泽东和陶行知都是杰出的代表，一定程度上，本书的认知层级衍生于或印证了二位伟人的认知能力。在情感能力方面，王阳明、陶行知是杰出代表。王阳明心学的"四句教"——"无善无恶心之体，有善有恶意之动，知善知恶是良知，为善去恶是格物"①，所反映出的心的力量，就是能看破善恶，做到从情绪至价值这个环节的顺利升级。在价值这个环节，能帮助世人看透善恶，走出感情的迷雾。在联结环节，陶行知能"爱满天下"，也为后人做了精神榜样——"万世师表"。在意志能力方面，毛泽东、曾国藩是杰出代表，他们都达到了自我反省、深刻剖析、复盘的维度。对这些伟人而言，知、情、意都是一流的；对卓越者而言，知、情、意三个维度应该有两个比较不错；对已展现出一定优秀品质的人而言，知、情、意三个维度应有一个达到优秀。

在"行心创"生活教育和"行心创"生活课堂中，所有的精力都是用来实践上述的理论框架，打通三个世界，发展个人的生活世界，让我们过一种幸福完整的生活的。什么是"幸福完整"，"幸福要我们承认生活不完美"②，但"幸福"也是一种不匮乏，而"完整"是活在三个世界中。对于人造世界来说，"创"意味着什么？除了向外的物质世界的创造，还有个体向内的"自己创造自己"。每一个人的幸福完整的生活，都在于能够做自己的主人，拥有自己创造自己的权

---

① 度阴山. 知行合一王阳明：1472—1529 [M]. 北京：北京联合出版公司，2014：2—3.
② 陈海贤. 幸福课：不完美人生的解答书 [M]. 南昌：江西人民出版社，2017：2.

利，而不是因为没有机会实现自我，就只形成了小我。①

在"行心创"生活教育和"行心创"生活课堂中，"行—心—创"的"行"和"创"主要是客观世界的活动，"心"主要是主观世界的活动。一直以来，课堂教学中的客观世界的活动，其各种教学都很详细，都有各种流程、环节，有小组合作，有评价，有信息技术，有跨学科教学，有项目式学习，等等。而对于学生主观世界的变化，怎么变，变成什么样，我们从前的课堂教学研究得很少，因此，"行心创"生活课堂会多在这个维度上下功夫。

习近平总书记强调，要"坚持把服务中华民族伟大复兴作为教育的重要使命"②。而"中华民族伟大复兴不是回到从前盛世，不是消极地洗刷历史耻辱，而是厚德载物、自强不息的民族精神的光照铺展，是通过教育点亮个体心灵，焕发创造激情，增强建设能力，在自力更生和国际合作双轮驱动下，积极争取社会进步和国家强盛，推动构建人类命运共同体的长期奋发过程"③。对于千百年来一直强调"经世济用"的民族，为了走出现实的混乱状态，为了走出日益泛滥的意义危机、道德危机和信仰危机，走向伟大的民族复兴，我们是否应该转而"敬畏理论"和"尊重理论探索"？④ 在这一时代背景下，笔者运用了马克思主义的基本原理，对中华民族历史长河中灿若繁星的优秀人物，伟大人物或圣人在知、情、意三个维度的实践逻辑方面进行了一定的研究。虽然本书并未展现这个研究的过程，但相信在此基础上，我们可以进一步将这些实践逻辑应用于"行心创"生活课堂的教学过程中，而这抑或可为我们民族精神家园的构建提供一种新的进路。

---

① 孙瑞雪. 完整的成长——儿童生命的自我创造 [M]. 北京：世界图书出版公司北京公司，2010：269.

② 习近平. 坚持中国特色社会主义教育发展道路 培养德智体美劳全面发展的社会主义建设者和接班人 [N]. 人民日报，2018-09-11（001）.

③ 教育部课题组. 深入学习习近平关于教育的重要论述 [M]. 北京：人民出版社，2019：126.

④ 刘伟. 实践：理论的历史实现形态——对理论与实践之间关系的探究 [J]. 理论月刊，2014（03）：33—36.

目录

第一章 "行心创"生活教育的缘起 ······ 1
- 第一节 "行心创"生活教育源于陶行知教育思想 ······ 1
- 第二节 "行心创"生活教育是新生活教育的发展 ······ 17

第二章 "行心创"生活教育理论的哲学基础与体系 ······ 32
- 第一节 "行心创"生活教育的生活哲学基础 ······ 32
- 第二节 "行心创"生活教育理论体系 ······ 49

第三章 "行心创"生活课堂的理论要义 ······ 68
- 第一节 从对"教学做合一"的反思说起 ······ 68
- 第二节 "行心创"生活课堂的理论内涵 ······ 75
- 第三节 "行心创"生活课堂的培养目标 ······ 80
- 第四节 "行心创"生活课堂的实践模式 ······ 88

第四章 "行心创"生活课堂的主要内容 ······ 106
- 第一节 "行知创"生活课堂的认知教育 ······ 106
- 第二节 "行情创"生活课堂的情感教育 ······ 119
- 第三节 "行意创"生活课堂的意志教育 ······ 133

第五章 "行心创"生活课堂的教学策略 ………………………… 141
- 第一节 "行知创"生活课堂的教学策略 ………………………… 141
- 第二节 "行情创"生活课堂的教学策略 ………………………… 151
- 第三节 "行意创"生活课堂的教学策略 ………………………… 158

第六章 "行心创"生活课堂的教学设计 ………………………… 166
- 第一节 "行心创"生活课堂的教学设计要素 …………………… 166
- 第二节 "行心创"生活课堂的单元教学设计 …………………… 182
- 第三节 "行心创"生活课堂的大单元教学设计 ………………… 189
- 第四节 "行心创"生活课堂的跨学科教学设计 ………………… 201

第七章 "行心创"生活课堂的设计案例 ………………………… 211
- 案例一：学前《画小蝌蚪》教学设计 …………………………… 211
- 案例二：小学语文《秋天》教学设计 …………………………… 213
- 案例三：小学语文《童话故事新编》教学设计 ………………… 216
- 案例四：小学数学《位置与方向（二）》教学设计 …………… 219
- 案例五：小学道德与法治《小水滴的诉说》教学设计 ………… 226
- 案例六：小学科学《空气》教学设计 …………………………… 230
- 案例七：小学语文《我的伯父鲁迅先生》教学设计 …………… 232
- 案例八：初中物理《浮力》单元教学设计 ……………………… 235
- 案例九：高中历史《三国两晋南北朝的政权更迭与民族交融》专题复习教学设计 …………………………………………………… 244

第八章 "行心创"生活课堂与教师成长 ………………………… 256
- 第一节 教师的专业成长 ………………………………………… 256
- 第二节 教师的阅读素养 ………………………………………… 270
- 第三节 教师的知识结构 ………………………………………… 275
- 第四节 教师的教学主张 ………………………………………… 282

第五节　教师的教学研究 …………………………………………… 292

第六节　教师的论文写作 …………………………………………… 299

参考文献 ……………………………………………………………………… 311
后记 …………………………………………………………………………… 318

第一章 "行心创"生活教育的缘起

"行心创"生活课堂的上位理论是"行—心—创"生活教育（简称"'行心创'生活教育"）。"行心创"生活教育首先源于陶行知对行知的探索，陶行知提出"行动是老子，知识是儿子，创造是孙子"，这可简称为"行—知—创"。其次又得到毛泽东《实践论》提出的"感性认识""理性认识"和"变革的实践"的认识论印证。此外，"行心创"生活教育理论是新生活教育的一种理论形态，新生活教育探索则是陶行知生活教育当代化的一种"创陶"的集中表现。

笔者对"行心创"生活教育的探索，主要是挖掘了其马克思主义生活哲学基础，以及更为丰富的"行心创"应用体系，最终构建了"行心创"生活教育理论体系。"行心创"作为方法论，不仅仅适用于政治、经济和文化的认识和实践过程，也适用于教育教学的认识和实践过程。本章主要探讨"行心创"生活教育的缘起。

第一节 "行心创"生活教育源于陶行知教育思想

20世纪80年代以来，随着各省陶行知研究会成立，陶行知教育思想研究总体上至少经历了三个阶段：第一个阶段是肯定、整理与研究阶段，这个阶段出版了两套陶行知全集和大量陶行知教育文集，为第二个阶段奠定了良好的基础；第二个阶段是学习、研究与宣传阶段;第三个阶段是应用与发展阶段。如今对陶行知教育思想的研究应是进入第四个阶段,即发展与创新阶段。习近平说:"时代是思想之母,实践是理论之源。"① 而生活教育要依靠实践的创新必然要在理论上对陶行知生活教育理论有所发展,生活与教育关系正是这一理论的核心,因此,要吃透这一理论,必须从如何在新时代深化并打通生活与教育的关系入手。

一、"生活即教育"的关系再思考

"生活即教育"是由下面这段陶行知的观点产生的,他说:"康健的生活便是康健的教育;劳动的生活是劳动的教育;科学的生活是科学的教育;艺术的生活是艺术的教育;社会革命的生活便是社会革命的教育。"② 一般读完这段话不会产生什么疑问,这段话原是告诉我们过什么样的生活即受什么样的教育,所以"生活即教育",这说明生活与教育是统一的关系。但陶行知又常说生活与教育是相脱离的,实际上,我们的日常生活和教育确实既是统一的又常相脱离。

正如事物的关系是对立统一的,并且人们对其生活往往不可控,换言之,一个人是过健康的生活还是不健康的生活,过科学的生活还是不科学的生活,过艺术的生活还是不艺术的生活,过改造社会的生活还是不改造社会的生活,他们往往处于无可奈何的处境,按陶行知先生的观点那么他们就只能收获相应的教育。照此类推,人们过痛苦的生活就受痛苦的教育,过单调的生活就受单调的教育,过失败的生活就受失败的教育,这会让人感觉生活完全决定了教育,而彻底忽视了人的主观能动性。

我们应当期望的是不论人的生活处境是什么样的,都希望通过人的能动性使之受到健康的教育、劳动的教育、科学的教育、艺术的教育及改造社会的教育。毫无疑问,"生活即教育"之"教育"不能是教训、惩罚。过不健康的生活,不是得到不健康的教育,而是得到惩罚;过不科学的生活得到的不是不科学的教育,而是得到教训。教育应该是积极的,有培养人的功能。我们希望的生活即教育,应该是不论什么生活都要产生积极的教育,这应该才是"生活即教育"的真正目的。但陶行知先生却认为,"生活教育者承认'生活即教育'。好生活就是好

---

① 习近平. 习近平谈治国理政 第二卷 [M]. 北京:外文出版社,2017:62.
② 陶行知. 陶行知全集 第二卷 [M]. 成都:四川教育出版社,1991:7—8.

教育,坏生活就是坏教育,前进的生活就是前进的教育,倒退的生活就是倒退的教育"①。如此的"生活即教育"关系值得再思考。

实际上,"生活即教育"的理论困境在于它的中介环节存在缺漏。而且陶行知所主张的"教学做合一"并不能保证"生活即教育"就一定能够将人们所受到的教育转化为健康的教育、科学的教育、艺术的教育和改造社会的教育。这是因为陶行知该观点"生活即教育"并不包含这样的事实,即很多人过着痛苦的生活,却收获着快乐的教育;很多人过着不健康的生活,却收获健康的教育;很多人过着奢侈的生活,却收获贫穷的教育,这样的反例不胜枚举。但是无论如何,我们都希望不论怎样的生活,都收获"积极的教育",这种"积极的教育"即健康的教育、劳动的教育、科学的教育、艺术的教育和改造社会的教育,此时的生活不再单纯等同于教育,生活可以不同,而教育却必须是积极的。这里不妨再大胆一点地说,生活即"积极教育",这是强调人的能动性对生活的改造意义。若缺乏人的能动性,则什么样的生活,必然受什么样的教育。但人类的教育不应如此消极,因为人类创立教育,必然是出于改造社会的目的,所以人的能动性是教育的根本要求。

基于上述分析,人的能动性即"生活即教育"的中介环节,这个中介环节体现出两个关键因素:一是人,二是能动性。"人"表达的是谁推动生活走向积极的教育;"能动性"表达了推动这种转化的行为和方向,这种"能动性"就是"教学做合一"或"实践",通过"教学做合一"或"实践"的行为推动生活转化为教育,沟通了生活与教育。然而,这个"人"是否有明确内涵?有的,它就是实践的主体。

由此,要了解关于人的能动性及生活与教育的问题,我们需要运用马克思主义基本原理研究"生活教育学"的基本问题。例如,什么是生活?如果我们自觉地运用马克思主义基本原理,那么生活的本质就是实践主体的生活实践。这里把生活理解为生活实践,而不仅仅是生命的活动,意味着生活具有实践的特征:生活是主体感性和理性统一的能动性的实践活动。而就实践主体而言,又包含类主体、集团主体和个体主体,简称"类体""集体"和"个体"。

什么是教育?如果同样自觉地运用马克思主义基本原理,那么教育是社会运

---

① 陶行知. 陶行知全集 第三卷[M]. 成都:四川教育出版社,1991:593—594.

动的一种形式，教育是社会活动，是社会生活，同时教育还是认识社会生活和改造社会的活动。如此教育就有了三种内涵，它本身是社会生活，同时又是认识社会生活和改造社会生活的活动。

正如我们所知，马克思主义基本原理对人类社会运动过程有深刻的认识和改造的功能，同样它也可以对生活教育这种主体实践的社会活动进行深刻的认识和改造。而生活与教育也是一对对立统一的矛盾体，二者的关系发展取决于主体实践的作用，我们会看到不同的实践主体会有不同的生活教育，即类体生活教育、集体生活教育和个体生活教育。三种生活教育在人类的发展史上与社会的发展水平步调一致，这是因为三种实践主体在社会发展过程中，受制于社会发展水平，受制于人们对教育内容的需要。不同实践主体的生活成为教育活动并登上历史舞台的过程呈现出了阶段性的特征，而这也就造就了生活教育的发展史。

二、陶行知生活教育当代化的内涵

如前所述，生活教育有一些理论困境，时代在发展，实践也会提出理论发展的新要求。社会发展了，生活自然也将不同，生活教育的内容、形态和方式也将发生相应的变化。陶行知先生说："生活教育的生命力特别强，它今天不是完成的东西，明天也不是完成的东西，它会永远随着历史和生活的发展而发展。"[①]"不应该常靠着稗贩和因袭，而应该准照那国家的需要和精神去谋适合、谋创造。"[②] 当年陶行知先生创立生活教育的时代环境到如今已经大变样了，虽然生活教育中一些具有普遍性的主张，我们到目前还没有实现，但随着全国自1985年（中国陶行知研究会成立的年份）来陶研界（一个学习、研究、践行陶行知教育思想的学界）的学陶、师陶、宣陶、研陶和践陶，生活教育的创新发展已然被推到举足轻重的地位，即集中于"创陶"二字上。如今越来越多的实践者感受到陶行知先生的教育理论在学校教育方面还需要进一步发展，像课程、教学法、学校高质量教育改革等，都需要有更完善的生活教育理论来解释。这就给我们提出了一个重要的课题——"生活教育当代化"。

"生活教育当代化"，这种"当代化"在于我们是在当下的，即生活教育只能

[①] 陶行知. 陶行知全集 第十一卷[M]. 成都：四川教育出版社，1991：717.
[②] 陶行知. 陶行知全集 第二卷[M]. 成都：四川教育出版社，1991：266.

是，也应该是在当下的生活教育。从《20世纪陶行知研究》一书来看，陶行知研究先后经历了探索研讨期、纪念评价期、批判沉寂期、争鸣复兴期、发展实验期。[①] 第五个阶段"发展实验期"包含两个方面：一是理论的当代化，二是实践的当代化。其中，理论的当代化主要体现在就生活教育理论探索其当代价值、探索生活教育与社会主义教育之间的关系和生活教育理论在学校教育中的运用。就实践方面，主要是与乡村教育、素质教育、生命教育、职业教育、师德建设、校园文化、课程改革、教育教学等紧密结合起来。陶行知先生曾经说过："学术即力量、组织即力量、行动即力量。"因此，还可拓展出另一方面即组织建设——生活教育并非只有学术和行动，还有组织，目前全国大多数省份和部分直辖市都建立了陶研会，如福建省九地市中有八个地市都建立了市级陶研会，部分县建立了县级陶研会。生活教育当代化，能清晰看到的就是这三方面的影响。

其实，笔者在整理自1984年来福建省陶行知研究会的发展史、对福建陶研的历史回顾及对"闽派陶研"的窥探时，越发认为福建陶研会乃至全国的陶研会，都是自觉与不自觉地在开展"生活教育当代化"这个课题。这种当代化，即生活教育运动从学术、组织和行动等方面与中国当代教育和社会生活总是保持步调一致的发展。如今这种发展，是从摸着石头过河到理论总结，即"从行到知"过渡到"从知到创"的阶段了。而要完成这一阶段，当下我们必须要好好探索这个"知"，笔者将这种探索统称为"新生活教育探索"。然而"新生活教育"概念的提出可以追溯到郭元祥教授的专著《生活与教育——回归生活世界的基础教育论纲》，书中郭教授认为："'新生活教育'是在新的历史条件下关照学生全面生活领域，以马克思主义关于人的全面发展学说为理论基础，指向学生整个精神生活的教育，是一种全人教育……把儿童的受教育过程看成儿童整个精神的生活的过程，既关照儿童的未来生活需要，又关照儿童的现实的生活需要，赋予教育以生活意义和生活价值。"[②]

三、新生活教育的探索基础

"新生活教育探索"之所以能够被理直气壮地提出来，有以下五个理由。一

---

① 金林祥. 20世纪陶行知研究 [M]. 上海：上海教育出版社，2005：1—5.
② 郭元祥. 生活与教育——回归生活世界的基础教育论纲 [M]. 武汉：华中师范大学出版社，2002：249.

是符合马克思主义哲学的基本原理,有基础理论构建的可行性。二是杜威的实用主义教育、陶行知的生活教育与新生活教育之间有其必然的历史逻辑关系。三是新生活教育与中国式现代化是有时代性联系的。四是在生活教育当代化过程中已经形成了一些创陶成果并呼唤新生活教育探索。五是中国当代形成的各大教育学派可以成为新生活教育探索的范例和交流的对象。

(一) 马克思主义的实践哲学的理论基础

马克思主义哲学认为:"全部社会生活在本质上是实践的。"[①] 这种判断,让我们深刻地认识到"生活即教育",本质上来说是"实践即教育"。这也符合陶行知先生对生活教育的本质判断,他曾经说,"教学做合一就是生活法"。事实上,陶行知先生从"知行"到"行知",再到"行知行",最后到"辩证的行知行",这一实践观的发展过程,是他对"实践即教育"的最好注解。由此,这里通过马克思主义哲学关于"社会生活本质上是实践的"论断,提炼出了"实践即教育"的新判断。这种新的判断将让我们看到,生活即教育的中介是人的实践。正如"实践的本质是主体能动地改造和探索客体的客观物质活动"[②]。生活能成为教育一定需要一个中介,这个中介是主体的实践,是主体的能动性。那么主体及其主体的能动性将意味着什么?意味着要发挥主体能动性,即要将主体与生活结合,这就可以将生活教育分成类体生活教育、集体生活教育和个体生活教育。关于这三种生活教育的历史及其主要内容可以参考笔者另一拙文《倡议建立"生活教育学"》。[③]

毛泽东的《实践论》中也指出:"认识的过程,第一步,是开始接触外界事物,属于感觉的阶段。第二步,是综合感觉的材料加以整理和改造,属于概念、判断和推理的阶段。只有感觉的材料十分丰富(不是零碎不全)和合于实际(不是错觉),才能根据这样的材料造出正确的概念和论理来。"[④] 在不断论述中,他又进一步认识到:"认识从实践始,经过实践得到了理论的认识,还须再回到实践去。认识的能动作用,不但表现于从感性的认识到理性的认识之能动的飞跃,

---

① 《马克思恩格斯列宁哲学经典著作导读》编写组. 马克思恩格斯列宁哲学经典著作导读 [M]. 北京:人民出版社,高等教育出版社,2012:87.
② 卫兴华,赵家祥. 马克思主义基本原理概论 [M]. 北京:北京大学出版社,2008:44.
③ 周志平. 倡议建立"生活教育学" [J]. 生活教育,2014 (03):15—19.
④ 毛泽东. 毛泽东选集 第一卷 [M]. 北京:人民出版社,1966:259—273.

更重要的还须表现于从理性的认识到革命的实践这一个飞跃。抓住了世界的规律性的认识，必须把它再回到改造世界的实践中去，再用到生产的实践、革命的阶级斗争和民族斗争的实践以及科学实验的实践中去。这就是检验理论和发展理论的过程，是整个认识过程的继续。"①

因此，从毛泽东的《实践论》文本中，可以明确看出认识的三个过程：感性认识—理性认识—革命的实践。笔者结合陶行知的"行动是老子，知识是儿子，创造是孙子"，将之简化为"行—知—创"的认识实践过程。

（二）从杜威教育学说、陶行知生活教育到新生活教育的理论渊源

从时间上看，杜威教育学说在前，陶行知在后；从辩证唯物主义观点来看，陶行知处于前工业化时代的生活教育学说，杜威处于工业化时代的生活教育学说。现综合来看三者之间的关系见表1-1。

表1-1 杜威实用主义教育、陶行知生活教育与新生活教育的关系

陶行知生活教育	杜威实用主义教育	新生活教育
前工业化时代	工业化时代	后工业时代、信息化时代
生存的生活教育	生产的生活教育	生活的生活教育
生活即教育	教育即生活	生活即主体能动性教育
教育是生活改造的过程	教育是经验改造的过程	教育是生活的理解、改造和践行的过程，也即实践过程
生活中心：一切以生活为中心，教师学生围绕生活在做中学、做中教。	儿童中心：各种措施围绕儿童组织起来，为了儿童的生活和儿童的社会性。教师是措施的设计和执行者。	自我中心：各种生活资源都成为教育资源，以自我为中心整合教育资源，理解、改造和践行生活。教师是教育资源的重要组成部分。

从理论适用的时代特征来看，陶行知的生活教育是前工业化时代，生活资源相对匮乏，人们的生活教育是生存层面的生活教育，乡村的农民解决生存问题，中国人民解决生存问题，是生活教育的中心任务。对此，一方面创立晓庄师范的实践，他们要自力更生；另一方面在工学团方面的实践，工以养生，学以明生，团以保生；再一方面在抗日战争中，他们要为民族危亡之生存进行教育。陶行知对此曾明确表示："当前我们生活教育者最主要的任务，就是配合形势，促进反

---

① 毛泽东.毛泽东选集 第一卷[M].北京：人民出版社，1966：259—273.

内战，要和平，要民主，要统一，为建立一个富强的新中国而奋斗不息。"杜威处于工业化时代，城市移民增加，工业化生产使得社会作品多样化，社会越来越倾向于将分散的人群聚集起来，个人到社会的鸿沟需要逾越，教育就不能脱离生活，学校就不能脱离社会，社会生活由此得到了重视。后工业时代，人们从生产中逐渐解放出来，生活水平提高，生活的丰富度和选择性为生活教育提供充足需要，生活问题是人们普遍面临的中心问题。后工业社会，个人财富的崛起和自由、民主权利的增加，对个人的生活和自我的内在发展都将提出强烈的需求，人们如何整合丰富的资源来理解、改造和践行自己的生活，是一个正在向我们袭来的时代性问题。

从理论的发展形势来看，杜威教育学说强调"教育即生活"，陶行知生活教育学说强调"生活即教育"，前者若是肯定阶段，后者必是否定阶段，于是，必然存在否定之否定的阶段，即新生活教育，笔者认为其具体的形态是"生活·实践"教育。[1]

总体上看，三种教育关系所处的时代背景、生活资源不同，对教育的理解和解决生活教育的内容、视角、途径也不同，但本质上都是生活教育。

（三）新时代"美好生活需要"的社会主要矛盾背景

习近平总书记在党的十九大报告中明确指出："中国特色社会主义进入新时代，我国社会主要矛盾已经转化为人民日益增长的美好生活需要和不平衡不充分的发展之间的矛盾。"

这一表述转变的依据是，一方面经过多年的艰辛奋斗，我国稳定解决了十几亿人的温饱，总体上实现了社会主义的小康，不久将全面建成小康社会，人民美好生活需要的品质更高、范围更广。不仅是对物质文化生活提出了更高的要求，而且在民主、法治、公平、正义、安全、环境等方面也出现了更多样化、更高层次的要求，"物质文化生活需求"的表述已不足以囊括人民各方面丰富多样的需求。另一方面正如党的十九大报告指出，我们在经济方面所面临的困难和挑战主要是"民生领域还有不少短板，脱贫攻坚任务艰巨，城乡区域发展和收入分配差距依然较大"等。中国特色社会主义进入新时代，人民群众对于共享改革发展成

---

[1] 周洪宇. 继承与发展：从生活教育到"生活·实践"教育［J］. 宁波大学学报（教育科学版），2021（03）：2—9.

果的要求越来越凸显、越来越强烈，如果不正视这一问题，社会矛盾就会越积越多，越变越复杂。当然，随着我国经济实力的增强，解决这一主要矛盾的时机也日渐成熟。还有一点，现实生活中人民群众的一些需求得不到满足，绝不仅仅是物质不丰富，即生产力层面的问题，而往往是生产关系甚至是上层建筑方面的问题，是属于经济、政治、文化、社会和生态这"五位一体"建设与党的建设在各个方面发展不平衡、不充分的问题。比如，广大人民群众对党内和社会上存在的严重腐败现象的不满，对收入分配差异过大的担忧，对青山绿水和蓝天白云的渴求，对住房、教育、医疗、养老等切身利益的关注等。"人民日益增长的美好生活需要"这一新的表述，准确地表达了人们在改革开放以来取得重大成就的基础上，在经济、政治、文化、社会、生态和党的建设等各个领域，对未来生活的更高层次的美好希冀。

人民需要富强、民主、文明、和谐的社会环境，建设中国特色社会主义社会，发展生产力必然是其基础，全面建成小康社会是其应有之义。当前我国经济产业结构转变，产业布局调整，这将扩大第三产业服务业的比重。随着科技发展，第四次工业革命的逐渐来临，人们将逐步从生产中解放出来，生活逐渐成为中心，发展生产力也将转变为发展生活力。生活教育将迎来最名正言顺的发展时机。过去，我们从生存的生活教育到生产的生活教育，那个阶段国家以经济建设为中心，以发展生产力、解放生产力为中心，许多职业教育都借鉴陶行知教育思想，进行"教学做合一"的实践。今天的生活教育则建立在后工业时代的基础上，因此，将是一种真正围绕生活的生活教育。生存、生产、生活的关系如图1-1所示，生存力连动物都有，但动物的生存力只是一种适应力，人类却能通过改造自然，逐渐获得生产力，随着物质生产的不断丰富，人类的精神文明也越来越丰富，人类从生产过渡到生活变得完全有可能。总而言之，生产包括生存，生活包括生产和生存。从社会发展的全局上看，中国在追求全面建设小康水平的生活中追求美好的生活，人们正从生产的状态过渡到追求美好生活的状态，从以生产力的发展来指导国家建设、社会建设的方方面面，转向以生活力的发展来衡量国家建设、社会建设的方方面面。许多省市都转向以居民生活水平作为重要的政绩指标，这种转向使生活逐渐成为中心，这种中心是在财富崛起中逐渐产生的，这种产生带来的是以生活为中心的生活教育的需要。

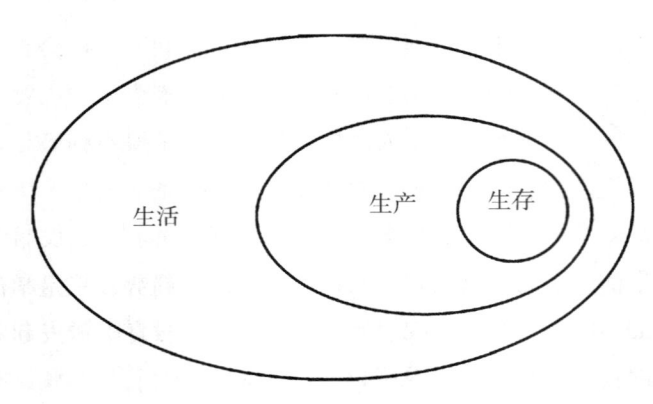

图 1-1　生存、生产、生活的关系图

（四）生活教育当代化的"创陶"成果基础

立足陶研界来看，新生活教育是生活教育当代化的一个集中创陶表现，但还有待理论的系统探索和实践的检验。可喜的是，新生活教育并非一个设想，在全国范围内关于新生活教育的探索已经有许多成果。比如，安徽陶研前辈何炳章的"自育自学"理论与方法；华中师范大学周洪宇教授的"生活·实践"教育实验；江苏的生活力实验；福建的"三维—五育，培植生活力"的行知实验校实验等。这些探索，有的是专家个人发起的，有的是陶研学会组织实验的，都具有学术、组织和行动的特点，都表现了以个体或自我教育为中心的特征，都具有培植生活力或培养全面发展的人的目标，但还有待形成"新生活教育探索"的共同体，从独立探索走向协同共进和对话融合，从不自觉走向自觉，取得共识，以学术、组织和行动的共同体，开创中国生活教育新面貌，迎接时代生活的变化对生活教育的呼唤。

（五）中国当代基础教育改革学派的范例基础

从中国的教育学派来看，全国最少有九大基础教育改革学派：主体教育学派、生命·实践教育学派、新教育学派、情境教育学派、情感教育学派、生命化教育学派、理解教育学派、新课程改革学派、生活·实践教育学派，其中前八大基础教育改革学派[①]已有专家作出总结。生活·实践教育学派是近年兴起的新学派，相比陶行知的生活教育，它从争鸣复兴到融入当代中国教育改革，其组织力

---

① 张荣伟，黄慧娟. 回眸与展望：世纪之初的中国基础教育变革（三）——我们在做些什么[J]. 校长阅刊，2006（05）：6—12.

量、学术力量和实验力量不断增强，早应该形成自己的改革学派。对此，笔者希望形成的是新生活教育学派，这是可以期望的，原因有如下三点。一是陶研界内部已经有创陶领军、创新的人物和组织了，如何炳章老前辈和周洪宇陶研专家，他们已经形成了自己的教育理论并拥有自己的实验学校。二是各大新学派，其改革的视角不是从学生就是从教师，或者从课程出发，然后又走向融合，最终都离不开生命、生活的价值观作为引导，并逐渐有类同的趋势。三是学派代表人物均是权威人士，如情感教育学派的代表人物朱小蔓、新教育学派发起人朱永新、生活·实践教育的代表人物周洪宇，他们分别是中陶会的前任会长、现任会长、前任常务副会长。由此，新生活教育学派共同体的形成水到渠成，并大概率能在与其他学派的交流互动中促进中国基础教育改革学派的协同共进，并有利于中国特色社会主义教育理论和实践体系形成。笔者只盼我们这代后辈能够继续保持生活教育理论六大特质——生活的、行动的、大众的、前进的、世界的、有历史联系的，肩负起时代使命，投入到新生活教育的进一步探索中。

四、新生活教育的内涵

不同时代的物质基础，造就了生存、生产和生活三种不同的生活教育，也造就了陶行知生活教育、杜威实用主义教育和新生活教育三种模式的区别。而实践主体的不同，造成了生活教育的不同分类。从生活教育的历史来看，这种差别贯穿于人类始终。如今看来，我们对个体生活教育并没有足够重视，尤其学校教育——作为一种公共教育，是一直缺乏个体生活教育的。如今新的信息技术的运用，"翻转课堂"的出现，个体作为教育的中心越来越成为教育的基础。但是，无论如何我们仍然不能放弃类体生活教育和集体生活教育，这些在学校教育中以学科课程和活动课程来进行的教育内容仍有重要意义。由此我们把这三种生活教育并列在一起，希望成为当下乃至日后我们生活教育的主要内容，为此我们称之为新生活教育。

可见所谓的新生活教育，可以分别从理论层面的横向和纵向来看。从横向看，主要关注的是新生活教育的内容，新生活教育是类体生活教育、集体生活教育和个体生活教育的总和。这种总和意味着我们不仅仅是强调个体生活教育而已，而是采用了综合的态度。这有别于杜威提倡实用主义教育就反对传统赫尔巴特教育的态度；也有别于陶行知提倡生活教育，就不够重视学科教育在晓庄学校的历史实践的做法。当年参观了晓庄学校的区巾雄女士就曾评价晓庄学校的实践:"照现在的情形看来,各科的基本常识,恐不能晓得多少,因各科没有什么联络,活动又无恒,对于时间方面很浪费。"① 所以新生活教育在对待传统上是继承的,在创新方面又是开拓的。从纵向看,关注的是新生活的实现方式,生活能够创新、能够发展,是通过实践这个方式,其形态是"生活·实践"教育,而实践的深度在于"行心创",所以,新生活教育还将发展成"行心创"生活教育。而本书主要阐述的就是新生活教育发展成"行心创"生活教育后形成的"行心创"生活课堂。

当然,新生活教育是生活教育当代化的探索,是理论、组织和实践的统一(见图1-2)。其组织发展和实践发展都是有待这种新生活教育对陶行知生活教育当代化的发展情况而定。

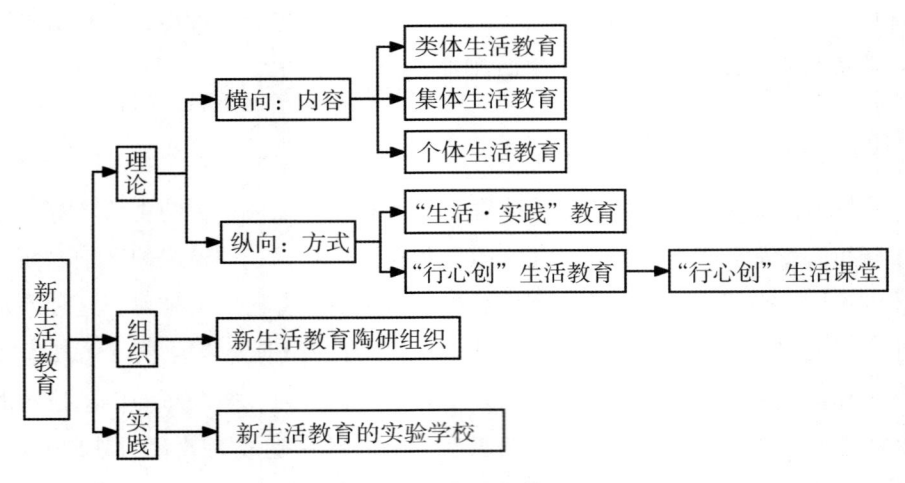

图 1-2 新生活教育的发展结构

目前的组织体系是中国陶行知研究会和各地陶研组织,这些组织大部分还是践行陶行知教育思想,中国陶行知研究会中有许多二级专业委员会,各地陶研组织或多或少也有一些二级专业委员会,它们大部分是与时代发展紧密联系的,具有"创陶"性质的陶研组织多数可以归为新生活教育的陶研组织。这些组织虽不以新生活教育为名,但行的确实是生活教育当代化的事情,如中国陶行知研究会

---

① 金林祥. 20世纪陶行知研究 [M]. 上海:上海教育出版社,2005:27.

新教育专业委员会，中国陶行知研究会生活·实践教育专业委员会，等等。

就实践而言，其多数还是开展实验校建设，理论的新发展、组织的新建设必然会带来实践的新落地，这样的实验学校已遍布全国了。

最后，需要强调的是新生活教育的"新"是有别于生活教育所提出的一个别样名称，其本质并不代表一个全新创立的教育理论，它更代表一个学派，一个创陶的共同体，它需要陶研界同仁赋予它更多的内涵。探索新生活教育是因为陶行知生活教育思想需要继承与发展，同时也需要接受马克思主义对其的改造，陶行知的生活教育思想是中西教育思想结合的一个典范，其过去的历史和渊源，本书不再赘述，如今又接受马克思主义的改造，那么就在教育维度上实现了"中西马"的大一统，完成教育理论的一个升级。可以说，其生活教育当代化就在于马克思主义化。

五、新生活教育的简史

（一）新生活教育述史机理

虽然要系统地用"生活教育学"来梳理中西方教育史还有待教育界同仁的长期共同努力，但是，简要概述这一小史还是可行的，况且这个努力陶行知先生早就尝试过。关于生活与教育的关系，陶行知先生认为："可以分作三个时期：第一个时期为生活是生活，教育是教育，两者是分离而没有关系的。第二个时期是教育即生活，两者沟通了，而学校社会化的议论也产生了。第三个时期是生活即教育，就是社会即学校了。这一期也可以说是开倒车，而且一直开到最古时代去。因为太古的时代，社会就是学校，是无所谓社会自社会、学校自学校的。这一期，也就是教育进步到最高度的时期。"[①]

陶行知先生将生活教育概括为三个时期，笔者认为这还不够，为了进一步细化对生活教育的分期，有必要对生活教育的分类再做探究。

就生活的分类而言，陶行知先生曾经有过两种分类：一是把生活分成健康的生活、艺术的生活、劳动的生活、科学的生活和改造社会的生活，相应地又可划分为五种教育。另一种是在《生利主义之职业教育》中提到人之生活有四，即职业生活、消闲生活、社交生活和天然界生活。后一种分类，其分类方式很模糊，

---

① 陶行知. 陶行知全集 第二卷[M]. 成都：四川教育出版社，1991：492—493.

很难说是合理的。

笔者认为还有第三种分类，这里再重复一下，此种分类源于人的三种生活状态，也是实践主体的三种状态：一是作为人类的个体存在，二是作为集体中的个体存在，三是作为自身个体存在。这三种是同时存在的，所以人有三种生活状态，即三种生活实践状态，笔者称为"类体生活""集体生活"和"个体生活"。其中，类体生活是个体作为人类一分子，他的生活实践是反映了人类的类本质的，即共性的生活。集体生活中有小集体和大集体生活，小集体生活是像家庭、家族、班级、学校、学习组织、社团、党组织生活等，大集体生活是社区生活、民族生活、社会生活等。集体生活反映了人作为集体一分子的群本质（社会性）。个体生活是每个人比较具有私有性的生活，每个人一天要花大量时间与自己相处，过独立的个体生活，这期间的安排、组织、实施、管理等等都是由个体进行，而学校教育对这方面生活的关注却非常少，个体生活反映了人作为个体的特殊本质（个性）。

基于此，我们把生活教育分成三类：一类是"类体"生活教育，即以人类共性的生活实践经验为主要内容的教育，这种教育不是以一种直接经验的方式进行，而是以一种间接的方式进行体验。这类生活教育的内容，现在主要以文献资料、学科成果和学科课程等形式体现。二是集体生活教育，即以集体社会性的生活实践经验为主要内容的教育。通常是以个体参与集体活动的方式进行，目前学校以活动课程来体现。三是个体生活教育，即以个体个性的生活实践为主要内容的教育。比如，个人的日常生活、内在心理生活等等，这类生活教育内容在学校中不同于前者，而仍是隐性的。

（二）新生活教育简史分期

1. 第一个时期：生活与教育未分离

生活教育在远古就有，在第一个时期生活与教育并没有分离，生活的内容即教育的内容，这是因为教育没有获得其独立的形态。第一时期的生活内容主要是关于生产、生存和生活，由于文字和书写工具没有产生，教育只能在生活中进行，生活的内容也就成为教育的全部内容。

2. 第二个时期：类体生活教育

随着社会发展，体力劳动与脑力劳动逐渐分离。作为脑力劳动者，往往需要专门的教育，因此教育获得其独立形态，学校就此诞生，这使得教育独立于普通体力劳动者的生活，因此教育就逐渐与部分人的生活分离，不再是与所有人的全面生活相关联，而只是涉及部分人的部分的生活。而生活教育，则由家庭、社会和个体自身来完成，学校教育承担的生活教育内容是特殊的，这是生活教育第二个时期的内容。

那么第二个时期的生活教育中哪些生活内容最容易作为学校教育的首选？这在孔子时代、古希腊时代都有经典课程。这些课程最大的特点就是把前人普遍认可的社会思想、经验和生活传递给下一代。这些教育内容，多半是共性的知识。起初这种共性的知识，在古希腊一些哲学家看来是共通的，后来教育家为了研究这种知识的合理性，就开始从人性角度来阐述。但是到了赫尔巴特时期，则从心理学、人的需求和兴趣出发，并最终建立了学科课程，开创了共性知识的课程。

因此，首先，作为学校教育的生活是人类曾经共有的生活经验，这些生活经验，不是以活生生的生活情境来呈现，而是以经典文本来呈现，后来是以学科成果固定下来，从而具有共性和普遍性。追求共相理念的教育思想可追溯到柏拉图时代，具体作品就是《理想国》，这种追求普遍知识的努力，也驱使亚里士多德探讨出了形式逻辑。这之后，欧几里得的几何学诞生了，凡此种种都反映了人类追求共相的生活教育的证据。到了中世纪，这种努力变成了信奉共有的唯一的神——上帝。《圣经》为中世纪的人们提供类体生活教育，直到经历了文艺复兴，自然科学的产生，学科课程的建立，类体生活教育才汇集了足够体面的共相知识来满足人们智慧的增长。

在中国的文化长河中，这种努力也是不间断的。老子讲"道"，孔子讲"仁"，孟子讲"义"，荀子讲"礼"，韩非子讲"法"，董仲舒集儒家思想之大成，提倡"三纲五常"，宋明理学、心学讲求存天理和致良知，这都体现了对一种共有道德理念的追求。本质上《四书》《五经》课程包含的就是类体生活教育的内容。

在前期的生活教育中，中西方都在努力构建共相的知识，除了对共相知识的追求，对人类历史的记录也是重中之重，中国对此的努力可谓源远流长，这极大地丰富了类体生活教育。只不过，西方文化更多的是从事物的角度来积累共相知识，而中国文化更多的是从人事的角度来积累共相知识。

3. 第三个时期：集体生活教育

到了生活教育的第三个时期，杜威将生活教育从类体生活教育转向了群体生活教育，他认为学校即社会，教育即生活。杜威先生的思考使得社会生活成为教育的主要内容，但他又因此轻慢原有的类体生活教育。他主张：（1）课程的中心应是儿童的活动，而不是学科。同时，杜威还把各种作业（如园艺、木工、金工、烹饪等），即各种活动引入学校课程，让学生围绕各种活动，在活动中学习各门学科的基础知识，进行基本技能的训练。（2）教材的源泉是儿童在各种活动中形成的经验。（3）要按照儿童的心理发展规律来安排教材。杜威的活动课程理论将活动教育的思想推向了高潮，并在全世界产生了巨大影响。从中可见，杜威注重以儿童为中心，试图通过各种活动把社会生活纳入学校教育中，这弥补了自赫尔巴特建立起的以教师为中心、学科中心、教为中心的传统类体生活教育的不足。可是由于这是一种替代性的教育改革，即丧失对类体生活教育的良好继承，因此，杜威的这种生活教育注定根基不稳。

直到 20 世纪 80 年代，我国教学计划都只将课外活动称为"集体活动""团体活动""课程活动"，具体形式表现为周会、班会、庆祝活动、音乐及各种操场活动等，但这些活动始终没有取得与学科课程并重的地位。1992 年，原国家教委颁布了《九年义务教育全日制小学、初级中学课程计划（试行）》，这份计划把活动或课程活动作为与学科课程一样的课程纳入了课程设置，这是我国第一次以文件形式确定活动课程这一名称。1997 年，原国家教委制定并颁布了《全日制普通高级中学课程计划（试验）》，又对高中课程设置作出了规定：活动课程由若干活动项目，如由校会、班会、科技活动、社会实践、课间操等组成。其中，学科课程占总课时的 90%，活动课程占 10%。在我国新一轮基础教育课程改革中，活动课程又有了新的变化——更名为"综合实践活动课"，成为小学至高中各教育阶段的必修课，至此我国才算是名副其实地进入了集体生活教育阶段。然而这个阶段还有很长的路要走，这是因为部分处于改革中的学校仍没有自觉参与其中，他们保守地坚持着应试教育，仅把学科课程作为唯一教育内容的做法仍在许多学校流行。

4. 第四个时期：个体生活教育

到生活教育的第四个时期，陶行知将集体生活教育进一步转向到个体生活教育，陶行知没有放弃杜威集体（社会、集体）生活教育，而是在主张集体生活教育的基础上加入自我教育，使之变成了"集体主义自我教育"。陶行知先生非常重视生活教育中的自我教育，不论是"学生自治"还是个体自学、个体自觉性之启发，都是陶行知先生在晓庄和育才学校认真实践并检验过的，这些都反映了个体生活教育是陶行知对"生活教育学"的重要发展。

实际上，个体生活教育还需很长时间的发展——随着当今人工智能社会的逐渐发展，人与人的关系越来越被一个中介所隔离——智能网络。学生与教师之间完全可以不见面而授课，授课的时空环境将更加开放。因此，个体如何过好自己的生活，解决自身的生活教育问题，是一个重要的研究课题。

5. 第五个时期：新生活教育的综合期

从上面可知，生活教育已经发展了四个时期，如今我们还需要开拓生活教育的第五个时期，笔者称之为"新生活教育"，即综合第二、三、四时期，也即类体生活、集体生活和个体生活的生活教育，这种融合式的新生活教育是在信息化、智能化社会的发展背景下产生的，这种融合既是向第一个时期的回归，又是合、分之后再合的必然发展趋势。当下，有关这方面的研究仍数量寥寥，这也从侧面说明了"生活教育学"是大有可为的研究主题。我们希望学校不仅仅有学科课程、综合实践活动课程，还要有个体生活课程，这样三种生活教育才能全面，相应的教育教学、教师成长、学生培养、学校文化建设等才会有所推进。

第二节 "行心创"生活教育是新生活教育的发展

新生活教育主要有两个维度的探索，即横向探索和纵向探索。从主体出发，即其横向探索维度重点在于类体生活、集体生活和个体生活的融合式生活教育，是个性、公性和共性相融合的生活教育，而以往的教育往往偏重公共教育。从纵向探索看，新生活教育作为一个改进日常生活的教育，或者从深化的维度看是"行心创"生活教育。从前面的探索可以看出，生活与教育关系还有其对立的一面，而要实现生活向教育转化以及教育转化为生活，就必须借助人的主观能动性及相应的实践。

一、知行观的发展历史回顾

(一) 我国传统知行观的发展概述

我国传统的知行观是认识论的一个主要组成部分。知行观集中反映在知与行的关系上。然而，《论语》中的知行关系并不密切，例如，子曰："由，诲女知之乎？知之为知之，不知为不知，是知也。"① 其中谈"知"的问题便仅限于知中，并没有将"知之"的原因与行联系起来，而是孤立地看待知的问题。又如子曰："仁远乎哉？我欲仁，斯仁至矣！"② 这是关于行的论述，也只限于行中，意为："仁这种行为离我们远吗？我想仁，就能得到仁的行为。"这也没有考虑到求仁过程中与知的关系。此外，《论语·述而》也记载了"子以四教，文、行、忠、信"③，同样反映了《论语》中知（文）和行是分离的，虽然都被重视，但是二者关系并不密切。

荀子则把学习看成知的前提，而行是知的最终目的，构建了"闻—见—知—行"的关系。"不闻不若闻之，闻之不若见知，见之不若知之，知之不若行之；学至于行之而止矣。行之，明也。"（《荀子·儒效》）如果将"闻"和"见"看成"初行"，那么可以说荀子看到了"初行""知""行"之间的差异，并获得了行是知的高级阶段的新认识。

程颐强调了知对行的促进作用："知得浅，则不能行。"以及以知为本的思想。朱熹则看到知行相互促进的作用，即二者都需要下功夫。王阳明强调知行合一，并非文字游戏，其重点在于"恶"需要从行为之根就杜绝，即"一念处"就要杜绝"恶"。王守仁认为知行是一个东西，"知行合一"。而颜元则强调知需依靠物质为基础，这初步触及了物质与意识的关系。

总体上，中国传统哲学史上有研究者将行知关系梳理成三种看法：行是知的基础、知是行的基础、知行无别。④ 但从上述概述可知，实际上还可细分成五种不同看法：一是行和知互相独立，知就是知，行就是行，如孔子。二是知行有差

---

① 王国轩，张燕婴，译注. 论语·大学·中庸 [M]. 北京：中华书局，2010：24.
② 王国轩，张燕婴，译注. 论语·大学·中庸 [M]. 北京：中华书局，2010：84.
③ 王国轩，张燕婴，译注. 论语·大学·中庸 [M]. 北京：中华书局，2010：82.
④ 曾春海，叶海烟，尤煌杰，等. 中国哲学概论 [M]. 长春：吉林出版集团有限责任公司，2009：146.

异，行是知的高级阶段，如荀子。三是认为知是行之基，对行有促进作用，有知则能行，无知则不能行，或知行须相依，如程朱的主张。四是认为知行无别，如王阳明。五是强调物在知中的基础作用，如颜元。

资产阶级革命的伟大先行者孙中山先生认为，人类的知与行是随着社会的发展而发展的，其大体经历了三个时期，即从"不知而行"到"行而后知"再到"知而后行"。① 行在先，知在后，知是从行中来的，能行便能知，能知便能进步。在知行关系上，他提出了"行易知难"。孙中山的行知观契合当时社会变革求知、求出路的现实需要。

（二）陶行知的突破

陶行知的行知观是丰富的，他突破了传统的知行观，发展出行知观。然而，陶行知本人也是围绕这一观点进行探索的。陶行知认为生活即教育的方法论是"教学做合一"，但"教学做合一"并非一开始就形成。它的另一个变式是"在劳力上劳心"，而"在劳力上劳心"再往前追溯就是传统的行知观。陶行知在"知与行关系"这个关键点上，发展如下。

第一阶段是知行观，陶行知本人也改原名陶文浚为陶知行。这个阶段的陶行知特别崇拜王阳明。

第二阶段（1929年—1930年），陶行知发展了王阳明的思想，主张"行是知之始，知是行之成"，其后也改名陶行知。与此同时还形成了"在劳力上劳心""手脑双挥""教学合一""教学做合一""做学教合一"等观点，此时的做中学，做中教，都是做中求知，都是行知观。首先，对行知元性的初突破。1927年是陶行知从知行观转向行知观的重要年份，也是陶行知生活教育获得重大突破的重要年份。这一年，诞生了《行是知之始》《生活工具主义之教育》《教学做合一》《在劳力上劳心》《"伪知识"阶级》等标志着陶行知行知观确立的重要理论成果。在《行是知之始》一文中，陶行知从王阳明的"知是行之始，行是知之成"出发，阐述了"行是知之始，知是行之成"的新论断。《生活工具主义之教育》一文又为行知二元关系找到一个中介——生活工具，"人的生活，必须有相当工具，才能表现出来"②。虽然这个时候，陶行知并没有意识到生活工具应该是行知的

---

① 孙中山. 建国方略 [M]. 北京：中国长安出版社，2011：40.
② 胡晓风，等. 陶行知教育文集 [M]. 成都：四川教育出版社，2007：169.

中介,但是生活教育即是行知教育,生活必须有相当的工具,也即行知必须有相当的工具,即生活工具,也即行知工具。

第三阶段(1931年—1932年),陶行知提出"科学生活过程",具体是"行动生困难,困难生疑问,疑问生假设,假设生试验,试验生断语,断语又生了行动,如此演进于无穷",这个过程其实就是"行知行"(1934年),并又提出"行以求知知更行"等观点。首先,第三阶段明显比第二阶段多了一个行,这使得这一过程有循环演进的特征。其次,此阶段形成了"行知行"的完整行知观。1931年9月21日,陶行知在《科学的生活》一文中进一步反省杜威科学思想过程的步骤:困难之感觉;审定困难之所在;设法解决;在许多方法中选一最有效的试试看;屡试屡验之后再下断语。并将之升级为"行动生困难,困难生疑问,疑问生假设,假设生试验,试验生断语,断语又生行动,如此演进于无穷"①。此后,这样的思想继续得以酝酿,一直到1934年7月16日,陶行知正式撰文《行知行》并宣布更名为陶行知,这标志着其行知观基本形成,而这一行知观恰恰与马克思主义行知观异曲同工。

那么陶行知的"行知行"中第一个"行"是何种"行"?笔者认为,第一个"行"是体验、发觉困难的"行",是一切之基础,被陶行知认为是"老子"。最后一个"行"是创造。而中间的"知",是有目的、有计划、有组织、有步骤的探索过程,蕴含了对困难、问题、假设、试验、断语的种种努力,是在劳力上劳心的过程。

陶行知的行知观是对传统行知观的发展,对当时人们知行分裂的革新,对经验者只行不知和理论者只知不行的一种批判。他的《在劳力上劳心》《生活工具主义论》等名篇反映了其对中国教育深刻的反省。

第四阶段(1933年—1939年),从"行知行"到提出"行动是老子,思想是儿子,创造是孙子"②。1931年,陶行知认为"做"具有"行动、思想与新价值之产生"三个特征③,后面又形成"行动是老子,知识是儿子,创造是孙子"的观点。这个阶段可以简化为行—思—创或行—知—创。可见,第四阶段明显出现了"创造"这个新概念,如1933年他写了《创造的教育》一文。值得一提的是,

---

① 胡晓风,等. 陶行知教育文集[M]. 成都:四川教育出版社,2007:274.
② 胡晓风,等. 陶行知教育文集[M]. 成都:四川教育出版社,2007:319.
③ 胡晓风,等. 陶行知教育文集[M]. 成都:四川教育出版社,2007:280.

陶行知三元思维基本快形成了。在《教学做合一》一文中，"教学做"被视为一件事的三个方面，是陶行知的行知观由二元转向一元和三元的序曲。转向一元是之后的《在劳力上劳心》直接将劳力和劳心视为一元论。转向三元，是指陶行知之后发展出"行知行"论断，和陶行知《育才三圆圈校徽的内涵——三位一体的多元运用》（1939年9月30日）一文中形成大量的三元运用，这些都足见其三元思维。①

需要补充的是，毛泽东的《实践论》阐述了知行的对立统一关系和知行上升的发展过程：感性阶段—理性阶段—变革的实践阶段，在行知观的发展上是一个成熟阶段。毛泽东的知与行是认识与实践的关系，其中毛泽东认为实践或"行"是人们"根据于一定的思想、理论、计划、方案以及从事于变革客观现实的实践"②。因此这里的"行"并非指一切人类的行为，而是指人类有意识的能动行为。毛泽东的"行知行"思想是实践论，其中有着丰富的理论阐述，并体现在感性认识—理性认识—变革的实践三个阶段，其"变革的实践"也相当于"创"。

两位同时代的伟人在同一时间段都创造性地发展了中国传统的行知观，即都指向了"行知创"。

（三）从新生活教育到"行心创"生活教育

在第一节中已经揭示了从生活教育到新生活教育发展的逻辑，现继续论述新生活教育为何要发展到"行心创"生活教育。

首先，由于新生活教育的"新"没有具体所指，因此从生活教育发展出来的教育理论都可以称为新生活教育，这意味着，"行心创"生活教育实际上就是一种新生活教育探索。

其实笔者一直在不断探索生活教育的当代化表述方式。首先，受陶研界原安徽省陶行知研究会会长何炳章先生"自育自学"理论的启发，笔者在2011年提出了"大自我生活教育"③"自我能动性"的概念——"自我能动性是生活教育的新方向"的表述。2012年，笔者又撰写文章《陶行知生活教育理论的内涵新探》，该文被中国陶行知研究会国际陶行知学术研讨会收录汇编。笔者在此文中

---

① 胡晓风，等.陶行知教育文集[M].成都：四川教育出版社，2007：464—465.
② 毛泽东.毛泽东选集 第一卷[M].北京：人民出版社，1966：259—273.
③ 周志平.我的生活我做主——大自我生活教育引论[J].福建陶研，2011（01）：21—28.

提出要解决生活与教育相脱离的问题，可能还有另外的途径，并沿着这个思路去思考，直到2014年进一步提出"新生活教育"①的概念。在此过程中，"自我能动性"很容易引人联想到"实践"。到了2014年，笔者又提出了"实践是生活即教育的中介"这一观点，该观点后在《生活教育当代化与新生活教育探索》一文中得以具体阐述。在这篇文章中，关于新生活教育探索的基础，笔者明确讲到"马克思主义哲学基础"，并提出了"生活与教育的中介是人的实践""实践是生活即教育的中介"②，即生活转化为教育的核心是要在生活中进行能动性的实践，只有通过这样的实践才能够使生活真正转化为教育，破解生活与教育相脱离的这一矛盾。实际上这也是把实践引入到生活和教育之间来解决问题，而"实践"——"人们能动地改造和探索现实世界一切客观物质的社会性活动"，其实就是"行知创"的过程。

这样的新生活教育自然应该是"行知创"生活教育，于是笔者进一步将"知"发展到"情意"，由"知情意"构成"心"，将"行知创"生活教育发展到"行心创"生活教育。这样的扩充和发展，也是符合陶行知的教育思想的。在重庆育才办学的时期，陶行知已经提出要将"知情意统一"作为重庆育才学校育人的重要指导思想。在行知观中，人们依然可能只关注知关于认识的一面，将行知观简单等同于认识论。实际上，人类的意识包括"知情意"，但是认识往往被局限地理解为"知"。

"行心创"生活教育也符合陶行知的教育愿望。陶行知对生活教育的期望是"止于人民幸福"③。"行心创"生活教育为了着眼于生活的幸福，必须帮助个体实现与集体和类体的统一，促进个体小我和大我的整合，在此过程中，必然先要求个体了解自我。在哲学上，认识自我是哲学发展，甚至是个人哲学水平发展的重要维度；而在生活教育上，认识自我同样是衡量个人生活教育水平的重要依据。因此，当我们深入认识自我时，行知的问题就摆在我们面前。生活中的每件事均体现在我们的行动中，都渗透着"知情意"的各种内容。因此，在解决行而不知、知而不行等众多问题时，自我认识必然会进入"知情意"的各个方面，要求"知情意同等发展"，这也是"知情意统一"的另一种表述。

---

① 周志平. 生活教育当代化与新生活教育探索 [J]. 生活教育，2014（19）：25—29.
② 周志平. 生活教育当代化与新生活教育探索 [J]. 生活教育，2014（19）：25—29.
③ 胡晓风，等. 陶行知教育文集 [M]. 成都：四川教育出版社，2007：409.

令人欣喜的是，陶研专家周洪宇教授也很认同"新生活教育探索"，其团队最终在"阳光教育实验"的前期实践基础上，以马克思主义实践观为指导，沿着生活教育的发展路径，提出了"生活·实践"教育[①]，这是对生活教育的新探索，也是对新生活教育的一个新的表达形式。[②] 这里将"实践"的概念跟生活教育相结合，形成了"生活·实践"教育这一概念，并倡议了"生活·实践"教育实验。"生活·实践"教育即是以生活为内容，以实践为方式的教育。总体而言，周洪宇教授将"生活·实践"教育的要义与特质概括为"一二三四五六七八"[③]：

一个宗旨："生活·实践"教育注重培养具有全球观、中国心、现代化的时代新人，让教育通过生活与实践创造美好人生。

二个重点："生活·实践"教育注重让学生学会成人与做事，学会成人，即学会成为有理想、有道德、有文化、有纪律的人；学会做事，即学会求知、学会做事、学会共同生活、学会生存。

三大途径："生活·实践"教育努力通过学校教育、家庭教育、社会教育三大途径实施，取得协同推进的综合效果。

四个结合："生活·实践"教育注重四个结合，即教育与生活相结合、学校与社会相结合、教学与实践相结合、做事与成人相结合。

五育并举："生活·实践"教育注重德智体美劳五育并举，智商、情商、意商并重，"知行合一""知情意合一""智仁勇合一"。

六个原理："生活·实践"教育倡导"生活即学习""生命即成长""生存即共进""世界即课堂""实践即教学""创新即未来"。

六个能力："生活·实践"教育注重培养学生的生活力、实践力、学习力、自主力、合作力、创造力。

七项目标："生活·实践"教育注重培养学生健全的人格、科学的思维、健康的身心、艺术的爱好、手脑并用的能力、合作的意识、负责的精神。

---

① 周洪宇. 继承与发展：从生活教育到"生活·实践"教育[J]. 宁波大学学报（教育科学版），2021（03）：2—9.

② 郭少榕，周志平. 均衡·优质·活力：基于差异的学校教育微观公平理论与实践[M]. 厦门：厦门大学出版社，2021：1.

③ 周洪宇. "生活·实践"教育的要义、意蕴与实施[J]. 宁波大学学报（教育科学版），2022（03）：1—8.

八大特质:"生活·实践"教育具有生活性、实践性、人民性、科学性、发展性、创造性、民族性、世界性。

毫无疑问,"生活·实践"教育的各种主张对"行心创"生活教育的构建也都有很重要的启发作用,甚至在实践的重视上,二者都有着相同的追求。

二、"行心创"生活教育构建

正是因为看到实践的重要性——实践对于生活和教育的关系的重要性、实践能够破解生活与教育相脱离的情况、实践作为生活与教育的中介,才有了"行心创"对实践的进一步深化和发展。

我们通过认识的能动作用回到改造世界的实践中去,而认识的能动作用恰恰表现在从感性认识到理性认识再到变革实践的飞跃过程中[①],这个过程中的三个阶段恰好对应三个世界——经验世界、理念世界和人造世界,而对"行心创"生活教育来说,这三个世界则是经验世界、良心世界和人造世界。

其一,经验世界。经验世界就是生活的实际状态世界,包含每个人的日常生活经验。其是五官可感的世界,是由实践作为基础的世界,各种感性经验、感性认识都属于经验世界。

其二,良心世界。良心世界中的理念世界往往是认知维度的体现。实际上,除了认知维度外,情感和意志维度同样重要,它们共同构成良心。要对经验世界进行理想化、概括和加工,一方面是要对认知维度的世界进行理念化,主要是对概念、原理、规律化的处理,从而使之转为理念世界;另一方面是要对价值观维度和关系维度的世界进行理想化,这些有助于构成一个良心世界。这个良心世界不在客观外部世界中,而在每个人心中,是向内求的,非实践的。

其三,人造世界。人类掌握原理之后再进行技术化和产品化,就是构建人造世界。例如,电、汽车、镜子、显微镜、收音机、电视机、电脑等。此人造世界,被人感受和经历后又会化作经验世界。

因此,原本生活的三个世界,就可以引申成经验世界、良心世界和人造世界。

---

① 毛泽东. 毛泽东选集 第一卷 [M]. 北京:人民出版社,1966:259—273.

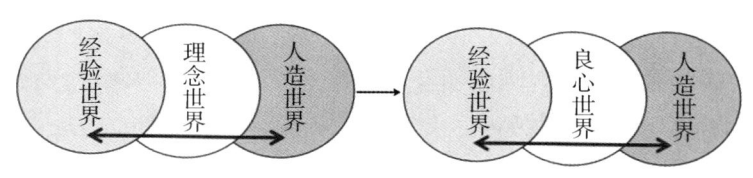

图 1-3 生活的三个世界

从图 1-3 可知，图中左边的经验世界可以看成"行"，理念世界可以看成"知"，人造世界可以看成"创"；图中右边的良心世界可以看成"心"。于是图中左边是"行知创"，图中右边是"行心创"。而新的生活教育，就是要打通"行心创"三个世界，经历这样打通的生活，就是新生活教育，即"行心创"生活教育。需要说明的是三个世界的关系并非并列排开的，这里只是方便探讨才这样画图。

从"生活·实践"教育到"行心创"生活教育，本质上是进一步明确了"实践"是"行心创"三个世界的打通方式，打通这三个世界的过程就是"实践"。

纵观整个人类的发展史可见，三个世界是逐渐被打通的，本质上也就是人类的实践不断深入的过程，如图 1-4 所示。

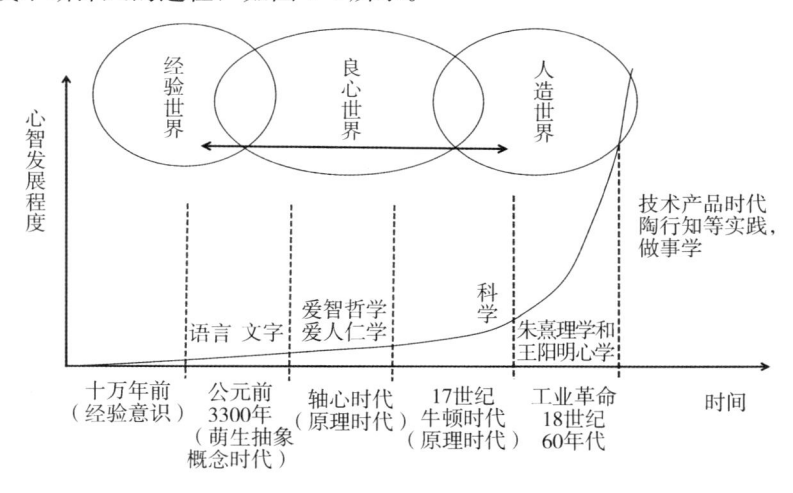

图 1-4 人类生活世界的历史延展

《人类简史：从动物到上帝》一书指出，"早在 250 万年前，就已经出现了非常类似现代人类的动物"。[①] 图 1-4 的横向维度是人类 200 多万年的进化发展，纵

---

① 尤瓦尔·赫拉利. 人类简史：从动物到上帝[M]. 林俊宏，译. 北京：中信出版社，2017：2.

向维度是人类三个世界的高度,也代表人类心智发展程度。从横向看,十万年前人类活在经验世界中,语言刚刚萌芽,文字还没有出现,人类的发展一直很缓慢,十万年不如当今十年的发展。大约7万年前,"认知革命"(cognitive revolution)让历史正式得以启动,① 正如《人类简史:从动物到上帝》一书指出,智人之所以超越其他人种,是由于其理解抽象概念和想象的能力,即智人可以理解虚构的概念。伴随着语言、文字的出现,人类(智人)的良心世界日趋丰满,语言对世界的描述,文字对世界的抽象,都逐渐提升了人类的知情意的抽象水平,也即心智的抽象水平,这种抽象就是一种理想化的追求,这种追求最终在轴心时代爆发了。轴心时代,人类在知情意这三个领域,即认知领域、情感领域和意志领域分别找到其文化探索的倾向,如儒家是仁爱(情感领域),古希腊民族是求知(认知领域),古犹太民族是信仰(意志领域)。

三、"行心创"生活教育的发展学术脉络

现在笔者想从整体上再梳理一下"行心创"生活教育的发展脉络(见图1-5)。可以分为两条进路:一条是陶行知生活教育形成和当代演进的进路,这条进路来源也有两条路径。陶行知发现"行知行"到"行知创",是综合了王阳明以来的行知关系论述,又综合了杜威的思想。这两种综合都可以看成是从肯定阶段到否定阶段的进步或者进化。首先,陶行知对王阳明的"知是行之始,行是知之成"的认识,发展成"行是知之始,知是行之成"对立面,到后来又发展出"行以求知知更行""行动是老子,知识是儿子,创造是孙子";其次,对杜威这位老师,他也是从"教育即生活""学校即社会",变成了"生活即教育""社会即学校"两个的综合,前者是行知的出现,后者是生活教育的出现。某种程度上可以说陶行知是"行知创"生活教育的倡导和实践者。另一条路径体现在毛泽东的《实践论》中。毛泽东揭示了实践的三个过程,而实践论的思维成果直接来源于马克思主义哲学基本原理,而这也可以追溯到黑格尔,乃至上溯到古希腊到康德的求知传统。《实践论》的当代演进则是党的十八大和新课改以来对实践的进一步重视。

---

① 尤瓦尔·赫拉利. 人类简史:从动物到上帝 [M]. 林俊宏,译. 北京:中信出版社,2017:2.

图1-5 "行心创"生活教育的学术发展脉络

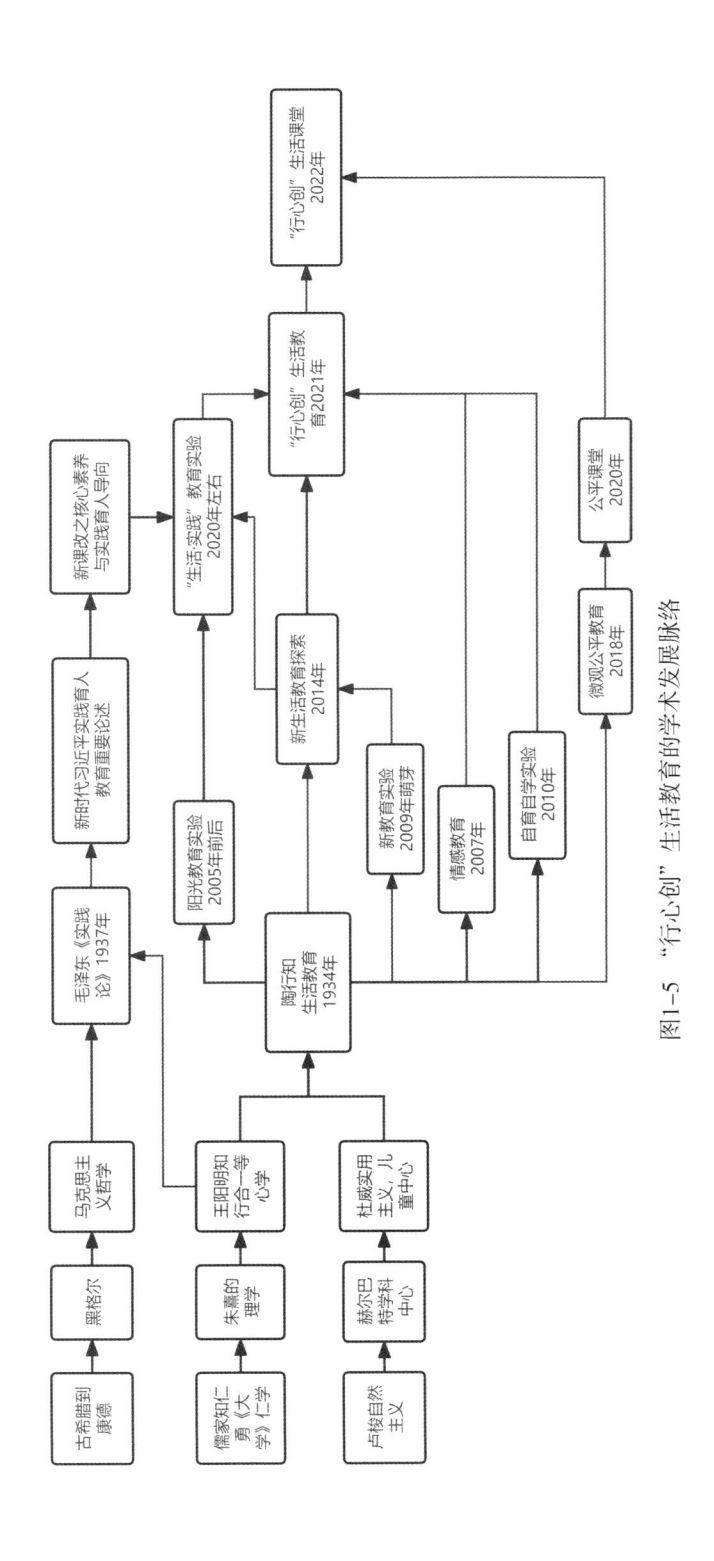

虽然郭元祥教授早在1998年左右就提出"新生活教育",并开展"新生活教育实验",但笔者却是从2012年才开始独自探索新生活教育理论,于2014年正式提出了"新生活教育探索"这个概念,并明确了"新生活教育探索"要以马克思主义为指导,要研究"生活辩证法"的观点。但2014年这个时候的新生活教育到底是什么样的形态,是"大自我生活教育"[①] 或者是别的什么形态,还并不清楚。

自十八大和新课改以来对实践的进一步重视和陶研界周洪宇教授及其团队于2020年左右提出"生活·实践"教育主张,都进一步推动了笔者对"行心创"生活教育的探索。笔者再综合中国陶行知研究会原会长朱小蔓先生的"情感教育实验"的探索和安徽省陶行知研究会何炳章会长意志领域"自育自学"实验的探索,加上对认知维度的"行知创"的探索,又结合中华优秀传统文化——心学,并以马克思主义生活哲学为基础,终于进化出"行心创"的实践观,再加上受到福建省陶行知研究会副会长郭少榕的微观公平教育理念的启发,"行心创"生活教育在2021年左右被确定,而原先笔者对新生活课堂、生活力课堂和微观公平课堂的探索也相应地转为"行心创"生活课堂的研究,从此新生活教育就有了"行心创"生活教育这样一个新形态。

四、"行心创"的完整表述是"御物行心创"

然而"行心创"生活教育只是新生活教育的一个简化形态,其完整的形态表达是"御物行心创"生活教育。

(一) 整合：御物上劳力劳心

传统的行知观都是从行与知的关系来讨论,因此一直陷在行知二元的矛盾对立中,要么主张行先知后、知先行后,要么是行难知易、知难行易。即使有行知合一的主张,实践起来也并非易事。

一是行知关系与行知主体有极大的关系。马克思主义认为现实生活中存在三种主体,即类体、集体(群体)和个体。行知关系之所以多样,全部是因为与行知主体有关。新生活教育的行知观认为行知的关系问题取决于行知所存在的具体

[①] 周志平. 我的生活我做主——大自我生活教育引论[J]. 福建陶研, 2011 (01): 21-28.

情境和具体主体。根据不同主体，行知关系有三种情况，即行知统一、行知合一和行知同一。首先，就类体而言，即整个人类主体的行知关系是统一的，人类的实践和认识是对立又统一的，谁先谁后很难分辨，二者应是互相促进的关系。往往是一个地区的认识引发另一个地区的实践，其实践又引发新的认识。也可能是一个地区的实践自发地引发了认识，但总体上是实践与认识相统一，人类的认识不会过度超越其实践，其实践也不会超越认识太多。其次，合一是指合而为一，合成一体是指两样不同的东西可以合在一起构成一个整体。就一个集体而言，其集体的行动和认识是合一的，集体的行为与其集体意识相一致，集体意识引发相应的集体行为，很多时候难以分清集体意识和集体行为，因此常常需要根据集体行为判断集体意识的情况。合一的前提在于能够区分出行和知，即集体意识可以以文化、文件、宣传标语、会议等表现出来，而集体行动则是以集体的组织行为、活动为表现。由于集体行动和集体意识是一个整体，集体的行为是一种有组织的行为，而有组织的行为必定是一种集体意识的结果，所以二者是合一的。最后，作为个体，行知不是先后关系，行是表、知是里，行知是同一的，表里是一致的，它们同时存在。行知表里，如一枚硬币的正反面，行不会离开知，知不会离开行。很多时候我们无法分离出"行知"，就像我们不能将一枚硬币劈成两半还说它仍是一枚硬币。事实上王阳明所论及的行知合一，恰恰是指个体层面的行知同一，即"一念发动处，便即是行了"。

二是突破二元窠臼，构建三元行知关系。行知关系长期以来被视为二元关系，在二元关系中，陶行知从二元统一到一元，以"在劳力上劳心"将劳力视为行动，劳心视为心动。"行心创"生活教育，则继承了马克思主义哲学关于物质与意识的关系和陶行知《生活工具主义之教育》中关于生活工具的观点。应该可以发现行知是需要生活工具的，或者说需要行知工具。实际上任何行知都是建立在现实的物质环境中，应用现实的工具进行。因此"行心创"生活教育借此进行整合并构建"在御物上劳力劳心"的新的行知观，之所以是御物而不是御工具，是因为物质不仅仅包括工具，还包括行知的环境、对象、主体等。新的行知观强调了三元一体，强调了生活教育在物质、意识面前物质的第一性，教育是在物质环境、主体和对象的先决条件下不断在行动中发展认识的。"行心创"生活教育"在御物上劳力劳心"，也弥补了当前生活教育考虑物质因素不足及过度强调精神奉献的实践倾向，它充分重视物质在教育发展的重要作用，强调人们的生活物质水平、生活工具水平制约生活教育水平的重要观点。另一方面也为行知二元打开一条思路，原来行知难易问题可以借助物质的力量而得到化解，人们应该充分意识到利用环境、对象、工具来促进行知的发展。

（二）结合：御物"行心创"

御物"行心创"，结合了物质、实践和意识三个维度，重视生活工具和生活的物质因素。而行知创，通过"知情意同等发展"，原来的知就显得比较狭隘了，因而要变成"行心创"。知情意，其实就是"心"，是人的心智。两项结合就形成御物上"行心创"。相关的图示见图1-6。

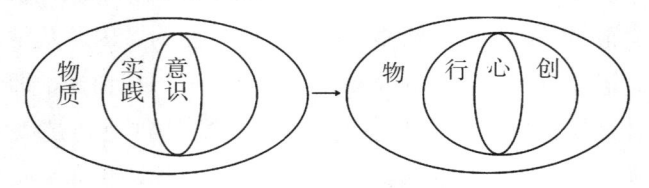

图1-6 从物质、实践和意识到"御物行心创"的图示

这种行知观结合了唯物辩证法，将物质作为实践和认识的基础，既符合马克思主义基本原理，又发展了传统的实践观。

在实际的教育过程，人们往往不太看重物质的力量，对本书而言，也存在暂时没有将物质环境建设单独设章去构建"行心创"生活课堂的问题。这里仅在此前提下，展开对"御物"的论述。

首先，御物有三类：一是对物质的借助和运用，如对环境物质的利用。二是对生产工具、劳动工具、生活工具、学习工具等，也包含表格、图示、书籍、信息技术等工具的运用。三是对身体的运用。

其次，御物是一种解决实践问题的基础手段，通常人们解决问题的想法是依靠头脑，用心御力，心行合一。但当心力不足之时，可多想想是不是可以有效借助物质的力量。由此对整个生活教育而言，推进生活教育的发展，或者我们的学校教育的发展，依靠的还得是整体物质力量的发展，如学校的环境、课程场馆建设、学校先进的教育教学设备等。

最后，御物理念在当前学校教育中的应用主要强调三个方面：一是学校文化环境。在此重视的是学校物质、标识、装饰环境的基础性作用。二是信息技术。当前学校智慧教育和信息化2.0都对这类工具提出了新需求。三是课程的场馆建设。这使得学科教育有足够的物质工具、实验室、实训室、博物馆等。

（三）融合：学校教育五育并举内在逻辑

"御物行心创"生活教育可以简称为"行心创"生活教育。理由有二：一方面是为了不将这个学说名称更加复杂化；另一方面也因为实践是离不开物质性的，实践必定是物质性的，"行心创"中可包含"御物"。"行心创"生活教育是一种新生活教育，和"生活·实践"教育一样，都重视"实践"，只是这里的实践被明确为"御物行心创"，即强调了实践是在"御物"的基础上进行的。对个人来说，借助工具、借助身体去实践，是必要的。因此，人除了心智要发展，身体和身体的生产能力也要发展。以这样的视角，"御物行心创"可以看成"身心创"。这样我们也可以理解身体的培养是体育；心智的培养是知情意，分别对应智育、德育（情＋意）和美育（知＋情＋意）；而创的培养是劳育。德、智、体、美、劳五个方面全面发展是我国的教育目的[①]，其来源其实是对物质、实践和意识的打通，这似乎可从"御物行心创"推演出来的"身心创"中产生。

---

① 冯建军. 教育学基础［M］. 北京：中国人民大学出版社，2012：238.

第二章 "行心创"生活教育理论的哲学基础与体系

本章主要介绍"行心创"生活教育的马克思主义生活哲学基础及其理论框架和体系。首先概述马克思主义生活哲学的研究内容,并介绍国内关于马克思主义生活哲学的研究现状。其次,我们还将讨论马克思主义生活哲学所构建的完整世界观,即主体世界、客体世界和创体世界的关系。马克思主义生活哲学作为研究生活的哲学领域,为"行心创"生活教育提供了深厚的理论支撑。最后,深入阐述"行心创"生活教育的理论体系。内容涵盖了"行心创"生活教育的本体论、育人目标、课程论,这些要素构成了"行心创"生活教育的基本框架,为实施具体的教育活动提供了指导。

第一节 "行心创"生活教育的生活哲学基础

为了对"行心创"生活教育内涵有更好的理解,我们要研究一下其哲学基础——生活哲学。虽然生活哲学并不是笔者首次提出的,但对其探索过程体现了笔者个人的学术演进脉络。在笔者走进生活哲学之前,先是对"中西马"三大哲学进行了系统探索,认识到哲学最终是人的哲学。三大哲学的分歧最终是中西方对人性的认识的分歧,由此在 2012 年形成了对人的哲学的系统认识,简称

"人学"。2014年，笔者提出新生活教育，接下来一段时期的研究是对新生活教育的横向探索，直到2016年，才正式撰文展开对生活哲学的探索。紧接着，笔者又于2017年前后对新生活教育进行了纵向探索，提出"行知创"概念，到了2021年底决心将"行知创"发展到"行心创"，由此形成了"行心创"生活教育的建构。

一、马克思主义生活哲学的缘起

（一）哲学发展的简易逻辑

哲学研究是有范式的转换的，西方哲学在其系统内有一个很长的哲学研究历史，这个过程有几个阶段的转换。首先是古典时期的哲学的本体论阶段，这个时期的哲学主要是古希腊哲学，侧重探讨宇宙的本原阶段。第二个阶段是认识论阶段，起源于笛卡尔和培根两位大哲学家，他们发现人们对世界的本原认识越来越受制于人的经验和认识的方法，笛卡尔的《谈谈方法》、培根的《新工具》都是对这方面的反映。这一哲学经过理念论和经验论的不断发展，最终在康德那里达到高峰，哲学之后进入了第三阶段，这就是叔本华开启的意志论阶段。叔本华发现，世界是生命意志的表象，具体表现在《作为意志和表象的世界》一书中，换句话说，人们对世界的认识受制于人的意志。后来又经过尼采和心理精神分析学派等的发展，这种对意志和潜意识的研究就进一步得到了丰富。意志论阶段还没有结束，第四阶段实践论又开启了，认识受制于实践，实践对认识的影响，乃至对世界观的影响都是非常明显的。马克思主义哲学深刻地揭示出了，在社会发展的不同阶段，人们的社会实践决定了人们对世界的认识。这一阶段还没有结束哲学又开启了第五个阶段，即语言分析时代。一批哲学家，如维特根斯坦等发现语言才是哲学研究的本体，哲学对世界观的表达离不开语言，哲学的问题本质就是语言的问题。随着人们对哲学的认识越来越清晰，综合上面众多的发展阶段，人们发现不论是物质、认识、意志、实践还是语言，都体现了人与人之间各异的特性。因此，到21世纪，人学哲学成为人们研究的热点，此可以算作是第六个阶段。笔者也曾在此方面用心研究近九年之久。然而哲学的问题，甚至关于世界的问题，并非仅仅受制于人之特性（简称"人性"），实际上不同文化、不同生存环境下的人，所表现出来的人性是不同的。因此笔者沿着这条道路继续前进，经过近一年的探索，跨入到了生活哲学的研究。

（二）起决定作用的哲学基本问题

恩格斯对哲学基本问题的经典表述是"全部哲学，特别是近代哲学的重大基本问题，是思维与存在的关系问题"①。物质与意识的关系或者是存在与思维的关系问题，这是传统西方哲学的基本问题，若加入中国哲学，这个基本问题就需要有所修正了。② 这里有几个问题需要我们来思考下。第一个问题是，存在与思维为什么会有关系？试想，如果这两者要有关系是不是就少不了第三者，那就是实践，没有实践，存在与思维搭不上关系。第二个问题是，存在、思维与实践若要发生关系，又要有什么条件？可见把哲学的基本问题解释为上面三种关系的问题也不能说就透彻了。那肯定还得有人，所以人的哲学联通了存在、实践、思维三者的关系。然而我们还可以再问，那就是什么样的人都能让这三者产生关系吗？实际上，死人不能，不实践的人不能，不思考的人也不能，所以我们还需要再给它加一个限定，那就是必须是一个真正生活着的人才能让存在、实践和思维发生关系，而且这关系也将反过来改造人的生活。所以生活哲学，本质上就是人的哲学，是生活着的人的哲学，是要研究存在、实践、意识三者间关系的哲学，这三者的关系如果要进一步深挖下去，那将丰富到让我们眼花缭乱，目前已有的入世哲学，几乎都难以跳出这三者的关系。随着马克思主义实践观的发展，实践这一要素就不能不在哲学基本问题之中。根据物质、实践和意识间的关系推知，存在三种主要的立场。首先是唯物主义，主张物质是决定人的经验和意识的基础，即物质是第一性的。其次，"唯行主义"认为实践（或经验）在决定人的意识和物质方面起着重要作用，因此实践被视为第一性的。最后，唯心主义则坚信意识具有决定物质的能力，这一观点强调意识的首要地位。这三种立场在哲学上各有其独特的观点和解释。

从一个不太严格的角度来说，西方有一些哲学是唯物主义哲学，一些哲学是唯心主义哲学；中国古代哲学主要是唯行和唯心主义的哲学（探讨知与行之间的关系，侧重实践与意识之间的斗争）。然而，马克思主义哲学尤其是被当代发展了的马克思主义哲学则是实践的唯物主义哲学，可以这么理解，它是唯物主义的，且强调实践先于意识的。

---

① 中共中央马克思恩格斯列宁斯大林著作编译局. 马克思恩格斯选集 第四卷 [M]. 北京：人民出版社，1972：219.

② 周志平. 生活哲学与新生活教育探索 [J]. 生活教育，2015（09）：19—23.

恩格斯认为，辩证法不过是关于自然、人类社会和思维的运动和发展的最一般的规律，是和"形而上学相对立的、关于联系的科学的一般性质"①。这种联系体现在三种规律上，即质量互变规律、对立统一规律和否定之否定规律。辩证法之所以成立，不仅是物质运动的联系的结果，还是人的实践联系的结果和思维运动联系的结果。

对于马克思创立的实践唯物主义②来说，物质决定了实践，实践决定了意识，人的物质观、世界观都取决于人的实践状况，其意识也来源于实践。以往旧哲学往往只追求精神本原或物质本原，而马克思主义哲学则以人的感性活动为基础，以全面审视总体世界的方式，现实地而不是抽象地，全面地而不是片面地，联系地而不是孤立地（实体地）对人和自然进行深刻地把握。③

（三）新时代对马克思主义生活哲学的呼唤

马克思主义哲学显然包含了马克思主义生活哲学，而马克思主义生活哲学也是发展了的马克思主义哲学。但它们都是属于马克思主义，其哲学的党性、基本范式是一致的。一般认为马克思主义哲学不仅仅是讨论物质与意识关系的哲学，也是讨论实践的哲学，实践观在马克思主义哲学中占有绝对的重要的作用。在马克思主义哲学看来，全部社会生活的本质是实践的，④ 是马克思主义生活哲学产生的基本逻辑，因此要沿着实践的路线，从实践走向生活。

习近平总书记在党的十九大报告中指出，"我国社会主要矛盾已经转化为人民日益增长的美好生活需要和不平衡不充分的发展之间的矛盾"。马克思主义生活哲学正是满足时代对生活需要的哲学探索，是新时代的呼唤，这种呼唤在于哲学从精英、知识分子的哲学转到了大众的哲学，哲学从上层建筑的广泛话语转为了日常教育和生活的、实践的话语的范式延展。在这样的一种趋势下，哲学服务的对象可以变成任何普通人，自然也可以是受教育的儿童，儿童哲学变成必然，儿童哲学教育也变成了趋势。

---

① 中共中央马克思恩格斯列宁斯大林著作编译局. 马克思恩格斯选集 第三卷 [M]. 北京：人民出版社，1972：484.
② 何萍. 马克思主义哲学史教程 [M]. 北京：人民出版社，2009：39.
③ 魏莉. 马克思主义基本原理十讲 [M]. 北京：人民日报出版社，2021：49.
④ 《马克思恩格斯列宁哲学经典著作导读》编写组. 马克思恩格斯列宁哲学经典著作导读 [M]. 北京：人民出版社，高等教育出版社，2012：87.

除了上述的基本逻辑外，马克思主义生活哲学的产生还有以下多方面的缘由：

一是马克思主义哲学的实践观研究已经有了非常丰富的积累，而从实践到生活，即回归生活世界变成了更多普通的人的追求。从前，实践观运用的是"精英"的词汇（官方使用得多），是"精英"的言语方式和解决问题的方式，但生活是大众的，更应该用贴近老百姓的方式来运作。马克思主义哲学从学校教育到普通大众的普及是必然的趋势，这种趋势来源于信息化。

二是人工智能时代下个体崛起，个人的生活世界面临重建。公共生活世界在人工智能时代被信息全面渗透，面对这样的生活世界，个体需要重建自己个人的生活世界，重建生活中的意义。人工智能时代下，各种碎片化且海量的信息让生活的意义变得支离破碎。虽然这个时代的人们可以超越自身生活的经验，看到更大的世界，但当思想追问最终的去向，生活就撑不起人生的意义，这就需要通过马克思主义生活哲学去追寻并统整出新的意义。

三是公共和个体的全面价值观成为这个时代的价值趋势，而这已经被社会主义市场经济制度固定了下来（其中社会表示公共价值，市场代表个体价值）。整个中国进入全面深化改革的时代，从分割的（东中西部、城乡、农民市民）、重点的（经济特区）、等级的（机关事业单位、企业），逐渐走向全面的、整体的、公平的改革进程，这意味着公共价值在向个体价值开放。

最后需要特别说明的是，生活哲学迎合了这个时代对哲学的发展需要，即生活世界需要打通物质—实践—意识的三元关系。生活世界的实践介入，推动生活世界的发展和变化，如教育领域推动生活教育的发展，经济领域推动生活经济的发展，政治领域推动生活政治的发展，一切已有的领域都将逐步建立在生活世界的基础上。

因此，马克思主义生活哲学最大的作用是将哲学引入到各生活领域，尤其值得一提的是，这些生活领域包含了个体心灵化的生活，而不仅仅是现实的生活。当然，在现实生活中，哲学也可以作为教育、政治、经济、文化等各领域与生活之间的中介，在各领域为人民日益增长的美好生活需要提供新的哲学性的指导，其中日常生活领域和教育领域都是需要进一步渗透的领域，而政治、经济、文化领域是一直以来渗透较多的领域。

(四) 马克思主义生活哲学在国内的研究现状

国内哲学界对生活哲学的研究已经有十多年的历史,主要有以下几个方面的成果。

一是关于马克思主义哲学本质上就是生活哲学的研究。主要观点有:"马克思主义哲学的任务就是研究现实生活世界的真理,改变整个生活世界,并在改变世界中实现自身;马克思主义哲学是审视、指导生活世界的世界观;马克思主义生活哲学的运思路径是从生活经由哲学再到生活,生活构成了马克思主义哲学的出发点和价值归宿;在马克思的著作中,'生活'或者'物质生活条件'概念不是作为马克思主义哲学的一般概念而是作为马克思主义哲学的基础概念出现的。"[①] "马克思主义哲学立足于'生活现实'或'现实生活'而把握'未来';依托于现实生活的马克思主义哲学是未完成的;马克思主义哲学随生活主题的演变而不断变换形态;马克思主义哲学是通过优化人的生活而深刻关注人的哲学。"[②] 此外,当代进一步的研究还揭示了马克思主义的唯物辩证法实质乃是生活辩证法,马克思主义哲学乃是生活哲学。[③] 虽然此研究提出了生活辩证法的概念,但对生活辩证法的具体内容却没有深入地探究。

二是关于马克思主义生活哲学的主要内容的研究。有研究认为,"马克思主义生活哲学主要研究生活事实理论、生活批判理论、生活认识理论"[④]。当然也有根据一般的哲学研究范式研究了马克思主义生活哲学的主要内容,这些主要内容包括生活哲学的本体论、价值观、方法论。例如,相关本体论的研究指出,在马克思看来,生活就是人们的存在方式和存在条件,具有现实性和整体性的特点;马克思认为生产是生活的本质,生活是生产的目的,生产与生活互为条件、前提,它们的统一构成人最根本的存在;生活的内容是全面的,多种多样的,涵盖了人与自然、人与社会、人与人、人与自身诸多方面的对象性关系。而相关的价值论研究则指出,马克思主义生活哲学的价值论体现在两个方面:一是对现实

---

① 李霞. 马克思主义生活哲学的多重意蕴 [J]. 山东社会科学, 2012 (10): 11—16.
② 杨楹. 马克思主义生活哲学的当代价值 [J]. 三明学院学报, 2010 (01): 1—6.
③ 杨楹. 论马克思生活辩证法的理论个性及其当代在场 [J]. 学术研究, 2014 (07): 1—16.
④ 陈忠. 马克思生活哲学的三重内涵——马克思"原点语境"中的"生活哲学" [J]. 社会科学战线, 2005 (06): 15—19.

中人的异化的批判，二是人的解放的发展方向。另外，有关认识论的研究指出，现实生活是认识的根本出发点，正确的理论"只能从对每个时代的个人的现实生活过程和活动的研究中产生"；现实生活是评价、衡量认识真理性的重要尺度；从现实生活出发也是获得真正知识的根本前提。①

三是研究了马克思主义生活哲学的当代价值。主要观点有："从生活哲学的角度理解马克思主义哲学，才能把握马克思主义哲学最本原的意义；回归现实生活，直面生活实践，才是马克思主义哲学研究不断创新的源头活水；就当代人存在状态而言，生活方式的多样化，主体性的凸显，使得重新挖掘马克思主义生活哲学的价值具有重要的现实意义。"②"生活哲学"之批判性有助于当代生活进行深刻反思；"生活哲学"有助于在当代中国落实"以人为本"的价值原则；"生活哲学"有助于反思和审视马克思主义中国化。③

四是关于马克思主义生活哲学的对象和方法的研究。研究指出，生活哲学研究的对象是原初世界，这种世界具有不可还原性、主体性和多样性三个方面。研究方法是"原初性思考"，而不是日常性思考和派生性思考，原初性思考有三个特点：自明性、反身性和实践性。④

五是关于马克思主义生活哲学在高等教育领域的运用。一般认为，高等教育发展至今，走过了精英教育、大众化、普及化等阶段，在传统的基于认识论和政治论的高等教育哲学指导下的实践出现了种种问题，当前已不能完全适应高等教育实践的新要求，对此，马克思关于人的生活的论述为我们寻找新的高等教育哲学指明了方向，生活哲学成为高等教育哲学的新视野。⑤

此外，还研究了马克思主义生活哲学的一段长长的历史，如《生活哲学的复兴》⑥ 一文就把生活哲学的源头追溯到了苏格拉底那里。

值得高兴的是，马克思主义生活哲学的研究领域中还涌现出了一些专门的研究群体，如《求是》杂志社文化编辑部副主任、编审李文阁博士以及华侨大学杨

---

① 李霞. 马克思主义生活哲学的多重意蕴 [J]. 山东社会科学，2012 (10)：11—16.
② 李霞. 马克思主义生活哲学的多重意蕴 [J]. 山东社会科学，2012 (10)：11—16.
③ 杨楹. 马克思主义生活哲学的当代价值 [J]. 三明学院学报，2010 (01)：1—6.
④ 马拥军. 生活哲学的对象和方法 [J]. 哲学研究，2004 (05)：25—29.
⑤ 张贤裕. 生活哲学：高等教育哲学新视野 [J]. 现代教育科学，2012 (11)：15—18.
⑥ 李文阁. 生活哲学的复兴 [J]. 哲学研究，2008 (10)：85—91.

盈教授等，他们都系统地研究了生活哲学，出版了关于生活哲学相关的专著，如《生活价值论》（李文阁）、《复兴生活哲学：一种哲学观的阐释》（李文阁、李景源）、《马克思生活哲学引论：生活世界的哲学审视》（杨楹、王福民等）。他们的研究既连续又主题集中，且都是从马克思主义生活哲学出发。

从这些关于马克思主义生活哲学研究的现状和特点来看，马克思主义生活哲学的研究受到了一些限制，如把马克思主义哲学的本质视为生活哲学，是看到它们的联系性和统一性，但研究却没有看到它们的区别性，这很大程度上限制了对生活哲学的独立思考和对生活哲学研究的视野。此外，生活哲学在其他领域的运用偏少，研究生活哲学的群体多是哲学领域群体，这必然影响生活哲学对其他学科研究的指导作用，比如对基础教育领域的指导作用。

二、马克思主义生活哲学的基本概述

世界统一于物质，物质演变成生命，生命进化出人。从宇宙之初到人，本质上都是物质，物质蕴含了三元——质料、能量和信息。但早期人们只看到有形体的质料和运动的物质，看到了二元，如阴阳、动静，这些二元的认识都是对立统一的。如果人不去认识它们，只是去体悟它们，它们就无所谓动静、善恶，这就是一元。心与天是一致的，是自然的本性，自然界生老病死，物理而已，何有善恶，也只有人因为对利害的考量才区分出善恶来，这样的区分也是为了更好地生存。如果我们像大自然一样呈现其本来面目，生老病死，兴起与衰亡，吃与被吃，那就只是停留在大自然的原始层次。人们对世界的认识，从一元变成二元，从二元辩证到三元，无非是更加细致地识别出了这个世界的"色彩"，正如具有三色能力的人类就比具有二色或一色生命看到的世界更加丰富。我们把世界分成各种类别、各种性质、各种"元"，就是为了更好地认识世界，从而改造世界，让世界变成更加适宜人类生存的空间。

（一）世界观

世界观是多元的，是人类努力的结果。我们的教育就要传承人类的这种丰富的世界观。然而，很大程度上儿童并不知道经验世界之外还有其他的世界。儿童的世界是不完整的，天然的不完整，作为教育者，我们有为儿童构建完整世界的使命。完整的世界是什么样的？我们不妨从柏拉图、波普尔和马克思主义哲学的三个世界谈起。

哲学家之所以是哲学家，就在于他必须构建一个他心中的世界，使其世界观成为人类认识世界的理论基础。然而试图给出完整世界之蓝图的哲学家并不多，柏拉图和波普尔是其中的典型代表。柏拉图的完整世界是由三个世界构成的，它们是具体世界、理念世界和艺术世界。理念世界是第一性的，具体世界是理念世界的摹本，艺术世界或者说精神世界又是具体世界的摹本。比如，理念世界中的电脑是完美的，而具体世界制造的电脑是依据理念世界中"电脑"的概念而制作的，艺术世界，如画家画的电脑又是基于具体世界的电脑画成的。柏拉图的三个世界构建了一个以理念世界为第一性的世界观，他认为这种理念世界先天地存在于人的认识能力中，但需要被教育唤醒。波普尔的完整的世界也是由三个世界构成：物理世界、精神世界和客观知识世界。物理世界指的是客观世界中的一切物质客体及其各种现象，如物质、能量、一切无机物质和一切生物有机体，包括人体及其大脑。因此，物理世界又包括了两个世界：无机界世界和有机界世界。精神世界指的是一切古今中外的主观精神活动。波普尔认为主观精神是实在的，因为它对物理世界，尤其是对人和动物的躯体具有直接的影响，即它直接支配着人和动物的物质躯体并通过其活动表现出来。精神世界也划分为感性世界和理性世界。客观知识世界是人类精神产物的世界，如思维观念、语言、文字、艺术、神话、科学问题、理论猜测和论据等一切抽象的精神产物以及以工具设备、图书、房屋建筑、计算机、飞机和轮船等为代表的一切具体的精神产物。马克思主义哲学世界是统一于物质的世界观，在物质世界中，我们还可以看到意识世界和实践世界，这是我们比较熟悉的（图2-1）。由于实践世界有两种，一种是感性的实践，一种是变革的实践，前者是"行"，后者是"创"。而意识世界可以认为是"知"，这里的"知"是良知的"知"，相当于是"心"或"心智"（见图2-2）。

当"物质世界"与人的"行"结合时，就构成了人的经验世界；而"心"是人的意识世界或精神世界，其中，意识世界包含了良心世界，良心世界又包含了理念世界；"创"是人造世界，如图2-3所示，这就是马克思主义生活哲学的三个世界。因此，不妨将柏拉图、波普尔和马克思主义哲学的三个世界对比一下[①]，如表2-1所示。

---

① 周志平. 给予儿童完整的世界——论儿哲教育的新时代使命[J]. 福建教育学院学报，2019（10）：19—25.

表 2-1　柏拉图、波普尔和马克思主义哲学的三个世界

类别	一世界	二世界	三世界
柏拉图	具体世界	理念世界	艺术世界
波普尔	物理世界	精神世界	客观知识世界
马克思主义哲学	物质世界	意识世界	实践世界

为什么完整的世界是三元的？若我们认同"世界统一于物质"，则物质具有三种初始状态（元始状态）——质量、能量和信息，这三种状态对人而言是同时存在的，只要它是物质，它就同时具备。相应的，世界也可以像质量、能量和信息一样分成三个初始状态，且这三者还可以互相转化，这就是三元完整世界的原理。

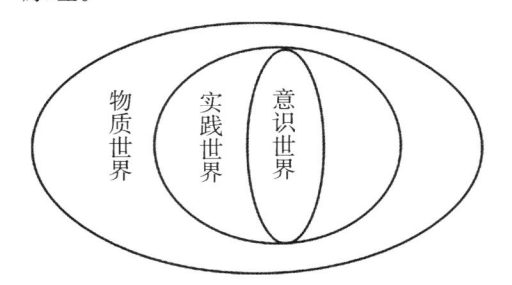

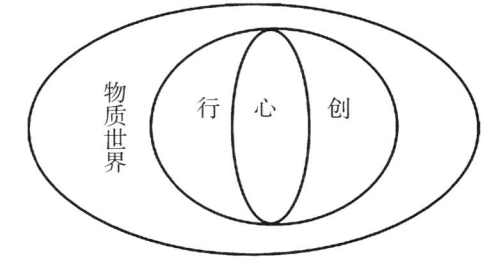

图 2-1　马克思主义哲学的三个世界　　图 2-2　"行心创"对应到马克思主义哲学的三个世界

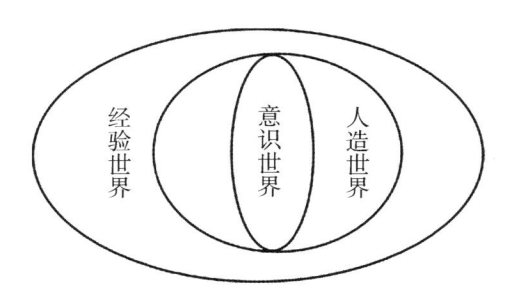

图 2-3　马克思主义生活哲学的三个世界

综合上述三个世界，人首先得到的是一种经验的世界，人看现实的物和人，包括他自己，都会带着经验的色彩，且人的经验世界是不断发展、不断澄清的世界，是随着实践才能更清晰的世界。因此，第一世界可以称为经验世界。其次，对于理念世界、精神世界或意识世界而言，经验本身是含有意识的，即也是精神的一种表现，但经验和理念可以区分开来，经验是人的感性认识，而理念是人的

理性认识。因此，对人来说第二世界应称为良心世界（理念世界）。人的良心世界（理念世界）也是不断发展的，尤其是人在系统地接受各种学科和科学知识后建立起科学的概念时，这样的良心世界（理念世界）就构建得更完善。此外，艺术世界、客观知识世界和人造物世界都是基于第一、二世界创造出的新世界，这个世界有别于理念世界和经验世界，不妨称为人造世界。人的这三个世界，如果需要有个综合的名称，笔者认为是生活世界（见图2-4）。人的生活是经验、意识和创造相统一的世界。

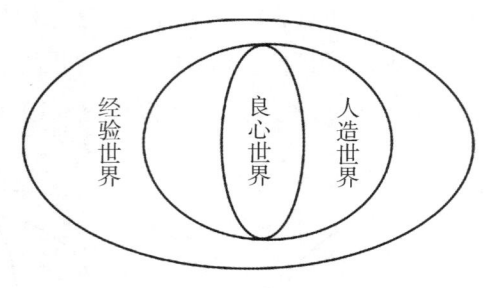

图 2-4　生活世界

实际上，从康德的哲学可以知道，客体世界所获得的"理念"属于认知的维度，来自两个方面：一是感性的能力，二是人自身的时间和空间形式能力。实际上，人还有良知（心）层面的情感和意志能力。良心世界是由认知、情感和意志构成的世界，而且也是一种理性的世界。在王阳明看来良心世界位于人的心中，不必外求，我们完全有能力自己去构建这种良知世界。

王阳明认为，良知是人先天自有的原则，是本来具足的，"心自然会知，见父自然知孝，见兄自然知弟，见孺子入井自然知恻隐，此便是良知，不假外求。""自圣人以至凡人，自一人之心以达四海之远，自千古之前以至于万代之后，无有不同，是良知也者，是所谓天下之大本也。""心之良知是谓圣"，所以王阳明认为"人胸中各有个圣人"，"尔胸中原是个圣人"，人本来就是圣人，以至于"满街都是圣人"[①]。如今看来，这种论断应该继续在当代进行创造性传承，中华文明的这种主体精神、良知精神应该继续得到弘扬。

柏拉图、波普尔和马克思主义哲学的三个世界都有共同的特点——对人而言，都是人的世界。不论是柏拉图的艺术世界，还是波普尔的精神世界和客观知

---

① 度阴山．知行合一王阳明：1472—1529 [M]．北京：北京联合出版公司，2014：30．

识世界，还是马克思主义哲学的意识世界和实践世界，都是因为有人才存在。因此，完整的世界是人的生活世界。哲学其实也只能是人的哲学，没有超乎人的哲学，因而所谓的世界观必然都是打上了人的烙印的世界观。

（二）人生观

相应地，打上人的烙印的世界观中也蕴含了人生观。人生观是人们在实践中形成的关于人生目的和意义、人生道路、生活方式的总的看法和根本观点。它决定着人们实践活动的价值取向、目标及人生道路的选择，也决定着人们的具体行为模式和对待生活的态度。下面列出几种常见的人生观，以便我们对什么是人生观有一个感性的认识：一是享乐主义人生观。它从人的生物本能出发，将人的生活归结为满足人的生理需要的过程，提出追求感官快乐，最大限度地满足物质生活，在此观念中，享受是人生的唯一目的。二是禁欲主义人生观。它将人的欲望特别是肉体的欲望看作一切罪恶的根源，主张灭绝人欲的苦行主义。三是幸福主义人生观。这里存在两种倾向，一种是强调个人幸福是人生的最高目的和价值；另一种则是在强调个人幸福的同时，也强调他人幸福和社会公共幸福，认为追求公共幸福是人生的最高目的和价值所在。四是乐观主义人生观。它认为社会发展的前途是光明的，人生的目的在于追求社会的文明和进步，在于追求真理，对人生抱着积极乐观的态度。五是共产主义人生观。它是无产阶级的科学的人生观。它把人的生命活动历程看作是认识和改造客观世界的过程，把消灭资本主义，实现共产主义，为绝大多数人谋利益，看作是人生的崇高目的和最大幸福。在此观念中，人生的价值和意义在于对社会所尽的责任和所做的贡献，人生最大的价值和意义在于努力地为人民服务，无私地把自己的一切精力贡献给共产主义事业。

上述第一、二两种人生观是人活在经验世界中所必然要面对的两种情况，因为，若人只活在经验世界，受到物欲、情欲等的影响时，要么害怕它，于是要求禁欲；要么拥抱它，于是尽情享乐；要么逃避它，于是消极厌世。因此，人的世界观影响了自身的人生观，而大部分人的世界观就是活在经验世界中，充满了感性的、片面的认识。

第三、四两种人生观则打通了个人与社会，也就是拥有了经验世界和精神世界两个世界。这里的精神世界，是一种理念的精神世界，而不是意识的精神世界。这里的理念的精神世界，构建了一个超越经验世界的，强调个人与公共两者和谐的人生观，这个阶段的人生观主要为追求某种理念而奋斗。

第五种人生观认为个人的利益是会影响公共价值和利益的，因而主张将自己的一切精力贡献给共产主义事业。它是打通三个世界（经验世界、理念的精神世界和人造世界）的人生观，它不仅改造主观世界，还改造客观世界，它是富有创造性的人生观。

马克思主义生活哲学的人生观，是马克思主义在中国实践和优秀传统文化两者作用下发展出来的新的人生观。其既有继承，又有创新和发展。马克思主义生活哲学的人生观是指人生的目的是过幸福完整的生活，其完整包含两个方面，一是生活要有三个世界，即不仅仅是经验世界的生活，还要有理念的精神生活和人造的生活，并且人能打通生活的三个世界。二是个体与公共的生活相和谐、相统一，个体的即是公共的，公共的也是个体的。两个方面做到了才能收获具有主体人性光辉的幸福生活。

马克思主义生活哲学的人生观和其他人生观的差别在于前者是完整的人生观，强调人不是仅仅活在经验世界中面对物欲、情欲等，还要通过另外两个世界来转化欲望，从经验世界走向理念精神世界，构建良心，并通过光明的人心，去创造美好世界。这个过程的核心是处理好个体与公共的和谐关系，这样才能打通三个世界，创造幸福生活。

只有实现和谐与统一，我们才能避免活在一个分裂的世界，摆脱痛苦欲望的束缚。我们不应仅仅追求享乐或禁欲，不应因恐惧而停滞不前，也不能只沉浸在空想之中，缺乏实践的支持。此外，我们也应摒弃个人自私的想法，不能将个体与公共利益割裂开来，成为只考虑自身利益的利己主义者。同样，我们也不能完全放弃个人利益，成为脱离现实的伪共产主义者。只有统一个体与公共的利益，才能真正实现人生的价值。

（三）价值观

人生观的形成，必然以某种价值观来表现。价值观是一个人对事物的重要性和价值的评价和取向。它是我们看待世界、理解事物、决定行为的基础，是我们的行动指南。价值观反映了我们的信仰、原则、信念和期望，它塑造了我们的生活方式，影响了我们的决策和行为。每个人的价值观都是独特的，它反映了人们的个人经历、教育背景、文化背景等因素。理解自己的价值观，并坚持自己的价值观，是我们实现个人成长和发展的关键。

马克思主义生活哲学的价值观是打通自己的生活世界，为自己和社会创造更好的世界，此过程的完成需要通过做事来不断练"心"。而这个"心"，要"知情意"三个维度都突破到第二阶段，才能进入理念的精神世界，即进入认知维度的概念阶段、情感维度的价值阶段和意志维度的目标阶段，如此才能让自己从经验世界中跳出来，避免陷入到经验世界的痛苦中。

我们的"行心创"生活课堂就是从中小幼日常的课堂教学中去帮助学生打通自己的认知能力、情感能力和意志能力，打通生活的三个世界，从而为其未来走向社会生活奠定良好的基础。

此外，上述的世界观、人生观和价值观之间也构成一定的关系，世界观影响价值观，价值观影响人生观。马克思主义生活哲学的方法论就是"御物行心创"，借助生活工具，利用物质环境，通过实践，在做事中不断练"心"，构建理念的精神世界，再去创造，如此方可实现人生的价值。而这种方法论就是我们的教育和课堂要落实的方法论，也是本书的全部旨要。

三、马克思主义生活哲学对"行心创"生活教育的指导

那么马克思主义生活哲学具体在哪些方面对"行心创"生活教育有明确的指导作用呢？这里谈一谈三个比较主要的方面。

（一）指导"行心创"生活教育的哲学基础研究

黑格尔说过，"一个有文化的民族"，如果没有哲学，"就像一座庙，其他方面都装饰得富丽堂皇，却没有至圣的神那样"[1]。"行心创"生活教育需要马克思主义生活哲学作为其哲学基础。而前述的马克思主义生活哲学还需要进一步研究，需要进一步整合中国传统哲学、西方哲学和马克思主义哲学三大哲学系统，这也是哲学界目前公认的发展方向。笔者于2010年前研究了人学哲学，目的就是为了尽力实现这一整合。马克思主义生活哲学就是笔者在探索人学哲学基础上转入的新的研究领域，可以说生活哲学正进一步渗透到人的生活的方方面面。因此，研究马克思主义生活哲学就必然要吸收古今中外哲学的优秀成果，正所谓"不忘本来、吸收外来、面向未来，更好构筑中国精神、中国价值、中国力量，为人民提供精神指引"[2]。"行心创"生活教育的哲学基础——马克思主义生活哲

---

[1] 黑格尔. 逻辑学（上卷）[M]. 杨一之，译. 北京：商务印书馆，1966：2.
[2] 习近平. 决胜全面建成小康社会 夺取新时代中国特色社会主义伟大胜利 [M]. 北京：人民出版社，2017：23.

学,来源应是多样化的,这才有利于为"行心创"生活教育提供更可靠的、更普世的生活世界观。

(二)指导"行心创"生活教育要回归生活的三个世界

马克思主义生活哲学对生活世界的本体认识,有利于研究清楚生活教育要回归到什么样的生活世界。这个话题源于我们目前的教育,主要是学校教育处于学科世界中,却远离了生活世界,所以让教育回归生活世界是大势所趋。"行心创"生活教育不仅要解决回归什么样的生活世界,也要解决谁回归生活世界。"行心创"生活教育主张所有人都要回归生活世界,它是属于所有人的教育,本质上是修"心"、修"行"的教育,也就不仅指学校教育,还包含了家庭教育、社会教育。

对生活概念的扩大或者明确,使得生活世界不仅仅限于日常生活的维度,而是拓展到全部关于人的世界,是物质、实践和意识的对立统一,也是辩证发展的世界。因此,陶行知的生活教育理所当然地就要随着生活概念的变迁而不断发展,它的内容、实现方式、对象都要有新的变化。比如对象方面,陶行知先生主张的大众教育、普及教育是生活教育的主要内容,而"行心创"生活教育对象方面已经突破了大众,是以人为本,是所有人,而不是某一类人,人人都有追求生活幸福的权利。马克思主义生活哲学使人们向往并获得真正的自由成为可能——心灵的自由,如此,其良知世界才可以得到真正的发展,中国千百年来关于"致良知"的理念才可以得到深化,即进一步向心智自由进发。

(三)指导"行心创"生活教育的研究

生活与哲学是人进入学科世界接受教育的桥梁,生活与哲学的结合形成了生活哲学,而我们中国课堂中的学科教学,其背后的哲学基础是马克思主义哲学,因此这样的生活和马克思主义哲学相结合,自然就形成了马克思主义生活哲学(见图 2-5)。

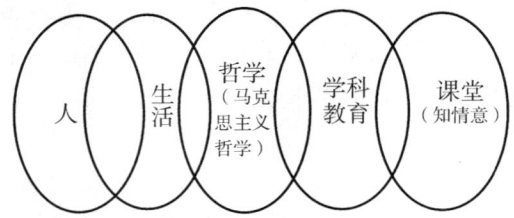

图 2-5 从人到课堂之间的生活、哲学和学科中介

人要接受教育，才能有日益增进的美好生活。每个人都首先是有生活，后受到学科教育的。从历史发展来看，人们也是首先在生活中发展出哲学来，然后才发展出各学科。所有后世的学科教育都有其底层的范畴、范式和逻辑，这是哲学所研究和规定了的，脱离生活和哲学而开展学科教育，就容易失去根基、失去智慧基因。这也是"行心创"生活教育和课堂的基本原理。从图2-5整体上看，人和课堂之间有生活，有哲学，有学科教育，虽然我们的教学具体是教各学科的知识，但我们的教学法的原理要建立在马克思主义生活哲学上，这种生活哲学与教育结合就形成了"行心创"生活教育理论，应用到课堂中就形成了"行心创"生活课堂，这个在后面的章节会进行更细致的阐述。

下面先运用马克思主义生活哲学的实践辩证法，对"行心创"生活教育理论做一个初步的演绎。

"行心创"生活教育瞄准的是实践的深度。过去，我们的生活实践深度是不够的，或者说实践的辩证发展不够，那种生活往往是基于"行"来"创造"，由行动产生经验，经验可以指引人们进行一定的事实判断和价值判断，使其根据这样的判断去做事，去产生新的行动和创造，这样就是"行—创"。层次高一些的，在行动产生经验后，往往会觉得经验不够，因此还会模仿和借鉴，然后再创造，形成"行—模—创"的生活方式。层次比这再高一些的则是行动有经验，经验中能悟，然后再创造，从而形成"行—悟—创"的生活方式。

然而，根据马克思主义生活哲学的推导和描述，本书倡导"行—心—创"的生活方式。也就是"行动"引发"心智"的改变——"心动"，这个"心智"包含认知、情感和意志三个部分——人的认知的事实判断，或者对认知的概念和规律的获得；人的情感的价值判断，或者是价值和关系的获得；人的意志的目的性判断，或者是目标和习惯等等，行动引发了这些变化后才去创造。细致地说，应该是下面三个过程的综合。

一是"初行"。人的行为往往与生命和欲望相关，现在有主张生命教育的，也有主张主体性教育的，都是要解决人的动力和发展问题。主体性教育，就是要解决实践意愿。当前学校教育中的个体往往缺少主体性，学习的动力不足，更谈不上实践的动力了，这是当前教育非常需要去反思的地方。

二是从行到心。劳力之后是劳心，劳心引发的不仅仅是认知的改变，还有情感态度和意志的改变。因此从行到心就可以裂变为三个方面：行—知、行—情、行—意。从脑科学来说，人们的第一行动反应是欲望和需求，也就是意志维度的需要，即"行—意"先出现，然后才出现"意—情"，也就是先看需要是不是符合自己的价值，之后对此形成一个认知判断，即"情—知"。常人的这种快速心灵过程，是人脑包含理智脑、情绪脑和本能脑的结构决定的。但"行心创"生活不是本然的"意—情—知"的生活，而是反向的"知—情—意"的生活，是先生成事实判断，借助价值判断，形成目的判断，然后再去自觉创造的行动。

三是从心到创。在现实中，知行不是那么容易合一的，能够知行合一的这个"知"一定是经过行动之后有了深刻体悟的"知"。而这个"知"也不再是一般的知识，这个"知"就是包含了默会知识的"知"，包含了情感态度和价值观的"情"，包含了过程和方法的"意"，达到了"心"的层面。现实生活中，我们也常有很多"知"，但这种"知"因为不丰富、不丰厚，所以无法达到知行合一，无法改造我们的行动，也无法推动生活的改造。为此，课堂教学更重要的应该是帮助我们对"心"进行改造，而现实中，往往是学科的"知"大量呈现于我们的书本上、网络上，在我们的文化中及我们的道德规训上。我们要让这些"知"得到改造，才会有生命的"心"和推动"创"的能力。

此外，根据人的大脑结构，意中包含情，情中包含知，这里的包含是由大脑发展的先后顺序决定的——意志脑（本能脑）是一开始就发展的，然后才发展出情绪脑，最后发展出认知脑，认知脑主要涉及教育领域。当本能脑接收到需求后传递给情绪脑也传给理智脑，然后情绪脑会做出价值判断，理智脑做出事实判断，形成的认知和情感再传给本能脑，由此再去创造行动。在实际生活中，有的人擅长情感，有的人擅长认知。普通人的优秀往往只需要达到知、情、意任一方面的优秀，若能达到任意两方面的优秀就很可能成为卓越人才，而知、情、意三方面都优秀，那大概率能成为杰出人物，历史上大多数杰出人物的这三方面都很优秀。

第二节 "行心创"生活教育理论体系

陶行知说:"教育是什么?教人变!"① "行心创"生活教育最终也是教人改变。"行心创"生活教育相对陶行知的生活教育而言,在本体论方面,是要让人活在全面的生活世界、三种主体生活教育中;目的论方面,不仅重视培养生活力,还强调构建生活关系和改变人的生活方式;课程论方面,则是要构建三维—五育的课程体系;而课堂或教学观方面,将在后面的章节阐述。

一、"行心创"生活教育的本体论

本体论是指探索世界的本原或基质的哲学理论。本原,哲学上指一切事物的最初根源或构成世界的最根本实体。比如,中国古代有将"气""五行"作为世界本体的朴素唯物主义;有将抽象的概念,如"道""无""理"作为世界本体的客观唯心主义;有将主观精神,如"心"作为世界本体的主观唯心主义。本体论在教育中,主要是探索教育的本原或基质,某种程度上是对教育本质的探索。就目前来看,依旧有社会本位和人本位两种相持不下的教育本体论。社会本位,即把教育与社会的关系作为教育的本质来认识,认为社会及其发展是教育矛盾运动中的本原,比如"上层建筑说""生产力说""社会实践说"等;人本位,即把教育与人的关系作为教育本质来认识,认为人及其发展是教育矛盾运动的本原,比如"自我建构说""生命说""自由说""存在方式说"等。当然也有"多重属性说""教育即教育说""教育无本质说"。不同的教育本质观,反映了人们对教育本质或根源的认知差异。

从生活教育来说,"生活教育本体论"认为生活本位是教育的本质,是要把教育与生活关系作为教育本质来认识,生活及其发展是教育矛盾运动中的本原,生活产生并决定了教育。然而要弄清教育到底更符合哪一种教育本质说,就必须

---

① 胡晓风,等. 陶行知教育文集[M]. 成都:四川教育出版社,2007:253.

突破固有的思维模式，构建一个全新的认识教育本质的思维框架。陶行知说："生活主义包含万状，凡人生一切所需皆属之。"① 某种程度上主张的是"生活即教育"这一本质观，而这个本质观比社会本位、人本位更广泛，更深刻。实际上，除社会本位、人本位、生活本位之外，还有一个本位，就是理念本位。理念本位涉及的是教育与真理的关系，即认为真理及其发展是教育矛盾运动中的本原。人类正是凭借不断地对真理，对世界的本质、本原进行深刻认识来推动教育的发展，没有对世界本质、本原的进一步认识，也就谈不上理解教育的本质变化。其实，理念本位自古有之，不论是古希腊《理想国》中将理念作为教育根本的观点，还是中国古代所说的传道授业，都是把理念作为教育的核心。

至此已总结出了四个本位——社会本位、人本位、生活本位和理念本位，它们都被认为是教育的本原。然而"生活主义是包含万状"的，社会本位、人本位和理念本位是生活本位的不同侧面，它们分别反映了人的集体性、个体性和类体性。当我们从生活的视角来看教育的时候，人的集体性、个体性和类体性，如个体人、社会、理念等就不能看成教育的本质。随着三个侧面的不断发展，当下追求生活本位的趋势逐渐深化——人们要过美好生活。当然，另外三个本位也可以和生活本位结合，即社会本位延展成人的集体性生活本位；人本位延展成人的个体性生活本位；理念本位延展成人的类体性生活本位。三个本位又可以统一于人的生活本位，即由于生活教育仅仅指人的生活教育，故可以略去人的限定词，上述本位最终可归结为生活本位，生活本位就是"生活即教育"。虽然"生活即教育"早就提出，但是学界对教育本质观仍然处于莫衷一是的境地，有专家指出"一方面，观点纷呈，其中不乏标新立异之说；另一方面，每一个学说又都有其悖论，难以以理服人"②。上述生活本位说有望可以终结在教育本质观上的长期分歧，因为各种教育本质学说在生活本位之下显然不再冲突，也不再各自标新立异了。那么为什么"生活即教育"可以真正揭示教育的本质呢？

（一）对"生活"本身认识的拓展

生活教育首先要对"生活"进行认识。陶行知对"生活"的认识有两点：一

---

① 胡晓风，等. 陶行知教育文集 [M]. 成都：四川教育出版社，2007：29.
② 瞿葆奎. 教育基本理论之研究（1978—1995）[M]. 福州：福建教育出版社，1998：151—207.

是"有生命的东西,在一个环境里生生不已的就是生活"①。二是"生活主义包含万状,凡人生一切所需皆属之",但"生活"具体是什么并不清楚。"行心创"生活教育认为,生活由生活环境、生活内容和生活方式三个方面组成。其中学校教育提供了学校生活环境和课程生活内容,其生活内容像陶行知生活教育一样界定出了五个领域——健康的身体、劳动的身手、科学的头脑、艺术的兴味、改造社会的精神,与当前五育并举是一致的,然而这不是本书的研究对象,本书主要研究的是"生活方式",尤其是课堂的生活方式。生活方式由生活力和生活关系组成;生活力又由生活者、生活工具和生活对象组成。在陶行知的生活教育学说中,有生活内容概念,即在《生利主义之职业教育》中提到人之生活有四,职业生活、消闲生活、社交生活和天然界生活②;也有生活力概念和生活工具的雏形概念,生活工具即生活主义之工具③;等等。此外关于"生活教育者",陶行知的多篇文章,如《教育的新生》《生活教育目前的任务》等均有论述。至于"生活关系",陶行知并没有明确提出这一概念,但生活教育理论还是有相关角色论述的,比如做人中人、主人、小战士等具有强烈主体性、平等性的关系角色。"行心创"生活教育对"生活"这一概念的展开,使我们看到原生活教育在生活关系、生活工具等方面的研究还有待深入。

(二)对生活教育作性质分类

"行心创"生活教育认为学科教育是客观的知识体系教育,也是人类生活的产物。而课堂又是一种集体生活,这种集体生活的质量决定了教学的质量,决定了每位学生学的质量。"行心创"生活教育借助马克思主义哲学将实践主体分成类体、集团主体(集体)和个体三种④,相应地,生活教育也可分成类体生活教育、集体生活教育和个体生活教育。⑤ 当然,也可以按照不同部门来分,如分成工作单位生活教育、家庭生活教育、学校生活教育;还可以按照性质分类,比如类体生活教育是共性的,集体生活教育是公性的,个体生活教育是个性的。类体

---

① 胡晓风,等.陶行知教育文集[M].成都:四川教育出版社,2007:225.
② 陶行知.陶行知全集 第一卷[M].成都:四川教育出版社,1991:12.
③ 胡晓风,等.陶行知教育文集[M].成都:四川教育出版社,2007:169.
④ 卫兴华,赵家祥.马克思主义基本原理概论[M].北京:北京大学出版社,2008:44—45.
⑤ 周志平.倡议建立"生活教育学"[J].生活教育,2014(03):15—19.

生活教育，如各种科学的学科是具有共性的，它排斥公性和个性，比如学术语言、科学语言，都是尽力排斥个性，尽量超越公性。科学作为共性，作为类体生活，并无国界，属于普遍理念。在学校的学科教育中，课堂教育是集体生活教育，具有社会性，而每个师生自觉自动的"教"和"学"又都体现了个体生活教育。

其中，个体生活教育是"行心创"生活教育要重点研究的一个领域。"行心创"生活教育研究个人的"知情意行身"教育，研究包括个体生活计划、个体成长规律、个体"知情意行身"等内容。"行心创"生活教育发现，个体生活最广大，犹如种子，可以分化出集体生活和类体生活（见图2-6），并以此方向分化，不断扩展。在人成长之初，个体生活占比最多，逐渐长大后发现学校教育中公共生活占比更多，个体生活作为个体自觉自动的生活占比相对变少。但是对于一些生活的有心者而言，个体自觉自动是始终大量存在的，那么他的个体生活教育占比就仍然比较大。当一个人的集体生活和类体生活向这个人提出更高的个体生活教育要求时，这个人的成长状态就会更积极、主动。三种生活教育的平衡发展是至关重要的，作为当前缺乏个体生活教育的学校教育，未来还需要进一步弥补在个体生活教育方面的不足。

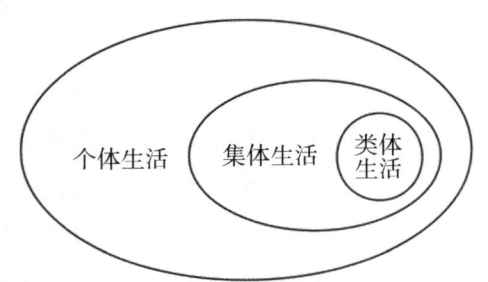

图2-6 个体生活、集体生活和类体生活的关系图

从实践主体的广度和"行心创"实践发展的深度出发去统合二者（见表2-2），是对"行心创"生活教育的深化。

表2-2 实践主体与"行心创"生活教育关系构建

实践主体维度	实践深度维度	实践维度
类体生活教育	行知创生活教育	类体行知创生活教育
集体生活教育	行情创生活教育	集体行情创生活教育
个体生活教育	行意创生活教育	个体行意创生活教育

由此可见，"行心创"生活教育，在主体和发展两个维度上形成了类体行知创生活教育、集体行情创生活教育、个体行意创生活教育。三者的关系我们将在后续进一步探讨。

（三）生活世界的融通

"行心创"生活教育探讨生活世界，这个世界包含经验世界、良心世界和人造世界，我们主张要给予儿童完整的生活世界，也就是要让儿童的这三个生活世界互相融通。

1. 经验世界

经验世界是各个学科的学习情境，也是学习起点，甚至远比那些学科内容来得更丰富，它是每个学生、每个教师都具有的学习基础，可以说，作为起点，经验世界远比学习的经验来得深广。我们每个人都有自己的经验世界，这个经验世界在知、情、意三个维度上，分别对应着感觉、情绪和需求。首先看知这一维度的感觉，它是认知的基础，感觉的边缘是问题，问题是认知的起点，陶行知说"发明千千万，起点是一问"[①]，几乎所有的知识都是来帮助我们解决问题的，因此在认知维度上，我们以问题作为经验世界的重要因素之一。情绪是情感维度的经验，是人对客观事物所持有态度和由此产生的主观体验和行为反应。人面对客观事物都会产生主观体验，这种体验也是经验，是情绪经验。需求是人的欲望需要满足，因此能够驱动人去行动，它是意志的起点，是人对自身身心需求的主观体验和行为反应，因而也是一种经验。然而经验世界并不只有问题、情绪和需求，其还包含丰富的个人化行为，如在认知维度，不以概念、原理去思考，而是凭感觉、感性去思考，都是一种个人化的经验行为。

2. 良心世界

"推动人去从事活动的一切，都要通过人的头脑……外部世界对人的影响表现在人的头脑中，反映在人的头脑中，成为感觉、思想、动机、意志，总之，成为'理想的意图'，并通过这种形态变成'理想的力量'。"[②]"理想的意图"就是良心世界的重要组成部分。良心世界在认知维度是理念世界，良心世界是归属于意识世界的。良心世界是一种抽象的与经验世界相对的世界，良心世界存在于人

---

① 胡晓风，等. 陶行知教育文集[M]. 成都：四川教育出版社，2007：520.
② 中共中央马克思恩格斯列宁斯大林著作编译局. 马克思恩格斯选集 第四卷[M]. 北京：人民出版社，1972：228.

的头脑中，是对客观经验世界的抽象的、正向的、主观能动性的反映。良心世界的最大特征在于抽象性、价值性、主观能动性。从认知维度来说，良心世界是抽象的，是对客观事物和现象的抽象，最终要形成概念、原理和技术；从情感维度来说，良心世界塑造核心的价值观；从意志维度来说，良心世界是主观能动性的目标、计划或蓝图。

3. 人造世界

人造世界是理实相生的世界，是经验世界和良心世界相互作用生成的新世界，之后又被归入经验世界。可见，人的外化（人造）不单是创造实体性的物质产品，同时也创造人的物质性社会关系（经济关系）和理性形式的精神现象。"人对精神现象的创造，就其自觉的理性形式而言，是指对科学知识、政治、法律、哲学、道德、文学、艺术、宗教等意识形式的创造。"①

良心世界是经验世界的模型、构想和方案，而人造世界是对这样的模型、构想和方案的实现。在认知维度，人造世界需要的是技术和应用，只有这些才能将模型转化为现实的产品；在情感维度，人造世界是联结人与人，人与物、事的关系网，形成新关系才能实现情感的对象化，并产生新社会；在意志维度，人造世界是执行与习惯，才能将人、事、物的目标更好地实现。我们眼前大部分东西都是人造的事与物，如学校、社会的各种组织和机构、教育教学设备、教材、书籍以及衣食住行等相关物质产品。

三个世界关键是要互相融通，教育的目的也是要打通这三个世界，让三个世界不再彼此隔阂。我们的课堂教学不仅仅是要教人掌握良心世界的认知维度，也包括良心世界的情感和意志维度，更是要将良心世界中关于"怎么来"的经验世界和关于"怎么去"的人造世界打通。

而我们生活世界一定程度上融合了"中西马"三种文化，即中国传统中的情感文化，西方自古希腊以来的认知文化和马克思主义所追求的改造世界的信仰文化，可见行心创生活世界是在世界性优秀文化视野下构建起来的生活世界。

在"行心创"生活教育看来，大量的人类依然生活在经验世界中，即生活在"行"这个环节。这意味着人类的心智、人类独有的理性精神没有被建构好，即知性、德性和志性这三大性，也即"真、善、美"三个维度还有待完善。知性是

---

① 宋锦添. 人生学导论 [M]. 北京：中国人民大学出版社，1990：39.

西方哲学社科思维所擅长的求知精神，而志性和德性，分别对应信仰精神、仁爱精神。这些精神分别源于民族的追求：古代中华民族追求的是仁爱精神，古犹太民族追求的是信仰精神，而古希腊民族追求的是求知精神，这三大元精神①构成了人的心智的精神世界。

随着时代发展，中西方文明必然在互相对立中发展出统一，并不断走向求同存异的合的阶段。建设中华民族现代文明，需要批判地借鉴和吸收外来文化的优秀成果。作为中华文明的最新形态，中华民族现代文明必然体现着当今时代的新特征、新诉求。

表2-3 关于人的心智、良心的建构

类型和比较属性	求知精神（知）	仁爱精神（情）	信仰精神（意）	阶段性	人性的维度
中华传统文明	诗性思维、辩证逻辑思维	血缘及血缘化的集体人仁爱精神	祖先、圣贤崇拜，相对主义	正	公性
西方传统文明	哲科思维、形式逻辑思维	守约，个人自由的博爱精神	上帝、英雄崇拜，绝对主义	反	私性
中华民族现代文明	建构思维（生活辩证法），批判思维（包含辩证和形式逻辑）	人类命运共同体	科学崇拜，实践主义（包含相对和绝对）	合	共性（包含公私性）

由表2-3可见，中华民族现代文明的建构正走向合的阶段，走向人类命运共同体，在这之前必须解决中西之间有关文明传统的融合关系问题。中华传统文明是公性文明，西方传统文明是私性文明，二者都需要经过马克思主义的洗礼，再进行创造性继承和发展，并最终走向合的阶段。另外，"行心创"要打造的心智世界包含知、情、意三个维度，对应在中华民族现代文明的发展轨道上，则求知精神、仁爱精神和信仰精神就是其新的发展。这意味着不论是课堂和教材的知识解读方面，还是教师的层面，都要开始改变，当今的教师要具备求知的能力、仁爱的能力和信仰的能力，而这些能力的建构就是行知创、行情创和行意创所要实

---

① 黎鸣. 人性与命运[M]. 北京：中国档案出版社，2006：27.

现的。

从上表还可以看出，中华民族的心智要经过正、反、合三个阶段的进化，要复刻和复演人类文明的进程。中华民族现代文明应是继承传统，发展世界优秀和先进文明才能形成的结果，要保持这样的发展势头，就要"合"，而不是否定，要善于站在更高的维度去"合"。中华民族现代文明不是西方现代文明的对立面，而是超越面，这个逻辑是必然的。中华民族现代文明是马克思主义与中国实践、中华优秀传统文明及西方优秀传统文明相结合的产物，而非是对立面的产物。

一个现代文明的强大在于其能建构新时代国民的强大心智，这是中华民族现代文明建构的方向所在，而教育就是要为这个方向服务。

二、"行心创"生活教育的目的论

生活中的"学"和学科课程中的"学"的差异体现：生活中的"学"是培养核心生活方式，学科中的"学"是培养学科核心素养，课程中的"学"是培养学生核心素养。可见以生活为中心的教育才是核心生活方式，教育其实改变的就是人的生活方式。所以，核心素养的培养最终也应该是要改变人的生活方式。更有甚者认为，未来学校课程应该将生活方式的培养作为课程改革的方向。

在陶行知生活教育中，"教育应当培植生活力"[①]。而"行心创"生活教育的育人目标是塑造生活方式。生活方式包含生活力和生活关系，生活由生活方式作用着，生活方式由生活力和生活关系两个方面组成。生活力，即生活的能力，是必然能在生活中表现出来的能力。生活关系是个人在生活中与自己、他人和世界结成的关系，人的本质是社会关系的总和，因此生活关系也是必须重点培养的。总而言之，生活方式是生活力和生活关系的聚合，也是能力和品格的聚合。

（一）生活力

1. 陶行知生活力概念的提出

陶行知生活教育的培养目标是塑造生活力。我们可以从以下一些陶行知文章中的观点看出：

（1）《我们的信条》中说："我们深信教育应当培植生活力，使学生向上

---

① 胡晓风，等. 陶行知教育文集 [M]. 成都：四川教育出版社，2007：149.

成长。"①

（2）《教学做合一下之教科书》一文中，陶行知详细列出了 70 种生活力。这些生活力分成五个方面：健康的体魄、农夫的身手、科学的头脑、艺术的兴味和改造社会的精神。

（3）《育才二十三常能》中指出初级常能有 16 个，如查字典、游泳、唱歌、修理等。高级常能 7 个，如速记、接电、翻译、讲演、领导工作等。

（4）1926 年 12 月 3 日，陶行知在《新教育评论》第 3 卷第 1 期发表的《中国师范教育建设论》中强调："这个学校对于学生所要培植的也是生活力。他的目的是要造就有生活力的学生，使得个人的生活力更加润泽、丰富、强健，更能抵御病痛，胜过困难，解决问题，担当责任。学校必须给学生一种生活力，使他们可以单独或共同去征服自然，改造社会。"②

（5）1927 年，其在上海青年会发表题为《中国乡村教育之根本改造》的演讲中又说："以后看学校的标准，不是校舍如何，设备如何，乃是学生生活力丰富不丰富。村中荒地都开垦了吗？荒山都造了林吗？村道已四通八达了吗？村中人人都能自食其力吗？"③

（6）1936 年 6 月 1 日，其在《杀人的会考与创造的考成》说："创造的考成所要考成的是生活的实质，不是纸上的空谈。"④

结合上述生活教育理论，笔者对陶行知关于生活力的表述有以下几点理解。

一是"培植生活力"是生活教育的重要组成部分，与"生活即教育""社会即学校""教学做合一"所指向的本质论、场所论、方法论类似，"培植生活力"可以看成目的论。

二是生活教育是"生活以事为中心""在事上下功夫""在劳力上劳心"的学问。生活力是人们生活中处理各种事情的能力。

三是生活力可以分为基本的生存能力（自食其力）以及征服自然、服务社会的生活力。

---

① 胡晓风，等. 陶行知教育文集 [M]. 成都：四川教育出版社，2007：149.
② 胡晓风，等. 陶行知教育文集 [M]. 成都：四川教育出版社，2007：153.
③ 胡晓风，等. 陶行知教育文集 [M]. 成都：四川教育出版社，2007：157.
④ 胡晓风，等. 陶行知教育文集 [M]. 成都：四川教育出版社，2007：342.

四是生活力还可以分为五个方面的能力：健康体魄的健康力、劳动身手的生产力、科学头脑的学习力、艺术兴味的美化力、改造社会精神的协作力。

在此基础上，再对生活力进行必要的补充和扩展，具体情况如下表 2-4 所示。

表 2-4　生活力构成

要素	征服自然	服务社会	自食其力	与当下五育关系
健康体魄的健康力	生态健康	社会健康、医疗	个人卫生环境	体育
劳动身手的生产力	植树、种植、农业	商品、工业生产、职业劳动	家庭劳动	劳育
科学头脑的学习力	自然科学及学习、研究	社会科学及学习、研究	精神科学及学习、研究	智育
艺术兴味的美化力	自然美	社会美	个人美	美育
改造社会精神的协作力	爱护环境、自然生命等	公德	私德、诚信、友爱	德育
与核心素养相对应的要素	文化基础	社会参与	自主发展	—

从表 2-4 可以看出，改造自然与文化基础还不够对应，前者只是共性的、自然的、科学的一面，而缺失了文化基础改造中的理性、文明的一面，而这恰是核心素养对生活力的"拓辟"。

在物理学中，力是一个物体对另一个物体的作用。陶行知生活概念是"有生命的东西，在一个环境里生生不已就是生活"[①]。这里的生活主体是人、事、物的总和。因此，生活力是主体对人、事、物的相互作用，本质上是主体对客体的相互联系和相互作用，这种作用是以工具为中介的。

2. "行心创"生活课堂生活力的构成

生活力可以分为具体生活力和抽象生活力（具体见表 2-5）。在实际课堂教学中，教师既可以培养学生的具体生活力，也可以培养学生的抽象生活力。比如在

---

① 胡晓风，等. 陶行知教育文集 [M]. 成都：四川教育出版社，2007：225.

学前阶段，幼儿的具体生活力有吃喝拉撒睡、休闲娱乐、人际交往以及各种兴趣爱好等。在小学到高中阶段，则包括健康的身体、劳动的身手、艺术的兴味、科学的头脑、改造社会的精神，可以按陶行知的五大生活力来培养。到了大学及就业进入社会的阶段，可以是专业生活力，这个过程也一直存在众多的抽象生活力，如自主力、觉察力、学习力、原理力、执行力、合作力和创新力。在这里可以看到"生活·实践"教育主张的"六大能力"①之学习力、自主力、合作力和创新力等，其实这些多是指抽象生活力。

表 2-5 具体和抽象生活力表

层次		具体内容	掌握
具体生活力	日常生活力	吃喝拉撒睡、休闲、娱乐、人际交往	学前
	学科生活力	健康的身体、劳动的身手、艺术的兴味、科学的头脑、改造社会的精神（如五育领域各学科的生活力）	小学到高中
	专业生活力	某个专业领域的所有生活力	大学及就业
抽象生活力	"行心创"生活力	觉察力、学习力、原理力、执行力、自主力、合作力、竞争力、精神力、创新力等等	一直存在

（二）生活关系

生活关系是指主体之间的相互联系和相互作用，也是指主体间性的相互联系和相互作用。生活关系的分类有多种情况：

一是日常的各类生活关系。包括人与自然、人与社会、人与文化等方面，具体如我们日常生活中的亲子关系、朋友关系、师生关系、生生关系、上下级关系、合作关系、竞争关系等。在课堂中，建构良好的师生关系、生生关系和学生与学习对象的关系，往往是教学的前提。

二是生活关系的表现形式。生活关系通常有对抗、亲近、逃避、民主等四种

---

① 周洪宇．"生活·实践"教育的要义、意蕴与实施［J］．宁波大学学报（教育科学版），2022（03）：1—8．

情况，有的人与周围的他人、客体相处都是处于一种对抗的关系模式，有的是亲近的关系模式，有的是逃避的关系模式。

三是生活关系的健康程度。不同的人的生活关系不同，大致可以分为一元、二元和三元关系这几种，一、二元生活关系都不够健康，三元关系最健康。主体在一元关系中，认为只有自己是好的，他人和世界都是坏的；在二元关系中，认为自己是好的，自己喜欢的人和爱的人是好的，其他是坏的；在三元关系中，则是我好，你好，世界好。如何理解"三元关系"？在《育才三圆圈校徽的内涵——三位一体的多元运用》一文的最后，陶行知提到"你我他"[①]。这意味着生活关系有三种，分别是：一元的生活关系——"我"，二元的生活关系——"我、你"和三元的生活关系——"你、我、他"。心理专家武志红也认为，一元关系是指一个人只看到自己的意志，只感受到自己的感受，他希望别人都来配合他的意志，在这种关系中，只能是他说了算，只有"我"。二元关系是指一个人意识到另一个人是和自己一样的独立存在，有自己的感受和意志，他能共情对方的感受，也能尊重对方的意志，有"我和你"。三元关系是指一个人能意识到关系的复杂之处，在复杂的关系中，他能同时看到"我""你""他"三个人的感受和意志，并尊重这个复杂的三元关系中的竞争与合作。由此可见，生活关系也是非常丰富的，生活力的良好并不能保证生活关系的良好。

（三）生活方式

从前文可知，生活力是主体与客体相互联系和相互作用的表现，是主体对客体的作用能力。而生活关系，其实可以称为一种生活关系力，是主体间的相互作用能力。二者包含于生活方式中。生活方式则是一个比较复杂的概念，如果要类比理解，就相当于生产方式包含生产力和生产关系一样，但生活方式又不完全等同于生活力和生活关系的总和（见图2-7），其本质上是一种相互联系、相互作用的实践样态、模式、类型、形式。

---

① 胡晓风，等. 陶行知教育文集[M]. 成都：四川教育出版社，2007：465.

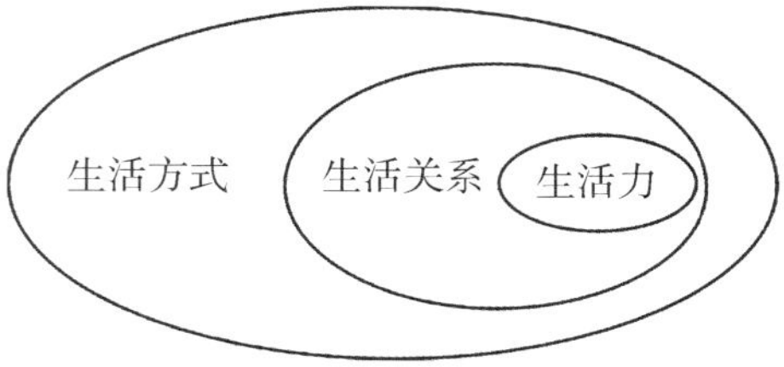

图 2-7 生活力、生活关系和生活方式三者的关系图

阿德勒认为，每个人在自己的幼儿时期就已经形成一种"生活方式"，并且会据此形成自己的人生目标。[①] 大部分人的人生可能是幼儿生活方式的拷贝。他还认为，"我们都是自己生活的主角与创造者，会用独特的生活方式来表达我们的人生目标"[②]。"行心创"生活课堂不仅看到我们每个人的生活方式因循了个体幼儿时期的生活方式，还看到这种幼儿时期的生活方式形成是受到父辈，乃至祖辈，乃至民族精神文化的影响，而教育就是要对这种有缺陷的生活方式进行改造。

从知情意三个维度来说，认知更有利于培养人的生活力（能力），情感更有利于培养人的生活关系（性格），意志更有利于培养人的生活方式（习惯），更通俗地说，它们分别对应的是能力、性格和习惯。

我们说"行心创"生活教育的培养目标是培养人的生活方式，同时也就包含要培养人的生活力、生活关系，就是要培养人与客体和主体，与人事物之间的相互联系和相互作用的方式，也就是生活、实践（运动）方式。因为运动是以物质相互联系和相互作用来表现的，实践是人的一种运动方式，或者说存在方式，因此生活方式也就是实践方式，教育就是帮助人们形成某种生活方式（实践方式）。

由此，生活方式应该有不同的类型。普通人实践发展的生活方式是 1.0 版本，即"行动"；"行动—思想"，这是生活方式 2.0 版本。"行心创"生活教育理论倡导的是生活方式的 3.0 版本，即"行动—思想—创造"。这里的思想，就是人的心智，也可以说是灵魂，这是一种有智慧、有情感价值的取向，也是有理想信念的精神体。"行心创"生活教育理论的这种生活方式，不仅包含实践论所倡

---

① 阿尔弗雷德·阿德勒. 生命的意义 [M]. 欧阳瑾，译. 北京：台海出版社，2018：2.
② 阿尔弗雷德·阿德勒. 生命的意义 [M]. 欧阳瑾，译. 北京：台海出版社，2018：2.

导的，从感性认识到理性认识、再从理性认识到变革的实践，也包含情感和意志的理性判断所构成的心智。（见表2-6）

表 2-6　不同生活方式之间的比较

类型	知	情	意	教师	学生
生活方式1.0：行动	感受、感悟、体悟、经验	情绪（包含正负面情绪）	需要（各种需要或欲望）	以"教"为成长，注重教学经验总结和模仿的成长，不爱阅读和研究，对教育教学情绪化明显，对教学的方向和目标不太清楚，根据外部要求来判断	以"学"为成长，只跟着学，模仿学，对读书不爱研究，也不肯练习，情绪化明显，学习缺乏目标和计划
生活方式2.0：行动—思想	概念、原理、模型等	有正确价值取向、共情	目的（理想、使命）、计划	侧重"教研合一"成长，重视问题、概念的思考，爱读专业书，有正确价值取向，能与学生产生良好的共情，能对教育教学有目的、有计划安排	"学做合一"，重视学习的问题反思，注重练习反馈，对学习有正确的认知，能做好学习的安排和一定的执行
生活方式3.0：行动—思想—创造	概念、原理、模型、技术、创造	有正确价值取向、共情、热爱、分享、关爱、接纳、仁爱	目的（理想、使命）、计划、执行、反馈、复盘	"教研写合一"成长，重视反思教育教学的原理，重视理论学习，热爱教育事业，与学生关系良好，对工作有追求，能做好教育教学的计划、执行和复盘	"学做评合一"，重视学习的评价反馈，改造学习的问题，纠错，对学习充满热爱，有理想、有热情，能安排学习并良好地执行，总结反馈

"行心创"生活教育理论探究了促进教师和学生生活方式转变的路径。以教师的"教、研、写"为例，通过诊断教师的"教、研、写"处于何种状态，从而

更好地促进教师的专业发展。以学生的"学、做、评"为例，诊断学生"学、做、评"处于何种状态，以此更好地促进学生学习方式的转变和发展。

在某种程度上，我们的学校教育就是应该引领师生采取具有生活方式3.0版本的教育，打通"行心创"中的三个环节，而"行心创"生活教育及其课堂所提倡的就是这种生活方式的理论和方法。

（四）生活实践素养是核心素养的深化

由于生活力侧重的是人对人、事、物的相互作用，生活关系侧重人与人、事、物的相互关系，而生活方式又包含生活力和生活关系，是人在生活世界的一种运动方式，人的运动方式最主要就是实践。因此，我们可以得出这样的结论：生活力、生活关系和生活方式统一构成生活实践素养。这样的生活实践素养才是"行心创"生活教育的培养目标。

核心素养是"关键能力＋正确价值观＋必备品格"。笔者认为，真正的核心素养是上述三者的综合体，是不可以分开的。然而，一个具有核心素养的人可能依旧在生活中不使用这种核心素养，就像有写作关键能力的人不一定会去写作，有同理心的人不一定在什么事情上都肯用同理心。

核心素养的概念提出之后，陶研界给予积极的回应，如周洪宇教授提出"陶行知的生活力是一种核心素养的中国表述"[①]，福建省陶行知研究会执行会长邹开煌教授则"从陶行知'核心生活力'谈发展学生核心素养"[②]。冉浩和涂怀京博士认为"'生活力'思想与'核心素养'观，两者在内涵上均具主旨、盘互交错，在实验上同途异径、各呈优长，将来在克服影响学生成长发展的不利因素上可势如犄角、融汇拓辟，一同继续深化素质教育改革"[③]。这些认识都谈及了二者的关系，深刻地揭示了生活力的重要价值，对我们研究生活力有重要启示。

而笔者认为，核心素养作为必备的品格、正确价值观和关键能力，与生活实践素养正好相对应。（见表2-7）

---

① 周洪宇. 核心素养的中国表述：陶行知的"三力论"和"常能论"[J]. 华东师范大学学报（教育科学版），2017（01）：1—10，116.
② 邹开煌. 从陶行知"核心生活力"谈发展学生核心素养[J]. 生活教育，2017（05）：6—8.
③ 冉浩，涂怀京. 陶行知"生活力"思想与当下"核心素养"观：交错与拓辟[J]. 南京晓庄学院学报，2018（02）：1—6，123.

表 2-7 生活实践素养与核心素养等的对应关系

核心素养	生活实践素养	通俗素养	侧重维度
关键能力	生活力	能力	认知
正确价值观	生活关系	性格	情感
必备品格	生活方式	习惯	意志

生活实践素养的生活关系对应培养正确价值观，生活方式对应培养必备品格，生活力对应培养关键能力。结合日常生活中人们对能力、性格和习惯的理解，那么培养生活力也就是培养能力，培养生活关系也就是培养好的关系性格，培养生活方式也就是培养好的习惯。

最后，"行心创"生活教育培养人无非是从做人和做事两个维度出发。在做人维度，通过解决公共人与个体人的冲突，构建"行心创"生活的课程体系，从而培养全面发展的人。而在做事方面通过"行心创"的实践深度，培养真正具有生活实践素养的人，这样的人是从原理出发做事，能够在知情意三个维度都变得理性，走向理念世界，从而能够从必然王国走向自由王国，因而也是自由的人。总之，"行心创"生活教育始终坚持以马克思主义的唯物的实践辩证法去培养全面发展且自由的人。

三、"行心创"生活教育的课程论

课程是教育内容的组织形态。"教育内容是教育活动对学生成长施加影响的总和，这种影响不仅包括知识、技能，还包括思想观念、行为规范等。"[①] 实际上，不同时代的人对课程持有不同的认识，如古代人认为"课程即教学科目"；近代人认为"课程即有计划的教学活动或预期的学习结果"；现代人认为"课程即生活经验"，这又分三种情况：一是认为课程是学生被动适应当代社会生活的工具；二是认为课程是对生活经验的改造，从而指向社会的未来发展；三是认为课程不仅要主动选择和批判既有的社会生活经验，还要不断构建新的社会生活经验。[②] 而陶行知认为生活是教育的内容："教育是从生活中得来的，虽然书也是求知的一种工具，但生活中随处是工具，都是教育。况且一个人有整个的生活，

[①] 冯建军. 教育学基础[M]. 北京：中国人民大学出版社，2012：236.
[②] 冯建军. 教育学基础[M]. 北京：中国人民大学出版社，2012：246—249.

才可得整个的教育。"① "我们的实际生活,就是我们全部的课程;我们的课程,就是我们的实际生活。"② "行心创"生活教育的课程论,一方面认同"我们的实际生活,就是我们全部的课程",一方面也认同"课程不仅要主动选择和批判既有的社会生活经验,还要不断构建新的社会生活经验"。

(一)课程性质:生活课程

"行心创"生活教育的课程观以生活为中心,全部的生活即全部的课程。学生的全部生活是怎样的?从课程性质上来看,我们这里的课程实际上是生活的,只是这种生活是有着特定内容和结构的生活,并非日常生活。以生活课程来培养人可以培养人的生活方式,以纸质课程来培养人,那只能培养知识和一定的能力,以活动课程来培养人可以培养素养。因此,我们的课程性质就是生活课程。

"行心创"生活教育的课程,其实就是生活本身。生活课程是全部的生活,我们的"行心创"生活课堂就是面对真实的生活和学校课程生活的生活课堂。其探讨的教学规律适合教师教学,也适合师生每天对自己的生活开展教育。笔者认为,"行心创"生活教育的方法论——"行心创"生活课堂,不只适用于课堂教学,它也适用于日常生活的每时每刻,且不仅适用于接受学校教育的这段时间,还适用于整个人生岁月。

(二)课程结构:三维一五育结构

课程结构是指多课程种类按类型组成的有机体系。常见的课程类型有以下几种分类:一是学科课程和活动课程;二是核心课程和综合课程;三是显性课程和隐性课程;四是国家课程、地方课程和校本课程。③ "行心创"生活教育的课程类型从横向看主要有三类,即类体生活课程、集体生活课程和个体生活课程。从纵向看则可分为德、智、体、美、劳五育。横向的分类来源大家已经清楚,德智体美劳的分类来源,前章也已经论述过。从"行心创"生活教育的角度来说,整个理论是御物基础上的"行心创",对人来说是"身心创"三个维度。那么将"身心创"展开,就是德智体美劳。身对体,心分知情意,其中知对智,情意对德,知情意对美,最后创对劳(见图2-8)。

---

① 胡晓风,等.陶行知教育文集[M].成都:四川教育出版社,2007:323.
② 胡晓风,等.陶行知教育文集[M].成都:四川教育出版社,2007:183.
③ 冯建军.教育学基础[M].北京:中国人民大学出版社,2012:251.

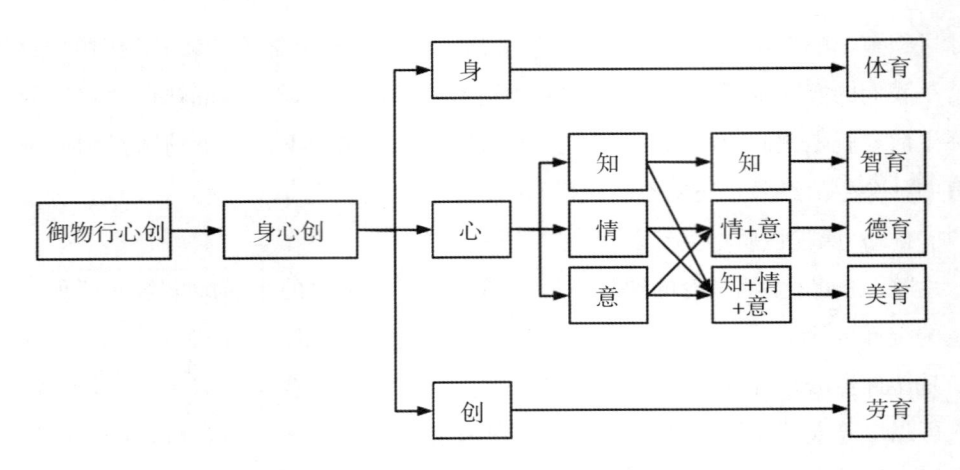

图 2-8　五育并举与"身心创"之间的关系

类体生活课程是一类共性的课程内容，如数学、语文、化学、物理、生物、历史、地理等国家课程内容，尤其是必修的课程。其中历史、语文、政治等学科课程不是完全的共性课程，但是却被当作共性课程在执行着。这些课程也可以分为德、智、体、美、劳五个类别。

集体生活课程是一类公性的课程内容，其作为一种综合实践活动课程在当前的学校教育中进行着，它包含各种校园集体的活动，如学校的体育节、艺术节、科技节、阅读节、劳动节等。这些课程具有明显的集体性质，一校和另一校具有差异性，也是特色学校形成的重要方面。

个体生活课程是私性的，如个人的习惯养成、学习能力、兴趣爱好、情感培养、生活管理等等，是以个人（师生）自主、他人辅助的方式来开展的课程，这类课程是立德树人的基础课程，当下很多学校往往不够重视这些，因此只以某种间接的方式去开展。陶行知先生在个体生活课程方面是有许多探索的，但其对个体生活教育的设想上缺少足够的课程设置，当然现在我们如果想要补充设置也是可以的，具体可从健康、艺术、科学、劳动及改造社会这五个方面的个体生活课程来进行。实际上家庭为学生课后开展的一些课程活动、学习活动，也可以视为个体生活课程；学生自己在课后和周末、寒暑假安排的自主生活的内容，都可以视为个体生活课程。这样，课程内容越有目的性、计划性和可执行性，对学生就越有培养作用。

增加个体生活课程内容是新时代发展的需要，也是个体财富增长的必然表现，更是从国家主义、集体主义之后形成的个体主义的必然要求。相应地，类体生活教育、集体生活教育和个体生活教育是共性、公性和个性教育的内在要求。因此，"行心创"生活教育的课程内容有横向和纵向两个维度，我们可以将其整理成"行心创"生活课程三维—五育结构（具体见表 2-8）。

表 2-8　"行心创"生活课程结构

三维—五育结构	德	智	体	美	劳
类体生活课程					
集体生活课程					
个体生活课程					

第三章 "行心创"生活课堂的理论要义

在学校教育中，课堂教学只是教育的一种途径，它以实现认知能力目标为主要内容，另外还有德育、班级管理和校外活动，德育活动是以实现情感价值目标为主要内容，班级管理（活动）是以实现意志习惯目标为主要内容，而校外活动或者课外活动，则是以实现综合目标为主要内容。

本章的"行心创"生活课堂教学，广义上来说是全部的生活。它的课堂教学是以实现生活力目标为主要内容，德育活动是以实现生活关系目标为主要内容，班级管理（学校管理）是以实现生活方式目标为主要内容。而课外生活活动，同样是综合目标。因此，我们的生活课堂教学不仅以生活力为目标，同时也以生活关系和生活方式为目标，即本质上是"知情意相统一"的目标，通俗来说就是培养人的能力、性格和习惯。

第一节 从对"教学做合一"的反思说起

陶行知生活教育思想被当代一线教师广为学习并用于实践，其中"教学做合一"的课堂教学是被探索得比较多的领域，在日常实践中，许多教师对"教学做合一"的实践有着不少困惑，且对当下课堂的适用性并没有那么高。类似的问题，也出现在当年陶行知先生回国后开始自己的教育生涯时，那时他在践行杜威

"实用主义"中的"教育即生活,学校即社会",但他认为西方教育思想在中国本土并不适应,因而他创造性地将其改造成了"生活教育"理论。今天我们反思生活教育教学思想时,也发现"教学做合一"对学科教育有着不适应性,于是有了对"行心创"生活课堂的构建。

一、"教学做合一"教学法的缘起

陶行知先生曾在《创造的教育》中说:"传统的教育,他们一个教室容纳四五十人,试问教师的力量有多么大,能够完全去推动全体学生?所以就发生了教育方法上的错误。"① 针对教育方法上的错误,陶行知很早就开始转变,他曾说:"我自回国之后,看见国内学校里先生只管教,学生只管受教的情形,就认定有改革的必要。"② 这里他指的是他于1918年5月在南京高等师范学校校务会议上提议改"教授法"为"教学法"未获通过的事情。

1919年,陶行知先生撰写《教学合一》一文,这时的他已经明确认识到我们传统教学中存在的种种问题并论证了"教学合一"的合理性。文中说:"现在的人叫在学校里做先生的为教员,叫他所做的事体为教书,叫他所用的法子为教授法,好像先生是专门教学生些书本知识的人。"③ 文中主张"教学合一",并给出三条理由:"第一,先生的责任不在教,而在教学,而在教学生学……第二,教的法子必须根据于学的法子……第三,先生不但要拿他教的法子和学生学的法子联络,并须和他自己的学问联络起来。"④ 这三条理由,前两条是说先生的"教"应该和学生的"学"相联系;第三条理由是说先生的"教"应该和先生的"学"联系。

1925年,他又在南开大学作题为《教学合一》的演讲,经张伯苓校长建议后改为"教学做合一"。1927年11月,陶行知又在晓庄学校演讲《教学做合一》与《在劳力上劳心》。《教学做合一》开篇即言:"教学做合一是本校的校训,我们学校的基础就立在这五个字上,再没有一件事比明了这五个字重要了。"⑤ 后

---

① 胡晓风,等. 陶行知教育文集[M]. 成都:四川教育出版社,2007:321.
② 胡晓风,等. 陶行知教育文集[M]. 成都:四川教育出版社,2007:175.
③ 胡晓风,等. 陶行知教育文集[M]. 成都:四川教育出版社,2007:42.
④ 胡晓风,等. 陶行知教育文集[M]. 成都:四川教育出版社,2007:42.
⑤ 胡晓风,等. 陶行知教育文集[M]. 成都:四川教育出版社,2007:42.

进一步论述:"教学做合一是一件事,不是三件事。我们要在做上教,在做上学。在做上教的是先生,在做上学的是学生。从先生对学生的关系来说,做便是教;从学生对先生的关系说,做便是学。先生拿做来教,乃是真教,学生拿做来学,乃是实学。"① 可见什么是真正的教学,陶行知明确主张做中学、做中教,"教学做合一"才是真教实学。《在劳力上劳心》一文对此解释得更加明了,其指出"真正的做是劳力上劳心""劳力而不劳心,则一切动作都是囿于故常,不能开创新的途径;劳心而不劳力,则一切思想难免玄之又玄,不能印证与经验。劳力与劳心分家,则一切进步发明都是不可能了"②。这体现出了教学中"真正之做"的重要性及其原理正是"在劳力上劳心"。此后陶行知在《教学做合一之下教科书》一文中又说:"不做无学;不做无教;不能引导人做之教育,是假教育;不能引导人做之学校,是假学校;不能引导人做之书本,是假书本。"③

二、"教学做合一"的内涵及其特征

关于"教学做合一"的意思,陶行知先生是有明确阐述的:"教的法子根据学的法子,学的法子根据做的法子。事怎样做就怎样学,怎样学就怎样教。比如种田这件事要在田里做,就要在田里学,也就要在田里教。教学做有一个共同的中心,这个中心就是'事',就是实际生活;教学做都要在'必有事焉'上用功。"可见,"教学做合一"思想的关键是"做"这个字,那么"做"是什么,陶行知先生认为:"做是发明,是创造,是实验,是建设,是生产,是破坏,是奋斗,是探寻出路。"④ 可见这个"做"是包含一切的,陶行知也认为,"教""学""做"三者是一件事的三个方面,本身就是一体的,只是说法不一——老师以"做"教人,学生又通过"做"向人学。

实际上,要理解好"教学做合一"还得从以下四个方面入手。

一是"做"即要"在劳力上劳心"⑤。单纯的劳力只是蛮干,不能算"做";单纯的劳心只是空想,也不能算"做"。真正的"做",是要"在劳力上劳心"。

---

① 胡晓风,等. 陶行知教育文集 [M]. 成都:四川教育出版社,2007:43.
② 胡晓风,等. 陶行知教育文集 [M]. 成都:四川教育出版社,2007:177.
③ 胡晓风,等. 陶行知教育文集 [M]. 成都:四川教育出版社,2007:280.
④ 胡晓风,等. 陶行知教育文集 [M]. 成都:四川教育出版社,2007:280.
⑤ 胡晓风,等. 陶行知教育文集 [M]. 成都:四川教育出版社,2007:177.

二是"做"有三个特征，分别体现在行动、思想和新价值的产生。陶行知先生曾说："'做'含有下列三种特征：行动；思想；新价值之产生。"① 就行动而言，教学的内容是能做的、能学会的，不能做、不能学会的，即使好听、好看，也不是好课；就思想而言，教学的内容是有思想的、有价值的；就新价值之产生而言，一堂好课必定是能引起学生变化的，所以陶行知说，"教育就是教人变化"。这三个特征也可以视为劳技、劳知、劳情。劳技的特征是产生"行动"。技能是否是好技能，不是简单地靠是否可以做来判断，而是要看这种技能是否能产生行动，即技能的熟练所带来的成就。劳知的特征是产生"思想"，根据分类，这种思想不仅仅是认知、理解，还有思维、逻辑方面等，重在形成新的创新思想，重在一种对思想内在的把握。劳情的特征是产生"新价值"，劳情不仅仅是对兴趣和态度的培养，更是一种价值观、精神的形成，以及感动和触动，是那种来自心灵的震颤，所谓教育是心心相印的活动，因此，不可谓不劳情。

三是"做学教合一"的共同中心是"事"。陶行知先生说，"教学做合一"的共同中心是"事"，也就是实际的生活事务。又说："我们'做'一件事，便要想如何可以把这件事做得好？如何运用书本？如何运用别人的经验？如何改造用得着的一切工具？……那么，才使这件事做得好。同时，还要想到这事和别事的关系，这事和别事的互相影响。我们要从具体想到抽象；从我相想到共相；从片段想到系统。这都是'在劳力上劳心'的功夫，不如此，则既不是'在劳力上劳心'，也便不是真正的'做'了！"② 从这个角度来理解"教学做合一"，层次上又更进了一步，前面的理解是针对一件事，要有劳力上劳心的深入，这种深入是要借助工具的。后面的则关联到这事与别事的联系，横向上是有所拓展的。最后还得强调为何中心是"事"。以"事"为中心，也就是以生活为中心，的确，因为生活教育没有成形的课程和教材，若要执行下去，那生活这个大概念就要化作小概念，就要分解成一件件事来完成，一天的生活就是一天的事情，任何生活都可以变成事情来做。

四是"做"一定要借助工具。书本是其中的工具之一。事情要做，不能光有方法和目标，还得有工具。陶行知先生说："'做'不但要用身上的器官，并且要

---

① 陶行知. 陶行知全集 第二卷 [M]. 成都：四川教育出版社，1991：651.
② 胡晓风，等. 陶行知教育文集 [M]. 成都：四川教育出版社，2007：214.

用身外的工具。'做学教合一'的主张是：做什么事，便要用什么工具。望远镜、显微镜、锄头、斧头、笔杆、枪杆、书本子……都是工具，物虽死而要用活的工具。"[1] 陶行知先生也批判了只用笔和书本这两种工具的传统教育。现在社会发展很快，"互联网＋"的意识对教育的影响也很大，教育的工具、平台也因此与从前有很大的不同，相应的"教学做合一"就会有不同的表现。但是新生活教育对这工具有更多的主张，认为工具不仅仅是物质的，还可以是方法、软件、思想，其实物质的工具也是运用了思想、方法的工具。新生活教育特别强调这种思维工具的发明和创造。其认为思维工具产生思想、知识、方法、程序工具，思想、知识、方法、程序工具产生软件、机器、智能等我们常规理解中的工具。因此，思维工具是根本，一个人受生活教育，最根本上是要从中获得思维的工具。思维工具的获得是从继承、创新的过程中获得，如阅读前人著作，学习别人的思维等。我们现在比较熟悉的思维工具有中国传统的思维体系，如阴阳五行思维、阴阳二元思维等。马克思主义哲学的思维工具则是唯物辩证法。总的来说，逻辑是研究思维的工具，因此提升逻辑水平有利于这个工具的获得。

三、"教学做合一"的过程："行以求知知更行"

解决了教学法和教学内容的问题，陶行知先生逐渐发现，如何在教学过程中运用这些教学法和教学内容也是非常关键的，也就是生活教育如何做（教）的过程问题，他提出的"行知行"使得有效教学不仅限于课堂的有效性，还包括了课后的有效性。

1928年，陶行知发表《行是知之始》第一段，7月在《乡教丛讯》上发表《行是知之始》全文。他在文章中明确提出："阳明先生说：'知是行之始，行是知之成'。我以为不对，应该是'行是知之始，知是行之成'。"[2] 之后陶行知不断对知行关系进行研究，整理出了《知行诗歌集》，写下了《手脑相长歌》，此时，陶先生还没有意识到王阳明的话有一半其实是正确的，即"行是知之成"。

1931年11月11日，他又在《申报·自由谈》上发表了《思想的母亲》一文，他在此文中明确借鉴了杜威的教学过程法，提出了"行知行"的教学过程思

---

[1] 胡晓风，等. 陶行知教育文集[M]. 成都：四川教育出版社，2007：215.
[2] 胡晓风，等. 陶行知教育文集[M]. 成都：四川教育出版社，2007：167.

想:"我拿杜威先生的道理体验了十几年,觉得他所叙述的过程好比是一个单极的电路,通不出电流。……所以我要提出的修正是在困难之前加一行动之步骤。于是整个科学的生活之过程便成了:行动生困难,困难生疑问,疑问生假设,假设生试验,试验生断语,断语又生了行动,如此演进于无穷。"①

1934年7月,陶行知发表《行知行》这篇短文,并开始用"行知"作为笔名。"行知行"揭示了人们的认知规律,也解决了人们对"教学做合一"教学法的教学过程的困惑,他将其总结为"行以求知知更行"。

"行以求知"是从实践到理论,"知更行"是从理论到实践,合起来是理论与实践的统一。这样就完成了一个认识过程和学习过程的循环。实际上,现在很多教师的教学只从知到知,这有两个危害:一是不知道为何知就是那样,二是不能从知到行。确切地说,从知到知的教法上没有"老子",下没有"孙子"("行动是老子、知识是儿子、创造是孙子"②)。更确切地说,从知到知缺少了体验知识的过程和方法(因为没有"行以求知"),也体现不出行动过程中情感、态度和价值观的变化(因为没有"知更行")。

四、"教学做合一"教学思想的时代反思

"教学做合一"是陶行知生活教育教学思想,由于陶行知的生活教育学说本身偏集体生活教育和个体生活教育,而较少涉及类体生活教育。集体生活教育是集体的一种活动教育,"教学做合一",体现了做中学和做中教,师生在活动中合一。但是对于类体生活教育,"教学做合一"并不适用,倒是"教学做统一"更适合,而对于个体生活教育,"教学做同一"则更适用。从总体上看,"教学做"有三种关系分类,即"教学做统一""教学做合一"和"教学做同一"。

首先看"教学做统一"。教、学、做三者是相互对立又相互联系和统一的三个方面。这种教学法是学科课程中典型的教学法。根本原因有两个方面:一是教学的内容并非事物本身,即教、学、做是分离的。二是教的内容并不来自受教育者的生活经历,教与学是分离的。就第一个方面来看,学科的内容,如数学、物理、化学、历史等学科知识,其大量的内容并非当下的生活,而是人类曾经的生

---

① 胡晓风,等. 陶行知教育文集[M]. 成都:四川教育出版社,2007:276.
② 胡晓风,等. 陶行知教育文集[M]. 成都:四川教育出版社,2007:327.

活和知识，人类曾经的实践结果，所以这种实践与教和学是分离的。就第二个方面看，由于教学内容并不来自受教育者的生活经历，受教育者就处于无从考证因而无发言权的状态，只能接受其灌输，或者说继承性地学习是其唯一的方式。所以说，教、学、做是彼此独立但又在统一中，这种统一是理论上的统一，是理论联系实践的统一。学科教育就是借助这种理论的学习，通过理论联系实践来理解生活、改造生活和实践生活。

其次看"教学做合一"。这是陶行知先生提出来的，但核心是做中学，做中教。可见，"教学做合一"少不了老师，否则就只有做中学，没有做中教了。从实际运用来看，陶行知先生大部分是在集体生活课程中进行"教学做合一"的运用。通常有五大类课程：（1）中心小学活动教学做，这部分课程占全数时值的之半，主要是六组活动，分别是算术组、公民组、卫生组、自然组、园艺组和游戏娱乐组。（2）分任院务教学做，全校的文书、会计、杂务、卫生等工作，都是指导员指导学生做的。（3）征服自然环境教学做，这项包括科学的农业、造林、基本手工、卫生和其他教学做。（4）改造社会环境教学做，这项包括村自治、民众教育、合作组织、乡村调查和农民娱乐等教学做。（5）学生自动的教学做，这部分活动都是学生自动计划和决定的。① "教学做合一"是事情怎么做就怎么学，怎么学就怎么教。"教学做"是合一的，不是三件事而是一件事。因此是生活法，是生活即教育。如果"教学做合一"是三件事，那么就不是生活即教育，而可能是从生活中受教育。这两者差别很大。大量的集体活动课程可能采用的就是这种教学法，在活动的"做"中，师生共学共教共修养。

最后是"教学做同一"。这里的"教学做"不仅不是三件事，而且也不区分教师和学生的"教"和"学"，受教育者和教育者是同一个人，即个体生活教育。这种教学法，确切地说是自我教育法，是针对个体生活教育课程的教学法，本质上是学习法。前文提到过的五大类课程中的第五点——学生自动教学做，就是这种个体自我生活教育的内容了。

以上三种教学法针对不同的生活教育课程内容而各有侧重。相同的是"教""学"都和"做"相统一——在做中教和做中学，这是一种理论和实践的统一。作为类体生活，学科中学理性教学偏多，对这些理论的学习，所谓的做中学之

---

① 陶行知. 陶行知全集 第二卷［M］. 成都：四川教育出版社，1991：366－367.

做，只能是理论联系实践，理论和实践做到相统一就可以，而没有办法"合一"。而对个体生活而言，教、学都是其本人，做也是其本人，故为"同一"。

因此，"教学做合一"是有时代局限性的，并不适合所有的生活教育及其相应的课程情况，况且"教学做合一"的实践过程是"行以求知知更行"，也仅是认知维度的教学，不能满足"知情意相统一"的发展需要。

可见，随着"行心创"生活教育理论的提出，"教学做合一"已不足以应对类体生活教育和个体生活教育，那么到底如何实现"知情意相统一"的发展，这正是本书的"行心创"生活课堂将要探讨和解决的问题。

第二节 "行心创"生活课堂的理论内涵

陶研界的课堂教学，目前有生活课堂和生活化课堂两种。前者是陶行知主张的课堂，这种课堂以实际生活为中心，以教材为工具，主张"教学做合一"来培养人的生活力。这种课堂教学以师生在学校的实际生活为中心，不分课堂内外，这在当今以"班级制"为中心的课堂教学实践中是很难实现的。因此，新课程改革后，在理论联系实践的思想指导下，生活化课堂的观点就逐渐被人们提出并加以实践。生活化课堂主要强调将教材的内容与生活联系，创造生活化情境，结合生活来理解教材，利用生活来探索知识的形成过程，通过运用于生活来熟练知识和技能等方式进行教学。这种生活化课堂是把生活当作工具，教材当作中心，最终是为教好教材服务的，或者说最终是为了应试服务的，这是受到了当下统一的考试和课程标准的制约。因此在陶行知教育思想指导下，一般来说，行知实验学校的教师倘若要选择一个可行的教学模式，往往会觉得生活化课堂是比较能够接受又容易开展的，然而"行心创"生活课堂的确与二者不同。

一、"行心创"生活课堂的缘起

课堂是教育的核心生活，教育生活方式的转变应该从课堂开始。传统的课堂是以"教"为中心，当下的课堂又开始以"学"为中心。基于学生、学科和学习的课堂，似乎是没有问题的，但未来的课堂应该是以生活为中心，以一种未来的生活为引领，这才是改变人的最好的方式。教育就是教人变化，倘若生活方式不变，教育就不可能变。

从世界的本质是统一于物质，物质的本质属性是运动，人作为高级物质形态，其运动就是实践，实践是人的社会生活的本质存在方式等观点来看，在教育教学中，教、学、做都是师生实践的方式。其中，教育中教师与学生的矛盾体是对立又统一的，是互相联系又互相作用的。这种互相联系和互相作用在历史的发展中表现为三个阶段，即"教—学—做"三个阶段，也是"正—反—合"的三个阶段。"教"与"学"是肯定与否定，也是正、反两个阶段，是对立面，可以相互转化，而"做"是二者相合，"做"阶段是将脱离生活的"教"与"学"再次召回生活并用于生活。之所以有质变的三个阶段，是因为其外在条件和内在根据发生了变化。

在"教"的阶段，社会发展的早期阶段需要有一定知识和能力的人，仅此就可以满足一般的生产劳动需要。而一般的知识和能力，完全可以用"教"来授予，"教"由此也成为一种快速而有效的教育方式，陶行知之前称之为教授法。随着社会发展，需要教育的内容发生了变化，如今的教育不仅仅强调要传递知识，培养人的能力，还需要情感、价值观和态度的教育。2017年10月9日，教育部发出"课堂革命"的号召，吹响了新一轮课堂改进的冲锋号，这是一场从"教"的课堂到"学"的课堂的革命。

进入新时代，我国社会主要矛盾已经转化为人民日益增长的美好生活需要和不平衡不充分的发展之间的矛盾。生活教育正当其时，此后培养核心素养成为新课程2022版最新标准中更为强调实践的教学方式。对于"行心创"生活课堂来说，其是追求美好生活的课堂，是能够应对核心素养要求的课堂，又是指向未来美好生活创造的课堂。对一个教师来说，仅追求成为一个教者，这是及格线，而如今要成为学习的研究者，从教会学生学习的角度去教，才能达到优秀的水平，此外若是能成为生活的研究者，教会学生于当下、未来如何生活，才是真正的卓越教师。

中国的传统课堂以"教"为中心，同时又一直受三个中心（教师中心、教材中心和教室中心）影响，我们的"行心创"生活课堂要转变这三个中心，教师中心要转向学生中心，以此培养学生的主体性；教材中心要转向生活中心，以培养学生的生活方式；教室中心、学校中心要转向社会中心，以培养学生的社会性。此外，要做好三个回归，回归儿童性，回归生活性，回归社会性，如此方可完成三个中心的转变。因此，只有从以"教"和"学"为中心转向以"做"为中心，才可以看清教育的本质，教育本质上是一种实践活动，转向以"做"为中心就是转向实践（见表3-1）。"行心创"生活教育对课堂革命要素进行了梳理，指出课堂革命至少发生在四个方面：主体革命、教学内容革命、课堂场所革命、教学方法革命。在主体革命方面，教师角色从教者到研究者再到主张者，其中主张者以"写"为核心，主张者是在"教研写合一"中成长起来的。学生角色也从接受者到探究者再到创新者，创新者是在"学做评合一"中成长而来的，并通过评的反馈来改进创新。

表 3-1　课堂革命要素

革命要素	以教为中心	以学为中心	以做为中心
教师角色革命	教者	研究者	主张者（教学主张者）
学生角色革命	接受者	发现者（探究者）	创新者（实践者）
教学内容革命	教材中心	学科（课程）中心	生活中心
教学场所革命	教室中心	学校中心（学校文化）	社会中心
教学方法革命	教授法	教学合一	行心创

二、"行心创"生活课堂的内涵

"行心创"生活课堂是基于生活的立场所创设的课堂，课堂本质是生活的，课堂可以变得更具生活性，比如课堂活动可以由一件件事组成，并围绕核心事件而展开，目标是解放儿童的头脑、双手、时间、空间等。教师和学生不仅是围绕教材去教与学，而且是在共同过一种教育的生活。因此这种生活尤其注重知情意的统一。在传统的课堂中，我们很容易把教学看成认知、思维的过程，而忽略这同时是"情"和"意"的过程，因此"行心创"生活课堂也是"知情意同等发展"的课堂。

"行心创"生活课堂正是超越了上述实际矛盾的一种新课堂教学法。一来学校和课堂的环境没办法变，师生无法保证什么课题都能在实际生活中进行教学，比如教历史，师生不能实际回到历史中去。他国的地理，也不能随时去他国。所以并不可能时刻以实际生活为中心。二来还是要坚持在这不变的环境下，以"生活"为中心，借由马克思主义生活哲学，用教材做工具，从学科出发，从知情意三个维度来培养学生的"生活力""生活关系""生活方式"（见图3-1）。总的来说，"行心创"生活课堂既不完全是陶行知先生的生活课堂，也不是简单的生活化课堂。

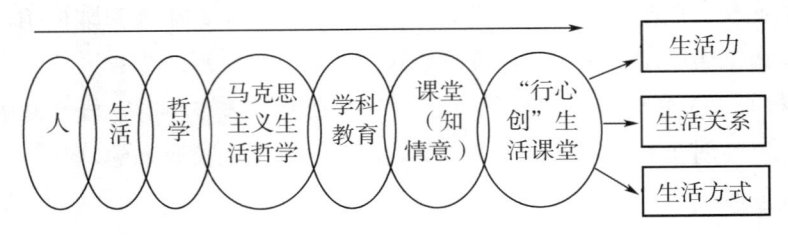

图3-1　"行心创"生活课堂来源图

图3-1表明了"行心创"生活课堂是怎么来的。首先，一般的课堂来源于人及其生活。其次，生活之中产生哲学，哲学之后产生学科及其学科教育，有了学科教育才有当下的课堂。最后，"行心创"生活课堂的来源也遵循相同的逻辑，即人都有生活，生活经过马克思主义哲学形成了马克思主义生活哲学，再形成我国的学科教育，我国的学科教育又会转换为课堂，这样的课堂就是"行心创"生活课堂，是经过马克思主义生活哲学处理过的学科教育的课堂。这样的学科教育的世界观是一种生活世界观，内含了"行心创"生活教育的基本原理。

"行心创"生活课堂包含三个维度，即"行知创"生活课堂、"行情创"生活课堂和"行意创"生活课堂。首先，"行心创"生活课堂也是一种项目化学习，从"行意创"来看，这样的课堂有明确的项目目标、计划、方案。当前项目化学习非常流行，主要表现为以下几个特点：一是实践导向，或者有"做"的特征。二是作品导向，即要有成果。三是合作学习。而"行心创"生活课堂比项目化学习好在哪里？从实践维度来看体现在"行意创"这点，即设有目标、计划、方案并执行，从而使"做"更有深度；从作品这个维度来看体现在"行知创"这点，即设有问题、概念、原理、技术等使得作品有保障；从"合作学习"维度看则体现在"行情创"上。某种程度上，"行心创"生活课堂就是综合而又有其内在学习过程的项目化学习课堂。二者最显著的区别在于，当前项目化学习是综合的，它没有办法还原成更简单、具体且直接的课堂。而"行心创"生活课堂可以拆解成"行知创""行情创""行意创"等多个维度环节，让学生逐步练习，最后再进行综合的项目化学习。

在"行知创""行情创""行意创"三个维度内部，教师还可以进一步细分步骤进行，比如，可以先进行情境化的经验教学，后进行概念、原理的教学。"行心创"生活课堂教学是一个精进的过程，如果一下子让一些年轻老师，或者一些学习能力比较一般的老师，直接开展项目化学习教学，结果就只能模仿，而机械式模仿也就削减了项目化学习的真正功效。

其次，"行心创"生活课堂也是微观公平课堂。微观公平课堂是基于差异来追求均衡、优质和活力的课堂。① "行心创"生活课堂是由三个学习过程组成，即深度学习过程（"行知创"过程）、协同学习过程（"行情创"过程）、项目学习过程（"行意创"过程）。深度学习可以达成微观公平课堂的优质；协同学习促进更多的学生加入深度学习的过程，达成微观公平的活力；而项目学习过程，能让每个学生都在做中学，设立目标、计划并实施，从而让每个学生都得到发展，达成微观公平的均衡。

最后，"行心创"生活课堂是以生活育人。学科是教生活，而课程标准和教材又是教学科的。也就是说，要始终保有学科意识、生活意识，培养学生生活力、生活关系，改变学生生活方式。"行心创"生活课堂主张，教育的中心是生活，而不是学科，也不是学生。学科是工具，是可以改进的对象，对学生进行学科教育是要培养其掌握使用工具的能力。然而，以何种生活为中心？是全国一体化的生活，还是某个区域的，又或是个人的。其中，要让学生了解各种区域的生活方式，可以从文学、音乐、美术、生物、地理、历史、政治、经济、文化、教育等多方面去渗透，从而引导其形成运用多学科工具的能力。

总之，"行心创"生活课堂以马克思主义生活哲学为理论基石，深入贯彻习近平新时代中国特色社会主义思想中关于"实践"的重要指示精神，直接借鉴了陶行知生活教育理论的当代发展——"行心创"生活教育理念。该课堂模式以"学科"教"生活"为立足点，将"生活"化为"事"，以"事"为中心，聚焦生活的核心素养，从"行知创""行情创""行意创"三个维度设计课堂教学，进阶

---

① 郭少榕，周志平. 均衡·优质·活力：基于差异的学校教育微观公平理论与实践[M]. 厦门：厦门大学出版社，2021：73.

式地向内培养学生的心智能力,向外培养学生在生活力、生活关系和生活方式三方面上的素养。这种课堂体现了生活的"实践"本质,旨在构建一种能够打通学生三个生活世界的教学模式,使其既具有学习的深度,又充满学习的活力。

第三节 "行心创"生活课堂的培养目标

"行心创"生活课堂的主要目标还是培养人的生活实践素养,这是因为人在生活中的运动方式就是实践。这样的生活实践素养包括生活力、生活关系和生活方式三个子目标,这是因为人的生活实践素养总是在某种生活方式中才能形成和发挥得好。人在生活中结成的各种关系影响着生活力,而生活力本身也会决定人在生活中的关系,这一点和生产力、生产关系是一样的。所以,与其说是培养学生的生活力,倒不如说最终是培养人的生活方式,进而说是培养人的生活实践素养。

一、从具体生活实践素养到普遍生活实践素养

"行心创"生活课堂和陶行知的生活课堂的差别在于,陶行知主张的生活课堂是以具体的生活力(如游泳、计算、开车、演讲等等)和具体的生活关系为中心的教育。而"行心创"生活课堂不仅要培养学生的具体生活力和生活关系,还注重培养普遍的生活力和普遍生活关系,是一种培养普遍生活方式的教育,而普遍的生活方式又构成了普遍的生活实践素养,也可以称为"生活实践核心素养"。当然"行心创"生活课堂是在具体生活方式中寻得普遍的生活方式的教育。

为什么要重视普遍的生活方式?一方面,因为现实的课堂,主要还是类体生活课堂(学科教学课堂),而不全是在真实的生活中开展教育,所受的教育也不可能是具体的生活方式的教育。比如一堂历史课,其中的历史事件,这是前人的生活,但不是学生的真实和具体的生活,这种生活经过语言和文字的表述,已经变得抽象化,那么学生在这种课堂中受到的教育就是抽象化、普遍的生活力和生活关系的教育。另一方面,普遍的生活方式有其优越性,它更接近现在倡导的核心素养。

总之，生活方式是生活力和生活关系的总和。生活力又包括具体的生活力和普遍的生活力。具体的生活力是做具体事情的能力，如洗碗有洗碗的能力。而普遍的生活力，如觉察力、学习力、执行力、创造力、思维力、自主力、组织力、探究力等，是做任何事都要具备的，故而是普遍的生活力。普遍的生活力更像是核心素养。在生活关系中，有具体的生活关系，如朋友、同学、师生关系，也有普遍的生活关系，如卡伦·霍妮所主张的对抗型（扩张型）、亲近型（自贬型）、逃避型（退避型）生活关系[1]。普遍的生活关系在心理学里可以称为人格。因此我们可以看出，这里的教育已经不仅仅是以往的知识教育，更有情感教育、人格教育。

二、生活实践核心素养与核心素养

由于核心素养也是抽象的、普遍的，因此我们这里主要是指普遍的生活实践素养，普遍的生活实践素养也称为"生活实践核心素养"，那么"生活实践核心素养"与核心素养有什么关系呢？

（一）学科核心素养与学生核心素养的关系

在中国课改语境中，核心素养包含学科核心素养和学生核心素养。有研究表明，讨论核心素养与学科核心素养关系的文章存在两类典型观点：第一类观点认为可直接将核心素养转变为学科核心素养；第二类观点则指出，学科核心素养就是核心素养在各个学科的体现。细而究之，第一类观点夸大了学科核心素养的作用，这是因为除了学科课程，其他一些如课间活动等内容也是落实核心素养所需要的。第二类观点弱化了学科核心素养的学科性，这是因为除了完成核心素养"交代的任务"，学科还要凸显自身的特征。在此，有个问题得以凸显，即核心素养到底如何联结学科核心素养？比较常见的一种做法是，对所有学科核心素养与核心素养进行关系辨析。[2] 大多数发达国家（地区）都已深刻认识到，为了社会与个体的健康发展，学科要承担起落实核心素养的责任。例如，新西兰要求培养的学生核心素养包括思考素养，自我管理素养，人际互动素养，应用语言、文

---

[1] 秦金亮. 精神分析心理治疗理论的超越——霍妮神经症焦虑理论初探[J]. 山西师大学报（社会科学版），1992（02）：86—90.

[2] 邵朝友，韩文杰. 学科核心素养与核心素养的关系辨析——基于学科核心素养逻辑起点的考察[J]. 教育发展研究，2019（06）：42—47.

本、符号的素养，参与和贡献心力的素养，各门学科都要据此来开发学科教育标准。[①] 另一种常见做法是，各门学科各有侧重地共同承担起核心素养的培养任务。

在此，笔者认为学生核心素养和学科核心素养的关系是前者是课程体系的培养目标，后者是各学科课程要实现的学科目标（含有学科培养学生的目标）。二者是上下位关系，但又不是简单的学生核心素养可以拆解成学科核心素养，学科核心素养可以综合成学生核心素养的关系，因为二者的产生仅是在核心素养的改革趋势下相对关联且独立地产生，其产生时间和生产者都不一致。

（二）学科核心素养与生活实践核心素养

学生应发展的核心素养，主要指能够适应学生终身发展和社会发展需要的必备品格、关键能力和正确价值观。核心素养所强调的是一种必备和关键的素养，其与"生活实践核心素养"的对应关系见表 3-2。

表 3-2　学科核心素养与生活实践素养的对应比较

学科核心素养	生活实践核心素养
关键能力	生活力
正确价值观	生活关系
必备品格	生活方式

也许读者会问，为何要为"行心创"生活课堂独创一些概念？首先，核心素养这个概念来自西方，而生活方式的概念参考了马克思主义关于"生产方式"的论述，又结合了陶行知的生活教育思想，是在西方哲学和本土教育思想的结合中产生的概念。其次，培养学生的核心素养和培养学生核心的生活方式二者相比较，后者更容易让人理解教育要干什么。教育不可能针对性地改变每个学生的具体生活，但教育可以改变学生的普遍生活方式，从而影响乃至改变大部分学生的生活。此外，中国学生的核心素养和学科核心素养无法进行统一整合，二者之间的逻辑一时很难说透，而生活方式则不一样。并且，若说能完全改变所有学生的生活也夸大了教育的功能，教育可以在一定程度上提供一种新生活方式的范本，但改变每一个学生的生活并不容易，这其中还需要各种实实在在的客观条件同时具备。最后，教育不仅仅是学科知识的传授，更是生活方式的培养，若要这样的

---

① 邵朝友. 学科素养的国际理解及启示 [J]. 教育理论与实践，2016（20）：3—5.

设想发展成一场教育的改革，当前的课程和教材编写体系能给的理论支持显然是不够的。

三、学科生活实践核心素养与学科核心素养

为了让"行心创"生活课堂更好地与学科教学对接，以开展一线的课堂教学，这里必须再创新一个概念：学科生活实践核心素养。其对应的课改概念就是学科核心素养。

（一）从学科生活力到学科生活方式

何谓学科生活力？学科生活力表达的是一种共性的生活力。因为一个学科往往需要经过足够的公共化才能成为一个学科，哪怕像国学，虽然很系统，但仍旧没有足够公共化，在学科门类中也无立足之地。然而学科都有共同体的特点，如物理学科的学科核心素养——物理观念、科学思维、科学探究、科学态度与责任。而学科生活力是经验、概念、原理、技术和运用。其中经验和概念与物理观念相同，原理与科学思维相类似，科学探究与技术相一致。学科生活力与学科核心素养相接近，因为都是普遍的。

学科生活力和学科能力的差别是，学科生活力具有应对生活真实情景的能力，比如写游记的生活力，学生在真实参观了某地后，能够根据语文学科所学，写出符合语文学科要求的游记，这样的写游记能力就是学科生活力。学科知识都是普遍性的学问，是在与现实中的具体生活结合后，才形成了这种学科生活力。学科生活力既有具体的，也有普遍的。具体的学科生活力，如写日记、写游记、写童话故事、写小说等；普遍的学科生活力，如阅读力、概括能力、写作能力、交际能力等。

然而，在实际教学中，课堂教学不应只是培养学科核心素养，也应该是一个生活过程。课堂不是简单的教与学，更应该是一种实践方式——活动的做中教、做中学，因此原有的一元关系出现在以"教"为中心的课堂，二元关系出现在以"学"为中心的课堂，现在，我们倾向于转变为以"做"为中心。这里的以"做"为中心，就发生在"行心创"的生活课堂。

通过"行心创"的课堂，学生能实现学科生活力，也就是初行之经验，从行到知的概念、知的原理，从知到行的技术，最后养成行动的创造力或者应用力。

学科核心素养中往往有一个情感维度，即科学态度与责任。这个维度，我们

就用生活关系来类比，其实就是学科生活关系，表达的是学科的生活态度。

如此，学科生活力和学科生活关系就构成了学科中的普遍生活方式，又可以转化为学科生活方式，与科学责任相对应。

（二）学科核心素养与学科生活实践核心素养的比较

"行心创"生活课堂在具体的学科课堂中的生活方式，其实就是学科核心素养的另一种表达。但实际上，学科生活方式会优于学科核心素养这个概念。

表3-3 以物理学科为例的学科核心素养与学科生活方式的比较

学科核心素养			学科生活实践核心素养		
学科关键能力	正确价值观	学科必备品格	学科生活力	学科生活关系	学科生活方式
物理观念、科学思维、科学探究	科学态度	科学责任	物理经验、物理概念、物理原理、物理技术和物理应用	科学态度	科学责任以及科学的习惯、态度、行为和认知的总和

通过比较，我们发现学科生活实践核心素养的概念所展现的内在逻辑性更强，具有更强的解释力。其包含更多可培养的实际素养，比如在学科关键能力方面，学科生活力就涉及物理技术和物理应用，这是两种非常关键的物理学科核心素养。然而，原有的学科核心素养的构建，其内在逻辑并不充分，只是简单罗列，但来说清原因（具体见表3-4）。在具体的比较中，大部分学科包含学科生活力和学科生活关系两个部分。

表3-4 各学科核心素养与学科生活实践核心素养的对应关系（部分课程）

学科	学科核心素养	学科生活实践核心素养
数学	会用数学的眼光观察现实世界	经验
	会用数学的思维思考现实世界	概念、原理
	会用数学的语言表达现实世界	技术、应用
物理	物理观念	概念
	科学思维	原理
	科学探究	技术、应用
	科学态度与责任	学科生活关系、学科生活方式

续表

学科	学科核心素养	学科生活实践核心素养
化学	化学观念	概念或观念
	科学思维	原理
	科学探究与实践	技术、应用
	科学态度与责任	学科生活关系、学科生活方式
生物	生命观念	概念
	科学思维	原理
	探究实践	技术、应用
	态度责任	学科生活关系、学科生活方式
语文	语言运用	概念
	思维能力	原理
	审美创造	技术、应用
	文化自信	学科生活关系
历史	时空观念	概念
	史料实证	经验
	唯物史观	原理
	历史解释	技术
	家国情怀	学科生活关系
道德与法治	政治认同	学科生活关系
	道德修养	学科生活方式
	法治观念	概念、原理
	健全人格、责任意识	学科生活方式
地理	人地协调观	学科生活关系
	综合思维	原理
	区域认知	概念、学科生活关系
	地理实践力	技术、学科生活方式

续表

学科	学科核心素养	学科生活实践核心素养
艺术	审美感知	概念、原理
	艺术表现	技术
	创意实践	应用
	文化理解	学科生活关系
信息技术	信息意识	经验
	计算思维	原理
	数字化学习与创新	技术、作品
	信息社会责任	学科生活关系、学科生活方式
英语	语言能力	概念
	文化意识	学科生活关系、生活方式
	思维品质	原理
	学习能力	技术

四、"行心创"生活课堂培养目标：生活实践核心素养

在"行心创"生活课堂中，我们的着眼点始终是生活方式的改变，以培养生活实践核心素养。教育毕竟是面向众多学生进行的，不可能一对一去改变学生的具体生活，而只能是影响其生活方式的改变。这种生活方式的改变，甚至与习惯有着紧密关联。因此，在生活方式的培养中，我们不仅仅要关注生活力，以及认知维度的经验、概念、原理、技术和运用，还要关注意志维度的力。所以，如果生活力包含认知，生活关系包含情感，那么实际上，生活方式就是知情意的综合方式。（见表3-5）

表3-5 生活实践核心素养与知情意之间的对应关系

生活实践核心素养	知情意维度
生活力	知
生活关系	情
生活方式	意

若要从更深层次去了解，我们还可以这样解读，学科生活方式实际上反映了学科的核心认知、情感及意志，而核心素养的概念强调的是学生应该掌握的，在某学科领域里能够满足未来成长和社会发展需求的必备品格、正确价值观和关键能力。这种必备品格，其实就是意志品质，这种必备能力，其实就是认知能力。

回到具体的学科核心素养的问题上。在物理学科核心素养中，科学态度属于情感维度，而科学责任应该属于意志维度。因此，我们说"行心创"生活课堂的培养目标是生活实践核心素养的养成，是培养学生的生活力、生活关系乃至促进其生活方式的转变，是引导其过一种新的生活。

那么在传统的课堂中——非"行心创"生活课堂，知情意的培养有什么特点呢？首先，知情意三个维度需要展开。在任何课堂中，最初的目标都是要解决知识、能力的传授问题，然而这个过程师生要合作，生生要合作，要有目标和计划，要依靠一定的组织去完成整堂课，因此就有了情和意的维度。情、意的维度是辅助维度，知的维度是根本。目前，有些课堂开始改变情感维度，如学习共同体，注重倾听，强调接纳、安全、分享等。"行心创"生活课堂的知、情、意三个维度的具体展开如表 3-6 所示。

表 3-6　知、情、意三个维度的具体展开

维度	具体展开				
知维度	问题	概念	原理	技术	作品（运用、创新）
情维度	情绪（倾听）	价值（澄清、分享）	共情（接纳）	联结（仁爱）	关系
意维度	需求（需要）	目标（目的）	计划（方案、蓝图）	执行（流程）	习惯（反馈、复盘）

"行心创"生活课堂不仅重视认知的深化，即从经验世界走向理念世界，乃至人造世界，同时也重视情、意维度。知、情、意三者，分别对应解决问题、解决情绪和解决需求而存在。

在传统的课堂中，以"教"为中心，强调了意志维度，也就是课堂的教学环节和流程是由教学目标、教学设计、教学过程、教学总结和教学反思等组成。以"学"为中心的课堂强调学生的学习层面，注重解决学生的学习需求，激发学生的学习动力、学习兴趣和学习情感。以"做"为中心的课堂，强调"做"的思想

和新价值的产生，因此，其知的维度更深刻。而以"做"为中心的课堂就是"行心创"生活课堂，它也重视"学"和"教"，强调"做中学""做中教"。综合观之"行心创"生活课堂是一种"知情意同等发展"的课堂。

虽然我们讲的生活方式就是素养，普遍的生活方式就是核心素养，但我们还是愿意用生活方式这个概念。首先这个概念是有本土根源的，一方面来自马克思主义的生产方式，另一方面来自陶行知生活教育。此外，生活方式背后有"行心创"生活教育作支撑，这是生活世界，是一个庞大的、哲学的、教育学的理论支撑。而核心素养就没有这样历史的、理论的乃至实践的逻辑作支撑，它是从国外借鉴而来的培养目标。与此同时，生活方式概念所涉及的生活力和生活关系可以更好地开展这种教育，但核心素养这一概念就没有这样的理论演绎能力。当前，大量的培养学生核心素养和学科核心素养的文章，都缺乏从核心素养到具体教学过程的各种演绎逻辑，就连核心素养本身的体系——不论是学生核心素养，还是学科核心素养，都只是通过归纳推理得到的，这意味着，强调核心素养只能作为当前中国教育改革的权宜之策，正如素养的"前辈"——素质教育一样，至今无法构建出一套系统的教育逻辑演绎理论。

第四节 "行心创"生活课堂的实践模式

当前核心素养的实践往往要转化为具体学科核心素养的培养，这一定程度分解了核心素养的三个维度，而实际上这种分解又不够科学。我们这里所说的核心素养分类，既不是学生核心素养的分类，也不是学科核心素养的分类，而是对核心素养本质概念的分类，意在区分关键能力、正确价值观和必备品格。"行心创"课堂是对这种核心素养本质的实践，因而其适合各门学科。

一、"行心创"生活课堂也是核心素养的实践

（一）关键能力与"知"

关键能力的形成，或者说能力的形成依靠的是知识与技能。在知的维度中，

包含有"问题—概念—原理—技术—应用"五个环节的教学，这可以更好地保障关键能力的落地。首先，知识和智慧的获得必须依靠对问题、概念和原理的学习，这是人类智慧运作的"微观"结构①。而技能的获得，又需要技术和应用的加持。这里的技术不是一般的方法和策略，而是基于概念和原理形成的方法流程，是可以比较稳定产出的方法和策略。如果一个方法和策略是有概念和原理作为设计依据的，而不是"拍脑袋"定下的策略，那么它才可以称为技术。

（二）正确价值观与"情"

核心素养的正确价值观其实不够准确，价值观是内核的东西，外在表现是情感和关系。在情感维度，通过"情绪—价值—共情—联结—关系"实现对正确价值观的传递，不仅是要传递正确的价值观，还要引导学生学会与人、事、物构建良好的关系，形成自己的关系世界，具体可以是使命和愿景，也可以是自己的小天地的建设。很多名师都试图构建自己教育教学中某个学科的一方小天地。通常教育教学都会涉及正确价值观的传递，但如何保证价值观得到有效传递呢？这就需要有"接纳"这个环节。这里的接纳是正确价值观得到传递的关键环节，而接纳的核心是对价值观的接纳。

（三）必备品格与"意"

品格的形成是离不开意志力的。必备品格的核心是意志力品质，而意志力品质由低到高是存在差异的，这也反映在"需求—目标—计划—执行—习惯"五个环节上。人有需求才会推动行动，这是初级意志力品质（不可否认有无欲无求、躺平的人），但也比较盲目，所以教育应该教人制定目标、计划，这样意志力品质就升级了，再通过执行和坚持形成习惯，那意志力水平就能大大提升了。

从客观角度来说，教学过程是知情意统一的过程，要转变的也是知情意统一的过程。为了更好地理解"行心创"，我们将之理解为三个世界的贯通（见表3-7）。

---

① 加涅，韦杰，戈勒斯，等. 教学设计原理（第五版修订本）[M]. 王小明，庞维国，陈保华，等译. 皮连生，审校. 上海：华东师范大学出版社，2018：63.

表 3-7 "行心创"课堂与核心素养融通的关系图

要素			教学环节		
			关键能力（知）	正确价值观（情）	必备品格（意）
"行心创"课堂	行	经验世界	问题	情绪	需求
	心	良心世界	概念	价值	目标
			原理	共情	计划
			技术	联结	执行
	创	人造世界	应用	关系	习惯

二、"行心创"生活课堂的实现框架和要点

（一）"行心创"生活课堂的实现框架

与当前教育方法下的课堂模式比较，陶行知先生把教育方法演进分为四个阶段。第一个阶段：凭先生教授，不许学生发问。第二个阶段：师生共同讨论，彼此质疑问难，这类似于当前的协同学习。第三个阶段：师生共同在做上教，做上学，在做上讨论，在做上质疑问难，这类似于当前的项目式学习。第四阶段：师生运用科学方法在做上深究做之所以然，并反思总结做得好的理由，这是一种深度学习。从设计上来说，整个教学内容，不论是一堂课，还是一个单元教学，均可以设置成一个探究的项目。然后在这个项目学习中，开展协同学习，在协同学习过程中追求深度学习。整个"行心创"生活课堂的实施框架见图 3-2，图 3-3 是三种学习的关系图。

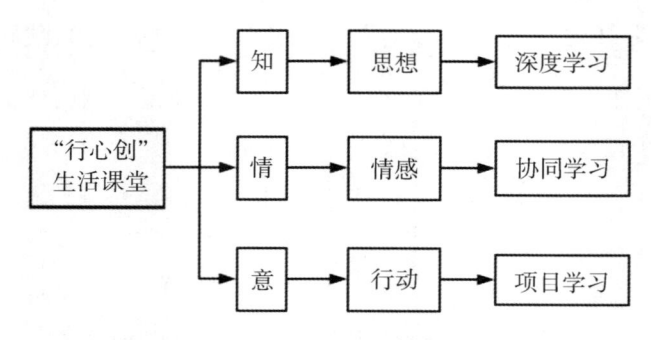

图 3-2 "行心创"生活课堂的实施框架

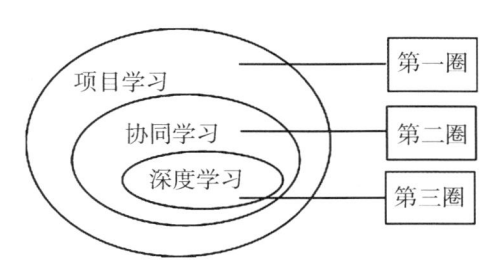

图 3-3 三种学习的关系

(二)"行心创"生活课堂的实现要点

"行心创"生活课堂有三类:"行知创"生活课堂、"行情创"生活课堂、"行意创"生活课堂。

1. "行知创"生活课堂的深度学习

"行知创"的思维最初来自陶行知,他说"做"有三个特征:"行动、思想、新价值之产生。"另一种表达则是:"行动是老子,知识是儿子,创造是孙子。""行知创"是一种能够有力地促进深度学习的进阶原理,其有五个能力阶段,分别是初行之觉察力,这对应的是问题;从行到知的概念,即概念力;知的原理力,即发现事物的结构、规律、模型和原理的能力;从知到创的技术,即技术力,如一定的策略、方法、流程、方案能力;最后是创的作品力,或者称为产品力,在商业中主要是产品或服务,在政府、事业单位主要是服务和政策。

由此"行知创"涵盖了觉察力、概念力、原理力、技术力和作品力等方面的能力。如果一个人能够在作品创作过程中做到"致知"和"知致",那么他就达到了创造的最高认知高度。课堂教学,如语文写作、书法、美术、音乐等各个学科的课堂教学,都应该能够产生优秀作品。表 3-8 反映"行知创"初行之察觉(问题),从行到知之概念,知的原理,从知到创的技术,创的作品、服务、政策、精神等维度的深度学习进阶过程。

表 3-8 "行知创"的深度学习进阶

行知创维度	问题	概念	原理	技术	作品/服务/政策
问题维度	怎么来的?	是什么?	为什么?	怎么做?	做成什么样?
行知五力	觉察力	概念力	原理力	技术力	作品力

在此特别强调，培养认知不是只有上述五个环节这种方式，认知方面的培养至少还存在另外三种方式：一是"行创"；二是"行模创"；三是"行悟创"。中国人比较擅长"行模创"，就是会的就"行创"，直接从经验出发去做事；若是不会，就向别人学习，模仿经验。这种学习主要是看别人怎么做，或者拜个师，在学校教育教研方面，师徒结对几乎成为每个学校培养新老师的重要法门，这是"行模创"的厉害之处，"行模创"不仅仅可以传递显性的知识，还可以传递默会知识。第三种是"行悟创"，这适合少部分水平较高的人，不是通用的。"行模创"是对学习力不强的，要靠"做中教"和"做中学"来帮助的人。而"行知创"则通过概念、原理和技术让这些创造变得更具确定性，对于学科教学，"行知创"具有更大的适用性，但也不能低估"行模创""行悟创"两种认知方式对学生的培养。本书侧重探讨我国当前教育还有待加强的方面——"行知创"。

由此可见，"行知创"生活课堂是一种深度学习的课堂，其深度体现在思考水平的不断推进，具体来说就是让学生在课堂上不断升级认知能力，掌握智慧，养成生活力，这同时也可以提升教师的认知水平，让教师更有智慧。

2."行情创"生活课堂的协同学习

在课堂学习中，我们需要保持正确的态度。情感和关系的建立是课堂学习的核心，特别是要引导学生保持一种正确的情感态度。"行情创"生活课堂是一种小组合作式或学习共同体式的课堂，师生共同讨论，互相质疑问难，需要这样的情感态度来维持课堂秩序。具体而言，行情创包括以下五个阶段。

（1）"初行"之情绪。在学习一件事或者认识一个物时，必然会伴随情绪、情感体验的过程。课堂的情绪有两类：一是对课堂学习状况的反应情绪；二是面对教育教学的内容所产生的情绪。在初行接触时，不论是面对需要培养的教育内容，还是对课堂本身的反应，都会伴有情绪，这种情绪是好是坏都有可能，如果是坏的、负面的，就是需要处理的情绪。在课堂教学中，学生的情绪可以从其对课堂本身、对教师、对学习、对同学的态度中看出来。如果学生的情绪是负面的、是消极的，那么都是我们课堂教学需要处理的问题。为了让学生更好地排解这种负面情绪，教师要鼓励学生之间互相倾听，教师本人也要学会倾听。

（2）从行到情的价值。行情创的第二个阶段就是价值。人之所以会陷入负面情绪中，通常是因为看不到人或事物背后的价值，我们对情绪进一步深究，就能发现情绪、情感背后是价值取向的问题，这一层面的探究能够跳出情绪维度，进入价值的高维。在课堂上，价值观并不容易得到表现，很多学生并不会直接表示出自己与别人的价值观的不同，这个过程教师可以设计一些辨析和澄清的环节，让不同的价值观可以得到呈现。

（3）情的共情。若价值得到认同，就会进入赏识、分享等联结阶段，若价值得不到认同，就还要进入情感的共情阶段。可以说，我们大部分的态度问题、合作问题、情感问题，都是因为不能够达成价值共情和价值认同才导致的。在教学中，抓住第二阶段的价值观，传递正确的价值观，通过串联让不同的价值观得到一种关联，才能在第三阶段达成价值共情。价值共情的核心是认同对方或者形成新的价值观或价值，这样态度才有可能改变。

（4）从情到创的联结。第三阶段完成共情，接下来就进入联结，如果说接纳是一种主动联动的、由外而内的同化，联结则让学生主动去接纳、建构、赏识和关心，联结的方式在教学、课堂中会呈现为赏识、分享、关心、关注等。在课堂上，学生接纳了要传递的价值观，往往会有沉浸在课堂教学中的表现。

（5）创的关系。第五阶段是一种新关系的建立。原本学生只有与书本的关系，与知识的关系，与同学和老师的关系，经过前面四个环节，又建构起一种和谐的新关系，这种新的关系包含一种爱的流动。但到底应该建成什么样的关系呢？不论是什么关系，本质上都是对关系中的角色的认同，角色的承担是关系的本质，这个将在后面的教学策略中进一步阐述。

关系方面，学生与自己的关系，与他人的关系和与世界（文本）的关系是情感中的普遍关系。三种关系中又各有三种类型——一元关系、二元关系和三元关系，这三种类型关系代表三种态度。这在价值环节是从一元的自我走向二元的自我的前提，我们的愤怒、讨厌、消极等各种态度都是因为没有发现价值，有了价值和共情，就有了联结，而有了分享才能使二元关系成立，但仅仅是分享还不够，接纳和分享构成来回的互动，从二元到三元就进入使命的情感阶段，这是一个创造的阶段，如男人和女人是二元，生出孩子则构成三元。所以，一个基本的家庭结构就包含了三元的关系。第三元是创造性的，在二元关系中能够去创造，面对生命中的各种关系能够去创造，这并不简单，需要有使命感。使命感是一种感召，是来自类体的声音，是召唤个体为了人类的前途去分享爱和奉献的声音，如此就从二元到三元了。能找到自己的使命感，对每个人而言都是一件极其有意义的事情。

总之,"行情创"生活课堂是一种协同学习的课堂。"行情创"的情感力可以让学生在课堂中不断升级自己的情感层级从而建构良好的关系,这同时对教师与学生的关系也是一种升级。

3. "行意创"生活课堂的项目式学习

"行意创"强调对意志和行为习惯的建构能力。在众多的学习方式中,项目式学习最接近这种模式。项目式学习是一种以学生为中心的教学方法,它提供一些关键素材来构建一个环境,甚至提供物质化的特色项目教室来建构场馆课程。学生在此环境里组建团队,并通过解决一个开放式问题的经历来学习。其涉及的内容主要有:一是学生如何获取知识,如何计划项目以及控制项目的实施。二是学生如何加强小组沟通和合作。项目式学习通常是在一个学习小组中进行,学生们在这个小组中有各自的角色,而这个角色会不断轮换。三是在项目式学习中,学生们的学习是通过自己的思考和推理来实现的。具体可以通过七步法来进行,包括弄清概念、定义问题、头脑风暴、构建和假设、学习目标、独立学习和概括总结。四是教师的角色是通过支持、建议和指导来帮助学生们更好地学习。教师必须让学生建立起敢于接受难题的自信心,鼓励学生,并且在必要时拓展他们对问题的理解。上面四个方面内容属于现代的项目式学习,同时也包含了小组的协同学习和一定程度的深度学习,如弄清楚概念、定义问题、头脑风暴、构建假设等等。

意志力方面就是要求意志和目标要实在,要积极落实自己的目标,将目标转化为计划,去组织资源、执行和形成习惯,这样才是真正的意志力。正如陶行知说的,"每个活动都要有目标,有计划,有方法,有工具,有指导,有考核"①。我们特别重视意志过程中的目标、计划及其执行和反馈。这里的反馈,如评价、考核或者复盘,如此才能形成好的习惯。

复盘者能反思自己的错误,不断增强自己的意志力,提升计划落实能力,最终形成优秀的习惯。一个人,在初行时有需求,就会有一定的意志力;从行到意即第二阶段就是要有目标,意志力就较好;意之计划阶段,若能有计划,意志力又升一级;从意到创是执行,在此过程若能组织资源(调配好空间和时间、精力、资源)去执行,意志力就更高了;创之习惯,在意志力这里,习惯就是最好

---

① 胡晓风,等. 陶行知教育文集[M]. 成都:四川教育出版社,2007:234.

的创造。良好习惯的形成，是要有反馈、复习、复盘或反思的，大多数学习都需要反馈、考核、复习、反思或复盘，如练习书法的临摹，都需要不断对照、复盘，找出差距，纠正错误，才能掌握正确的写法，并最终形成某种书体的书写习惯。

总之，"行意创"生活课堂是一种项目式学习课堂。"行意创"的意志力要求通过课堂不断升级学生的意志层次，使其形成良好的学习习惯，这同时也升级了教师的课堂模式。

4. "行心创"生活课堂的总要素框架

我们将"行心创"拆解成三个方面："行知创""行情创"和"行意创"。在实际教学过程中，我们是从"行意创"的层面进行整体设计，然后进入"行知创"的深度学习，再借助"行情创"的协同学习来落地，三个方面是互相交织在一起的。比如，课堂教学目标的制定是"行意创"方面的，课堂教学环节主要是"行知创"，而课堂的组织和推动课堂教学环节前进，往往要借助"行情创"。在我们这里，项目学习是为了实现"行—意—创"的过程，项目学习的确也内嵌了协同学习和深度学习，好的项目式学习其实就是"行心创"的综合，见表3-9。

表3-9 "行心创"生活课堂的三力、三种学习方式之间的关系

三个维度	行 （经验世界）	心 （良心世界）			创 （人造世界）	三种学习方式
认知力	问题	概念	原理	技术	作品	深度学习
情感力	情绪	价值	共情	联结	关系	协同学习
意志力	需求	目标	计划	执行	习惯	项目学习

从上表可知，"行心创"生活课堂的核心是培养三种能力：认知力、情感力和意志力，它们其实也是生活力、生活关系和生活方式的组成要素。认知力、情感力和意志力都可以分解成五个环节并逐步升级以提升力的大小。五个环节可以组成三个大阶段——行—心—创，融通三个世界。认知力、情感力和意志力又分别对应了三种学习方式：深度学习、协同学习和项目学习。

三、"行心创"生活课堂的设计要素和设计表格

那么，三种教学流程具体是如何进行的，接下来进行逐一讲解。

(一)"行心创"生活课堂的设计要素

1. "行心创"生活课堂的目标设计

课堂目标设计是"行心创"生活教育的核心内容,"行心创"生活课堂旨在培养学生的生活力、生活关系和生活方式。为了实现这些目标,需要借助核心素养的关键能力、正确价值观和必备品格。以下是"行心创"生活课堂目标设计的主要内涵:

"行心创"生活课堂目标设计包含两部分,一是学科核心素养要求的部分,二是我们的生活力、生活关系和生活方式要求的部分。但二者也有交叉的部分,这个在表 3-6 中有所体现。

(1) 生活力的培养

生活力是指学生应对日常生活挑战、解决问题和适应变化的能力。生活力目标包括具体的生活力目标和普遍的生活力目标。为了培养学生的生活力,课堂目标设计应该包括以下几个方面:

①具体的生活力目标涉及学习对象和内容,例如语文单元教学中的人、事、物主题,需要学生具备相应的具体生活力;数学中的圆的面积则需要计算能力。

②普遍的生活力目标则是指学科的普遍方法的目标,如语文要素目标、数学的方法论目标或者整体的学习方法论目标。

两种生活力虽然与新课程标准的要求一致,但整体上生活力比新课标要求高些,它的教学过程侧重对经验、概念、原理和技术的学习,这样的应用才不仅仅是做题,还强调在生活中的迁移运用,强调生活经验。

(2) 生活关系的建立

生活关系是指学生与自己、他人和社会的相互关系。为了有效地培养良好的生活关系,课堂目标设计应该包括以下方面:

①教学内容的生活关系,也就是具体的生活关系,例如,语文单元教学中的情感和关系性的主题,可通过课堂教学来培养学生的爱国、爱家、爱校等情感,其中包括社会责任感(关系中的角色责任)的培养,引导学生关注社会问题,以及培养他们的公民意识和社会责任感。

②进行课堂关系的建构,每堂课都在培养学生的协同学习和合作关系。这样的课堂关系有助于学生形成良好的人际关系,增强他们的自信及社交技能,并培养他们合作、互助等团队精神。

（3）生活方式的塑造

生活方式是指一个人或一群人在日常生活中所采取的习惯、价值观、行为模式和价值选择，以及其对待健康、休闲、社交、工作等方面的态度和方式。它是一种对待生活的总体方式和态度。相比于生活力和生活关系，生活方式侧重对学生的目标、计划、行为习惯等的培养。为了塑造积极健康的生活方式，课堂目标设计可以包括以下方面：

①具体的生活方式，即课堂教学内容涉及的健康生活习惯，如教育学生养成良好的饮食、运动、休息等生活习惯，提倡健康的生活方式。

②普遍的生活方式，就是生活方式3.0所指向的构建精神世界的生活方式。

通过"行心创"生活课堂的目标设计，可以帮助学生全面提升自己的核心素养，培养综合能力和积极心态，从而更好地适应现实生活的挑战，建立良好的人际关系，并形成积极健康的生活方式。

2. "行心创"生活课堂的内容设计

基于知情意统一，教学不仅是认识过程，还是情感和意志过程。以活动、事情、生活情境等为教学的起点，通过知情意三个方面进行教学，以推动学生在认知、情感和意志方面得到新发展，并由此进入新的状态。

表3-10 "行心创"生活课堂的三个转变

教学内容维度	转变的核心	具体转变的内容：以活动或者事件为中心
知的转变	核心是思维方式或模式的转变	问题（经验）、概念、原理、技术和应用
情的转变	核心是情感模式	是人与自我，人与他人，人与世界的关系转变。这种转变是接纳、联结、分享、爱和使命的进阶
意志的转变	核心是意志模式	需求、目标、计划、执行、习惯的转变

原来的课堂教学内容侧重具体的学科内容，而我们这里，则是以具体的活动、事情、生活情境等为教学的起点，在具体的学科内容教学中追求认知、情感和意志的模式转变。

3. "行心创"生活课堂的过程设计

基于"行心创"的过程，不是"知行知"而是"行心创"的教学过程。

（1）整体过程设计

"行心创"生活课堂要有项目活动，要有小组合作，要有深度认知。我们在整个课堂中，将教学过程看成一个项目，项目本身的执行可以看成一个意志力过程，从而在这个项目中实现认知和情感的变化。认知和情感的实现是互相纠缠在一起的。认知的过程分为五个环节（表3-11），情感的实现也分为五个环节（表3-11）。在具体的教学环节探讨上，可以从认知、情感和意志任一角度来论述"行心创"生活课堂的教学环节。

表3-11 "行心创"生活课堂的整体过程设计原理

维度	行	心（良知）			创	教学作用
	怎么来的	是什么	为什么	怎么做	还能怎么做	教学环节依据
教学认知点	既有经验/预习问题/预习感悟/实践体悟/作业检测问题	概念/要点/观点/重点/难点/考点/主题/话题	原理/规律/理论/联系/关系	技术/方法/程序/步骤	应用/作品/服务/政策/作业	
教学情感点	与自己对话	与学科对话	与同伴对话	与练习对话	与生活对话	教学组织依据
	元认知策略、预习、课前检测、情境	阅读、思考、探究	倾听、小组分享、小组讨论	实验、测评、思维导图、总结	实践、课后迁移	教学策略依据
教学意志点	学生的需求	目标—计划—执行			学习习惯/反馈/复盘	教学设计框架依据

（2）认知维度的过程设计

"行心创"生活教育理论核心是促进人的发展，促进人的生活方式的转变，在生活方式转变中，就包括生活关系的转变，如人与自我的关系、人与他人的关系以及人与世界的关系，也包括"知情意"的转变。

"知情意"是"做"的组成部分，在"做"的过程中，知而不行是常态，其中情感和意志问题是阻碍这个行动的重要原因。故而"行心创"生活教育理论强调"知情意同等发展"。但在实际推行这个模式的过程中，可能要先从认知维度来进行。以"行知创"生活课堂为例，可以进行如下三种设计。

①三段的设计：行—知—创。

一段：自主行动，课前做，包括预习、课前体验、课前练习等，获得学习初步经验和问题。

二段：合作探知，通过小组合作探知，将研究的对象、问题深入到概念、原理层面。

三段：引导创造，通过教师引导使学生获得技术和迁移的创造力。

②五环：以问题为中心（见表3-12）。

表3-12 "行心创"生活课堂的问题维度

实践创新维度	问题	概念	原理	技术	作品/服务/政策
问题维度	怎么来的？	是什么？	为什么？	怎么做？	做成什么样？

③单要素设计：如基于问题的教学、基于概念的教学、基于原理的教学、基于技术的教学、基于作品的教学。

4."行心创"生活课堂的组织设计

课堂组织设计是"行心创"生活教育的重要组成部分，其目标是促进学生的协同学习和合作精神。在"行心创"生活课堂中，打造学习小组和学习共同体是实现这一目标的有效方式。

首先，学习小组的建立是课堂组织设计的关键。学习小组由几名学生组成，他们在共同的学习主题下展开合作。为了确保学习小组的有效运作，可以采取以下策略：

①明确学习主题：确定学习小组的学习主题，确保小组成员在同一领域进行深入探讨和学习。

②分工合作：将学习主题分解成不同的任务，让每个小组成员负责特定的任务，并鼓励他们相互合作、互补优势，形成高效的分工与合作模式。

③定期反馈和评估：建立良好的沟通机制，定期汇报和反馈小组成员的学习进展和贡献，及时解决问题和调整学习策略。

其次，学习共同体的打造也是课堂组织设计的重要方向。学习共同体是一种更广泛的合作学习形式，旨在提供一个共享学习资源和互助交流的社群环境。以下是建立学习共同体的关键措施。

①倾听与分享：鼓励学生倾听他人的观点和经验，通过讨论、辩论和互动来

促进深层次的学习理解和思考。

②协助与支持：提供相互协助和支持的机会，鼓励学生通过分享自己的知识、经验和资源来帮助他人。

③资源共享：建立学习资源库，让学生能够共享有关特定学习主题的资料、书籍、网站链接等资源，以促进彼此的学习。

"行心创"生活课堂通过打造学习小组或学习共同体，为学生提供了一个积极、互动、富有合作精神的学习环境。这种组织设计不仅能够促进学生深入学习和思考，还能培养他们的团队合作能力和社交技巧，为他们的全面发展奠定坚实基础。

5. "行心创"生活课堂的评价设计

评价设计是"行心创"生活课堂教学过程中的重要环节，在"教学评一致性"的新课改理念下，它旨在评估学生的核心素养、生活实践素养以及课堂对学生生活的影响。以下是"行心创"生活课堂评价设计的内容和评价指标设计。

(1) 评价设计的内容

①评价学科生活核心素养是否得到落实

生活力：学生在日常生活中应对挑战、解决问题和适应变化的能力。

生活关系：学生与自己、他人和社会之间的关系。

生活方式：学生的行为习惯、思维方式和价值取向。

②评价课堂教学能否影响学生的生活

激发学生的兴趣和热情：课堂是否能够激发学生对生活的兴趣和热情。

提供实践机会和体验：课堂是否能够提供学生实践和体验的机会，让他们可以直接应用所学知识。

培养实际应用能力：课堂是否能够培养学生将所学知识应用到实际生活中的能力。

(2) 评价指标设计

评价主要包括以下几个方面的指标，根据具体内容制定具体评价指标和量表：

①学科核心素养得到落实的评价指标

生活力：具体的生活力、普遍的生活力。

生活关系：具体的生活关系、普遍的生活关系。

生活方式：具体的生活方式、普遍的生活方式。

②课堂对学生生活的影响的评价指标

激发兴趣和热情：学生对课堂内容的兴趣和热情程度。

实践机会和体验：学生获得的实践机会和真实的生活体验。

实际应用能力：学生将所学知识应用到实际生活中的能力。

根据评价指标，可以设计相应的量表，如五级评价量表（非常差、较差、一般、较好、非常好），或百分制评价等，根据具体情况进行选择。同时，对于每个评价指标，可以设置相关的评价描述或具体行为表现，以便更准确地评估学生。

总的来说，"行心创"生活课堂的评价设计包括评价学科核心素养、生活实践素养以及课堂对学生生活的影响。评价指标设计需要根据具体内容制定评价指标和量表，并提供相应的评价描述或具体行为表现，以便全面准确地评估学生。

6. "行心创"生活课堂的环境设计

最后，需要提醒下，"行心创"生活课堂的全称是"御物行心创"生活课堂教学。"御物"就是在课堂中重视课堂环境、AI 技术、桌椅摆放、课堂显性物质文化、教学工具、教学设备等。课堂必定是在一个物质场开展的，学生的座位安排、师生的空间接触都与之相关。作为一种新生活课堂，如何更好地通过"御物"来实现课堂教生活的目标，实现生活力和生活方式的培养，更好地落实或者聚焦核心素养，是这种课堂教学的关键。"行心创"生活课堂重视 AI 课堂、信息技术的应用；在空间上重视有利于项目式学习的小组合作、"小先生"模式、协同学习；在文化上重视倾听、安全、分享的微观公平文化，鼓励学生发表自己的见解。

（二）"行心创"生活课堂的设计模板

1. 以"行知创"生活课堂为核心的教学设计模板

课题课时	
案例信息	（版本、年级、执教者或设计者姓名）
教材分析	

续表

学情分析				
教学目标	基础性目标	（新课标要求的目标）		目标
	生活力	（具体生活力）		
		（普遍生活力/学科生活力）		
教学重难点	重点			
	难点			
预习设计				计划
教学准备（御物）				
认知过程		深度学习		执行
		劳力过程（活动过程构建）	劳心过程（认知图式构建）	
问题阶段				
概念阶段				
原理阶段				
技术阶段				
作品阶段				总结
课上练习	基础性作业	课标要求的作业		反馈
课后练习	实践性作业	培养生活力		

注：这类模板适合涉及认知的教学内容。

2. 以"行情创"生活课堂为核心的教学设计模板

课题课时			
案例信息	（版本、年级、执教者或设计者姓名）		
教材分析			
学情分析			
教学目标	基础性目标	（新课标要求的目标）	目标
	生活关系	（具体生活关系）	
		（普遍生活关系/学科生活关系）	
教学重难点	重点		
	难点		
预习设计			计划
教学准备（御物）			
情感过程	协同学习		执行
	劳力过程（活动过程）	劳心过程（情感图式过程）	
情绪阶段			
价值阶段			
共情阶段			
联结阶段			

关系阶段			总结
课上练习	基础性作业	课标要求的作业	反馈
课后练习	实践性作业	培养生活关系	

注：这类模板适合涉及情感、价值观和关系的教学内容。

3. 以"行意创"生活课堂为核心的教学设计模板

课题课时			
案例信息	（版本、年级、执教者或设计者姓名）		
教材分析			
学情分析			
教学目标	基础性目标	（新课标要求的目标）	目标
	生活方式	（具体生活方式）	
		（普遍生活方式/学科生活方式）	
教学重难点	重点		计划
	难点		
预习设计			
教学准备（御物）			

续表

意志过程	项目学习		执行
	劳力过程（活动过程）	劳心过程（情感图式过程）	
需求阶段			
目标阶段			
计划阶段			
执行阶段			
习惯阶段			总结
课上练习	基础性作业	课标要求的作业	反馈
课后练习	实践性作业	培养生活方式	

注：这类模板适合涉及项目化学习的教学内容。

第四章 "行心创"生活课堂的主要内容

"行心创"生活课堂包含"行知创"生活课堂、"行情创"生活课堂和"行意创"生活课堂。"行知创"的认知力培养让学生在课堂上得以不断升级自己的认知能力、掌握智慧并最终养成生活力,这同时也提升了教师的认知水平,让教师更有智慧。"行情创"的情感力培养则不断升级学生的情感层级以建构良好的关系,并且这也升级了教师与学生的关系。"行意创"的意志力培养不断发展学生的意志层次,使其形成良好的学习习惯,也升级了教师的课堂模式。本章深入、全面地解读这些具体的内容,不过是希望它们能共同为学生心智文明的培养提供底层支持和心智上的进阶之路。由于当前学校教育主要还是以课程教材为核心的生活课堂模式,所以本章及之后的内容,主要是以学科生活课堂为案例,而实际上集体活动课程和学生个体的日常生活也可以应用"行心创"的生活原理。

第一节 "行知创"生活课堂的认知教育

《大学》中提出的"格物、致知、诚意、正心、修身、齐家、治国、平天下"这八条目,成为南宋以后理学家基本纲领中的一部分。"致知"意为达到完善的理解。《礼记·大学》:"欲诚其意者,先致其知;致知在格物。"南宋朱熹注:"致,推极也;知,犹识也。推及吾之知识,欲其所知无不尽也。"古人的认知理想一直没有找到合理的实现路径，以为只能是"致知在格物"，然而格物只是起始，本节将通过五个层级探讨人类认知推进的步骤，这包含了认知力提升的辩证逻辑。

一、认知的特征

一是认知的抽象性。认知的最大特征就是抽象性。各个学科其实都是对客观现实的认知，比如人教版三年级（下册）语文教科书中的一篇文章《燕子》，其第一段是这样描写小燕子的：

一身乌黑的羽毛，一双剪刀似的尾巴，一对轻快有力的翅膀，凑成了那样活泼可爱的小燕子。

不管怎么写，对小燕子的描写只能是抽象的，即对其羽毛、尾巴、翅膀进行抽象化的文字呈现。实际上具体的、生活中的小燕子，必定存在某个时空中，其羽毛、尾巴，还有各种身体部件和器官都相当丰富，抽象的小燕子只是一种模型，一种我们认识燕子的模型。语文的模型构建是用文字，如果是美术，那也许是用线条或颜色对小燕子进行抽象。

从哲学上说，抽象是从事物众多的特征中抽取出共同的、本质性的特征，而舍弃其非本质特征的过程。许多学科对客观事物进行抽象，不会一下子抽象出其本质特征，但却能抽象出其典型特征，使得对这一事物的描述能够被区分出来。在语文学科中，学会抓住事物的特征进行描述、凸显特征的教学要求也是认知的抽象性决定的。

二是认知的视角性。认知的视角性是指同一客观对象，用不同的视角、不同的观察角度，其描述和刻画是不一样的。这里的视角性就体现在多个方面，如观察者的差异、学科差异、时间差异、空间差异。

我们以一棵树为例，从不同的观察者角度来看，如果这棵树与观察者存在情感关联，那么对其进行的描写和描绘将与没有情感关联的树有所不同。此外，从不同学科的角度来看，语文、生物和美术等学科对树的描述也会存在差异。随着时间的推移，同一棵树在不同的季节和时间段中也会呈现出不同的状态和特征，例如春夏秋冬或一两年与十几年的时间跨度对树的影响都是不同的。最后，空间的变化也会影响对一棵树的刻画和理解，室内的树、室外的树、森林中的树和广场上的树，其描写和描绘也会因空间差异而有所不同，人们对它们的认识也会因此有所差异。

三是认知的发展性。基于认知的抽象性，抽象的认识本身是一种发展，不是一开始就完美的，加上认知的视角性，人们对同一事物的认识角度也比较丰富，因而认识是一个循序渐进的过程，是一个不断发展、完善的过程。

我们致力于培养学生的认知能力，深入探讨认知的发展性，并尝试通过"行知创"三个环节，不断深化学生对知识的理解，实现深度学习。

本书撰写的核心目的之一就是赋予学生智慧。在笔者的视野中，许多中国教师对于教育智慧的把握略显不足，抑或缺乏对智慧的直观理解。下面将"行知创"三个大环节分解为问题、概念、原理、技术和作品等五个小环节。笔者期望揭示知识或智慧的多层次形态，让读者明白自己在思维能力和认知水平上所处的阶段。然而，许多人还处在理解和掌握"经验"（问题）的初始阶段，对于"概念"的探索仅仅停留在初级体验上，因此还谈不上真正的掌握。这意味着，人们与把握事物的内在规律和原理的能力相距甚远，要实现教育智慧的探求仍任重道远。

二、认知的主要领域

认知的领域可分成三大类：自然、社会和人文，这分别对应人、事、物三个方面。侧重物，那就是自然科学；侧重事，那就是社会科学；侧重人，即使是写事物，最终仍着眼于人的思想和情感的，那是人文。

自然科学领域的认知主要是模型认知，是对事实的、客观的、规律的认知。例如物理、化学、生物、数学等，这类认知逻辑严密，是典型的以概念、原理为中心的认知，通过对客观事物进行拆解、分类研究，发现其结构、功能和属性，从而达到认知。通过对其运动规律进行探讨，达到对规律的掌握和对技术的开发，从而创造出各种作品（产品）。

社会科学领域的认知则主要涉及价值观、思想的认知，如历史、政治、经济和教育等学科。其本质上也是对社会现象、社会运动的认知，因此，也是模型认知，也有规律性和客观性。例如历史，往往以历史事件为中心进行认知；政治，以价值观为核心进行认知；教育学，则围绕教育原理、教育规律展开认知。也可以分领域，如按学校、班级、课程、教学等领域进行认知，但它们也是相似的，如都是围绕概念展开，都要逐步探究其原理，才能找到其技术和应用方法。

人文科学领域的认知，表面上看与前两者有所不同，但实际上也存在类似的问题，即概念精确性和明确性不足。以语言学为例，描述某个事物并表达情感时，这种情感往往不是明确的，不同的人可能会有不同的理解。此外，描述的方式和方法也可以变化。因此，人文科学的不精确性导致许多人认为文科类学习不需要关注概念，但实际上恰恰相反，学习文科不仅需要抓住概念，还要掌握相关原理，还要将概念置于体系中，才能更准确地理解概念，并实现更高层次的人文科学的学习。

此外，还存在这样的观点，即有些知识属于陈述性，而另一些知识属于程序性，尽管这两者有所区别，但实际上在每个学科中都有这种现象——各个学科都需要理解和掌握一定的概念，并通过技术手段进行学习。

三、认知教育的五个层级

一般而言，事物的发展决定了概念的发展。特别是人对客观世界的认识，不可能毕其功于一役，因此随着认识的发展，概念也会不断地得到深化和发展。"概念的矛盾运动，既然有一个发展的过程，就必然有阶段性，有低级阶段和高级阶段之分。"[1] 我们接下来就要研究认知的发展，后续还将运用这种辩证逻辑研究情感和意志的发展路径。

通常认知有不同的路径：一是问题—原因—对策，或者直接问题—对策，这是常人的认知路径。二是行动—困难—疑问—假设—试验—断语—行动，这是陶行知曾经主张过的科学生活方式，[2] 也是科学的一种认知或者实证的一种认知路径。三是本文提到的五个层级的认知路径，这是形式逻辑也是辩证逻辑指导下的认知路径，但实际上，只有每个认知环节都渗透着批判性思维，才能算是真正的学理化的认知路径。

（一）问题

第一层级是问题，为何不是经验？通常会认为是经验，但是经验包含了认知、情感和意志的维度，情绪和需求也是经验。因此，为了更好地区分，笔者将认知维度的第一个层级确定为问题，但在实际教学中，常常用经验作为认知的第

---

[1] 张世珊. 辩证逻辑学 [M]. 北京：北京师范学院出版社，1988：70.
[2] 胡晓风，等. 陶行知教育文集 [M]. 成都：四川教育出版社，2007：276.

一个环节。认知的第一个层级就是从经验中发现问题，用问题引导认知。然而大部分人面对经验是直接感知，而不会形成问题去引导认知，这就是为什么书本上都将知识呈现出来了，但教师还需要在课堂教学中通过提出问题来引导学生认知。

1. 问题的内涵

认知是从问题开始的，认知也是基于经验的，陶行知说，"发明千千万，起点是一问"[①]，经验的边界处就是问题，以问题为导向，就是扩大经验，是扩充认知的根本法门。

"问题"对应的是蒙蔽，至少存在以下三种蒙蔽的情况。

第一种发生在我们"熟知"的领域。有一种情况叫不知道自己不知道。举一个笔者工作中的例子。笔者刚参加工作时，有次负责写活动报道稿，稿件写完并认真修改后拿给领导看，领导曾是某市的晚报主编，看稿十分专业严谨，所以笔者写的新闻稿到她手上，就没有一句是不需要改的，这实在是让笔者印象深刻。原来笔者写稿压根是外行，不知什么该写，什么不该写，什么要客观，如何避免不确定，如何简洁，等等。若没有领导这么一改，笔者根本就不知道自己不知道。

第二种蒙蔽的情况是不能从困难和问题中获得觉察力。每天我们都会遇到困难，都会遇到问题，但是我们很少去真正地发现问题、定义问题，然后再解决困难、解决问题。我们往往是拖延，或者视而不见。陶行知说，"行动生困难，困难生疑问"[②]，所以觉察行动中的困难和问题是非常重要的能力。若能对我们的困难和问题进行细分，觉察的时候就有了方向。具体而言，可分为三种：第一种是知的困难；第二种是情的困难；第三种则是意的困难。

第三种蒙蔽是自己想改，但是由于恐惧而不敢改。人要破除蒙蔽，关键要破除小我，人生的许多问题都是因为小我——小我不长大，不敢破，不愿破，不能破。这是因为小我是自我意识的表现。对很多人来说，破除了小我就像没有了自己一样，一个人连自我都没有了，就没有做事做人的依据，所以，小我要不断升级、不断长大，直至长到一个"高原区"。如果不破小我，就永远无法发展大我，

---

① 胡晓风，等. 陶行知教育文集 [M]. 成都：四川教育出版社，2007：520.
② 胡晓风，等. 陶行知教育文集 [M]. 成都：四川教育出版社，2007：276.

所以，破小我是顺势而为，不是强力而为。为此，如何升级小我，使之逐渐敢破、能破，才是关键。这个小我是由知情意组成的，所以关键是要逐渐升级知情意。综合观之，"行心创"生活教育的关键在于破小我进入大我，从知情意三个维度升级人的心智，小我就能逐渐成长为大我，具体表现在从经验世界的小我，成长为良心世界和人造世界的大我。

2. 觉察力

什么是经验？这个看上去谁都有的东西，却不是人人都能搞得明白的。但是，运用经验进行生活几乎是人的本能。笔者认为，我们的经验是相当丰富的。美国实用主义哲学家杜威认为经验是一个整体，其中包括人的情感、意志这样一些心理、意识等主观的东西，也包括事物、事件等客观的东西，经验即被人作用于其上的自然。《中国哲学大辞典》说，经验就是一个人经历的一切，包括他的思想、观点，即其经历的人、事、认知、情感和意志都是经验。经验大致包含以下几个方面。

一是我们认为的事实部分。就是我们经历一件事，总是可以掌握一些事实，这些事实通常由一定的时间、空间、主体和对象构成。比如，今天晚上我去了一趟超市，买了几斤水果。这里就包含了时间即今天晚上，空间即超市，主体即我，对象即几斤水果。我们每天都在产生大量这样的事实。

二是我们经历过了，但却有问题的部分。在经验内我们可以说我们熟悉某事或某物，但是在这个经验外就是问题，在问题之外，还有我们不知道自己不知道的部分。因此，经验是"知道自己知道"，问题是"知道自己不知道"。

三是我们没有经历，但是我们听说了，从而获得间接经验。在书上或者视频上看到的，听到的，这些都是间接经验。

四是我们准备经历的，或者我们希望它发生的。这是愿景，是我们的期望。人们对愿景是描绘，是构思，甚至人们依靠这个给自己营造前行的动力。

然而，从笔者接触的一线教师来看，对于经验来说多是经验思维。原因之一是教师教学多是从原理、概念到经验，经验丰富、案例与例子充分是教师平日用心积累的结果。教师成长初期，主要是将精力放在案例、例子等的积累上，丰富的经验让教师跟学生交流起来几乎没有障碍，也让教师误以为只要经验丰富就是好教师。原因之二是新概念的建构并不容易，教师很容易认为从经验到概念没有什么必要。倘若教师不读书，不向他人学习，则无法实现从经验思维到概念思维的突破。原因之三是以案例证明自己的观点是教师通用的思考方式，因此在日常交流中，教师很容易从案例中来到案例中去，进行平面化思考，无法进行纵深思考。

经验力是一种觉察力，就是对自己的经历要有一种觉察，这种觉察就是能够从经验走向问题，不断扩大自己的问题边界，让自己从不知道自己不知道，到知道自己知道，由此才能将自己从看山是山，推入到新的境界，这样我们才能打破舒适圈，走向成长新局面。

在课堂教学中，教师要重视学生的经验、教材提供的间接经验和自身的教学经验，从经验出发，发现问题，完成教学的第一个环节。

（二）概念

1. 概念的内涵

概念是对客观事物的本质反映，是思维的一种形式，是思维的基本单位或细胞。① 概念蕴含在经验和问题中，任何经验和问题都是由概念构成的。然而经验和概念完全属于不同的世界。笔者常常向一线教师举例：概念中的圆，在现实中是找不到的。因为概念的圆是抽象的圆，是理念世界的东西，而现实中的圆是具体的圆，它是经验世界的东西。这就是"白马非马"典故所要反映的道理。

概念有不同的分类：单独概念和普遍概念、集合概念和非集合概念、正概念和负概念、相对概念和绝对概念等等。② 这里将概念分为两种③：一是具体概念，是表示客观存在的具体事物的概念。这些概念具有直观性，学生容易感知，大多数与日常生活经验相符合，也仅是符合。比如日常生活中大量的物质，桌子、二氧化碳、氧气、空气、光的折射。二是定义概念，是由抽象归纳形成定义的概念。其没有实体事物，是人们为了解决某些问题或约定用某种方法来表达某种事物而形成的概念。对此，要理清楚两个及两个以上的概念才能在问题解决中通过下定义获得。比如爱、家庭、保守派、密度、压强、功率、电功率、溶解度、电阻、惯性、学习力、性格、能力等。

但在学科教学中，我们也可以把概念分为两大类：一类是主题概念，包含事

---

① 《哲学研究》编辑部. 逻辑学文集 [M]. 长春：吉林人民出版社，1979：321.
② 金岳霖. 形式逻辑 [M]. 北京：人民出版社，2006：27—32.
③ 加涅，韦杰，戈勒斯，等. 教学设计原理（第五版修订本）[M]. 王小明，庞维国，陈保华，等译. 皮连生，审校. 上海：华东师范大学出版社，2018：66—67.

实的、物质的，或情感的、价值的概念，这是学科的内容概念；二是方法类概念，即每个学科的方法论概念。通常，我们开展学科教学时，往往会在一堂课或一个单元中涉及这两类概念。

2. 概念力

概念力在笔者看来是从行到知的学习力，是从经验、问题中把握本质的能力。如果我们能够从经验，包含看书和听人说的间接经验中抽取它的概念，那么我们就具备良好的学习力，这样的能力又通常被认为是善于抓重点和提取关键词的能力。

概念力主要有以下几种形成途径。一是从经验和问题中发现概念。发现经验和问题中的概念，并研究概念，主要是拆解、界定问题的概念，使得问题得到精准表述。拆解概念是将大概念细分，界定或者限定问题的概念，如通过增加修饰语对问题中的概念进行限定。比如，如何培养学生美的能力？这个问题中，"学生"是一个概念，"美的能力"是一个概念，前者"学生"需要限定，后者"美的能力"需要拆解，这样才能把这个问题搞清楚。此外如果严格说，培养也是一个概念，通常是通过课程和课堂来培养，对学校来说，往往通过课程及课堂实施综合培养，对一线某学科的教师来说，则是通过其学科课堂来培养。

搞清楚概念的内涵，主要是要搞清楚概念的属性、特征、特点，也要搞清楚概念的外延，概念的外延能够让学习概念者举一反三。比如，学习完"故事"这个概念，马上让学生列举哪些是"故事"，如科幻故事、童话故事、小说故事等，就可以通过外延来检验其对概念的理解，并将这个概念的内涵延展到更具体的对象上，长期如此，学生的迁移能力就会逐渐增强。

二是从现象出发的概念力。从各种日常生活现象、事实中去归纳出概念，这种能力就比较难，比如学生写作文，创造一幅美术作品，针对某个现象进行概念归纳式的教学，又比如教师对其自身教学主张进行提炼，都属于这种情况。从现象出发，就要对现象本身进行抽象，找到关键、重点，再逐步找到本质属性，然后提炼出概念。比如学生写《我的爸爸》这篇作文，学生跟其爸爸非常熟悉，也发生过各种故事，但要写爸爸的什么呢？这就是一个抽象过程，若写爸爸是爱自己的，那就要在行文中体现爸爸是一个慈祥的、爱自己的爸爸。外貌描写可以描写其笑容，描写其眼神，描写其抱抱自己的感觉。故事描写可以描写爸爸是如何接送自己上学，辅导自己作业，如何关心自己的安全，照顾自己的健康等。学生要写好这篇作文，就要将爸爸的爱这个概念，及其表现出的现象进行联结。或者说，学生要能够从与爸爸交往的各种事实、现象中，挖掘出、抽象出那些表现为"爱"这个概念的各种现象，从而发展出从现象出发的概念力。同理，也可以挖掘出、抽象出那些表现为"严格的爸爸"这个概念的现象，挖掘出、抽象出那些表现为"幽默的爸爸"这个概念的现象，等等。此外，还可以挖掘的抽象概念有"顽皮的爸爸""勤劳的爸爸""大爱的爸爸""公务员爸爸""警察爸爸"等。

三是从词语出发的概念力。因为概念是语言的基本单位，概念就是概括性的观念。概念世界是人独有的世界，概念世界让人从现实中抽象出来，由此可以通过概念的操作来代指现实的实践。

然而，从词语到概念的方法教师并不清楚。师生学习中，首先面对的是词语，是语言构建的世界，而学习是要将语言转化为概念。教学中教师往往不会将语言转化为概念，概念的建构多是依靠学生的经验和案例，教学需要以有效的概念建构方式来重新完成真正的概念建构学习。比如，语文要素就是概念，以统编版小学三年级某单元为例，此单元语文要素是学生学会留心观察周围事物。这里面就有好几个概念，如事物、观察。事物又分为事和物，事在这个单元中指的是我和妈妈坐船去外公家这一件事，这件事中的物，有船，有天气的变化，有翠鸟。这样的事和这样的物，在学生的日常生活中也有。"行心创"的生活课堂之所以是生活的课堂，就在于其对概念的教学不是停留在文本上，而是要回到生活中去。这与问题，以及后面的原理、技术、作品（应用）是一样的，都是要回到生活中去教。

那么在这里，我们让学生回到自己的生活中，让学生说出自己出游、外出，或者类似的一件事，但估计学生是没有留心观察的，他可以说出事情的大概来，但很难把事中的细节之物说清楚，这就是因为没有留心观察。于是就要教什么是"留心观察"。观察，我们通常认为是用眼睛看，但体察也是观察，其实人的感官都是观察的工具，都可以观察。看到、听到、触摸到，这些感官作用得到的都是关于物的表层感受。观看、感受这些物是对外的观察，但是观察还可以是对内的观察。人们对内的观察，是感悟、感受。因此留心观察，不仅是向外观察事物，还要对内体察感受、感悟。

对于学前教育，同样适用概念教学，只是概念教学变成了对概念的特征的把握，而不是对概念的精准教学。比如教育部印发的《幼儿园教育指导纲要（试行)》中提及："引导幼儿对周围环境中的数、量、形、时间和空间等现象产生兴趣，建构初步的数概念。"本书第七章的案例一是一个学前教育的案例，对小蝌蚪这一概念的学习就是对小蝌蚪的特征的把握。

（三）原理

1. 原理的内涵

原理包含了关系、规律、理论和模型。原理、规律是事物之间的本质联系，而概念是对事物本质的反映。所以，如果要想规律或者原理好掌握的话，可以把事物用概念代替，原理和规律就可以理解为是概念之间的本质联系。

什么是本质？这个问题我们到论述教学策略的时候再谈。在此，笔者想跟大家分享的是，一个人原理能力不强，首先是因为概念能力不强。当我们没有原理能力时，也就不能快速有效地掌握概念。我们很容易在生活中、在经验中提取一些关键词、要点、重点或发现一些问题，但这些都还不算概念。因为我们在生活中总结的那些重点是不是对的，是不是重复了，是不是同类的，有时候并没有想清楚，而很多时候只是罗列式的总结。所以，如果不从原理的层面看，很难厘清自己所想正确与否。

2. 原理力

原理能力分为以下三种。一是关系的原理能力。关系的原理能力是通过对几个概念进行关系思考，从而获得其原理的能力。只有当你站在原理的高度，或者说站在系统的高度，你才能把握概念之间的本质关系，才能知道你谈的几个点是不是对的，概念是不是准确。所以原理力能够很好地帮助我们判断自己的概念思考是否正确。二是模型的原理能力。模型思考意味着先要有概念，然后才能够将众多的概念整合在一个体系中，以图、表、公式等方式进行呈现。笔者最早学习的模型思维是唯物主义辩证法的思维模型，后来将这个思维演变成阴阳五行思维，最后变成"三元-五性"思维。这种思维可以用来分析宇宙演化史、人性、哲学、教育、以及与生活教育相结合，产生"行心创"生活教育等。当然，并非所有的模型都是"三元-五性"的，也有四象限分析模型。在工业技术或软件设计技术中，有大量这样的思考模型得到运用，将重复的、类似的操作固定化，形成样式模块或模型，这样可以极快速地解决问题。在实际的教学中，教师也要为自己的教学提炼出教学流程，将教学流程固化成教学模块以形成模型，模型的每个部分均可解决相应的问题。三是理论的原理能力。与原理相近的一个概念是理论。恩格斯曾经说："一个民族想要站在科学的最顶峰，就一刻也不能没有理论思维。"① 理论还有一个特点，它有价值取向，或者说有适用前提、范围或条件。不同的理论体系的价值取向、方法和主张是不同的，因此，理论体系的价值取向是首先要注意的。目前我们要构建的是"行心创"生活教育理论体系，故而不是人学的价值观，而是生活哲学的价值观，这意味着要在理论体系上打上新生活的烙印。理论或理论体系是系统的概念群，所谓系统，就是分层次、有内部体系的概念群或者范畴群。

从概念到形成原理，还需要打通几个环节，即"概念—关系—结构—模型（框架）—原理（规律）"。也就是说，规律和原理不可能一下子就找到的，当有一个概念时，应该对这个概念进行一番研究，寻找处于这个概念的上位关系中的概念，因果关系的概念，下位关系的概念、流程关系的概念、时间关系的概念、形式关系的概念。比如课堂，上位关系的概念是课程，因果关系的概念是评价，下位关系的概念有课堂理念、目标、内容、方法和策略等，流程关系的概念有导入、自学、探究、讲解、练习、作业等，时间关系的概念有课前、课中和课后，形式关系的概念有课堂环境、课堂组织等。那么，这么多概念构成了这么多关系，这么多关系又形成了结构，有了这个结构就可以画一个模型（或思维导图、各种关系图，可表格，也可以是集合图，还可以进一步对这样的图做个人的批注和发展，作为学习者的心智图或心理图式，所谓心理图式，是人脑中已有的知识经验的网络。人往往是经验主义的，过去的经验会对其认识事物的过程和结果产生影响），从而找到课堂的一般运作的模型，也就逐渐探索到课堂教学的原理。

| 多个概念，相关概念 | → | 概念之间联系：关系 | → | 概念之间本质关系：结构 | → | 模型：思维导图、心理图式等 | → | 原理 |

图 4-1　从概念到原理的思维提炼流程

对学前教育而言，原理能力主要是关系和模型能力，而且是初步的，幼儿就已经要求要能够敏锐把握一些事物的因果关系、递进关系、并列关系、空间关系、时间关系等，也要能够对一些事物、活动、项目构建简易模型、思维导图，这些都是在培养幼儿的原理能力。

---

① 中共中央马克思恩格斯列宁斯大林著作编译局. 马克思恩格斯全集　第二十卷 [M]. 北京：人民出版社，1971：384.

(四) 技术

1. 技术的内涵

技术并非对策，更不是方法，技术是基于原理得到的。我们可以从经验中总结出对策和方法，但不能从经验中得到技术。因此，技术需要从原理中得到。

笔者认为，人们平日的成长是"行—模—创"或者"行—悟—创"的模式，即在行动中模仿别人，然后应用、创造，或者通过领悟去应用、创造。这两种情况的"模"和"悟"获得的就是"对策"和"方法"，而不是"技术"。

技术是按时间和空间顺序安排流程（概念）的，这些概念的先后顺序是由原理支持的，概念的关系也是由原理支撑的。如果没有原理，流程中的先后、并列，就会变得毫无根据。

我们来试想一下，有时候一道菜的加料顺序不一样，温度不一样，是不是味道就不一样。这就是说操作方法、操作顺序不一样，往往效果也不一样。做菜是这样，学习也是这样，教学更是这样。因此，技术中所确定的概念及其流程，要有原理支撑才是可靠的。我们认识一个事物，创造一个事物，都应该尽力将流程延伸到技术层面。

2. 技术力

技术的能力也分为两种。一种技术能力是按照时间来流程化的能力，对于新的技术，流程再造的技术，都可以是这种。另一种是对已有技术的完善，这时候是对技术环节，技术节点进行优化、补充或者更换的能力。因为有的技术需要优化，将复杂的技术流程简化，以提高技术效果；有的是需要技术的补充，通过环节的增加，来保障实践效果；有的是原有技术流程错误，需要更正。

对学前教育而言，技术力主要是解决生活和游戏中某些简单问题的能力。教育部印发的《3～6岁儿童学习与发展指南》也强调"运用数学解决实际生活问题""最大限度地支持和满足幼儿通过直接感知、实际操作和亲身体验获取经验的需要，严禁'拔苗助长'式的超前教育和强化训练"。这既认同了技术力培养的重要性，也指出了技术力在学前教育的适当程度是"通过直接感知、实际操作和亲身体验获取经验的需要"，这种经验的需要是学前教育的技术力依赖经验的获取的要求。

(五)作品

1. 作品的内涵

在教育教学领域,我们的主要概念是作品,这里可以是应用,当然最好是技术应用形成的作品,但在课堂教学中,技术的应用很大程度上只是解决问题,而不很少是设计一个作品。通常在项目化学习中,致知维度的最高等级是创造作品。有必要提醒一下,在进入到社会工作领域后,作品又表现为商业中的产品、服务及政府的政策和服务等。

2. 作品力

作品力,其核心是形成作品思维。作品思维,就是在认知维度上坚持创造出一定作品成果的思维。好的作品还包含其他的要求,比如有商业化的需求。这一思维适合走向社会,尤其适合公司的认知与运行,因为公司通常需要形成可以交易的项目。在课堂中,这个思维也可以改为实践、应用思维,就是要从学习到原理,到最终获得技术,即要有加以应用或者用来解决实际问题的意识和思维。

作品力是一种运用作品的思维能力,如形成有物质化的作品能力、方案化的作品能力、设计化的作品能力和服务化的作品能力。作品的类型有很多种,从而也对应着多种作品能力,当然这些作品都建立在技术的能力之上。在课堂教学中,作品能力主要是项目式中的物质化作品能力、设计作品能力和方案化的作品能力等。比如,诗歌的教学中可以让学生创作诗歌作品;在劳动教育中,则可以培养学生创造劳动作品的能力。比如,学校劳动教育可以引导学生种植或养殖一些东西,这也算是一种作品能力的培养。

整体而言,上述五个认知层级从经验(问题)到原理体现出的是一种归纳思维,从原理到作品则是演绎思维,这些思维不仅不断升级,也是辩证发展的。在具体的认知升级中,要发展批判性思维的参与,保证这样的升级是合理而有效的。因此提升师生的认知能力,其背后无形中就需要应用形式逻辑、辩证逻辑和批判性思维的参与。其中"形式逻辑是认识客观世界的辅助工具"[①];辩证逻辑体现了"概念和概念的矛盾运动",有助于对概念的发展性认识;批判性思维则为两种逻辑的认识结果提供更好的检视视角。

---

① 金岳霖. 形式逻辑 [M]. 北京:人民出版社,2006:11.

第二节 "行情创"生活课堂的情感教育

"正心",是《大学》八条目之一,亦是关涉情感的。《心理学大辞典》中认为:"情感有助于心理能量增强。"① 笔者认为情感是主体与客体联结的心理态度的感受、反应和表达。"行情创"生活课堂更常适用于道德与法治、道德与生活的课堂,当然几乎所有学科都涉及情感态度和价值观的教育,因此在各学科的某些章节中,"行情创"生活课堂也是必需的。国内研究情感教育的著名学者朱小蔓教授认为,中国传统哲学和传统文化中一些根本性的哲学命题、教育命题,如"究天人之际,通古今之变""判天地之美,析万物之理""为天地立心,为生民立命"等所表达的对终极存在、终极解释和终极价值的渴望和关怀,并未在当下情感教育中得以彰显。而西方科学的三大发现——日心说、进化论和泛性论,又进一步打击了人类的自尊心,似乎再也没有什么稳定的实论可以向人类继续提供"理想""规范""目的""意义",这造成了当代情感教育的困难。朱小蔓教授试图构建一个情感文明来应对社会在情感维度的不足。② 而笔者希望"行情创"生活课堂能够承担构建这个文明的底层任务。

一、情感的特性

"行心创"生活教育提倡"知情意同等发展",也就是心智的全面发展。研究情感是生活教育的应有之义。在此不得不提到情感教育的早期研究者之一朱小蔓教授。从她 1993 年出版的《情感教育论纲》算起,她至今也经历了三十多年的情感教育研究了。那么,情感有哪些特性呢?具体展现在如下几点。

第一,情感与主体需求有关。当然不仅仅是需求,还有主体的其他,如他的个人条件,包括背景、知识、视野和能力等,所以情感具有主体性特征。当情感

---

① 林崇德,杨治良,黄希庭. 心理学大辞典[M]. 上海:上海教育出版社,2003:940.

② 朱小蔓. 情感教育论纲(第 3 版)[M]. 南京:南京师范大学出版社,2019:10.

涉及主体利益时，就不那么容易保持客观了。所以"说别人容易，自己做起来难"的情况就太常见了，由此，中国人常常以"你自己做不到就不要管我"来阻止这种责难。

第二，情感的表达、反应又与具体的情境有关。这种情境往往带着一定的社会文化烙印，受到社会氛围的影响，这是情感适应性特征。上述的这两个特征都是朱小蔓教授提出来的。

第三，情感也可以有理性的一面。这是早期情感研究者共同的结论。比如，苏霍姆林斯基就认为："人每日好似向着未来阔步前进，时时刻刻想着未来，关注着未来。由理解社会理想到形成个人崇高的生活目的，这是教育，首先是情感教育的一条漫长的道路。这里的情感教育就是情感的高大上的一面，是价值，也即价值理性的一面。"[①] 陶行知认为爱国、爱人这种理性情感应该建立在情感的主体性和适应性的基础上，所以他说："今日师傅之昵而欺之，父母之亲而欺之，己身之切而又欺之，安望其他日之能爱人乎？"[②] 这就是要主体自明，不可自欺、他欺。

情感的这三个特性构成了情感的多样性，同时，彼此又可以独立表达，这也造成了情感培养的复杂性。陶行知是充满情感的人，他深刻知道如何培养人的主体性和适应性，因而提出了自觉觉人、共学共教共修养、艺友制等原则，这些原则主张教师要向学生学习，成为学生的"学生"，这是了解学生、认识学生的重要途径；又要求教师与学生共同生活，这是培养学生的适应性；最后才有在此基础上的追求真理做真人，"千教万教，教人求真，千学万学，学做真人"[③]，"学做真人"就是要求成为理性的真实的人。

情感的问题实际上是我们感受的问题，但是日常大家解决情感的问题往往想到的是思维、思想，所谓做思想工作，恐怕就是这么指望的。陶行知却说健康是第一的，要关注身体。为什么？我想不仅仅是因为"没有了身体，一切都完了"，还因为一个人的身体会影响他的感受，而他的感受又会影响他的思想。斯宾塞

---

① 转引自：盖萍. 把立德树人作为教育的根本任务 [J]. 课程教育研究，2015（01）：64.
② 胡晓风，等. 陶行知教育文集 [M]. 成都：四川教育出版社，2007：10.
③ 胡晓风，等. 陶行知教育文集 [M]. 成都：四川教育出版社，2007：556.

说:"良好的健康状况和由之而来的愉快的情绪是幸福的最好资本。"[1] 赫·斯宾塞也说:"观点最终是由情绪,而不是由理智来决定的。"由此,我们必须好好思考一下情感的重要性、情感与思想的关系、情感与身体的关系。这三种关系,笔者认为大致是感受层—思维层—身体层。这是从基本的常识来考虑的——身体是第一性,身体的特性决定了感受,感受的特性影响思维乃至思想。

这里我们先谈谈卡伦·霍妮所提出的神经症人格的三种类型——对抗型、亲近型和逃避型,从字面意思也能很明显地看出它们各自的大概内涵。不同人格类型,其实所对应的感受、反应和表达方式都不同。当然,对人格类型而言,不仅仅指情感的感受、反应和表达方式,实际上还包括知、情、意的反应和表达方式,但这里只谈情感,因此暂时将之称为对抗型情感、亲近型情感和逃避型情感。

笔者常常发现,身体能量大的,往往偏向对抗型,他们在成长过程中往往敢于与父母或者权威人物对抗,从而逐渐形成对抗型的情感感受、反应和表达;身体能量弱的,他们就往往选择妥协、逃避和隐忍;身体能量居中的往往是亲近型情感。因此,身体不强,能量不多的人会避免与人发生吵架等对抗行为。当然他们实际上也是想反抗的,只是逃避就是他们的反抗方式。事实上,亲近型和逃避型都是要反抗的,只是他们的方式都不是直接对抗而已。

可见,身体的状态往往会不自觉决定一个人的感受和情感方式,情感方式又会决定他的观点,他的观点又逐渐形成他的思想。当然,对于像法家、道家和儒家的这些思想,不能仅仅考虑创始人的身体状况,还要考虑创始地域给予这种思想的力量。如法家、儒家和道家的产生,有史学家认为其与地域有关就是这个原因。道家产生于当时能量不够大的楚国(道教的源头与楚文化有着密切联系。道家学派创始人老子,姓李名耳,字聃,就是楚国苦县厉乡曲仁里人,约生活于公元前571年至公元前471年之间),儒家产生于地处中原且传统文化深厚的鲁国,而法家则是产生或成长在中原有相当能量的地域,如魏国、秦国。

由此观之,情感会影响我们的观点,影响我们的思想,当我们以为自己是理性的时候,我们仍要时刻注意自己的价值观(情感、态度),注意自己的身体条

---

[1] 转引自:谢丛尚. 饮食习惯与慢性病相关性研究综述[J]. 中国初级卫生保健,2022(11):66-67,72.

件或者自己的所处环境。因为，情感会受到身体的影响和自身条件的影响，情感又影响个人的思想，所以当自己的思想陷入某种狭隘的时候，尤其要注意是不是自己的情感陷入某种狭隘中了，通常一个人情感受伤时，就更容易产生偏见或者偏激思想，所以这是我们要警惕的倾向。而换言之，如果我们渴望成为思想者，就不得不发展我们的情感，情感要发展，又不得不发展我们的身体，要促进身体健康以免不健康的身体产生负面的心态，从而扭曲自己的灵魂和思想。当然这之间并不存在必然的决定论，反例总是存在的，且大概率遵循上述的逻辑。上述观点和论述对教师而言，可以在一定程度上判断学生的身体情况与情感的反应状态。

为此，这里还有必要阐述一下真、善、美三者之间的关系。"真"，这里特指真理，是共性；"善"，这里是公性和共性的统合体；"美"，这里是个性、公性、共性的统合体。真、善、美都有共性的一面，也有理性的一面。不真者不善，不真不善者也就不美。善者必须真，美者必须真和善，这是一种包含的关系，如图4-2所示，其体现了真善美（知情意）与个性（个体）、公性（集体）、共性（类体）之间的关系。

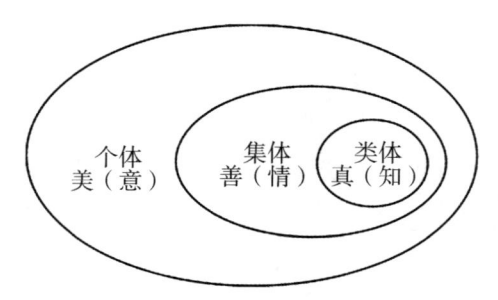

图 4-2 真善美与知情意和个体、集体、类体之间的关系图

了解了上述的关系，我们再来理解下道德，道德的核心就是善，古人探讨道德是从公性上发展出理性的思路出发的。什么是公性？就是人的社会性、集体性，比如古代儒家倡导父子关系要有"父慈子孝"的道德理性，君臣关系应是"君恕臣忠"的道德理性。在更广泛的社会关系中，儒家倡导的是仁、义、礼、智、信等道德理性，我们姑且不说这种道德理性是不是真正的理性，但我们至少可以说在这种道德背后是排除个性的。

在此，我们再探析一下各种科学的内涵。从真善美的属性特质出发，我们能觉察到它们同样是自然科学、社会科学和人文科学的另一种独特的表述。科学的核心是理性，它在自然界中并无个性与社会性的差异。而在社会科学中社会性占据主导，个人特点则需要适度排除。人文科学的要旨在满足社会性的同时，更需彰显个人独特性，艺术、书法、音乐、美术、文学等皆需如此，唯有个性的充分体现才能成就其美感。

论述至此，我们将进入情感教育的领域，情感教育是教育的延伸，是科学与艺术的融汇，它并不归属于自然科学或社会科学，而是人文科学的特殊诠释。因此，我们需要特别关注这一环节，让师生关系中的个性成分得到更多的彰显，教学不仅仅是理性的演绎，它既是科学的实践，也是艺术的挥洒，还是情感绽放的过程。

情感教育与道德教育并非完全是同一概念。情感教育是一个三性统一体，而道德教育则表现为一个二性统一体，因此两者在本质上是有所区别的。在一定程度上，道德教育倾向于排除个性，一旦将道德问题放置在个性层面进行考量，许多所谓的道德行为可能就会变得不道德。以捐款为例，对于受赠者来说，他们是受益者，他们会认为捐赠者是道德的。然而，对于捐赠者来说，他们实际上是损失者。因此，在考虑到个性的情况下，这种损失的责任应该由哪个不道德的行为来承担呢？作为捐赠者的家人，他们是否会认同捐赠者的道德行为呢？这并不确定。因此，我们只能从公共的视角去理解和评价道德。

相比之下，情感教育作为一个三性统一体，包含了道德情感教育与自然情感教育。我们不能狭隘地将情感教育理解为思想品德教育的学科任务，情感教育不仅是教育的任务，也是所有学科都需要关注的领域。

除此之外，我们还需深入研究情感和认知之间的关联，情感包含着认知，从进化的角度观察，情感最先产生，随后才有了人类的理性认知，其核心是一种概念能力。当轴心时代来临，理性的原理能力开始形成，在中国的传统文化中，这种理性的原理能力体现在对道德、仁义、礼、天地人、阴阳等方面的探讨，而在西方古希腊时期，这种理性的原理能力则体现在对共相的探讨之中。

二、情感的主要领域

情感的主要领域可以简单地从亲人、亲事物来说。

(一) 对人的情感

在古代中国，人们主要探讨情感的仁义礼智信，这涉及君臣、亲亲、兄弟、朋友、师生等关系。这些是具体的关系，但还不够，我们认为"行心创"生活教育需要探讨以下五种关系：与自己的关系、与他人的关系、与学科的关系、与世界的关系、与生活的关系。其中君臣、亲亲、兄弟、朋友、师生属于与他人的关系，是与他人情感联结中较为亲近的一种关系。

(二) 对事物的情感

柏拉图在《理想国》中把事情分成三类：一类是我们享受它的过程又享受它的结果；一类是我们享受它的过程，但是不享受它的结果；一类是我们不享受它的过程，但是享受它的结果。第一类，如吃饭、游戏、看电影、与人讨论等类型的学习；第二类，如赌博、吸毒；第三类，如锻炼、读书、独自学习、工作、写作、研究等，从中我们会发现，第二类会导致我们堕落，损害我们的健康和发展，是我们要避免和克服的。第三类是需要投入意志坚持的事情，是我们要努力追求的。如果能将第三类事情变得有趣，也就是导向快乐，那么我们也将更容易去完成它们。

在人的行为底层机制中，事情就分这三类。例如第二类：过程是愉快的，但是对健康和安全将会带来不好的问题。又如第三类：过程是痛苦的，但是对健康有好处，对未来是有益的，如锻炼、早起等。

通过这样的分析，我们发现过程痛苦、结果优良的事情是值得我们去做的，那么如何有效地说服自己去做呢？如果仅仅靠对错或好坏的理性判断是很难说服的。只有形成稳定的行为机制才能让自己自然而然做到，那么如何推动这种行为机制的形成呢？

实际上，大脑会欺骗我们，很多事情虽然我们认为过程是痛苦的，但是实际上只是起始阶段有些痛苦，一旦做下去就不再痛苦，反而会是一种享受，而且一旦获得好的结果，会更加快乐、满足。

那么为什么第三类事情在起始阶段会产生痛苦的情绪呢？这是因为当我们做事情前会因事情的难度产生痛苦的情绪预判，对于这种痛苦的情绪预判，我们可以按如下步骤尝试化解。

第一，拷问自己：事情真的那么痛苦吗？首先这种痛苦是从我们的相关记忆中产生的，我们感觉学习很苦，为什么？我们感觉锻炼很苦，为什么？要调动自己从一种状态到另一种状态，常会产生不适应的状况，这就是那种痛苦情绪的预判。在这个过程中，我们没有被做这件事的快乐所吸引，所以当要求我们从一种状态调整为另一种状态时就容易感到有些不舒服了。

第二，告诉自己：事情也许并不痛苦。这些痛苦的感受，无非是有点累，有点困，大脑不清醒，能量不足。这个时候可以通过运动来解决，实际上，我们每天锻炼，就是要减少状态转换的难度。

第三，进一步强化：即使痛苦，也是有益的。痛苦说明我们在解决困难、问题，而所有的成长就是在解决困难和问题中开始的，每一次吃苦，每一次走出舒适区，就是成长的开始。因此只有在做事过程中锻炼自己的承受力，把这当作一种挑战、一种训练的机会，积极接受必要的"苦"，我们才能不断地精进和成长。

以上这些做法对第三类事情而言，都是通过正面地应对、挑战，感受它，加上长期的训练，就可以逐渐习惯它，从而不再是困难了。对第二类事情，它们本是开心的过程，但是结束之后，我们就会感受到焦虑、痛苦、劳累，可是下次许多人还是会这样做，这就需要另一种反思了。

三、情感教育的五个层级

"行情创"的情感可以对应《大学》里讲的"正心"。我们的心其实是不够正的。"行情创"的核心是什么？是我们的行动如何引发我们的情感变化，我们的情感变化又会如何引发我们对这个世界的创造。"知创"创造的是认知，是应用的作品，是思维性的创造。而"行情创"创造的是一种人际关系，因为情感创造本就是一种关系创造。陶行知说"行动生困难，困难生疑问，疑问生假设……"[1]，但实际上，行动不是由此就生知，然后知又能生行，而更可能是行动生困难，困难生情绪。困难生情绪是正常的，那么我们又该如何在这困难生情绪中找到调节情感的能力呢？陶行知认为生活的过程是"行知行"的过程，但"行心创"生活教育认为生活过程还有"行情创""行意创"，在这个"行情创"过程中，我们可以培养出五级的情感能力，其中，关于情感能力的研究者，较权威的仍是朱小蔓教授。[2]

---

[1] 胡晓风，等. 陶行知教育文集[M]. 成都：四川教育出版社，2007：276.
[2] 朱小蔓. 情感教育论纲（第3版）[M]. 南京：南京师范大学出版社，2019：198.

（一）情绪

情绪是伴随认识与行为过程产生的对外界事物的态度和体验，是多种感觉、思想和行为综合产生的心理和生理状态。[①] 做一件事，遇到一个人，我们要能觉察和辨识自己和他人的情绪，这是基本的能力。简单例子就是看脸色的能力。《大学》中说，"所谓修身在正其心者，身有所忿懥，则不得其正，有所恐惧，则不得其正，有所好乐，则不得其正，有所忧患，则不得其正"。所以至少有三种负面情感要感受，即忿懥、恐惧、忧患。在课堂教学中，教师要善于识别这些负面情绪，以便能适时有效地调整学生或自身的价值观。

1. 忿懥：敌意

"一校之中，人与人的隔阂完全打通，才算是真正的精神交通，才算是真正的人格教育。"[②] 那么人与人的隔阂是怎么造成的呢？笔者认为是敌意、恨等情感造成的，它带来的是否定、排斥和切割，使得原本的看见、联结，变成了不看、不联结、不接纳。教师对学生有敌意，他就会故意对学生视而不见，学生对教师有敌意，他也会逃离课堂。

在情感的发展中，不仅仅要有爱的能力，还要有化解敌意或者恨意的能力，而实际上大多数人不是化解、消解自己的敌意或者恨意，而是压抑、否定这种情绪。因为他害怕敌意、恨，他担心自己的敌意会破坏关系。比如教师担心自己对学生的敌意和恨会破坏师生关系，学生也有这样的担心。但是师生之间互相产生敌意和恨的案例太多了，这也是为什么要强调爱生和尊师。

因此，如果有了恨和敌意，强制以爱去压抑的做法不一定都是有效的，因为形式的爱远远没有真实的爱有效。而面对敌意和恨也不一定要害怕，只有化解和消解掉敌意和恨，一个人才能更好成长。

2. 恐惧：害怕

事实上，我们的很多旧习惯、旧行为没有办法改变，我们对此有恐惧，我们拖延和不够努力都跟这个有关系，所以我们要把这些找出来。

比如有人在早起这件事上往往是有恐惧的。有时醒来早，心里会出现一个声音，"这么早，身体还感觉疲惫，这对身体不好"。若不能觉察到这个现象，由此

[①] 扈培杰. 源动力教育法[M]. 南昌：江西高校出版社，2020：119—120.
[②] 胡晓风，等. 陶行知教育文集[M]. 成都：四川教育出版社，2007：109.

会反复出现早醒又睡过去的情况。倘若没有这种情绪觉察，又无意识地受到这个情绪所反映出来的心理影响，那么就很难做到早起。

人有许多恐惧，这本来是一种可以自我保护的情绪，比如到了高处，恐惧掉下去，所以我们会远离它；到了深水处，我们恐惧淹死，所以就远离它。然而，恐惧过度，就会影响正常生活。有的人恐惧细菌、病毒，一天要洗无数遍手，这是卫生方面的恐惧症。有的人见到人不知道怎么打招呼，从而逃避，这是人际恐惧症。有的学生害怕老师，故而躲着或者逃避，心里想跟老师接触，但因为害怕，反而远离，可见恐惧在课堂中是非常影响学习的。

学生和老师要能觉察到这种恐惧，并通过后面的价值、共情、联结（仁爱）等环节来改进，从而实现师生之间健康关系的创建。

3. 忧虑：焦虑

社会心理学认为，学习有时候只改变一个人的态度中思想与信念的成分，而没有改变情感与行为的倾向，因此时间一过，态度又恢复原状。这是什么原因？此外，有这样一种人，世界在他面前是面目全非的，是的，他已经"看不见"了，这是因为他们是心中有恨和敌意的人，世界在他们面前呈现的样子就不再是其客观本然的样子。这又是什么原因？这都要从情感的发展过程来解读。

先要弄清这样的问题：一个人精神胚胎期的情感是怎么发展的，他最初是如何与世界联结的，面对世界他处于什么状态？对于婴儿来说，心理学家认为他们处于全能状态，完全的自恋，有任何需求都要满足，否则就要爆发全能的愤怒，嚎啕大哭。成年人或心理成熟的人则会逐渐走出自恋，去感受自己能力的边界。在孩子还小的时候，我们会理解和容忍孩子，但当孩子逐渐长大的时候，成年人就会呵斥、训练孩子，给孩子立各种规矩。在这个博弈过程中，父母通常会选择不同的方式，比如采取压制的方式，打骂孩子；用感情威胁孩子，如果你不乖，妈妈就不爱你；忽视孩子，如果你无理取闹，我就不理你。孩子感受到自己的能力很有限，再面对父母的不接纳、不付出、不肯定，就会产生无能感、孤独感或内疚感等焦虑情绪。孩子在长期与父母等亲人的互动中形成的焦虑感会成为影响其一生情感需求的因素，这个需求就是情感的胚胎，这种胚胎先天就携带了焦虑。解决情感问题的核心是化解焦虑，在情感的发展中，或者在一个人的成长中，需要不断地重新梳理自己的情感，以找到核心的情感焦虑，并对精神胚胎进行焦虑化解，才能真正改进一个人的情感模式。

比如，一个处于无能感焦虑的人，他一生都在寻求认同，不论是对权力的追求，还是对金钱和学术的追求，如果不解决他的无能感，他将始终都无法接受自己的无能，无法接纳自己、肯定自己。在这种追求中，他往往会与现实形成某种对立和隔阂。因为他不接纳自己，所以他始终无法确信别人会接纳他，他就始终处于焦虑中，真正的感情、爱就无法形成，而敌意和恨将会伴随他一生。而在焦虑、敌意和恨所造成的情绪和性格影响下，一个人的见解就有了偏见和偏激，世界在他面前也就变了形。由此更见情感教育的重要性，在当前较为压抑的学校教育情感氛围中，我们对正确世界观的教育真的能被有效吸收吗？对此，我们的正确方式是接纳。

情绪力是一种感受情绪的能力，每个人都会产生情绪，但有的人不能捕捉到自己的情绪，并以之为信号反思自己的情感问题。倾听自己的情绪，倾听他人的声音，都可以有效地帮助我们去共情别人。

（二）价值

价值是指客体的存在、属性及其变化对应人的需要的一种关系。[1] 价值是我们情感的关键，也是情感理性的内在根据，通常我们大部分情绪的背后都可以抽象出其价值，也就是情绪是一种价值判断，可以澄清我们心中的价值观，有利于看清我们为何产生如此态度。你爱国、爱家人，态度上是亲近的，是因为这样对你有价值，或者说分量很重。我们国家培育和践行社会主义核心价值观，这为教育教学领域树立了明确的价值导向。

价值观有个体的、集体的和共性的。通常我们认为公共的价值是道德的，一些教师和教育管理者往往从公共价值观角度来进行管理，这样会压抑学生的个性，抑制他们对自我价值的主张。真正的好的管理和教育是肯定每个个体的价值观，要深刻，要能够以大私为大公。

价值力，就是在任何事物中都可以进行价值判断的能力。价值力是发现事物中普遍存在价值的一种能力，这好比能够从经验中发现概念是一样重要的。通常人会受到自己的价值观影响而产生情绪，但不能透过自己的情绪看到自己的价值观。可以说，面对人和物的伤害，而不产生敌意，能够正视情绪中的问题，从中发现价值，对其进行转变，使自己和对方都不受伤害，就能显示出较高的德行。

---

[1] 宋锦添. 人生学导论 [M]. 北京：中国人民大学出版社，1990：272.

有一部分人有较高的德行，面对生活中的人和事，都能够乐观地对待，比如魏书生，他总是教导他的学生，人生不如意和不可控制的事情高达99％以上，我们要专注自己能够做的，不焦虑，不为外界所惑，积极、乐观、平和、喜乐；陶行知也是如此，其当年办学遇到各种困难都是积极乐观地面对，他身边的人总能从中汲取到他那种积极的精神力量；还有毛泽东，他也是面对困难充满乐观精神的伟大人物。这都是因为他们能够从生活的困苦中看到生活中的人和事对自身的价值。

这些高情感者都看到了困难的价值、困苦的价值以及对人生的成长、成功的作用，都看到了困难可以磨炼意志、可以激发学习、可以带来阅历、培养胸怀等积极的一面。

在日常生活中，我们面对工作、家庭和学习往往会有困难，有的是瓶颈，比如作为父母如何面对孩子糟糕的情绪。对家庭教育来说，父母的成长是首位，其次才是孩子的成长，那么如何突破呢？家长不能认为孩子的问题是对自己的伤害，只会给自己带来各种麻烦，而是要把这些问题转化为促进自己成长的机会，借此要求自己要转变，要发展，要成长，要做榜样，要付出更多的陪伴，要更有耐心，说话更有艺术，等等。如果将这种更高的要求，更多的付出，看成是一种压力、痛苦和困苦，就只会将其认定为一种伤害，而看不到其有价值的一面，这样的父母自然会陷入坏情绪的困扰。正视情绪、问题，发现价值，主动去改变，这是情感升级、产生强大精神能量的必经阶段。

值得反思的是，对于高认知者或者擅长认知者，其思维惯性是发现问题，看到概念，思维有较强的问题意识。但在人际交往中，问题意识的表现往往被认为是找茬，从而被贴标签。比如看到朋友做了一件事，认知能力高的人侧重发现其中的问题，且往往忍不住要指出来，甚至还容易用概念思维对朋友做的事情进行条分缕析，若对方不理解其做法就容易引发人际问题。

（三）共情

共情是人本主义创始人罗杰斯提出的，是指体验别人内心世界的能力。其多是指心理咨询师对来访者的共情。但我们这里拓展了这个概念的使用范围——要在厘清了各种事情、生活、学习背后的价值观后，与这些价值观达成共情，去理解别人的内心世界。在价值环节，我们仅仅做到了发现事物中有价值的一面，而没有实现价值观的共情。当我们无法发现人、事、物有价值的一面时，我们往往要进一步进入共情的环节。也就是说，在面对自我价值冲突时，我们需要通过共情来理解人、事、物。然而，当将外在的人、事、物纳入到我的世界中，实现世界好也就是我好的局面时，那么共情就不是一件难事。圣人都是"吾心即宇宙"，一切外在的人、事、物都是来帮助他们的，所以他们都顺理成章能与之共情。通过共情，我们可以积极主动地尝试理解和包容不同的价值，我们要深刻地看到他人存在的痛苦和不幸，我们甚至要有悲天悯人的情怀，才能得以建立更好的与人、事、物的关系，并与之走向更深刻的联结。

（四）联结

联结能力是指在做事和与人互动中，能迅速找到与对象联结的移情能力。也就是感受到对方，联结到对方的能力，简单的例子就是心灵相通，心灵感应，或者是感觉认识了好久，一见如故。很多人这方面能力不足，无法跟人建立起好的联结关系，即使是简单的一个关系，比如有的人就主张在所有人之间建立平等关系，但现实情况并非如此，那是现实错了，还是他错了，如果他觉得是现实错了，他会用这个关系定位来纠正现实，如果他能力不足，他就可能会埋怨社会。

陶行知说："您不可轻视小孩子的情感！"[①] 在我看来，不仅不该轻视，还要充分去爱。在孩子成长初期，我总是找不到与他互动的方式，直到我开始研究情感，才终于明了爱孩子的方法，那就是联结的方法。

容纳、接纳，更高程度是悦纳（即赏识），容纳、接纳，是能接受人、事、物带给我们的各种情绪，而悦纳或赏识，不仅看见价值还能反馈美好。情感联结不顺畅时，就会产生负面情绪和情感，如气愤、懊悔、烦闷、压力，因此进一步造成心态问题。产生这样的原因固然有外因，但更多的还是内因，因为个体不够接纳自己、不够肯定自己、为自己付出不够，所以他面对外在的压力就容易产生焦虑，产生负面情感。

比如，当一个学生学习成绩不好时，父母对其进行了批评。这个时候他因为自己无法做到改变，对待父母的批评就无法拿出正确的解决方式，负面情绪就容易出现。如果他要重新回归正面情绪，就必然是虚心接受父母的批评，也就意味着要勇敢改变自己，然而正是因为他无法接受自己的问题，无法真正拿出勇气和信心来改变，也就无法面对父母的批评，负面情绪就会产生，联结也就会断开。

---

① 胡晓风，等. 陶行知教育文集［M］. 成都：四川教育出版社，2007：257.

而这种断开，一般人又不会认为是自己的问题，所以爱往往就这样消失了。因此，说爱是一种能力，意味着你要勇敢起来，敢于承担，做好自己，从小我到大我，实现爱的扩展，也就是联结的扩展，大我者能把别的人、事、物紧密地联结起来并促其发展，这种爱就很深刻、伟大且强劲。

（五）关系

关系能力的核心是角色。生活中的关系有很多，如与自我的关系、与他人的关系、与世界的关系、与事物的关系等。如何建构这些关系？关键是要有关系的建构力。即使在一种关系中，程度也有不同。比如在日常生活中，我们希望教师敬业。老师不仅要把教师当作一份职业，更要当成一份事业，甚至有使命感，这里面就反映出同一领域中关系的不同深度。又比如，陶行知说："我们要常常念着农民的痛苦，常常念着他们所想得的幸福，我们必须有一个'农民甘苦化的心'才配为农民服务，才配担负改造乡村生活的新使命。"[1] 陶行知对农民的感情，往往就是这么深刻，才有了使命感的产生。

个人与自我的关系若能达到使命感的层次，也就很容易能为自己的一生找到有了价值的使命。四十不惑，五十知天命，这是孔子的使命感状态。

情感的关系力是能因人因事定位好不同的关系的能力，而且这种关系又是在动态中发展的，有时深刻，有时浅显，现实中并不存在一成不变的关系，我们也不能要求现实中的双方去无条件遵循某种关系理性。

在各种关系的建构中，首先要学会接纳，其次是学会肯定、表扬，高一些就是赏识，再高些就是分享、陪伴，最高层次是奉献、仁爱（付出）。具体而言，接纳，侧重于包容别人，让他有安全感；肯定、表扬，侧重于能看见别人的好，从而与之建立信任感。分享、陪伴，侧重于给予，使其有满足感。奉献、仁爱，侧重于爱对方，使其感觉有幸福感。

为什么是这四种，这是因为我们每个人在与人联结的过程中，要么感觉到别人的坏，要么感觉到别人的好，要么感觉到别人的需要，要么感觉到别人的爱。所谓的爱，就是给予接纳、包容，给予肯定和赞赏，给予陪伴和奉献。爱是给予，是对联结的回应，有回应，联结就不会断，没有回应，联结就可能出问题，爱就可能消失。陶行知坚信，"有了爱便不得不去找路线，寻方法，造工具，使

---

[1] 胡晓风，等. 陶行知教育文集 [M]. 成都：四川教育出版社，2007：149.

这爱可以流露出去完成他的使命"①。

于是要问，为什么有人不会爱，怕爱？这是因为他们不会接纳，不会表扬，不会陪伴，这很有可能是因为这些人成长过程出了问题，他们作为孩子的时候情感受到了轻视。正如陶行知所说："您不可轻视小孩子的情感！"一个孩子若常常处于情绪的崩溃状态，处于无助、大哭中，久而久之，他们的情感受到伤害，与外界的联结也就容易出现问题。

人与某些对象进行联结，这种联结中自然就有情感，倘若联结不成，心理就会出现问题。长此以往就会形成性格倾向，不同的联结方法，不同的联结对象，塑造了不同人的情感模式。简单分类后有两种指向：一种是外向，一种是内向。外向者首先试图通过联结产生依恋，依恋不成者只好自恋，甚至走向心灵僻径，也就是内向。那些联结对象指向事或物而不是人的人，他们对人的情感会比较漠视或逃避，有一些会把爱投入到对事情的执行上和对物的研究上，倘若如此那也算是情感丰富的了。但是有些人的丰富情感指向的是自己，他要处理大量的焦虑，而且常常是来自人际关系的焦虑，虽然其表面上看没有什么问题，其实内心已经翻江倒海。

"行情创"生活课堂的情感教育模式，对于日常生活中的与人、事、物的关系问题也完全是适用的。而且不仅仅适用于中小幼学生的情感生活、人际关系、自我关系，也适用于教师的情感生活、人际关系等等。我们在日常生活中，碰到任何人、事、物往往都会有情绪，有的情绪好，有的情绪不好，这背后是我们的价值判断在起作用。孟子说"人皆可尧舜"，王阳明说"满大街都是圣人"，意思是我们看任何人，都能看到对方光明的一面、有价值的一面，都是要看到其背后的价值，才能有良好的价值判断。正如心学所认为的那样，"有善有恶意之动"，很多价值判断不太准确，是人的"意之动"的结果。而实际上，心之体是无善无恶的。因而，在日常生活中我们若能突破价值判断，就进入了情感理性的大门，日后可进一步发展成共情，乃至达成联结，获得进入新的关系建构的可能，这就是情感力的形成脉络。

---

① 胡晓风，等.陶行知教育文集[M].成都：四川教育出版社，2007：233.

第三节 "行意创"生活课堂的意志教育

"诚意",一般指诚恳的心意,使其意念发于精诚,不欺人,也不自欺。其一般指人与人之间相处时态度诚恳,真心实意。《礼记·大学》有云:"欲正其心者,先诚其意。"这里的诚意是诚恳的意志。而诚意力就是通常说的意志力,它是"行意创"的目标。

一、意志的特征

意志力具有的第一个特征就是能量特征,意志力要消耗能量,如果我们在意志力不充足的时候适当补充能量,其实是可以提高人的意志力的。

(一)意志力的能量特征

维持意志力要消耗能量,补充能量则可以补充意志力,身体瘦弱的人意志力往往不多,需要更加努力才能聚焦自己的意志力,俗称用好自己的精力。

我们可以看到这样一种现象,身体瘦弱的人往往意志力能量不足,他们若想达成其生活的核心目标,就要控制自己的行动范围,控制自己的意志力的主张,他想做的事情就会收缩到一个尽量小的边界。比如说减少与人互动的范围,缩小熟人圈,减少做事的量,减少说话等。

以此类推,身体超重的人岂非就是精力旺盛、意志力顽强的代表?其实不然。实际上,身体超重并非能量充裕,而是脂肪累积过多。要将脂肪转化为能量才有助于意志力增长,但许多过重者的意志力往往也较弱。为何如此?原因在于,他们的大量能量并未用于活动,而是转向积累为脂肪,并且他们的生理机制更倾向于将多余的能量转化为脂肪,导致身体承受更大负担,体温降低,以及散发能量的通道受阻,从而导致身体活性减弱。而身体活性是为意志力提供充足来源的因素,身体活性越高,单位时间内人体会生成越多能量。因此,如果能量充足,人们会感到充满活力。但对于超重者而言,有时他们反而会感到体力不支,稍微活动一下,或者思考问题,就会感到疲惫。这是因为他们的能量大部分被转化为脂肪了，而不是转化为激发身体肌肉和器官的高效能量，从而无法更好地支持意志力的运转。因此，我们需要的是能转化为意志力的能量，而非转化为脂肪含量的无效能量。

身体强壮的人通常更倾向于运用身体能力，而非大脑能力。与之相反，有些人的能量主要消耗在大脑上，因为其大脑运作在整体身体能量消耗中占据了很高的比例。然而，身体强壮的人在身体锻炼上投入了大量的时间、精力和能量，导致他们在大脑锻炼上的投入可能相对较少，进而缺乏处理较为困难的脑力任务所需的意志力。因此，身体强壮的人也未必一直具有很高的意志力。

总之，并不是说身体胖、身体瘦，或是身体强壮就能够提升意志能量，这些与意志力强弱没有必然的联系。

（二）意志力的持久特征

意志力的持久特征是说意志力它是有长有短，这种持久是可以被锻炼的。比如说经过锻炼，连续讲4个小时的课，既不用喝水，也不用休息，这是很多人都可以做得到的，包括笔者。意志力有很强的一个伸缩性，是可以锻炼的。正是因为意志力有这样的一个特性，所以我们才能够对其进行培养和锻炼。

坚定的意志力是一种能持久保持的卓越品质，这种坚韧性并非固定不变，而是可以通过各种方法锻炼提升，这就是意志力的持久特征。毅力的锻炼，对于每个人来说都是非常重要的。因为只有毅力得到了足够的锻炼和提升，才会在其深处烙下持久的印记，使我们无论在何时何地都能毫不犹豫地迎难而上，展现出无与伦比的坚韧意志。

（三）意志力的专注特征

意志力这种活跃的、富有驱动力的精神能量，它不仅具备了专注这种明显的特征，而且它还使得我们能够在较长的一段时间，甚至在漫长的人生长河中，维持着持续不断的专注力。这是意志力在行为上的显著表现，也是我们为什么需要它的重要原因。意志力的专注特征，有助于我们保持高效的工作节奏，在有限的时间内完成更多、更高质量的工作任务。意志力的专注特征同时也会给身体提供丰富的能量补给，让我们在辛勤工作的过程中，始终保持着饱满的热情和旺盛的斗志，从而能够在一段时间内实现更多的目标。此外，意志力的专注特征还会为我们提供坚定的目标支持。利用持续不断的专注力，我们可以实现更高远的目标，成就更加辉煌的事业。

二、意志力的主要领域

我们也可以把意志力分为对人的意志力和对事物的意志力。

（一）对人的意志力

人类作为社会生活的核心主体，存在着一种无法忽视的欲求，即对他人的需求。由于人类对于他人存在有需求，因此具有展现强大意志力的动力。爱情就是一个典型的例子。当个体对某个人产生爱情，或有性冲动的倾向时，他们可能会坚定地采取行动，付出长时间的意志力，甚至可能长期执着于追求对方，甚至付出十年或二十年之多的时间。在亲情关系中，也同样存在这种现象。父母对他们的孩子有抚养、教育的需求，希望孩子成长为他们所希望的样子，他们为此付出十年、二十年的时间去培养孩子。此外，在教育工作者中，这种情况也同样存在。在他们的培养周期中，例如小学六年、中学三年和高中三年，教育工作者们需要投入长期的意志力，以实现他们对学生的培养目标。以上所述，是人类出于对他人的需要而展现意志力的具体表现。

（二）对事物的意志力

人们对于事物的意志力其实也是一样的。很多人在面对抽烟、喝酒等生活中常见的成瘾行为时，往往会缺乏抵抗力，他们对这些东西有着极其强烈的需求，因此，才会表现出一种坚定不移地想得到这些东西的意志力能量，以至于他们的戒瘾行动经常以失败告终。另外，也有些人为了某项事业或目标的成功，也会调动持久的、专注的意志力。

总之，对于我们这些学习如何培养意志力的人来说，我们特别想知道我们的意志力到底有哪些不同的类型，为什么有的人维持意志力的时间会如此强大，而有的人意志力却非常薄弱，甚至有的人维持意志力的时间会非常短暂。这样，我们才能更好地了解自己的意志力，才能更好地培养自己的意志力，从而更好地实现自我目标。

三、意志教育的五个层级

在日常生活中，我们看一个人意志力如何，就看他有没有需要，再看他有没有目标或者理想。一个人若只满足当下生存所需即可，没有更高的精神需求，或者自我实现的需求，也没有人生的目标和计划，每天不知道自己要做什么，只是被眼下的事情推着走，那么他的意志力一定不会太高。一个人若每天都有计划，有周计划、月计划，并且认真执行，那么其意志力必然是相当高的，若是能不断反省和复盘，将一些行为形成习惯，那么其意志力就很可能达到最高层级了。

（一）需要

《个体心理学》指出，"需要是人脑对生理需求和社会需求的反映""需要是个人的心理活动与行为的基本动力，它在人的活动、心理过程和个性中起着重要的作用""人的活动的积极性根源在于他的需要"[①]。关于"需要"有各种不同的理论，其中马斯洛理论的五大需要，对社会、求知、自尊、自我实现的需要与心智紧密相连，所有的意志力始于需要。一个人若不具有需要，他的意志力便难以产生。因此，需要的首要特点便是本能。在多数情况下，我们不清楚需要的来源，但需要引发的意志力却显而易见。比如一个男性对女性的爱，或父母对孩子的爱，引发了他们的需要。需要往往也表现为本能，如饮食需要。若不饮水或不进食，我们会设法满足需要，从而就会产生意志力。需要虽是意志力的第一层级，但往往是最基础的力量。当需要转化为目标，其力量将更为强大。我们可以通过学生学习的例子来说明。如果学生仅有学习知识的需求，而未设定学习内容的目标，其需要将失去目标。缺乏目标的需要，意志力将失去针对性。例如你想读书，却不确定要读什么书；想成长，却不清楚具体哪里要成长；想获得爱情，却没有合适的对象，此时你的需要和意志力将大打折扣。

需要的一个近似概念是兴趣，很多时候需要是通过兴趣来表现的。兴趣（interest）是个体力求认识某种事物或从事某项活动的心理倾向。兴趣使人对有趣的事物给予优先注意，积极地探索，并带有情绪色彩和向往心情。[②] 在教学中，可以从兴趣入手去抓需要，然后确定学情分析点。

（二）目标

目标是个人、部门或整个组织所期望的成果，就是期望达到的成就和结果，它是以行为为导向。课堂中，目标转化是一项重要任务。许多教育者意识到，将学生的需要转化为具体、可操作的目标对于实现有效教学至关重要。因此，在课

[①] 叶奕乾，孔克勤，杨秀君. 个性心理学（第四版）[M]. 上海：华东师范大学出版社，2016：19.

[②] 叶奕乾，孔克勤，杨秀君. 个性心理学（第四版）[M]. 上海：华东师范大学出版社，2016：38.

堂教学过程中，制定明确的教学目标已成为一项基本要求。教学设计的计划体现在对教学过程和环节的精心设计上。这些设计包括对时间分配、环节设置以及每个环节所要达成的目标进行规划。通过这种方式，教师能够确保每堂课的目标与整体教学目标保持一致，从而确保教学的连贯性和有效性。

一旦设定了目标，个体的意志力就会得到提高。这是因为目标提供了明确的方向，使意志力能够更加集中和聚焦。这种专注的能量使得个体在短时间内能够保持高昂的斗志，从而延长了持久度。为了提高教学质量和学生的学习效果，教师需要制定具有前瞻性的教学目标。这些目标不仅应涵盖单个课堂的主题，还应包括学期、年度甚至更长期的教学目标。这种全面的目标设定有助于教师更好地理解和把握学科课标，从而为学生的全面发展提供更有力的支持。

总之，教学目标的设定对于提高教学质量和学生的学习效果具有重要意义。教师应当重视目标设定，并确保每堂课的目标与整体教学目标的一致性，从而为学生提供更加全面和有效的教育服务。

即便天才都离不开高目标来引导人生。心理学界认为，"理想是个人在目前所遵循的，同时决定自我教育方案的形象""是可以预见未来和在某种程度上走在生活前面并反映生活的发展趋势的一种形象"[1]。我国古代有王阳明和曾国藩立志做圣人，从此脱胎换骨，[2] 外国则有马克思在中学时代的作文中，透露他要成为一位为人类服务并献身的伟人的志向，爱因斯坦从小就想当数学家。[3] 魏书生说："许多人的平庸，原因在于没有明确的高尚的人生目的。"[4] 一本研究冠军的书也指出，"改变对可实现目标的信念和期望，这可能会对自己的生活产生重大影响"[5]。可见，高目标会让我们发生巨大变化。

对于课堂之外的日常生活，师生在树立自己的人生高目标时还可以采用"哈

---

[1] 波果斯洛夫斯基，科瓦列夫，斯捷潘诺夫，等. 普通心理学 [M]. 魏庆安，等译. 北京：人民教育出版社，1981：80—81.

[2] 张宏杰. 曾国藩传 [M]. 北京：民主与建设出版社，2019：18.

[3] 黎鸣. 影响世界历史的三个犹太人——千年的三个天才 [M]. 石家庄：河北人民出版社，2002：371.

[4] 魏书生. 好学生 好学法——魏书生谈学习方法 [M]. 桂林：漓江出版社，2017：2.

[5] 吉姆·阿弗莱莫. 通往卓越之路：像冠军一样思考、感受和行动 [M]. 曾琳，译. 北京：北京时代华文书局，2021：5.

佛女孩刘亦婷"的目标处理方法，即将这些目标"细化、量化和行为化"[①]，目标的拆解不仅能让意志力得以聚集，也为下一步将意志力提升到"计划"层次做准备。

除此之外，更为先进的做法就是构建人生蓝图，当然，这可能更适合初高中的学生及教师。人生蓝图是人生成长的理想化脉络图，它指引着我们成长的方向。它有三个层次：人生蓝图 1.0 是以人为榜样，学别人的蓝图。人生蓝图 2.0 是我是谁，即成为自己的蓝图，也是构建自己这个"1"的蓝图，形成拥有稳定内核的自己。人生蓝图 3.0 是为了谁，是个体从 1 到 N 的发展，是不断扩大自己，推己及人的蓝图。作为一名教师，毫无疑问要以身施教，那么就一定要构建好自己这个"1"，完善这个"1"，才能发展好学生这个"N"。

（三）计划

第三层级的意志具体表现在制订计划上。当确定目标后，将其有序地安排在特定的时间和空间范围内并以此规划我们的能量、注意力等，这也就意味着我们需要制定时间和空间的计划，或者是记录时间的开销和估算时间的开销。亚历山大·亚历山德罗维奇·柳比歇夫的时间开销日记是非常出名的。比如，1964 年 4 月 7 日他记录了一天的时间开销："分类昆虫学（画两张无名袋蛾的图）——3 小时 15 分。鉴定袋蛾——20 分（1.0）。附加工作：给斯拉瓦写信——2 小时 45 分（0.5）。社会工作：植物保护小组开会——2 小时 25 分。休息：给伊戈尔写信——10 分；《乌里扬诺夫斯克真理报》——10 分；列夫·托尔斯泰的《塞瓦斯托波尔故事》——1 小时 25 分。基本工作合计——6 小时 20 分。乌里扬诺夫斯克。1964 年 4 月 8 日。分类昆虫学：鉴定袋蛾，结束——2 小时 20 分。开始写关于袋蛾的报告——1 小时 5 分（1.0）。附加工作：给达维陀娃和布里亚赫尔写信，6 页——3 小时 20 分（0.5）。路途往返——0.5。休息——剃胡子。《乌里扬诺夫斯克真理报》——15 分，《消息报》——10 分，《文学报》——20 分；阿·托尔斯泰的《吸血鬼》，66 页——1 小时 30 分。听里姆斯基·柯萨科夫的《沙皇的未婚妻》。基本工作合计——6 小时 45 分。"[②]

[①] 张欣武，刘卫华. 刘亦婷的学习方法和培养细节 [M]. 北京：作家出版社，2004：145.

[②] 格拉宁. 奇特的一生 [M]. 侯焕闳，唐其慈，译. 北京：北京联合出版公司，2016：29—31.

这种时间记录，看似索然无味，但却能够让我们的意志力变得有条不紊，从而使之得以提升。我们将意志力集中在特定的方向，就会拥有策略空间，从而增加意志力的持久度。假设一个人每天能够提供的意志力总量恒定，那么当他越专注，意志力的聚焦度就越强，他的持久度也就越高。因此，依据这个原理，只要我们增加了意志力能量的总量，就会提升意志力。锻炼和补充能量对于意志力能量总量的提升是有利的。虽然我们不清楚具体是哪一部分能量提供了意志力，但是只要我们的身体活性增加了，就能有效补充能量，而不会变成脂肪，也不会导致身体受到拖累。

基于计划的要求，优秀的课堂教学计划应该是整年段，分学期，再到单元，最后到每课时的计划，而不是只有一堂课的计划。这样的计划能够让课堂质量得到提升。此外，若是制定了计划（纸质版或可视化），还可以预演一次以初步检验计划是否可行，要避免计划过多，难以完成而影响意志力和自信心。

对于日常生活来说，计划也是无比重要的。可以说，头一日制定第二天的计划是很有必要的，制订计划是对自己人生的预演，为第二天做选择减少阻力，提升工作效率。可以说优秀人士都善于利用计划——有的是清单模式，有的是时间安排模式，以此提升自己的工作效率。

（四）执行

第四个层级是执行，要提供监督，这样才能够帮助我们提升意志力。执行是对计划的落实。执行需要对一定的人力、物力资源进行组织运用，按照一定的流程、路径、方法和策略进行，因此，执行的过程是一个综合过程。在执行过程中还需要不断监督，也就是意志力的调控。计划得到监督的时候，意志力就更高。很多人都有计划，若能够给自己一天的工作制订计划，其意志力水平肯定会更高，因为假设他制定了八个计划，至少也能够完成四五个。而一天下来完全没有制订计划的人，他的意志力就不容易聚焦，他对事情的完成度就没那么高。

在对执行的监督中，我们可以每做完一件事画一个钩，或将自己已完成的事情划掉，这都是在跟踪这个计划的情况。因此，被跟踪的计划比没有被跟踪的计划完成度要来得高。如果一个人的意志力不断被跟踪、评估，他的意志力就已经超越90%的人，甚至是95%以上的人。执行这个环节，最高的表现是"今日事，今日毕"。

（五）习惯

习惯是指逐渐养成而不易改变的行为。好的教学模式的效果来自哪里，来自教师不断对自己的教学目标、教学过程的反思、复盘、总结、调整。这样才能深化成一种教学模式，教学模式就是一种习惯化行为。没有复盘、反思也会形成习惯，但这样的习惯不是好的习惯，那只会形成一般的习惯和坏习惯，而要经过21天的复盘才能真正形成好习惯。这是因为复盘可以增加这个行为的神经强度，更是不断修正习惯，使其从一般转为良好，进而巩固这个好习惯。

一个学生具备良好的学习习惯，如自主做作业、预习、认真听课，这实质上是意志力强的体现。很多人只是认识到需要培养习惯，但并不清楚习惯的本质。比如，有些人需要早起工作或锻炼，这是为了满足他们的需要，如果没有这个需要，他们可能会抛弃这个习惯。所以，要养成某一习惯，其过程包含需要、目标、计划、执行和复盘。那么，习惯是否包含跟踪反馈呢？是的，习惯在持续运行中不断受到意志力的调控。当习惯偏离时，意志力会将其拉回正轨。所以，习惯本质上是一种高级的意志力作品，培养习惯实际上是在培养学生的意志力。而在课堂上，良好的习惯能减少课堂中不必要的问题，提高课堂效率，从而提高课堂质量。这里所说的习惯培养，实际上是要建立起对意志力与习惯关系的正确认知。

意志力分为多个层次，其中有较少的人具备第五层次的意志力，即反思或复盘，通过复盘，他们能逐渐培养出良好习惯，成为优秀的人，甚至伟人。以曾国藩为例，他的人生脱胎换骨也是从写日记的复盘开始。① 复盘是对过去的意志力进行分析，只有通过复盘，才能逐渐养成良好的习惯，成为优秀的人。因此，复盘是意志力的重要环节，意志力的总量、专注度和持久度都可通过复盘不断被评估和提升。总量越多，专注度越高，持久度越好，意志力表现则越好。

如前所述，意志的五个层级不仅仅适用于课堂，还适用于日常生活中的每一天；不仅适用于中小幼学生的生活和学习，也适用于教师的日常生活、工作和学习。作为一个个体，我们要明确自己的人生需要，了解个体意志处于什么阶段。我们需要有自己的理想和切实可行的目标；我们需要合理可行的计划去安排每天的工作、学习、生活；我们需要执行，做到"今日事，今日毕"；我们需要形成更好的习惯，从习惯上落实自己的意志，将理想状态变成常态。

---

① 张宏杰. 曾国藩传［M］. 北京：民主与建设出版社，2019：22.

第五章 "行心创"生活课堂的教学策略

在本章中,我们将探讨"行心创"生活课堂的教学策略。首先,介绍"行知创"认知力的教学策略。在问题环节教学策略中,质疑是一个重要的方法。在概念环节教学策略中,定义是关键。在原理环节教学策略中,模型是一个有效的工具。技术环节教学策略强调流程。作品环节教学策略则强调应用。接下来,探讨"行情创"的情感力的教学策略。情感力对于学生的健康发展至关重要。情绪环节可以帮助学生释放情绪。价值环节则旨在澄清学生的价值观。在共情环节中,教师需要营造一个尊重和接纳所有学生的环境并着重培养学生的共情能力。联结环节强调学生与他人、社会的联系,培养他们的社交技能。关系环节则注重学生之间关系的建立和团队合作,促进其互相支持和协作。最后,讨论"行意创"的意志力的教学策略。五个升级环节都是意志力的体现,其中习惯的形成需要及时反馈和灵活调整,教师应注意培养学生的良好习惯,帮助学生不断改进和成长。

第一节 "行知创"生活课堂的教学策略

"行知创"的认知力有五个层级,第一个层级是问题,第二个层级是概念,第三个层级是原理,第四个层级是技术,第五个层级是作品。这五个层级就是从行到知、从知到创的一个不断辩证的进阶发展的阶段性变化,也就是说"行知创"是实践辩证法的一个应用。其在认知维度、思维领域的应用揭示了我们的认知从感性认识到理性认识、从理性认识到变革的实践认知这三大阶段及其中的五个环节的过程。

一、问题环节教学策略

我们每天都行动，但是并非都有足够强的质疑力（觉察力）。质疑力是个体生活力的首要能力，一个人的质疑力是随着整个生活力提升而逐渐提升的。在问题环节的教学中，核心策略就是通过创设情境，激发学生的质疑、觉察和提问题的能力，让学生能够提出需要学习的问题。而对教师来说，形成整堂课的核心问题、整个单元的问题链是备课的时候要准备的。

比如在初中语文人教版八年级（上册）第13课的《使至塞上》这首诗歌的教学中，教师可以准备这样的核心问题：作者是如何通过意境来表达情怀的？而这样的核心问题，又可以通过下面的一个问题链来逐步实现教学的推进。

例如：意境是什么？意象是什么？意境和意象有什么关系？情怀是什么？情感是什么？情怀和情感有什么区别？意境在诗歌中通常是怎么表达情怀的？如何判断意象？在过去学过的诗文中，我们还学过哪些意象？你会凝练意象吗？应该如何凝练？

一个人的提问能力如磨石刀，需要持续磨砺和锻炼才会保持锋利。它是一种与我们的生活力紧密相连的能力，会随着生活力的提升而不断提升。当然，我们不能期待仅通过提高洞察力就获得无尽的能力，而是需要全面提升其他能力，并以此为基础来强化质疑力或觉察力。教师若能经常从学生的生活力角度出发，就能提出更多、更彻底的问题，比如学习诗歌，指向能写出诗歌，那么一些诗歌的学问——概念、原理、技术——就必须要掌握，这样问题自然会丰富起来，也会更有深度。"行知创"之所以是深度学习，是因为它指向了生活力的培养，而要培养生活力，不仅仅要重视认知的提升，更要注重深度。

此外，提出问题时需要有问题的框架，通常任何人、事、物等都可以牵引出以下问题：它是什么？它怎么来的？它为什么？它怎么做？比如围绕《秋天》一文可以提出秋天是什么？为什么这样写秋天？还能怎么写秋天？等等。又如《使至塞上》也涉及类似的是什么、怎么做等问题。

当学生提出有价值的问题时，教师应及时给予反馈。这不仅能帮助学生提升质疑能力，还能让他们更自信、更有动力去探索未知领域。同时，教师也可以通过学生的问题来了解他们的思维方式和对概念、原理的掌握情况，从而更好地激发学生的洞察力，进一步提升他们的提问能力。这是因为，每一个问题里面往往都包含了概念、原理或技术，反向操作就是基于需要掌握的概念、原理和技术进行提问。

此外，除了基于生活力的培养环节进行提问外，还要记住任何人、事、物都值得思考与提问，问题环节要培养的就是无疑处生疑的能力。质疑能力是个人生活力的基础能力，需要不断地锻炼和提升。在问题阶段的教学中，激发学生的质疑力是教师的首要任务；而提升教师自身在问题环节的备课能力也是基本任务。教师通过设置情境、及时反馈和提升自身概念、原理和技术能力，可以帮助学生提高他们的质疑力，使他们更好地面对未来的挑战。

二、概念环节教学策略

从问题到概念，通常需要对生活有更强的敏感力。通过讨论、学习和研究，甚至在聊天、思考中，都要形成一种习惯，即时时刻刻关注从问题到概念的习惯。可以说，问题中就含有概念。但现实往往不是处于问题之中，而是处于现象之中，或者处于非良构的问题之中。

第一种是直接从现象或经验中提炼概念。从经验中提炼概念一般可以通过对现象或经验作分类来形成，这适合对具体概念的提炼。通常的经验是具体的、丰富的，我们从中可以提炼出许多概念。有时候，我们可能只是将经验进行分类就形成了概念。比如，毛泽东在《中国社会各阶级的分析》的一项调查中，就将当时中国社会各阶级进行了分类，分成地主阶级和买办阶级、中产阶级、小资产阶级、半无产阶级、无产阶级。很显然，这里就形成了五个概念，而这种新概念还在一定程度上被界定了，至少是被外延界定了。我们在学习中也会面临大量的分类，以及通过分类形成大量概念的情况。学生物就要把动植物等生命进行分类，每种生物，比如人，又要进行器官分类。学习物理也要根据力学、光学、电磁学等进行分类，力学中有不同的力，然后再分别探讨这些类别的内涵、特征和外延。教师要擅长培养让学生从直接的信息中进行分类的能力，而要会分类，就要具备会找标准或者说划分信息的能力。通常的标准有时间、属性等，比如春夏秋冬是按照时间标准来分，味道的酸辣苦甜是按照味道属性来分。

很多人不知道为什么要将我们的经验上升到概念。这有三个好处：一是概念是经验的本质反映，它更加抽象。首先是意味着概念包含更多。比如，马这个概念就包含白马、黑马、棕马……我们只要说一个概念，就可以包含这么多具体经验，这在交流上就简单多了，也更加有效率。其次，概念是事物的本质反映。用概念来讲一件事或者一个事物，而不是词语，意味着你对这个事物的理解更深入。比如说，"人"和"水"这两个概念。当你把它当作概念时，需要明确其定义并理解它的内涵和外延，这个时候你发现你更加懂什么是"人"了，什么是"水"了。当我们想一个东西或看书看到一个说法，如果我们只是从词语、语句的表层意思去看，这个时候我们极有可能只是用我们的经验去理解这个词语。这个词语就是经验的，它向我们呈现的不是概念，我们也不是在用概念"思"，我们仅是在"想"。这样的坏处是，若我们只是用自己的经验去理解书本的概念，就会导致我们看书的层次不高。二是概念能帮助我们解决问题。人类不断创造新概念，不仅仅是为了命名和更好交流，而是要求我们不断对概念进行研究，从而搞清楚它的内涵和外延，辨析它的相近概念，区分相对概念，使得我们对这个概念掌握得更加清楚，从而提高我们的认识水平，以此帮助我们更好地解决问题。比如"压强"概念就帮助我们理解诸如为何大象踩在木板上，人在这个木板下躺着却不会被压死的问题。又如，笔者要解决自己的问题，通常第一反应是对这个问题的相关概念不太清晰。一旦对概念清楚，问题也许就好解决了。三是概念能帮我们理清楚我们的愿景。我们对未来会有无边的想象，但是这些想象就像事实一样是可以被描绘的，这些想象也可以加一个概念来统筹它，比如理想国、共产主义社会和科幻世界。

第二种是从问题、痛点中提炼概念。问题中包含概念。经验的边缘处就是问题，当我们的认知超越我们的经验的时候，就会形成问题。而解决问题的方法，从认知的维度来看，就是建构概念。此外，如果仔细分析问题，我们会发现问题中就含有我们要澄清的概念。比如，人是什么？这个"人"就是我们要搞清楚的概念。又如，如何提高学生的课堂兴趣？这个"课堂兴趣"就是我们要搞清楚的概念。知道了概念，就能更好地解决问题。

第三种是在比较中形成概念。这适合对抽象概念的提炼。以前人们以为这是最重要的方式，当一个事物与另一个事物有本质差异时，我们就可以建构一个新概念。比如金刚石和石墨，虽然元素相同，但一个刚硬，一个松软。它们的本质在于结构不同，所以可以形成两个概念。也可以通过这个概念的上位概念、下位概念和同级概念，也就是将概念分层次、分类别去界定。比如关于"沟通"，其上位概念有交换、交流，下位概念有谈话、讨论、辩论等，同级概念有贿赂、贸易、买卖等。那么"沟通"可以界定为"是一种旨在解决问题的交流方式"。

第四种是从重难点、关键点、本质中抽取概念。这适合定义的概念。有时说一些人有悟性，往往指的就是对这种重难点、关键点有感悟能力的人。他们能够比别人更快速地去获得某个事物现象中的重难点、关键点等。

第五种是可以通过逻辑体系的建构来完善概念。逻辑方面相关的构建，如"沟通"，可以从"沟通"的对象、方式、方法、艺术、类型等逻辑体系来构建"沟通"概念，这些构建可以是借助逻辑推理、经验的总结，也可以是借助文献的帮助，或请教别人。又比如逻辑推理法，当谈到管理、教学、课程、德育，不管对这些概念有无经验，都可以借助逻辑展开它的形式、类型、对象、方法、目的、价值和意义等等。这些展开包含"是什么、为什么、怎么做"等逻辑性的问题群。

上述五种情况是教师教概念时可以采用的策略，通常任何一堂认知课都会涉及新概念的教学。师生阅读一本书，进入一些章节，都会涉及概念和观点的学习，也可以看到这些概念是怎样被建构的。

三、原理环节教学策略

有时，我们并不能一下子就到达原理层面的理解高度，但比原理更容易的是到达概念关系和模型层面。如此则需要形成一个概念群，通过概念群分门别类，就有关系和结构，对这些关系和结构的辨析，就可以进一步形成模型、理论体系。

（一）原理环节构建模型或理论的策略

如何构建模型或理论体系？一是对经验进行分解、提炼，找到经验中的相关概念。二是通过概念找到概念间的联系或关系。三是在这个关系和联系基础上发现必然联系和结构，若对此联系和结构进行阐述，则可以形成理论体系图。四是在这种结构上画出模型或理论体系图。五是不断进行验证，完善模型或理论体系。此后可以进入技术环节形成固定流程和解决方案。

接下来，笔者以人教版小学数学一年级（上册）《20以内的进位加法》为例来展示模型教学的策略。

1. 经验分解和概念提炼

在小学数学课堂上，教师通过观察学生学习和解决问题的过程，提炼了以下关键概念：加法的定义、加数、和、进位。

2. 概念间的联系和关系

师生进一步探索这些概念之间的联系，并发现在解决加法问题时需要先理解加法的概念、选择合适的策略和技巧，有时还需要进行进位操作。

3. 必然联系和结构的发现

在观察学生的学习和解决问题的过程中，教师发现学生通常经历以下三个主要步骤来解决加法问题：

（1）理解问题：学生需要读懂题目，确定加法运算的要求。

（2）计算策略：学生需要选择适当的计算策略，如竖式或横式，并根据题目要求进行排列和对齐。

（3）执行计算并验证结果：学生通过执行所选的计算策略进行加法运算，并验证计算结果的准确性。

4. 模型的呈现

教师向学生呈现一个简单的问题解决模型，包括理解问题、选择合适的计算策略、执行计算并验证结果等步骤。

5. 验证和完善

在课堂实践中，教师通过设计一系列加法问题，引导学生运用问题解决模型来解决这些问题。通过观察和评估学生的表现，教师可以验证模型的有效性，并根据学生的需求进行相应调整和改进。

（二）展示原理环节教学策略的课堂示例

示例课堂流程：

教师提供一道加法问题的例子，如：$15+7=?$

学生阅读问题，并确保理解问题的要求。

教师引导学生讨论选择何种计算策略，如竖式或横式，并解释其优缺点。

学生选择适当的计算策略，并进行排列和对齐，如使用竖式计算。

$$\begin{array}{r} 1\ 5 \\ +\ \ 7 \\ \hline \end{array}$$

学生从个位数开始，逐位相加进位，得出和是22，并将和写在横线下方。

这个竖式计算过程就涉及加数、进位、和，涉及对加法理解等概念。

学生互相交流，分享他们的解决过程和答案。

教师组织学生进行验证，例如通过反向计算或使用其他方法来核实答案的正确性。

教师对学生的表现进行积极的评价，提供必要的反馈和指导。

通过这个案例，教师可以利用问题解决模型帮助学生理解和解决加法问题。同时，教师还可以通过设计其他加法问题来进一步训练学生的数学思维和问题解决能力。

又比如，以人教版七年级（上册）第五单元《狼》这篇课文为例，核心是教会学生"概括文章中心思想"，但它涉及三个子概念——"概括""文章""中心思想"。细分析下去，"概括"是缩小内涵、扩大外延的方法，而缩小内涵和扩大外延是相同的方法。其中，缩小内涵就是减少对概括对象的限定，使之更适合一般对象，在具体文本上表现为总写、整体写。"文章"的类型很多，有记叙文、说明文、小说、议论文等，人教版七年级（上册）第五单元是三种文体，分别是散文、说明文和小说。就"文章中心思想"来说，教材给出的定义是这样的："文章中传达出来的作者的基本观点、态度、情感和意图，也是作者写作文章的主旨所在。"文体不一样，中心思想代表的内容就不一样。例如，散文的中心思想可能是情感、态度或意图；议论文的中心思想则可能是基本观点。因此，不同类型文章的中心思想不一样，每个中心思想都需要用凝练的语言表达出来，即概括，也就是缩小内涵、扩大外延。由此可见，教师一定要有针对"概括文章中心思想"建构相关的理论（思维）模型的能力（见图5-1）。

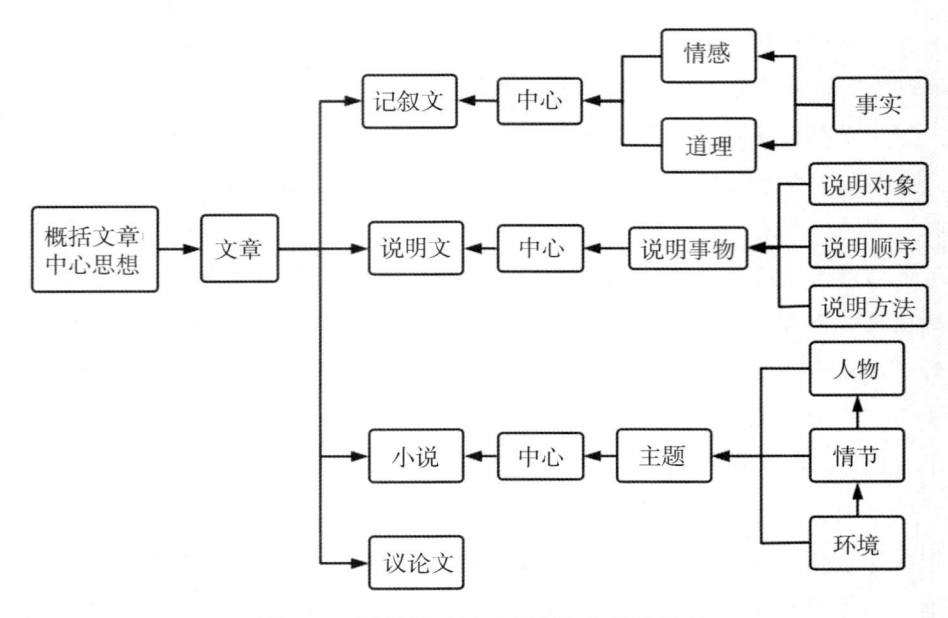

图 5-1 "概括文章中心思想"的思维模型

具体到小说《狼》的语境下,"文章"就是小说《狼》,"概括小说中心思想"是将故事或主题的核心观点、情感或主要冲突凝练地表达出来。这种概括可以通过提炼小说的情节、角色关系、主题探索等要素来完成,以便简洁地传达小说的核心意义。《狼》这篇课文是通过分析故事的情节、狼和屠夫的性格(角色关系)来获取文章的主题——"讽喻像狼一样的恶人,不论怎样狡诈,终归要失败的"。

四、技术环节教学策略

我们要搞清楚技术环节是原理环节和应用环节的中介,原理环节指的是理性认识,但我们对一个事物已经获得了理性认识,或者说获得了原理认识之后,该怎么应用到实践当中去。这个时候应该形成一个技术路线,也就是形成一个可以步骤化的策略,或者是步骤化的技术环节。

技术环节是从理性认识转化为实践应用的桥梁,它是理性认识和实际应用的重要环节,通过它可以将我们的原理认识转化为具体的实践活动。对一个事物的原理认识要通过形成一个技术路线来转化为具体的实践操作。技术路线是将原理认识转化为实践应用的具体策略。这个技术路线要有明确的步骤和流程。

所谓流程,是指为实现某个特定目标或完成某项任务而按照一定顺序和规则组织的活动步骤和行为。它描述了一系列相关的活动、操作或决策，以及它们之间的相互关联和依赖关系。流程可以是具体的物质流程，如生产流程、工作流程等，也可以是抽象的信息流程，如审批流程、客户服务流程等。无论是物质流程还是信息流程，都包含了一系列的环节、步骤和规则，它们被组织和安排在一起，以完成特定的任务或达到特定的目标。

建构技术环节的流程，首先，要进行原理的概念化或命题的拆解；其次，我们要进行技术路线的规划，即根据命题进行流程排序，使其具有步骤化；最后，我们要进行实践操作，根据实践操作的结果对技术路线进行进一步的完善和优化。

比如说，在上述初中语文教学中关于解决"怎么概括文章中心思想？""概括文章中心思想"等问题的技术流程就包含以下几个步骤。

第一步，判断文体。如记叙文包含三个中心需要概括：一是文章描写的事实和场景，二是文章抒发的作者的情感，三是文章蕴含的道理（后两个不必都有）。总的来说，概括记叙文的中心思想大致就是围绕上述三个方面进行的。

第二步，理清文章中有关事实描写、情感描写和思想表达的重点句子或段落。

第三步，进行概括（当然概括这个"概念"应该在本单元的《猫》就已解决）。通常认为：概括是指将一段文字、一个观点或者一段内容以简洁、精确的方式表达出来，提取其中最重要、最核心的信息，排除不必要的细节。"概括"有其原理，最终是要形成技术要领，通常对中心思想的概括也分三个步骤。以"情感"这个中心思想概括为例：一是找出描写情感的句子，如"我坐在藤椅上看着他们，可以微笑着消耗过一二小时的光阴，那时太阳光暖暖地照着，心上感着生命的新鲜与快乐"。二是将句子所表达的意思进行转化和归纳，"我"就是作者，"看着他们"就是对猫，"微笑、消耗一二小时、感到新鲜和快乐"可以归纳为喜爱之情。于是这句就可以概括为"抒发了作者对猫的喜爱之情"。同理，后面又描写对猫的同情和怜爱，于是可以归纳概括为"同时表达出作者对弱小者的同情与怜爱之情"。三是综合概括，如此全文在情感上可以概括为"抒发了作者对猫的喜爱之情，同时表达出作者对弱小者的同情与怜爱之情"。

总之，在整个技术环节中，我们需要根据原理认识来制定技术路线，通过技术路线来进行实践操作，然后对实践操作的结果进行总结，形成一个不断迭代的过程。在这个过程中，我们要保持理性认识，对原理认识进行深入研究，对技术路线进行不断完善和优化，从而让原理认识更好地转化为实践应用。

五、作品环节教学策略

作品环节也可以称为应用环节，可类比三段论。比如说大前提"人都会死的"，前提是"苏格拉底是人"，结论"苏格拉底会死"。这三段论其实是小前提应用了大前提，所以才能够得到结论。

大前提如果说是一般的原理、一般的规律，那它该怎么被小前提应用，从而使二者对接起来呢？那当然是要在这个过程中找到应用的点，而这也是整个技术环节的要点。可见在大前提这里"人都会死的"，这里的"人"是可以被替换的，可以替换成不同的"人"。其实这里面"死的"也是可以替换的，替换成"会说话的"，或者"会直立行走的"。比如，可以有"苏格拉底会直立行走"的结论。

被替换的就是技术点。为什么？一个规律，它就是要找出那些可以变换的，却有着共同形式的一个东西。比如周长公式 $c=2\pi r$，这里面的半径是可以被替换的，有时候圆周的周长也是可以被替换的，用来求半径。π 作为常数，它是不可以被替换的。技术点就是找到可以替换的点，我们才有可能去应用这个原理解决问题。

同理，在语文中说春天是什么，比如春天是花儿一样的日子。"春天"是可以被替换的，"花儿一样的日子"也是可以被替换的，如"秋天"可以是"丰收的节日"。也就是说，技术点往往要找到那些可以被替换的点，技术环节就是要引导学生看到原理中那些可以被替换、可以变更的点，并按照步骤把它们罗列出来，再根据流程进行相应操作。

在像上述的数学教学当中，我们不仅要教学生学会一个周长公式，学会一个三角形的面积公式，或者梯形面积公式，也要让学生明白，比如说算梯形公式需要找到哪几个技术点，也就是哪几个条件？只要找到这几个条件，也就可以应用梯形的面积公式。

应用这个原理其实就是应用大前提，而大前提里面的那些可以替换的点就成为小前提的来源。我们应用的时候，要注意"具体"是小前提，"原理"是大前提。而小前提就是我们所有的可以具体化的东西。比如说"苏格拉底是人"，这是小前提，这是具体的东西也是实践的，实践对理论原理的应用就是这样。

这个应用环节有这么简单吗？或者说它中间没有一些注意事项、步骤之类的吗？当然不是说你知道技术点你就可以应用好，而是还要知道问题、概念、原理、技术这四个部分才能够应用得好。因为直接让你按步骤去实践，其实你不一定懂得做，只有真正懂得原理，你才能够真正懂这个步骤是怎么来的，从而把事真正做好、做通。这二者是不能脱离的，不能说只要有技术就可以把事情做好，还要懂得原理。没有技术，原理应用就变成了套"公式"。因为具体的小前提总是容易变化的，而技术要是没有跟上，就容易出错，更何况很多教师教不到原理，如诗歌写作原理、各种文章的写作原理等。

第二节 "行情创"生活课堂的教学策略

"行情创"生活课堂的教学环节，每一个环节都旨在帮助学生们树立良好的价值观和人生观。第一个环节是情绪环节，这个环节将帮助学生们更好地认识自己的情绪，学会妥善处理自己的情绪，从而更好地应对日常生活中的挑战。第二个环节是价值的澄清环节，这个环节将帮助学生们认识到自己的价值观，明确自己的人生目标和人生追求，从而为他们的未来做好充分的准备。第三个环节叫共情环节，这个环节将帮助学生们学会站在别人的角度思考问题，更好地理解别人的感受和需求，从而提高自己的人际交往能力和同理心。第四个环节叫联结环节，这个环节将帮助学生们建立起与他人的联系和合作关系，从而提高自己在团队中的合作能力和领导能力。第五个环节叫关系环节，这个环节将帮助学生们学会处理各种复杂的人际关系，学会与他人沟通和合作，从而为他们的日后发展打下基础。

一、情绪环节教学策略

首个阶段涉及情感的释放。与认知过程相似，其需要经历一个从问题到概念，从概念到原理，从原理到技术，从技术到作品或应用的认知过程，即认知的逐步深化或辩证发展。同样，我们情感的提升首先需要情感的释放。为避免情感被压抑，我们可以运用倾听策略。

例如，在教学过程中，教师倾听学生的各种问题和情绪的抒发，鼓励他们充分表达想法，以便让这些情感和问题得以显露。要想改变自己，首先要理解自己对某件事情的感受。很多时候，我们不能改变自己，不是因为认知的问题，而是因为我们可能积压了某种情感，但没有把它表达出来。而情感的表达又需要有人倾听。因此，在情感阶段的教学策略中，倾听是一个关键的环节。教师在课堂上不仅要主动倾听学生，同时也要鼓励学生之间互相倾听，这样学生才能在一种安全的情感表达环境中畅所欲言，否则他们就可能因为害怕或担心自己的发言不恰当而选择沉默。

比如，在课堂上，当一个学生表达了他对于乱砍滥伐行为的愤怒和痛心时，教师不要急于提供解答或评判，而是要专注地倾听他的感受。教师可以说："我理解你对于森林被乱砍滥伐感到的愤怒和痛心，这确实是一个严重且糟糕的问题。请告诉我更多关于你的看法和感受。"通过这样的回应，教师给予学生充分的时间来表达自己的情感和观点。接着，其他学生也开始逐渐敞开心扉，表达他们对于环境问题的各种情感，如担忧、无力感、责任感等。教师继续倾听，并以鼓励和尊重的态度回应每一个学生的发言。

通过倾听学生的情感表达，教师为他们提供了情感释放的机会，并引导他们在一个安全和支持性的环境中进行情感的探索和发展。这有助于学生们更好地理解和表达自己的情感，促进他们的自我成长和认知的逐步深化。

二、价值环节教学策略

价值环节的澄清是帮助学生对他们情感背后的价值观进行认知和评估。在这个环节中，教师的目标是推动学生建立与社会和世界的新关系，并发展出一种新的道德品质。

为了实现这一目标，我们需要在价值环节的澄清策略中，帮助学生意识到他们情感背后的价值观，并对其进行评判和澄清。例如，学生可能会表达出一种"人生很苦哇，要这么早起来学习"的情绪，这个情绪背后反映了"早起学习是辛苦的"这样一种价值观。然而，这个价值观是否合理，是否需要被接纳或纠正，学生可能没有进行过反思。

在这个阶段，教师应引导学生进行价值判断和澄清，帮助他们认识到自己情绪背后的真实价值观。无论这个价值观是积极的还是消极的,教师都应该接纳它,并与学生共同探讨如何改变和发展自己的价值观。如果学生不接纳自己的价值观,并且压抑或批判它,他们将无法产生积极的改变。

下文三个案例都来自陶行知文章,从中可以看出陶行知是如何将一些困难中的情绪、情感背后的价值观进行澄清、转化。

苦痛转化为兴趣

你说事情忙不过来,学校功课和社会活动交相迫着。这点我承认是实情。可是你能改变一种态度,一定觉不到事情的累赘与苦痛了。怎么改变呢?就是你要想到所做的事是教育不是上课,是艺术的兴趣不是劳苦的工作。你是以艺术的兴趣来办教育,一定不会感觉事务的忙碌和繁重的苦闷了。① (选自《答震叔》)

【解读】原来震叔的价值认知是累赘与苦痛,陶行知帮其澄清价值,是艺术的兴趣不是劳苦的工作,这就是典型的能在苦痛中发现价值。

接受现实的束缚

你说又二次欲试。岂料明令之规定,社会之监视,因此使你"默然"了。凡是一种新的试验,决不会平平稳稳,安安逸逸的过去的。最先和你接触的,便是"明令"。"明令"是屈伏人的思想,束缚人的行为的东西,中外古今能做试验工作的,谁不经过一番刻苦耐劳的历程,主张被人攻击,生命濒于危险,可是在他心头,只是主张的能否实行,不是"明令"的压束后的苦痛。哥白尼的主张地圆,马丁路德反对旧教,都是实例。你在前信上说起的文纳特卡制的创始者华虚朋不是也被明令所指责遭人所反对的么?所以你不必怕社会的监视,社会本来是盲目的,待你稍稍成功时,社会即刻会肉麻地捧你起来的。② (选自《答震叔》)

【解读】陶行知澄清:凡是一种新的试验,决不会"平平稳稳,安安逸逸的过去的"。使这种价值得到明确,并通过案例进行澄清,指出正确的价值取向:"所以你不必怕社会的监视,社会本来是盲目的,待你稍稍成功时,社会即刻会肉麻地捧你起来的。"

---

① 胡晓风,等. 陶行知教育文集 [M]. 成都:四川教育出版社,2007:251.
② 胡晓风,等. 陶行知教育文集 [M]. 成都:四川教育出版社,2007:250.

在社会上做事就要预备碰钉子

你信上说到贵处的老太婆们如何顽固,如何不易开通,这也是自然的现象。我们在社会上做事就要预备碰钉子。我在这几个月当中,也碰了四五个钉子。碰钉子的时候有两个法子解决:第一是硬起头皮来碰,假使钉是铁做的,我们的头皮就要硬到钢一样,叫铁钉一碰到钢做头皮上就弯了起来;第二是要把我们的热心架起火来,把钉子烧化掉。我们只怕心不热,不怕钉子厉害,你看如何?[①](选自《预备钢头碰铁钉——给吴立邦小朋友的信》)

【解读】通常人都怕碰钉子,陶行知澄清价值:"我们在社会上做事就要预备碰钉子。"而且要"第一是硬起头皮来碰……第二是要把我们的热心架起火来,把钉子烧化掉。"

从上述三个案例就可以看出,陶行知情感能力很强,这体现在他能够快速地帮助他人端正自己的价值观,发现事情和困难的价值,从而引导他人改变自己的态度。

三、共情环节教学策略

共情环节的教学策略是通过价值串联来实现价值共识的。首先,我们要肯定学生各自情感价值背后的积极之处,正确认识和尊重每个学生独特的价值观。然后,在价值澄清的过程中,让学生明确自己的价值观。接下来,通过价值共识的环节,不仅让学生明白自己的价值观,还要帮助他们串联别人的价值观和公共的价值观。

与认知领域强调概念之间的关系不同,情感环节强调的是价值之间的串联。只有通过价值的串联,才能实现价值的共情,也就是达成价值共识。这是该环节的核心要求,这对于培养学生的价值意识至关重要。

通过价值串联,学生能够理解自己的价值观,并能够将其与他人的价值观进行对接,进而形成更广泛的价值共识。这有助于培养学生的合作意识和跨文化交流能力。在共情环节中,教师应引导学生思考和交流,促进价值观的对比和反思,以达到价值共识的目标。

例如,在一个思政课堂上,教师正在讨论性别平等的话题。学生们对于性别

---

① 胡晓风,等. 陶行知教育文集 [M]. 成都:四川教育出版社,2007:98.

问题持有各自不同的观点和情感态度。教师可通过共情环节来促进学生们之间的价值共识。

教师首先请学生们自由表达自己对于性别平等的看法。其中一个学生表示，他认为男女应该在家庭和职场中享有平等的权利和机会。另一个学生则认为，男女在基因上存在天然差异，这也会导致在某些方面存在性别的不平等。这两个学生的观点存在一定的差异。教师在肯定每个学生观点的同时，也可以引导他们去澄清自己对性别平等的价值观。教师提出一些问题，如："你认为性别平等对社会的意义是什么""你认为造成性别不平等的原因有哪些"，通过这些问题，引导学生们思考并明确自己的价值观。

接下来，教师可以组织一个小组讨论活动，让学生们进行交流并尝试理解彼此的观点。学生们通过讨论，开始意识到彼此的观点存在一些相似之处，比如都认同男女应该享有平等的权利和机会。他们也发现了一些差异之处，如在性别差异的认知上存在不同的看法。然而，通过共情和理解，学生们开始能够欣赏彼此的观点，并尝试将自己的观点与别人的观点进行对接。

最后，在整个讨论的过程中，教师引导学生们反思自己的观点，并且鼓励他们从公共价值的角度来思考性别平等的重要性。学生们逐渐意识到，尊重和平等是构建一个公正社会的基础价值，而性别平等正是这一价值的体现之一。通过这样的价值串联，学生们最终达成了对于性别平等的共识。

总之，共情环节的教学策略通过肯定学生的观点，澄清个人的价值观，看到个体、集体和类体的价值观差异并通过共情和理解来促进学生之间的价值共识。这个过程有助于学生们更好地理解和尊重彼此的观点，并且能从公共价值的角度思考问题，培养他们的合作意识和跨文化交流的能力。

四、联结环节教学策略

接纳，是解决敌意、焦虑、恐惧的前提，有了接纳才能去分享，去真正地联结。而当受到无意识的否定或是敌意、焦虑、恐惧等情绪的影响时，我们的行为就会出现偏差。大多数时候，学生、教师都可能受到这种情绪的影响，并且教师也可能会给学生造成这种敌意、焦虑和恐惧的状态。有的教师是希望通过这种情感来驱动学生的行为，比如通过排名来增加落后学生的恐惧，形成竞争压力，处于落后的学生就会焦虑，知道自己没有学好，从而改进学习习惯和学习态度。但实际上情况会有所偏差，还会造成上述的情绪伤害。一些学生因为恐惧和焦虑，导致失眠，担心老师看轻自己，从而与老师疏远；担心同学会看不起自己，从而避开与同学的交往，或者从此给自己冠上落后学生、差生的身份。有的人甚至一辈子都走不出来，到了多年后的同学聚会上还会提起这件事。落后的差生也可能会暗示自己，自己就是没这个本事，读不好书，这也会加速他放弃读书。

我们平时不接纳的事情还是挺多的，所以培养自己的接纳能力非常重要。对人、对事和对物，只要我们不接纳，就会产生敌意，引发不良情绪。一天之内，都有许多这样的情况，早起后看到书不想读，这是不接纳；早餐看到是自己不想吃的就不吃了，这是不接纳。有的人怎么都行，接纳程度高，边界比较宽，跟他相处比较愉快；有的人接纳范围小，边界小，你跟他相处要谨言慎行。

课堂上各种各样的学生都有，作为教师，你全部接纳，当作没看见？接纳不是压抑，不是全部接受，若忍受敌意、恐惧和焦虑的情绪，这反而会引发心理疾病。接纳是正视，正视情绪，是在看到各种行为背后的价值后，主动去共情和接受，是对生命的悲悯。可以说，接纳是我们解决情绪问题的关键点。正视情绪问题，看到某种情绪给我们带来的行为及其结果，这才是接纳，才能解决问题。

要提高接纳能力，往往需要我们看到对象客观的一面。比如，笔者曾看到魏书生先生在一次演讲视频中说，"99.99%的客观的世界的事情，咱们无法左右，你也就别生气，你出生在历史的哪个阶段，哪个国家，哪个家庭，这都是无法由你决定的，你的长相、身体基础等也是无法被你决定的。人与人的先天条件和后天环境不一样，由此产生极大的差异，各种差异自然会有各种学习成绩，成绩好的不必骄傲，成绩差的也不必焦虑，正视这种客观事实。在这种事实下，我们能做什么？我们可以做自己心理世界的主人，可以往前进一步，可以改变"。他倡导每天有点小进步，盯着小目标，逐步进步，不要好高骛远，徒生烦恼。

接纳的更高级的能力是看到一切人、事、物都是辩证的，也就是发展的、矛盾的，有好的一面，也有不好的一面，也就是有我们容易接纳的一面，也有我们不容易接纳的一面。我们要有这种辩证的能力，凡人、事、物都能看到好的一面，这样更容易接纳。如果绝大多数时候，我们看到的都是不好的一面，则容易出现敌意、拖延、抗拒、对抗等情绪，从而被这种情绪带偏。

接纳的前提是看到客观事实。我们要看到自己不良的情绪价值，而真正的价值来源于事实，而不是对自己的完美形象的幻想。我们都不完美，都是在成长中的人，而且每一分努力就会有一分成长。我们一生只是人类文明的继承与接续，一代人有一代人的任务和使命，这是我们要接纳的事实。

接纳之外还有赋能、分享、贡献、共享等更多联结的教学策略，可以发现、夸赞、串联学生的表现和反应。联结是看见，联结是给予，联结是完成人与人对接的重要环节。

五、关系环节教学策略

现实中有各种各样的社会关系，比如情感关系、亲情关系、师生关系、上下级关系、朋友关系，还有个人与社会的关系、个人与自然的关系、个人与家乡的关系、个人与国家的关系、个人与世界的关系等。这些关系的构建都可能因为价值观的共情而形成。其实，我们国家的社会主义核心价值观分别在国家层面、社会层面和个体层面倡导了它不同的价值。个体层面有爱国、敬业、诚信、友善；社会层面有自由、平等、公正、法治；国家层面有富强、民主、文明、和谐。所以在"行情创"教学当中，我们最主要的就是围绕价值观进行澄清、接纳、共情，最后通过关系的建构来完成不断的升级。这样的升级在我们的教学过程中，会帮助学生从他的情绪出发建构新的关系。

我们在现实中会看到很多学生也会遇到人际关系问题，比如跟同桌起冲突，比如跟集体的关系不好而不愿意参加集体活动，或者不爱帮助同学。在家里不爱父母，不爱爷爷奶奶，或者跟爷爷奶奶有冲突，跟父母有冲突等。这些关系往往是以情绪化的状态呈现在我们面前，有敌意、恨、不开心等等。这些价值观、这些情绪虽然多是负面的，但是这往往是因为它们还未得到接纳与转化。实际上，这些情绪背后的价值观还有待我们去发掘。如果我们不接纳自己的负面情绪，我们的情绪也不会被别人接纳。这种价值观互相不接纳的状况若一直存在，就很难产生价值观的共情，良性的关系也就不能得以建构。

没有真正的价值观的共情产生和情感的联结，也就相当于没有共同的愿景、没有共同的关系，即没有一个友好的、更为民主的关系。所以整个"行情创"生活课堂的教学就是围绕着从情绪出发到关系建构的五个环节，在这些环节当中，总共分为三个过程，即从感性情感到理性的价值、共情、联结，到最后的关系创建。在共情之前，一定是有价值的澄清才能够看到自己和别人的价值观的差异，才有联结和接纳的前提。

比如说，在家庭中有一个学生与他的爷爷奶奶之间存在冲突。这可能是因为这个学生由于忙碌而没有时间陪伴爷爷奶奶，爷爷奶奶可能会感到被忽视而产生不满。这种情况下，学生和爷爷奶奶之间的关系出现了问题。在教育中，我们可以通过"行情创"的教学方法来帮助他们改善关系。首先，学生需要澄清自己对于家庭关系的价值观，明确自己对家庭关系重要性的看法。接着，学生需要正视并接纳自己和爷爷奶奶之间存在情绪冲突，并试着敞开心扉，在接纳的基础上，尝试与爷爷奶奶进行沟通，解释清楚自己忙碌的原因，并表示自己对于家庭关系的重视。同时，也需要倾听爷爷奶奶的想法和需求，展示对他们的关心和理解。通过双方的共情和共识，可以逐渐建立起更加和谐和仁爱的家庭关系。

在这个例子中，学生和爷爷奶奶之间原本存在的冲突和不满是由于缺乏共情和接纳所导致的。通过"行情创"教育方法中的价值观澄清、接纳和关系建构等环节，可以帮助学生和爷爷奶奶之间建立更为仁爱的关系，并促进彼此的理解与和谐相处。

如果没有真正的良好关系的建构，也就没有真正的仁爱。仁爱是孔子所主张的仁爱，是儒家所主张的仁爱。仁爱是对等的爱。这种对等既体现在价值观的共识上，又体现在互相的认同上。

第三节 "行意创"生活课堂的教学策略

"行意创"生活课堂的每一个教学环节都旨在帮助学生培养良好的意志力和习惯能力。第一个环节是需要环节，这个环节的教学策略是从学生的兴趣出发，或构建情境，或以游戏导入，或以故事导入等。第二个环节是目标环节，这个环节的教学策略是在课堂的一开始就引导学生关注今天的教学目标。第三个环节叫计划环节，这个环节的教学策略是教师要在课堂开始之初明确告知学生教学计划。第四个环节叫执行环节，这个环节的教学策略要设有明确的流程及一定的质量标准。第五个环节叫习惯环节，这个环节的教学策略是反馈、评价等。

一、需要环节教学策略

在构建优质的课程体系过程中，第一个环节的内容设计通常都是必不可少的。课程设计的关键就在于，从学生的实际需求和兴趣出发进行教学，充分把握学生的心理特点，将教学内容与学生的实际生活和兴趣点紧密相连，从而有效地激发学生的学习兴趣，增强学生的学习动力，提高学生的参与度和积极性。这种教学策略对于课程设计来说是至关重要的，其能够满足学生的基本需求，进一步激发学生的学习动力和意志力。而我们也将这种教学策略称为兴趣激发型教学策略，目的是更好地满足学生的需求，满足学生的求知欲和探索欲。

在小学数学教学中，教师为了激发学生对数学的兴趣，将课程内容与学生的实际生活和兴趣点相结合。教师首先收集学生的兴趣爱好和日常生活经验，发现他们普遍喜欢玩游戏和解决问题。于是，教师设计了一系列基于游戏和问题的数学学习活动。

例如，在教平面几何时，教师安排了一个团队游戏，让学生分组合作，并要求学生在规定时间内利用几何图形完成拼图任务。这样不仅考验了学生的几何知识，还增强了学生间的合作与竞争意识，激发了他们对几何学习的兴趣。又比如，在教数学运算时，教师设计了一些实际问题，如购物计算、旅行路程计算等，让学生运用所学的数学知识解决实际问题。通过将抽象的数学概念与实际生活相联系，引导学生更好地理解和应用所学知识，并增强对数学的兴趣。

通过以上的教学策略，教师成功地将数学课程内容与学生的实际需求和兴趣点相结合。学生在参与课堂时感到更有动力，他们对数学的学习兴趣得到了激发，课堂氛围更加积极、活跃。这样的课程设计不仅有助于提高学生的学习成绩，还能增进他们对数学的认识和兴趣，为他们的数学学习打下更坚实的基础。

二、目标环节教学策略

许多教学过程并未在课堂初始阶段或某个环节中给学生设立明确的学习目标，也未阐明课堂学习的具体内容和要达成的教学目标。这导致学生在学习过程中缺乏明确的方向，无法集中注意力，从而影响了学习效果。

在课堂教学的前几分钟，优秀的教师往往能够清晰地阐明问题，并展示教学目标，即我们最终要达到的目标是什么。因此，在设计教学目标策略时，不仅需要在教学设计的初始阶段明确教学目标，而且需要在提出问题后，以及学生的情感得到表达后，第一时间对教学目标进行梳理，让学生知道自己的学习目标是什么，这是许多教师忽视的重要环节。具体来说，最好在课堂的初始阶段，即大约五分钟内明确教学目标。当学生提出问题后，我们应该先激发他们对本堂课的兴趣，然后从学生的问题出发，引出教学目标。这种呈现教学目标的方式，可以提高学生的意志力，从而更好地完成教学。

比如，在一堂高中化学课上，教师想要学生掌握离子反应的概念和应用。课堂开始时，教师首先引入一个有趣的实际问题："你们是否曾经想过为什么海水喝不得？"学生对此表现出了浓厚的兴趣。接着，教师明确地阐述了教学目标："今天我们的目标是学习离子反应的原理并解释为什么海水喝不得。"通过这样明确的教学目标，学生知道了他们将要学习的内容和最终要达到的目标。随后，教师便围绕离子反应展开教学，并引导学生逐步理解离子反应的概念。如此，学生在学习过程中也能够更好地集中注意力，并明确知道他们需要重点掌握的知识和技能。

又如，在一堂小学语文课上，教师打算教写作技巧中的"段落结构"。在课堂开始时，教师利用一个寓言故事来引发学生的兴趣，并提出问题："如果你想写一篇关于自己的一次难忘经历的文章，你会如何组织你的段落？"通过这个问题，教师明确地告诉学生今天的教学目标是学习段落结构。接着，教师引导学生分析故事中的段落结构，并与学生一起探讨如何在写作时使用恰当的段落结构。通过明确教学目标，学生知道他们需要学习和掌握的技能，并能够更好地理解和应用这些知识。

我们可以看到，在课堂初始阶段清晰地阐明教学目标对学生的学习非常重要。这样做可以激发学生的兴趣，引导他们集中注意力，并明确告诉他们今天需要学习和掌握的内容。这有助于增强学生的学习动机和学习效果，使他们在课堂中更加积极主动地参与学习。

而在日常生活这个大课堂中，每个人都需要人生蓝图，因此教师要学会帮助学生建构人生目标，这个目标包括为了谁、解决的问题和掌握的方法。当然对于教师自己的人生蓝图来说，还可以再增加一个问题——从哪里来？（见表5-1）

表 5-1 人生蓝图规划

人生蓝图规划			
姓名		年龄	
榜样人物			
人生目标			
为了谁			
解决的问题			
掌握的方法			

三、计划环节教学策略

当主要目标得到清晰地阐述后，接下来的关键步骤是制订计划。许多情况下，学生不清楚教师在本堂课中将如何进行教学，其原因在于教师并未明确告知学生自己对于教学的设计和规划。但如果教师在授课之初就提供详细的教学流程，那么学生对课程就不会感到太过陌生。可见，教师需要让学生了解本堂课的教学安排，或者说，需要提前向学生解释他们在学习过程中应经历的主要步骤。

比如，在一堂初中数学课上，教师打算教授解一元一次方程的方法。在课堂开始之初，教师明确地告知学生："今天我们将学习如何解一元一次方程，并将按照以下步骤进行学习。首先，我们会复习方程的基本概念和符号表示；然后，我会示范如何通过移项和合并同类项的方式解方程；接着，我将提供一些例题给你们练习；最后，我们将进行小组活动，共同解决一些实际问题。"通过这个明确的教学计划，学生就能清楚地了解到本堂课的目标和教学内容，以及所要经历的步骤。

随后，在课堂中，教师按照计划逐步进行教学。他首先引导学生回顾了方程的基本概念，并解释了符号的含义。然后，通过示范和练习，教授了解方程的方法，并指导学生进行练习。最后，教师组织了小组活动，让学生应用所学知识解决实际问题。整个教学过程按照预定计划进行，学生清楚地知道接下来会发生什么，并能够有条理地跟随教师的引导来展开自己的学习。

我们可以看到，当教师在课堂开始之初明确告知学生教学计划时，学生能够更好地理解和掌握课程内容。教师的教学计划信息能为学生提供学习的框架，让他们知道所需经历的步骤和学习进程。这有助于减少学生的困惑和焦虑感，并使学习过程更加有条理和有效率。同时，明确的教学计划还可以帮助教师合理安排时间和资源，提高教学效率。

在日常大生活课堂中，师生都应该学会制订每天的生活计划，这样的计划包括今日的目标、时间、内容等（见表5-2）。

表 5-2 一日计划表（部分）

一日计划表				
姓名			年龄	
今日三个目标				
时间	计划内容			是否完成
5:00—6:00				
6:00—7:00				
7:00—8:00				
……				

四、执行环节教学策略

好的教学要求执行每一个教学环节时都做到有质量、有标准。在实际教学过程中，引导学生"做中学"十分重要。而学生要做好，就要有流程，有一定的质量标准，因此执行的核心在于流程明确。

在实际教学过程中，教师们有责任将这些宝贵的经验传授给学生，帮助他们更好地理解和执行每一个教学环节。教师在引导学生时，要确保每个环节都能够以正确的方式进行，以便让学生能够充分地参与进来，提高他们的学习效率。因此，教师需要为学生制定合理的教学标准，以便学生能够明确地知道自己需要达到的目标。这些标准可以根据学生的实际情况进行调整，以便让学生能够更好地适应当下的学习节奏。同时，教师还需要定期对学生的学习成果进行评估，以确保他们能够达到既定的教学目标。

在引导学生"做中学"的过程中，教师需要关注学生的学习进度，及时调整教学方法和策略，以便更好地满足学生的需求。同时，教师还需要鼓励学生主动发现问题、解决问题，以培养他们的独立思考能力和实践能力。

在实际教学过程中，流程执行的核心在于确保教学环节能够有序进行。为此，教师需要制订详细的教学计划，明确每个教学环节的具体内容、时间安排和教学方法。同时，教师还需要与学生保持良好的沟通，了解他们在学习过程中遇到的困难，并及时给予帮助和指导。

在日常大生活课堂中，执行环节的教学策略变得很简单，只需要在每日的计划表（表5-3）中"是否完成，具体用时"一栏里做记录即可，可以标注实际完成的时间和方法，为后面开展复盘、形成习惯做准备。

表5-3 一日计划和执行反馈

一日计划表和复盘表			
姓名		年龄	
今日三个目标			
时间	计划内容		是否完成，具体用时
5:00—6:00			完成
6:00—7:00			完成了一半
7:00—8:00			
……	……		……

执行的核心是自律。虽然自律过程中可能会产生一定的负面情绪，这会让你感到难受，但请谨记在自律、执行的过程中一定要正视这种负面的情绪，积极正确地处理好情绪问题，才能更好地向前走。

五、习惯环节教学策略

习惯环节的教学策略是形成习惯，或者反思教学。"行意创"的最后是形成习惯，教师要通过教学反思或者说复盘，来梳理自己本堂课的效果。这种反思，一方面是反思学生的学习习惯和学习成效，另一方面是反思自己的教学习惯和教学效果，以此来改变习惯。反思的形式也有很多，常见的是写反思笔记，也可以当堂反思，还可以复盘。复盘比较复杂，这里不妨简单介绍一下。复盘不仅是对经验的重视，也是对一堂课或者一天生活的极大重视，每天花一定时间去复盘，不论教师的自我复盘还是学生的学习复盘，都是有必要的。复盘包括以下六个步骤，与我们总结错题差不多。

第一个步骤就是核对你的目标与结果。我们凭借意志力完成一件事情后，可以根据完成结果评判一下是否达成了目标。第二个步骤是回顾一下自己说话和做事的过程。第三个步骤是要把这件事情全流程中的错误环节找出来，这种错误环节就能体现你的意志力、认知力和情感力的不恰当之处。所以复盘目前主要就是被用来提升综合性的意志力。第四个步骤就是分析一下错误的原因。这里面的原因既可能是认知的原因，也可能是情感的原因，还有可能是意志力原因。第五个步骤是找到消灭错误的办法。第六个步骤是记录下消灭错误的办法。

复盘总共就是上述这六个步骤。另外需要注意的是，由于复盘是一个综合机制，而不是纯粹的意志力机制，所以笔者一直在想是不是也可以用反馈、调整来代替复盘。因为真正的意志力创造是一定能够产生反馈的。

我们每个人在成长之后，就不再是一张白纸，很多行为已经变成一套习惯。这些习惯影响着师生的课堂教学和课外学习。比如教师备课习惯、读书习惯、批改作业习惯等等。而学生也存在一些不好的习惯，如学生无预习习惯，读书习惯不好，作业习惯不好，复习习惯不好，听课习惯不好，等等。这些都是实实在在要改变的行为，若不改变这些行为，而空谈课堂上的高效率、有效性，就很难取得良好的教育教学效果。况且，习惯中难免也包含了恶习，不论学生还是老师，常常复盘和反思都有利于发现存在的问题，以培养良好习惯（见表5-4）。

表 5-4　一日计划和复盘表

一日计划表和复盘表			
姓名		年龄	
今日三个目标			
时间	计划内容		是否完成，具体用时
5:00—6:00			完成
6:00—7:00			完成了一半
7:00—8:00			
……	……		……
今日三个成就	1. 2. 3.		
今日习惯培养	【早起读书】读《自卑与超越》序与目录 1/100 【早起锻炼】跑步 1/18（计划 18 天，已开展了 1 天） 【午间书法】临摹《兰亭集序》书法帖 5/21		
未达成的目标和做错的事情	1. 2. 3.		
过程和原因			
消灭错误的办法			

注：建议本表在实际践行时可以简化处理，使之更易使用。

第六章　"行心创"生活课堂的教学设计

本章将探讨"行心创"生活课堂的教学设计要素，以及单元和大单元教学设计。在跨学科的背景下，课堂已经不再局限于学校教室，而是走向了课外，打开了跨学科的视野。通过"行心创"生活课堂，学生将能够在实际生活中学习和应用各个学科的知识和技能。本章旨在帮助教师了解如何设计和组织"行心创"生活课堂，以提供更富有意义和综合性的学习体验。无论是教学设计要素、单元教学设计还是大单元教学设计，都将为教师提供具体指导和实用建议，以激发学生的创造力，培养其综合能力，并促进他们在日常生活中的成长和发展。通过本章的学习，教师将能够更好地利用"行心创"生活课堂的优势，促进学生跨学科思维和综合能力的提升。

第一节　"行心创"生活课堂的教学设计要素

加涅等人认为，"教学设计是一个系统化规划教学系统的过程，教学系统本身是对资源和程序做出有利于学习的安排"[1]。"行心创"课堂总体设计包括教师

---

① 加涅，韦杰，戈勒斯，等. 教学设计原理（第五版修订本）[M]. 王小明，庞维国，陈保华，等译. 皮连生，审校. 上海：华东师范大学出版社，2018：18.

备课和教学过程策略：自我定位为研究者→根据学科课程确定课堂要培植的生活力、生活关系或生活方式（具体与通识的）→分解该生活力、生活关系或生活方式，确定它们可以通过设计哪些事情来完成→完成这些事情（"行心创"的过程）→"导做案"设计。

一、教学设计时，教师的自我定位是研究者

"行心创"生活课堂要求备课者在备某一课或某一单元时，应该以专家的心态和要求来进行。一位教师在5年内成为一位专家，这是可以做到的，1万小时定理揭示了这样的可能性。但要怎么才能做到？试想，教师若能每个月深度备一节课，定位自己像专家一样思考，像专家一样去研究所要教学的内容，久而久之就会成为专家型教师。

首先，这种备课就是要按照"行知创"理念，提升教师的思维，即完成从经验思维到概念思维，从概念思维到原理思维，从原理思维到技术思维，最后到作品思维的不断升级。教师必须自己先经历一次这样的思维水平的升级，至少在他想要教学的这个课题中进行一次这样的升级，他才能胜任"行心创"生活课堂的教学。其次，这种备课还要根据"行情创"理念协同学习，分析学情，营造良好的、让学生协同学习与共同成长的课堂学习氛围。教师要能控制自己的负面情绪，发掘价值和能力，做到共情和联结，构建良好的师生关系、生生关系，以帮助学生与这个世界友好相处。最后，这种备课还要按照"行意创"项目学习的方式来设计，项目学习的流程是立目标、定计划、执行、反馈和复盘，教师要用"做"的方式来实施这个过程，方能保证效果，使得整个教学按照计划进行。"做"的过程也深化了学生的体验，使得其学习的深度能够得到保证。以上就是"行心创"生活课堂的备课内容。

设计者要对课堂教学内容进行深入研究，最好能深入到教学内容的原理、技术的高度，这样才能设计出高品质的课堂。设计者要定位自己是专家，以专家的高度要求自己对课堂教学内容进行研究，多研究概念，多参考文献，多探究课堂教学内容的历史，及其横向和纵向的方方面面。

比如一位小学数学教师设计人教版小学六年级（上册）的《位置与方向（二）》一课，他就要研究"位置"。需要问什么是位置，为什么要研究位置，有几种定位位置的方法，数学中是怎么定位，生活中是怎么定位，不同学科是怎么

定位，学前教育是怎么定位，小学教材是怎么安排位置有关的教学，初中和高中教材是怎么安排位置有关的教学，小学不同版本的教材是怎么安排位置有关的教学等一系列问题。此外，还包括位置涉及的相关概念，如方向、距离和平面坐标，还需要问平面坐标是谁提出的？什么时候提出？当时为什么要提出和研究平面坐标？位置定位的原理是什么？位置定位这堂课的原理是什么？这堂课的学习技巧是怎么展开的？如何拓展迁移？

作为一位小学数学教师，他要对位置做如上的系统研究，这种研究还只是达成"行心创"生活课堂的深度教学，此外还要实现协同教学和项目教学，这都需要在设计中考量和完成。

以下是一位教师的备课心得，主要是针对位置概念的备课心得。

"行心创"生活课堂之深度备课有感之一

与周老师讨论《位置与方向（二）》这节课，周老师指出只有备课有深度，教师的教学设计才会有深度。只有教师深度学习、深度备课，才能引导学生深度学习。所谓的深入浅出，一定是在深入的前提下，才能够知道怎么浅出。因此，需要知道知识的原理，比如知识是如何产生的？知识产生之后能解决什么根本问题？本单元的知识体系又是什么？本单元位置概念同其他概念之间的联系是什么？位置同距离、速度之间又分别存在着什么样的联系？经过周老师的上述点拨，我开始深入了解。

我们所学习的位置是坐标思想在小学的渗透。战国时代的石申所著的《石氏星经》详细记录了恒星的位置，其背后蕴含了坐标系统的思想。也就是说，我国很早便已孕育了坐标思想的雏形，真是了不起！再看国外的情况，1637年，笛卡尔出版了《方法论》，其中的附录《几何学》里阐述了平面坐标方法以及变量思想，这是首次比较系统地描述坐标。笛卡尔想到坐标方法的过程还有一个小故事呢！据说当时，他正为怎样把图形上的点和方程中的每组数联系起来而发愁，突然看到一只蜘蛛拉着丝垂下来，它竖着拉了几根丝，接着又左右拉丝，蜘蛛的动作引起了笛卡尔的思考，如果把蜘蛛看成点，拉的丝看成横向的轴线和纵向的轴线，这样，平面上的每一个点都可以用轴上的两个数来表示，于是产生了坐标的雏形。而同时期的费马，从不同方向、不同角度进一步完善了坐标方法，也沟通了代数与几何之间的联系，他们的研究让坐标方法的思想更加的完善。

以人教版为例，坐标法的思想在小学阶段的渗透主要体现为四个阶段的学习，第一阶段是一年级学习上下、前后、左右、在第几个等内容，学习只用一个要素来描述位置；第二阶段是三年级《位置与方向（一）》单元，认识东西南北，同时用方向和距离两个要素描述位置；第三阶段是五年级学习用数对描述位置，亦即用行和列两个要素来描述位置；第四阶段是六年级《位置与方向（二）》单元的用方向、角度、距离三个要素来描述位置，要素不断增加，精确度也不断提高。而到了中学则更深入研究坐标中线与线的位置、圆和直线的位置，并要能用方程来进行计算表达。但是所有的这些只是数学上的坐标，与地理中的三维坐标又不同。数学中的平面坐标把球面简化成平面，那么如果是一架飞行中的飞机又该怎么样确定位置呢？这时候就涉及三维空间思想，需要用经纬度和高度来描述了。

（福州市高新区第二中心小学　陈爱钦）

二、教学设计的流程

（一）教材解读

1. 学生经验、教材、课程与学生生活的关系

通常教师面对教材，认为这是其教学的根本，因此，"生活就是拿来教教材的"。实际上，我们的"行心创"生活课堂是从学生经验出发，通过解读教材，用教材教生活。那么，教材如何能教生活呢？"行心创"生活课堂的方式要求教师以课程为主要依据来解读教材，从教材中析出课程的概念、原理、价值观、目标等，然后用概念、原理形成技术，用价值观去共情和联结，用目标去制订计划并执行，最后就能教学生生活，培养学生未来的生活力、生活关系和生活方式，如图 6-1 所示。

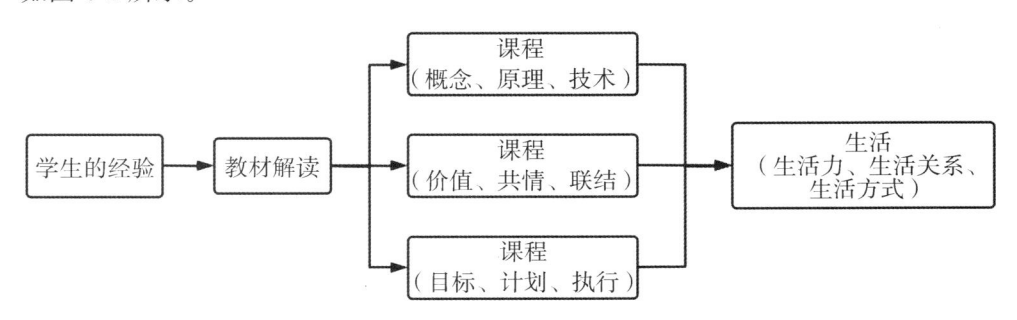

图 6-1　学生经验、教材、课程与学生生活的关系

2. 学生经验与教材的关系

一般来说，学生是先有一些经验（或多或少），然后来学教材的，教师利用教材，将学生的心智提升到课程所要求的高度。

"行心创"生活课堂要以单元为单位进行教学，而课时教学容易出现单一课时，要么教经验，要么教概念，要么教原理，要么教技术，要么教价值观，等等。

课时教学是实现单元教学和跨单元教学的一种方式。但实际上，它作为一种教学模式，最大的优势或者最容易借鉴的教学逻辑与原理，就是将任何教学内容的内核都理解为要么教概念或原理，要么教技术和方法，要么教价值观和情感。如果是前两者，主要就是教生活力，如果还涉及教价值观和情感，那么就是教生活关系。因此，我们面对所要教学的内容，首先就要判断主要是教什么。

对于要教什么，本质上应该先完成教材向生活的解读过程。教材是已经成形的、成果化的，或者说是作品化的认知。因此我们需要根据认知原理，从作品推到技术、原理、概念以及学生的经验，让教材的文本变成学生可以接受的生活经验，然后才能从生活经验出发，来教学生如何建构概念、原理、技术和作品。也就是如图 6-2 所示，它表达了"行—心—创"的三个世界，行是经验世界，心是精神世界，创是人造世界。当我们面对教材的时候，教材是人造世界，教师对教材的解构，即"创—心—行"。教师要将教材这个人造的世界转化为精神世界，转化为知、情、意的三个过程，即认知过程、情感过程和意志过程，最后转化为教学活动。然后教师再以教学活动为起点，开展"行—心—创"的教学，而学生对教材的建构，即"行—心—创"。

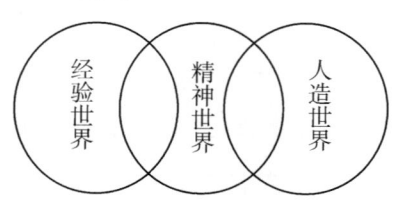

图 6-2　三个世界

如果是传统课堂，教师会把文本所创的那个世界直接告诉学生，而不是引导学生经过"行心创"的过程去获得。然而，我们倡导的"行心创"生活课堂希望教学是教学生做，从行开始，从学生的经验、问题、体验、感悟和需求出发，进入文本，进入概念、价值和目标，进入原理、共情和计划，进入技术、联结和执行，最后能创作、应用，构建生活关系并形成良好的生活习惯。

"行心创"生活课堂的三个世界又可以分为两个世界：一个是客观世界，另一个是主观世界。客观世界是"行"和"创"，是经验世界和人造世界；主观世界是精神世界，是理念世界。

在教学中，客观世界是通过"劳力"过程完成，主观世界是通过"劳心"过程完成。所以在教学设计的时候，我们也会将"劳力"过程和"劳心"过程分开设计（参考第七章的教学设计），从而凸显这两个过程的区别。此外，在主观世界方面，我们强调要构建每个学生的心理图式。

心理图式和知识体系的区别是，知识体系是学科中比较明确的、有共同标准的部分，正如每个学科、每个单元，往往会有一个知识体系图。但心理图式指的是学生对这个知识体系有批注、有关联，是在其课堂和课外学习、练习以及实践中不断丰富发展的部分。可以说心理图式不仅仅有知识体系，还有当时学习知识体系的感受，有其他观点，有对这个知识体系的掌握程度，也有学生对某个知识点，对未来进一步学习计划安排、执行情况的批注。

以读《丑小鸭》为例，这里有两个概念：一是丑小鸭本身的形象概念，其核心概念是"丑"，因为这个"丑"而有了这个故事。二是语文教学中的语文要素概念（此处不展开讨论）。

图 6-3 是丑小鸭思维导图，其展开的过程就是与经验相联系的过程，这个过程可以在图中进行批注和联想。

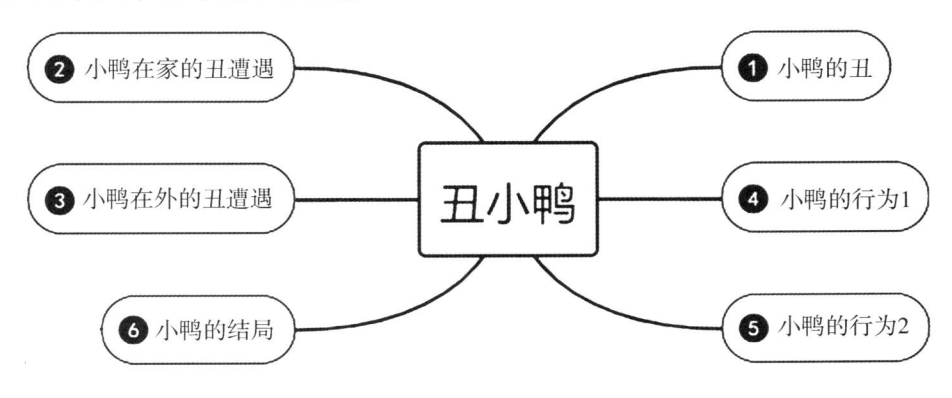

```
❷ 小鸭在家的丑遭遇              ❶ 小鸭的丑
❸ 小鸭在外的丑遭遇    丑小鸭    ❹ 小鸭的行为1
❻ 小鸭的结局                    ❺ 小鸭的行为2
```

图 6-3　丑小鸭思维导图

(二) 问题准备

面对一堂课，"行心创"生活课堂要求教师要做一个研究者，要从提问出发，搜索资料，研究概念、原理、技术，并形成最后的应用（作品、产品）。以小学数学"确定位置"这节课为例，主要应围绕"行知创"生活课堂的内容进行提问。这些问题并非要学生去回答，而是教师自己要先懂。

1. 经验环节的问题

学生在日常生活中有哪些需要确定位置的情况？

日常生活、生产、生存中有哪些需要确定位置的情况？

小学数学"确定位置"是属于哪种情况？

2. 概念环节的问题

什么是位置？位置这个概念的相近概念是什么，相关概念是什么？

距离、方向和速度等与位置的关系是怎样的？

涉及确定位置的平面坐标系是怎么来的？

确定位置的相关知识在小学、初中、高中都有哪些呈现？

3. 原理环节的问题

确定位置的原理是什么？上述确定位置的相关概念构成什么关系？

4. 技术环节的问题

这节课学生要确定位置，其解决问题的流程是什么？

5. 应用环节的问题

在实际做题和应用中，学生确定位置时容易出现什么问题？

在教师仔细阅读书籍及相关材料的过程中，他们还能发现更多的疑问。问题是教师备课的抓手，教师抓住问题，循序渐进地沿着五个环节逐渐深入，深度备课就变得既有序又高效。

(三) 以"事"为中心

生活是由一件件事情组成的。"行心创"生活课堂将学科知识还原为它本来的面目——事，这样才有客观世界的"劳力"，而不仅是教师和学生看到的呈现在教材、教参和课标上的知识。教师备课的时候，要不断反问自己，这个知识、概念的本质是什么？这篇课文要让学生形成什么样的价值观？为什么要提出这个概念？为什么要学这个知识？这个知识和概念的原理是什么？为什么要澄清这种价值观，要接受这种价值观，要形成这种新关系？在反思完上述问题的基础上，才能回到经验的层面。可以说，设计事情，能让课堂有其生活和实践的一面。

1. 设计"事"的案例——如何写对话？

下面以人教版小学语文六年级（上册）《我的伯父鲁迅先生》为例，设计"如何写对话"这件事。

《我的伯父鲁迅先生》的对话教学设计（简版）

一、概念阶段

【师】问题一：从上述文本的对话中你发现了什么？

【生】我发现对话中的标点符号很丰富，有句号、问号、冒号和逗号等。

【师】还发现了什么？

【生】我还发现"对他说："之后就是说话的内容。

【师】（老师引导学生）这个放在引号前面的是什么？

【生】是提示语。对话的内容往往有引号，有的对话的内容在前面，提示语在后面，例如："'哪一点不像呢？'伯父转过头来，微笑着问我。他嚼着东西，嘴唇上的胡子跟着一动一动的。"

【生】有的提示语在中间，例如："'你不知道，'伯父摸了摸自己的鼻子，笑着说，'我小的时候，鼻子跟你爸爸的一样，也是又高又直的。'"

二、原理阶段

【师】研究对话。

【生】形成五个要点：1. 对话的情境语；2. 对话的内容；3. 对话的提示语；4. 对话的标点符号变化；5. 对话要分段。

【师】引导学生将文章中对应原理的地方找出来。

三、技术阶段

教师在此阶段形成规律和技术点，写对话有五个要点：1. 对话的情境语；2. 对话的内容；3. 对话的提示语；4. 对话的标点符号变化；5. 对话要分段。不同对话往往有3～5个要点。

> 反复进行训练。
>
> 训练一：找到已学过的课文，找到对话部分，研究每条对话是否符合上述规律。
>
> 训练二：听写一段对话，能够正确使用标点符号。
>
> 训练三：听一段对话，能够赋予对话的情境，丰富对话的提示语。
>
> 四、应用阶段
>
> 应用学习。
>
> 训练四：自己设计一个情境，并设计对话内容。
>
> 训练五：根据原理和技术对某篇课文的某部分对话进行创新改造。

整个学习过程经历了从经验到概念，从概念到原理，从原理到技术，从技术到应用。首先从对话的经验出发，让学生观察、发现对话，从中找到相关概念，如对话涉及的提示语、情境语、对话语、标点符号、分段等概念。然后再引导学生了解这些概念的作用，上升到原理层面去研究对话，例如为什么对话要变化提示语？为什么要有标点符号的变化，如果不变化会怎样？最后形成技术点，反复训练。反复训练可以形成比较高质量的作品。这样的话，就经过了从行到知，再从知到创的过程。整个过程体现了对语言及语用的探索、研究和实践，是"做中学"，亦是培养学生概念、原理、技术和应用的非常好的过程。

2. 不同学科研究的事和生活力点

不同学科都有要研究的概念，而那也是教学的关键点，见表6-1。

表6-1 不同学科研究的事和生活力点

类型	学科	研究的事（例举）
语言类学科	语文	研究写景（事），形成写景要点——写景的能力
		研究写人（事），形成写人要点——写人的能力
		研究写物（事），形成写物要点——写物的能力
		研究阅读（事），形成阅读的技术点——阅读的能力
		研究议论文（事），形成议论文写作技术点——写议论文的能力
		研究诗歌、小说、戏剧等等（事）——鉴赏诗歌、小说、戏剧的能力

续表

类型	学科	研究的事（例举）
	英语	以句子为单位，这个句子在什么场景可以用？如何进行演变、造句？在什么场景下可以想起来？场景有生活场景、考试场景、交流场景等等。学语言的方式，不是学知识的方式。学语言就是能力学习、应用学习，应用学习就要掌握技术点，即能够创新，根据场景进行创新。
艺术类学科	音乐	研究音符、音高、节奏、作曲、合唱……
	美术	研究线条、构图、色彩、造型、图形组合……
	书法	研究笔法、字法、结体、墨法和章法；研究王体、颜体、柳体；研究五体……
科学类学科	数学	研究圆、分数、长度、数字……
	地理	实验观测类——以"杆影实验法测校园地理坐标"为例 参观类——以参观气象站为例 构建地理探索协会 地理趣味游戏类——以"校园中的地理"为例 身边有用的地理 世界气象日、环境日，校园周边地理环境、时间 校园的建筑地质勘探 校园周边的地理考察活动，考察诸如地形、土壤、气候、民情风俗、历史沿革等 景区考察活动
	生物	生物实践能力 校园生物、群落、常见动物……
	物理	研究重力、摩擦力、弹力、压力、电磁力；研究各种运动；研究各种物理情境…… 物理实验情境。生活中的物理，测量物重的器材制作，如"制作并使用橡皮筋测重计测量物理课本的物重"。

一切以研究为基础，培养学生的概念、原理、技术、应用。通过"行知创"，从经验到概念、概念到原理等等的深度学习过程，以提升学生的生活力。

总体上，每个学科都有值得研究的概念。作为教师，要不断提升自己的思维层次，从经验思维到概念思维，乃至原理思维。只有教师自己的思维能力提升了，擅长思考了，才能在课上游刃有余、举重若轻，实现教学的一通百通。但思维的升级，首先也需要教师自己在学科领域、教育教学等方面的研究能够达到专家的水平。要达到专家的水平，就必须多阅读参考文献，对学科某个概念进行大量反复研究。比如，教学写景，教师就要研究写景的学问，不能只满足教材和课标的通识要求。这样做的目的不是要把课堂变复杂，而是只有教师自身的思维提升了，才能构建出条理清晰、逻辑层次分明、内涵丰富且简洁高效的课堂来。

（四）生活力、生活关系或生活方式设计

根据学科课程需要研究的内容，确定一堂课要培植的生活力、生活关系或生活方式（具体与普遍的）—分解该生活力、生活关系或生活方式—确定它们可以由哪些事情设计完成，下面仅以生活力为设计案例进行介绍。

首先，根据学科课程确定一堂课要培植的生活力（具体与普遍的）。以小学数学《角的度量》为例，这节课学生应该掌握的具体生活力是运用量角器进行量角，但是书本上的量角是在图上进行的，现实中各种角度怎么测量？要用量角器进行量角就必须认识量角器，并总结量角的方法。这涉及的具体能力是量角的能力，涉及的普遍素养是对量角器和角的观察力，以及根据量角的经验总结量角规律的学习力。可以通过寻找测量工具，对现实的角进行测量，从而培养学生的创造力。

其次，分解该生活力。量角的能力由观察量角器和角、读角度数、记录角度数等组成。量角器的测量方法由搜集测量程序的各个环节，排序测量环节，验证测量等组成。

最后，确定该生活力由哪些事情完成。根据生活力分解的情况，可以设置以下事情供学生开展"做中学"。在实施前，教师应该自己先做一遍，以便了解整个"做"的真实过程和可能出现的情况。主要做的事情是：（1）观察量角器，从无序观察到有序观察，写出观察结论；（2）观察角，区分角是钝角还是锐角；（3）量角、读数并记录，从无序量角到有序量角；（4）总结量角方法；（5）量角练习；（6）生活中各种角的测量实验和探索。

（五）设计教学实施过程

仍以该课为例，当事情设计完成，教师主要组织学生"做中学"，在"做"的过程中可以协同学习、交流和讨论。

第一个环节，初行的问题阶段。该阶段主要是通过体验发现困难、发现问题，从而培养学生在事情中的发现能力、观察能力、洞察能力。比如，教师呈现若干个角让学生观察，并要求学生说出其度数，同时又呈现生活中的一些角让学生测量。

第二个环节，从行到知的概念阶段。这是教学的核心阶段，可以将以下事情逐步做一遍。（1）观察量角器，从无序观察到有序观察，写出观察结论；（2）观察角，区分角是钝角还是锐角；（3）量角、读数并记录，其中，量角要从无序量角到有序量角。

第三个环节，知的原理阶段。这个阶段要做的是总结量角原理，思考量角涉及的几个相关概念的关系，培养学生的原理思考能力。

第四个环节，从知到创的技术阶段。主要是对量角方法的总结。

第五个环节，创的应用阶段。这个阶段主要培养学生的应用力，让学生通过量角的练习，获得具体的量角的能力和应用力的素养。但是，这种量角能力离生活力还差一点。因此，量角的教学还要与实际生活相联系，如测量教室内或家里一些带有角的物品，让学生产生创造新价值的行为冲动，即有迫切将学科学习应用于产生生活新价值的渴望。由此，学科学习才能变为一种生活教育，学生的生活力才能算是得到培养。

三、教学设计的模板

在完成初步的教学流程设计后，就可以借助教学设计模板开展整体设计了。在这个阶段，需要考虑教学目标的确定、教学内容的选择和组织、教学资源的整合和利用、教学策略的制定和实施以及教学评价的设计和实施等方面。

在确定教学目标时，需要根据课程大纲和教材内容，结合学生实际的学习情况，制定出具体、可操作、可检测的课标要求的目标和生活力、生活关系或生活方式的目标。在选择和组织教学内容时，需要结合教材内容和学生实际需求，考虑内容的难易程度、实用性、趣味性等因素，力求让学生在轻松愉悦的氛围中掌握必备的知识和技能。在整合和利用教学资源时，需要考虑教材、参考书、网络资源等多种渠道，结合实际教学需要，筛选出适合的教学资源，并加以整合和利用，以丰富教学内容和形式。在制定和实施教学策略时，需要考虑学生的认知水平和个性特点，采用多种教学方法和手段，如讲解、演示、互动、探究等，以激发学生的学习兴趣和主动性，促进学生学习效果的提升。

通过对以上各个环节的设计和实施，可以形成相对完整的教学设计过程，为后续的教学工作打下坚实的基础，具体见表 6-2。

表 6-2 教学设计模板

课题		
案例信息	版本、年级、执教者或设计者姓名	
教材分析		
学情分析		
教学目标	基础目标	（新课标基本目标）
	生活力目标/生活关系目标/生活方式目标	
教学重难点	重点	
	难点	
预习设计		
教学准备		

续表

教学过程	深度学习/协同学习/项目学习		时间
	劳力过程（活动过程）	劳心过程（心理图式）	
问题/情绪/需求阶段			
概念/价值/目标阶段			
原理/共情/计划阶段			
技术/联结/执行阶段			
作品/关系/习惯阶段			
作业	基础性作业	课标要求的作业	
	实践性作业	培养生活力/生活关系/生活方式	

这个教学设计模板是"行知创""行情创""行意创"合一的模板,但也仅供参考。其中,要特别强调的是其加入了"心理图式"这个概念,包含知、情、意三种图式,在实际使用时可以简化。

四、导做案的理念及其设计

导做案所强调的学习内容指向培养学生的生活力和生活关系等,通过整合学习内容,打通教育教学的各个环节、各个生活领域,以增强学习前的行动体验、学习过程中的求知欲、学习后的检验及创新意识。它是以"做"为中心,以问题为导向,以任务为驱动,以生活为领域,以提高学生核心素养(核心生活力等)为目的,以导做案为抓手的教学改革。

(一)教案、导学案和导做案的比较

目前大家熟知的是教案、导学案,这是以"教"为中心和以"学"为中心的产物,如今"行心创"生活教育是以"做"为中心,故而是导做案。那么三者有什么差别,其具体比较见表6-3。

表6-3 教案、导学案和导做案的比较

相关要素	教案	导学案	导做案
目标	培养学生的知识和能力,提高考试成绩(短效)	培养学生的学习能力,提高教学质量(中效)	培养学生的生活力、生活关系和生活方式,提高教育质量(长效)
内容	以教材为中心的教案	以课程标准为中心的导学案	以生活实践中的核心素养为中心的导做案
方法	围绕考试大纲讲教材	用生活讲教材,围绕课程标准	用教材讲生活,围绕学生生活实践核心素养
理论基础	国家教育政策	以学生为中心的各种教育理论	生活教育理论和"行心创"生活教育理论
组织形式	班级授课	班级小组合作或学习共同体	班级中的生活共同体

这里需要补充一下,"导"是"做"的一种,具有"做"的特征和层次,因此需要仔细地研究。导做案不仅仅是"案"的问题,还有具体教学的"导"的问题。所以"导"是一种非常重要的教师行为,这种行为的预设就主要呈现在导做案中。"导"是一种引导、串联、反刍、归纳,发生在各个"做"的中间环节。一个教学过程,需要不断通过"导"来串联各个环节,各个环节之间需要开始和结束,需要互相的呼应,所以就有引导、串联、反刍、归纳等反映"导"的行为。"导"的核心原则是深化整个"行心创"过程,相当于一个会议需要主持人来主持及引导整个会议的进程。同样,学生在课堂的学习过程中,也需要这样的主持来促进整个进程的不断深入推进。"导"遵循激发自主自觉原则,"导"不能成为外在的压力、外在的逼迫、外在的胁迫,"导"要能激发内在的主体的自觉自动。

(二)"导做案"的具体设计要求

各校根据实际选择学科,遴选教师进行课程整合,以促进导做案开发。

1. 整合的要求

将每个学科进行整合变成大课,以促进"行心创"大环节的进行,不必要的教材内容可以少上,教材作为例子,关键是瞄准学生生活力、生活关系和生活方式的提升。

2. 编写导做案

导做案需制定明确的编写思想和编写标准。不仅是"教"的方面体现"做中教",还包括"学"的方面体现"做中学"。导做案"学"的模式也是基于"行心创",只不过学生的"学"的模式是六个环节:计划和预习—课堂求知—复习—作业—错题管理—考试管理。就学生的"学"而言,深刻地研究计划、预习、上课、复习、作业、错题管理、考试等各个环节中的"做",以提升学生"做"的能力。以计划为例,计划如何提升觉察力、学习力、框架力、执行力和创造力,尤其在觉察力方面存在许多问题,很多学生要么学习没有计划,要么计划过多而完成不了,要么不相信计划等。执行力方面也有着巨大挑战,做了计划能不能执行,如何做计划能提高执行效率和质量,都是值得学生思考和实践的。事实上,优秀的学生大都具有良好的计划能力和执行能力。

第二节 "行心创"生活课堂的单元教学设计

由于单元设计中包含课时设计,所以这里就不再单独对课时设计进行讲解,但后面的案例大多数是课时设计的案例,这是因为课时设计更好操作,也更易实践。

一、"行心创"生活课堂单元教学的内涵

单元教学,就是根据现行教材的单元内容进行教学安排。当前人教版的教材,例如语文教材,其每个单元都安排了相应的主题,这些主题又构成了生活的大主题,最终达到培养人的目标。在这里,我们将举一些案例来说明单元教学。"行心创"生活课堂主要就是按照单元教学来进行的,这样有三个好处:一是可以统筹课时,避免教师在应用这种方式时受以往教学方式的干扰;二是有一个相对宏观的思维来看待每堂课要教学的内容,可以整体设计每个单元的心理图式,更好地落实单元目标;三是可以从更高维度,如年段、学段、学期来考量这个单元的教学目标,这样教师能够对整个学科知识体系有一个相对全面且自由的建构。

二、"行心创"生活课堂单元教学设计的要点

单元教学始于单元备课,然后进行单元教学设计。单元备课要把握以下设计的要点。

一是这个单元要培养的核心生活方式。核心生活方式是指在学生的日常生活中具有普适性和实用性的关键技能、价值观或行为准则。在单元教学设计中,需要明确所要培养的核心生活方式是什么,其中包括生活力和生活关系,比如沟通技巧、自律能力、人与自然和谐相处或环保的生活方式等。这一点是为了确保教学内容的针对性和实用性。

二是核心生活方式需达到的程度。确定学生需要达到的核心生活方式的要

求、水平非常重要。这包括核心生活方式所涉及的生活力和生活关系,其中,生活力涉及相关的概念、原理,生活关系涉及相关的价值观等方面。通过明确要求、水平,可以更好地组织教学活动和评估学生的学习成果。通常一个单元必然会有知识、技能的生活力的部分,也往往会涉及情感态度和价值观的生活关系部分,在核心生活方式的把握上,要统筹好这两者。

三是年级与单元间的联系。单元教学设计应该与年级整体课程框架相结合,这意味着要考虑单元教学与年级教学目标的一致性和连贯性,确保单元内容与整体课程目标相符合,并在课程中的位置和顺序安排得当,以便学生能够巩固和逐步扩展所学到的核心生活方式。

四是单元课时如何分配。合理安排单元的时间是单元教学设计的关键。不同单元的重要性和难易程度可能不同,需要根据实际情况进行灵活的课时安排,其中需要考虑教学活动的数量、深度和复杂度,以及学生的学习节奏和能力。

五是避免机械式、标签式地贴概念。在设计单元教学时,不能仅仅机械地将标签式概念贴在教学内容上,要注重培养学生的思维能力、解决问题的能力和创新意识,要帮助学生理解核心生活方式的实质和应用,要善于将教材和课程的内容转化为生活力和生活关系,转化为它们的子概念,而不是仅仅传授知识点。以语文为例,这个问题也可以理解为"如何运用语文要素来掌握核心生活方式"。核心生活方式与语文要素之间存在内在联系,在单元教学设计中,需要明确如何运用语文教学资源和方法来培养核心生活方式。例如,通过选取与核心生活方式相关的文本材料进行阅读和理解训练,同时注重写作训练,以提高学生的表达和沟通能力。

六是课后练习如何落实核心生活方式的培养。单元教学设计不仅要关注课堂教学,还包括课后练习的设计。在课后练习中,需要设计针对性的问题和情境,让学生应用所学的核心生活方式进行实际操作和思考。同时,在评价和反馈机制上做好规划,帮助学生巩固和改进自己的学习成果。

三、"行心创"生活课堂单元教学设计的例举

案例1:人教版小学语文一年级下册第三单元

案例1是语文主题概念教学的案例,也是涉及生活关系的教学案例。我们以小学语文一年级下册第三单元为例进行介绍。根据课标,该单元的人文主题是

"伙伴"，语文要素有三个："联系上下文理解词语""朗读""学会查字典"。

问题1：这个单元要培养的核心生活方式

这个单元要培养一年级儿童能够有相应程度的伙伴力和伙伴关系。学会与同龄人相处，能够感受伙伴带来的一些相应的情感，如孤单、快乐等，能够了解伙伴间常见的行为，如陪伴（跟随）、互助、争吵、游戏等，能够自主建构健康的伙伴关系。

问题2：核心生活方式需达到的程度

这需要教师备学情，能够将1~6年级儿童的伙伴关系、伙伴力进行分层级，从而确定一年级儿童的伙伴力和伙伴关系的发展程度。可见，作为一线教师要有系统整体思维。

问题3：年级与单元间的联系

要解决问题2，就需要进一步探索问题3，教师只有确定了年级与单元间的联系，才能确定该年级和单元的核心生活方式的培养程度，才能更好地回答不同年级的儿童伙伴力和伙伴关系的发展程度。

问题4：单元课时如何分配

生活方式的建构和习得是在整个单元中进行的。

【第1课时】让儿童回忆生活中的伙伴关系，通过讲经验或角色扮演，对"伙伴"这个概念要有一定的经验分享。

【第2课时】开展相应的单元文章——《小公鸡和小鸭子》学习，建构如下核心生活方式图：

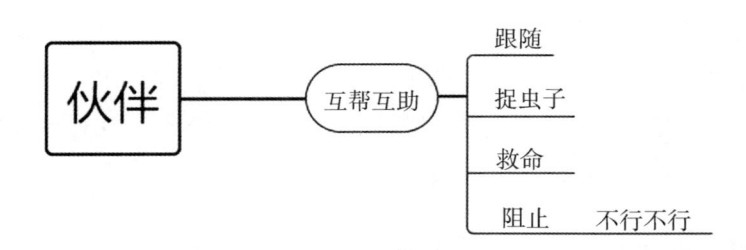

图6-4 《小公鸡和小鸭子》的核心生活方式图

【第3课时】学习《树和喜鹊》，进一步完善生活方式图（图6-5）。

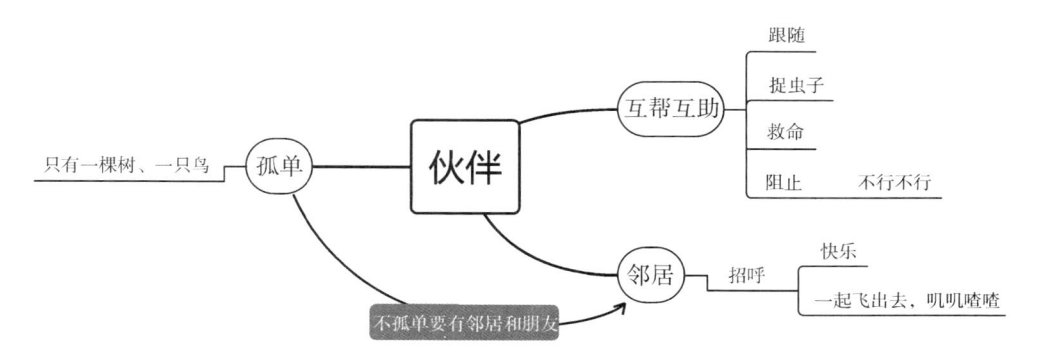

图6-5 《小公鸡和小鸭子》与《树和喜鹊》的生活方式图

【第4～5课时】学习其他课文，进一步完善生活方式图（图6-6）。

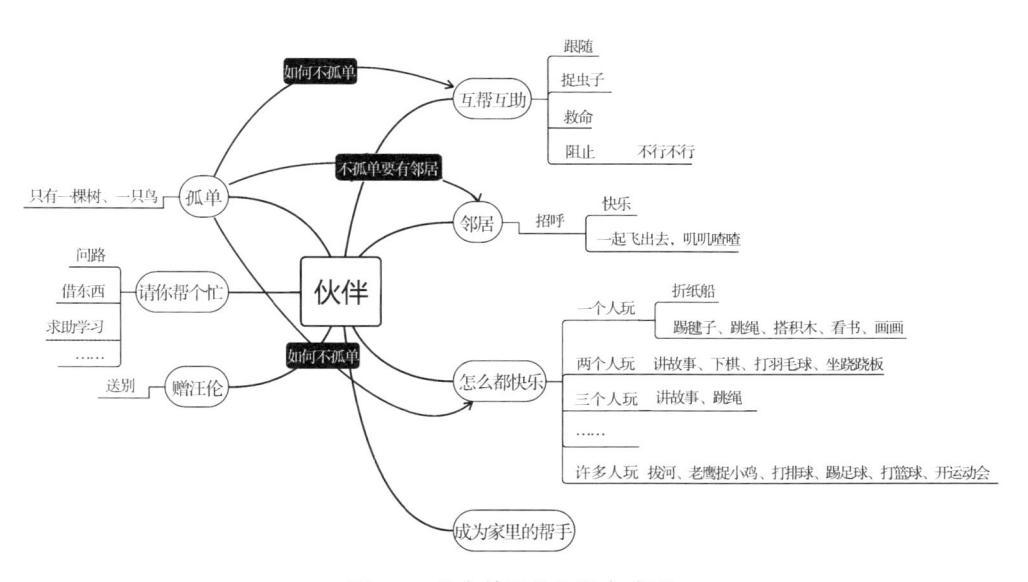

图6-6 整个单元的生活方式图

【第6～7课时】在这部分课时中进行综合性学习，通过进一步"联系上下文理解词语""朗读""学会查字典"等的学习和复习，深化对"伙伴"这种生活方式的生活力和生活关系的建构。具体来说，在后面几个课时中，我们都可以建构如图6-6的生活方式图，如此以完成整个单元的生活方式的分配。其中可以拆解出互帮互助的生活力、请你帮个忙的能力、不孤单的能力、快乐的能力，而伙伴关系涉及邻居关系、朋友关系（《赠汪伦》）等。

"行心创"生活课堂的备课是从宏观角度入手，思考语文要素、学科素养如何实现生活方式的改变。然而目前的课堂教学直接落实学科素养，侧重点成了训练语文要素，语文要素是目标，在这样的目标下人消失了，生活消失了，生命的意义和质量也随之消失了。

问题5：避免机械式、标签式地贴概念

现在人们给各个教材贴了很多概念，但这些概念与学生的生活感受、经验能发生联系吗？学生读到课文相关处能感受到这些概念吗？这就需要对语文素养进行训练了。

案例2：高中物理鲁科版必修第一册第1章——《运动的描述》

这个案例将单元教学和课时教学相结合，两种教学都采用了"行知创"流程。

首先是单元教学总体上运用了"行知创"生活课堂的流程进行设计，可以分9节。

【第1节】问题——通读全章，认识生活中的各种运动，探索用什么来描述这些运动，逐步引出空间、时间、速度、加速度、位移、质点等概念。

【第2~4节】概念——学习位移、质点、速度和加速度四个核心概念。

【第5节】原理——深入理解运动的描述，画出思维导图。

【第6节】技术——研究习题并完善思维导图，深入理解运动的本质，体会描述物理世界的方法和思想，掌握解题技巧。

【第7~9节】应用——研究这章有关生活运动的挑战性难题，加强技术的生活应用，开展单元复习和测试。

其次是课时教学对"行知创"环节的运用。单元中涉及某个概念的教学，如位移、质点、速度和加速度四个核心概念，其中每个概念的学习也可以按照"行知创"五个环节进行。以"速度"为例，深入掌握"速度"这个概念，可按照以下环节进行。

经验（问题）：从空间到位移，从现实大物体到质点，其中的问题是"运动为何可以抽象成质点？"

概念：位移、质点和时间。

原理：位移/时间。

技术：测量速度。

应用：打点计时器、测速仪、汽车测速、高速路测速等。

以上就是大环节"行知创"套着小环节"行知创"的应用流程，即经验（问题）—概念—原理—技术—应用。

案例3：人教版初中化学九年级（上册）第二单元——《空气和氧气》

单元的框架

第二单元　空气和氧气

　　课题1　我们周围的空气

　　课题2　氧气

　　课题3　制取氧气

　　实验活动1　氧气的实验室制取与性质

总体设计的框架

（1）宏观辨识与微观探析。问题阶段：第1节，运用经验与猜想，探究空气的组成。

（2）变化观念与平衡思想。概念阶段：第2～3节，运用实践（实验等）的方式学习氧气、氮气、稀有气体等新概念。

（3）证据推理与模型认知。原理阶段：第4节，画空气成分图、章节思维导图，学习空气的构成原理。

（4）科学探究。技术阶段：第5节，学习制取氧气、氮气、稀有气体等技术，完善章节思维导图；第6节，完成章节练习，完善章节思维导图。

（5）创新意识。应用阶段：第7节，研究和探索空气成分相关知识在生活中的可能应用，完善章节思维导图。

具体的实践环节

第一阶段：问题环节，宏观辨识与微观探析——经验力

化学研究的大多是生活中的事物，尤其是在本单元的学习中，每个学生都有相应经验。

（经验，即经历和体验，重在感受，发现学习、实操中存在的困难或问题，以激发学生对学习内容和操作对象的兴趣。教师可以通过"六大解放"来激发学生的兴趣和探索问题的意识。经验力的核心在于产生问题。）

(1) 空气内有东西吗？

(2) 空气由什么构成？

(3) 它们的比例如何？

(4) 要知道这些，我们应该采取什么方法？

第二阶段：概念环节，变化观念与平衡思想——概念力

能够对问题提出假设，能够通过建构一个新概念（新主题）来解决问题。

（数学等学科，概念性非常强，主要是新概念；语文等学科，主题性非常强，主要是新观念或主题、观点等。）

(1) 如何从空气中引入新概念，如氧气、氮气、二氧化碳等？

(2) 正常的空气成分按体积分数计算是：氮气（N_2）约占78%，氧气（O_2）约占21%，稀有气体（氦He、氖Ne、氩Ar、氪Kr、氙Xe、氡Rn）约占0.94%，二氧化碳（CO_2）约占0.03%，其他气体和杂质约占0.03%。（这是学科概念。日常生活概念到学科概念的建立，在这里得到很好的体现。空气是有成分的，成分是有比例的。）

第三阶段：原理环节，证据推理与模型认知——原理力

能够将新概念与已有知识或相关学科进行联系，发现学科本质、原理，形成"知"的框架。

（"知"的框架是思维导图，从"行"到"知"，这个"知"是学科的"知"，也是知识结构。）

(1) 空气的组成为什么大致是上述比例，这背后的原理是什么？

(2) 了解空气成分的变化、原始大气和目前大气的差别、不同维度的大气比例的差别，体会空气概念的可变化性，对空气的原理有更深刻的认识。

第四阶段：技术环节，科学探究——技术力

能够将原理转化为技术，发现解决问题的方法和步骤。

(1) 氧气如何制取、保存以及如何使用等？

(2) 氮气如何制取、保存以及如何使用等？

(3) 某种稀有气体如何制取、保存以及如何使用等？

（从"知"到"创"的过程，是一个不断纠错和重复的过程。一是形成从"知"到"创"的技术。二是不断重复练习或者换角度练习。三是练习过程的反馈。）

（4）如何不断重复练习，这需要课后的作业来保障。与此同时，合理设计练习也是非常重要的。

（形成从"知"到"创"的技术路线，技术路线蕴含在知识结构中。）

第五阶段：应用环节，创新意识——作品力

（1）了解氧气、氮气、稀有气体、二氧化碳在日常生活中的应用。

（2）了解二氧化碳的比例变化对全球变暖的影响，了解废气对人体的危害等。

（能够跳出学科范畴进入生活，了解制取氧气的现实作用以及二氧化碳的比例变化对全球变暖的影响；通过拓展延伸，了解除学科世界之外的更广阔的生活世界，激发学生进一步学习的兴趣以及探索世界的欲望。）

在上述"行知创"生活课堂，除了必须学会制取氧气等具体的生活力外，还要养成一定的科学态度和社会责任，形成人与空气、全球环境等的良好关系，领悟并践行人类的道义和责任担当，这也体现"行心创"生活课堂的奥义，这里不再详细解析。

第三节　"行心创"生活课堂的大单元教学设计[①]

"行心创"生活课堂大单元教学设计是一种跨学段、跨单元的教学设计方法，强调以生活力、生活关系和生活方式为目标，统筹规划和组织教学活动。在这种教学设计中，教师将相关的知识、技能和情感目标整合在一起，构建一个贯穿学科或多单元的教学大单元。

这种教学设计方法的目标是培养学生的生活力，促进学生形成积极健康的生活关系，以及引导他们发展良好的生活方式。通过将学科不同单元领域的知识和内容有机地结合起来，教师可以帮助学生更好地理解和应用所学的知识，培养学生的综合能力和批判性思维。

在大单元教学设计中，教师需要统筹安排学科的教学内容，并设计相关的教

[①] 本节的实践和内容素材由福建省连城县第二中学黄玲妹老师提供。

学活动和任务，甚至要使学生能够跨学科学习和思考。教师可以通过情景模拟、项目制作、实地考察等方式，让学生在真实的生活场景中进行学习和实践，培养他们的创造力和解决问题的能力。同时，大单元教学设计也注重学生的参与和合作。教师可以组织学生进行小组合作、讨论和展示等活动，促进他们之间的互动和交流，培养他们的团队合作和沟通能力。下面以统编初中语文教材中的游记作品为例进行相关说明。游记是人们游览后记录旅途见闻、山川景物、风土人情、名胜古迹等的一种文体，以散文居多。游记中的游览应该是真实发生的，因此，记录想象或虚构的游览就没有列入游记作品的范畴。

一、"行心创"课堂开展大单元教学的优势

统编初中语文教材中的游记作品占有一定比例，年代跨度大且地域涉及广。游记作品内容与学生的生活有着密切的联系，文体特点鲜明，能够培养学生的语言运用能力。学生在学完一定数目的游记后，虽然知道游记怎么写，但可能并不愿意写，或者在情感上愿意写，但意志或能力上却不一定会写。"行心创"生活课堂因以生活为中心，用教材做工具，在"行心创"环节进行的同时融合知、情、意三个维度，因此能在游记大单元教学中彰显其独特的育人优势。

（一）有利于目标统整，使素养目标生活化

统编初中语文教材选编的游记，既是文学文本，又是文化文本，都是以人与自然的审美关系为基础，并以此为圆心，向民俗风情、社会生活、历史掌故、道德、哲学等方面延展，展现丰富的民族文化精神。[①] 鉴于游记的产生和发展过程，以及新课标凝练了以语言运用为基础，包含文化自信、思维能力、审美创造等方面的语文核心素养，确定出了"行心创"生活课堂模式下的游记大单元的具体素养目标，如表6-4所示。

---

① 人民教育出版社，课程教材研究所，中学语文课程教材研究开发中心. 义务教育教科书教师教学用书（语文八年级下册）[M]. 北京：人民教育出版社，2017：7.

表 6-4 "行心创"生活课堂游记大单元素养目标

		关键能力		正确价值观		必备品格
行	问题	了解游记的特点，理解游记的相关概念，找到待解决的问题。	情绪	通过游记阅读，激发对游记作品的喜爱之情。	需求	日常生活中，把"游"和"记"转化为一种心理需求。
心	概念原理技术	从游记阅读中明确游记所至、所见、所感三个基本要素的概念，探究其内在和外在的规律，熟知游记阅读和写作的方法，提高审美、创美能力。	价值共情联结	认同并接纳作者的情感，理解游记作品的价值，激活审美意识，激发对自然的热爱、向往和敬畏之情，增强对生命的尊重以及对传统文化和民族精神的自信，并主动分享。	目标计划执行	真实生活中，能根据不同目标，自主规划不同主题的游览计划（自然游、场馆游、文化游），制定科学的行程方案并执行。
创	应用	掌握写好游记的关键要素（多角度地观察、多样态地描写、多层次地抒情），灵活应用游记写作方法。	关系	重新审视真实游览经历的信息、审美、文化三个方面的价值，并愿意用不同方式分享游览的见闻和感受，与自然和文化形成新的体认关系。	习惯	多感官亲近自然，发现美的价值，养成用不同形式记录景和情的习惯。对游览后的物化成果，如游记、报告等，开展自评和他评，并能对作品进行修正与提升。

（二）有利于教材统整，使学习任务群课程化

统编教材中现有的游记内容非常广泛，既有以自然山水为题材的古代游记散文，又有自然景观和人文景观皆备的现代游记；有《三峡》《与朱元思书》这样的"早期形态"游记，又有形成序列的"江山多娇"游记单元。虽然游记所写的景物各有特点，写法也各具特色，但是游记在内容要素上是基本一致的。开展大单元教学，可以在"游踪、见闻、思想"大概念统领下，以学习任务群的方式纵向推进。语文教材中的游记作品可按内容划分为再现型、心态型、文化型,[①] 其中再现型是最常见的一种类型,以叙写游踪、描摹自然山水、记录风俗为主。再现型游记可以"寻访奇山异水、感悟哲理情思"为主题开展教学,涵盖了三峡、黄山、勃朗峰、各拉丹冬等名山大川,黄河、长江、富春江、杭州西湖等俊波秀水。心态型主要着眼于作者在游程中的所思所想,可以"理境之美"为主题开展教学,理解作者对不同的景、人、事的感悟和思考。文化型游记可按游记作者年代划分成古代游记散文、现代游记散文,还可包含中国传统民俗文化、建筑文化、历史文化等。此外,鉴于游记存在游览点这一要素,大单元教学也可按照地域和季节进行整合,提炼出如"江南风情""雪域风情"等任务群来开展教学,使游记教学课程化。

(三)有利于任务驱动,使学科学习情境化

新课标强调语文课程实施要创设真实而富有意义的学习情境,设计富有挑战性的学习任务,这是核心素养的组织形式和重要载体。大单元教学有足够的时间和空间,能创设融合日常生活、文学体验、跨学科学习三类语言文字运用的真实情境,解决现实生活中的真实问题,或者将生活中的真实问题转化为语文学科的问题,从而避免知识与生活割裂的现象。"游记"是先游后记,大单元教学可围绕"游"和"记"这两个精神生活和文学体验的维度创设情境,面向学生全体设计大任务,使学科学习情境化。古代游记散文阅读可创设的问题情境,如"你作为游览者,你最愿意跟随哪位古人的足迹去游览,为什么?"现代游记散文阅读可创设的问题情境,如"你作为导游,你最愿意带团到哪个地方?你会设计怎样的游览路线?你会用怎样的导游词来吸引游客?"或"你作为旅游宣传大使,你会拟用怎样的形式、选择怎样的语言来宣传当地的风景、民情、历史文化?"这些情境创设和任务设计,既包含理解文意、感受山川风物特点、体会作者寄寓的情怀等学习目标,又是以生活体验为主线的情境任务,因此能更好地贯彻"教学评一致性"要求,在生活情境中培养学生的想象能力、分析能力和思辨能力。

(四)有利于素养落实,使生活改造深层化

"行心创"生活课堂的游记大单元教学的目标聚焦于核心素养的三个维度,

---

① 人民教育出版社,课程教材研究所,中学语文课程教材研究开发中心. 义务教育教科书教师教学用书(语文八年级下册)[M]. 北京:人民教育出版社,2017:7.

融合了新版课标的学科四个核心素养，遵循学生的认知规律和学科的特点，贯穿"行心创"的三个阶段。操作路径都是从实际生活出发，通过教材这个媒介，以主题为引领开展语言实践活动，感知特点各异的景观，感悟丰富的文化内涵，培养关键能力，激发正确的情感态度，最后再回到生活以检验品格的形成程度。

核心素养的三个维度在"行心创"三个阶段中是循序渐进、逐层深入的。在认知维度上，从了解游记是什么出发，理解其特点和包含的要素，到探究要素背后的原理，明白处理好景物和情感的关系是写作迁移应用的关键，也是掌握游记阅读和写作的关键。在情感维度上，对游记这一事物从"游"的表层喜欢，到心理的价值认同、接纳，逐渐激活审美意识，增强文化自信，引发对游览的价值审视，帮助学生树立正确的价值观，构建与自然良好的审美关系。在意志维度上，把"游"和"记"转化为一种有需求的感官行动，游览中以身体之、以心悟之，养成发现美、寻找美的习惯，游览后能用语言文字或其他形式表现美，创造出有知识性和趣味性的作品，从而获得丰富的审美体验。游记学习，促使学生在真实的生活中，通过某些自觉的行动拥有美，影响学生的生活力（关键能力），深层地改造学生的生活关系（核心价值观），并最终沉淀为生活方式（必备品格），真正落实核心素养，也落实生活实践素养。

二、"行心创"生活课堂开展大单元教学的整体设计

（一）游记作品统整

在统编初中语文教材中，游记作品占有一定的分量，共有六篇中国古代游记、三篇中国当代游记和一篇外国游记，积累与拓展部分推荐九篇课外游记。统编初中语文四册教材都有涉及游记作品，其中八年级下册第五单元为现代游记专题单元。

这些游记就单元主题而言，有体现自然之美的"山川美景""江山多娇"，也有体现志趣之美的"怡情养性""选择与坚守"；就所写的对象而言，以描摹自然风物的名山秀水为主，也有记录风土人情、吟咏人文胜迹；就文体而言，都是带有记叙或抒情色彩的散文；就作者年代和国籍而言，古今中外均有涉及，古代和近现代作品各占一半；就作品跨越的地域而言，遍布中国东西南北，也有欧洲的阿尔卑斯山脉；就呈现形式而言，教读、课外阅读等等都有体现。

其中古代游记散文因清晰明了的游踪、意蕴丰富的内涵、精练优美的语言形

式等诸多审美阅读价值，成为初中语文教材的重要组成部分。① 与之对应的是教材按魏晋南北朝、宋、唐、明、清的顺序编排游记作品。游记文学的发展，涌现出了众多杰出的作品与作家，明末清初的文学家张岱于《琅嬛文集》卷五《跋寓山注》记载："古人记山水，太上郦道元，其次柳子厚，近时则袁中郎。"统编版教材安排了古人歌咏山水的优美篇章，帮助学生了解古代不同时期游记作品的多样风格和山水游记作品的发展态势，从中获得美的享受，感受古代仁人志士对人生、生命的某种感悟与思考，净化心灵，陶冶情操，培养自觉的审美习惯和高尚的审美情趣。

（二）大单元教学整体设计

游记阅读对于深刻理解地域文化和培养个人审美情趣方面具有独特的优势。游记大单元教学各部分的单元目标的确定流程为：核心素养—学科核心素养—标准内容—大单元概念—概念群—单元生活实践素养目标。核心素养有三类：关键能力、正确价值观和必备品格，其中学科核心素养关键能力对应语言运用和思维能力，正确价值观对应文化自信，必备品格对应审美鉴赏。课标内容（教材内容）是游记主题，大单元概念是游记、写景、感悟，这三者分别都有一个概念群。其中，写景要增强审美鉴赏能力，游记要促进语言运用和思维能力的发展，感悟要增强文化自信，从而实现关键能力、核心价值观和必备品格的多维度素养的落地。

王立群先生认为好的山水游记需要有三个要素：游踪、景物、情感。② 游记阅读的基本目标是要把握这三个基本要素，因此梳理游踪、感知景物特点、体会作者情感就成为贯穿大单元教学的基本情境任务。在进行大单元游记教学设计时，教师要突破逐篇设计、逐项教学的定式，围绕重点目标进行整体设计、整体教学，逐步引导学生学会游记阅读的方法，并培养他们运用这些阅读方法的习惯和能力。因此在单元目标的安排上要有整体性、层次性和系统性，将游记主题的相关素养目标主要安排在八年级来完成，课时设计上要体现合理性，具体分解见表6-5。

---

① 葛洪波. 审美视野下的古代游记散文阅读教学 [J]. 语文建设，2022（03）：68—70.
② 王立群. 游记的文体要素与游记文体的形成 [J]. 文学评论，2005（03）：155—160.

表 6-5　游记大单元整体设计

大单元主题	整合的篇目	大单元目标	大单元教学要点凝练	大单元课时设计
一、古代游记的发轫	八上《三峡》 《水经注》选篇 八上《答谢中书书》 八上《与朱元思书》	1. 阅读早期形态的游记作品，理解游踪、景物、情感、骈文等概念。 2. 理解作者表达的情感，认同游记作品所蕴含的价值。 3. 从信息、审美、文化等多维度出发，确定游览目标。	概念教学 认同价值 确定目标	5课时 ①朗读感知 ②理清顺序 ③把握特点 ④辨析景、情 ⑤归整概念
二、古代游记的发展	八下《小石潭记》 "永州八记"推荐篇目 八上《记承天寺夜游》 推荐篇目：《满井游记》 九上《湖心亭看雪》 推荐篇目：《峡江寺飞泉亭记》《登泰山记》	1. 探究游记三个基本概念之间的规律。 2. 做个纯粹的欣赏者，从情感上接纳"游"和"记"。 3. 制订某一主题的游览计划，并做好行前的各项准备工作。	原理教学 共情游记 计划审美	5课时 ①朗读感知 ②填写细目 ③展示交流 ④原理归纳 ⑤制订计划
三、典型的现代游记	八下《壶口瀑布》 推荐篇目：《西溪的晴雨》《黄山记》《读三峡》	1. 掌握游记阅读方法和写作技巧。 2. 有意识地发现并关注身边的不同景观。与景和情产生多维联结，重新审视每一次游览所蕴含的价值。 3. 开展主题游览活动，亲近自然，走进自然，包括选点、观物、摄影、撰写等。	技术教学 联结审视 真实执行	5课时 ①填写手记 ②技术归纳 ③阅读展示 ④⑤开展就近主题游览

续表

大单元主题	整合的篇目	大单元目标	大单元教学要点凝练	大单元课时设计
四、风格各异的游记	八下《在长江源头各拉丹冬》 八下《登勃朗峰》 八下《一滴水经过丽江》	1. 熟悉游记中各具特色的写作手法和多样化的风格。 2. 学会观察，并提升审美能力，在日常生活中养成发现美、创造美的良好习惯。 3. 展示包括游记在内的各种物化成果，开展多元评价与提升。	应用创新 重构关系 评价提升	5课时 ①主题研学 ②游记写作 ③成果创作 ④展示评价 ⑤修改提升

三、初中语文游记作品大单元教学实践

学生可以通过阅读来认识游记这一文体，游记与学生的真实生活联系紧密，从会读游记到逐渐养成写游记的习惯，这一过程将对学生现有的生活和将来的生活产生重大的影响，甚至能够促进真实生活的改变。在"行心创"生活课堂的实践中，大单元教学被划分为多个课时，此时需要根据大单元整体设计来统筹实施。

（一）古代游记的发轫（5课时）

第一阶段的游记学习任务群是古代游记的发轫，以"山川之美，古来共谈"为微课程主题，整合魏晋南北朝的游记作品，从起源处理解游记的相关概念。《三峡》的教学以问题为导向，说说作者是按什么顺序来写三峡景物的，各有什么特征，这样的安排顺序有何好处等。通过文本分析和资料补充，明白作者是按照山水的豪情之美、水的雅趣之美和山的悲凉之美这一意脉重新调整季节顺序，使景物的特点鲜明、情景一致的。[①] 郦道元的《水经注》中描写孟门山、拒马河、黄牛滩、西陵峡等，景和情都达到了和谐统一，这奠定了其在古代游记散文

---

① 孙绍振. 郦道元《三峡》：壮美豪情、秀美雅趣、凄美悲凉的三重奏[J]. 语文建设，2013（07）：36—40.

发展中的重要地位。

陶弘景的《答谢中书书》和吴均的《与朱元思书》堪称六朝书札的双璧。教学中通过对比阅读，采用多种形式的朗读，感受骈文句式整齐、错落有致、音韵和谐的特点。通过两位作者观景的视角和情境，梳理文章，以仰观、俯察、平视、远望、近看等暗含的视角变化为游踪，动静结合、感官调用，多角度描绘秀美的山川景色，表达作者沉醉山水的愉悦之感和高洁的志趣。作者把山水当作知己，审美自觉意识尤为强烈，情放在首位，景服务于情并表现情，景和情达到高度合一。

通过这一阶段的大单元学习，学生从中感受到了游记作品的多重价值，从而获得美的享受和游览的启示。学生在初步理解景和情的概念和关系的基础上，对自然山水有了新的认识，并尝试从信息价值、审美价值、文化价值等方面确定游览的目标。

(二) 古代游记的发展 (5 课时)

第二阶段的游记学习任务群是古代游记的发展，以"寄情山水，天人合一"为微课程主题，整合了唐、宋、明、清四个朝代的游记作品，包括多篇课内阅读和课外阅读，从而进一步梳理古代游记的发展脉络。这一阶段的教学可以设计如下的情境任务：假如你可以穿越到唐、宋、明、清时期和仁人志士一同游览，请你根据《小石潭记》《记承天寺夜游》《满井游记》《湖心亭看雪》这几篇游记所述，从中选择一条你最向往的旅游路线，并说一说选择的理由。为了进一步帮助学生梳理古代游记的发展变化，洞察游记基本要素之间的内在逻辑与关联，帮助学生自主分析、比较与选择，设计了不同游记作品的游览细目表，如表 6-6 所示。

表 6-6 "寄情山水，天人合一"游览细目表

篇目	时间	地点	游览缘由	同游者	游览路线	游记要素显现程度
唐代《小石潭记》	唐顺宗永贞元年（公元805年）	永州小石潭	贬官后，排解内心愤懑	柳宗元、吴武陵、龚古、宗玄、二小生	A：小丘—小石潭—潭中—小溪源头—潭上	在描写中引入作者游玩的踪迹，将移步换景与定点观察相结合，"物著我之色彩"，情随景变，景情统一。

续表

篇目	时间	地点	游览缘由	同游者	游览路线	游记要素显现程度
宋代《记承天寺夜游》	宋元丰六年（公元1083年）十月十二日夜	黄州承天寺	月色入户，无与为乐的孤独	苏轼、张怀民	B：定慧院—承天寺—中庭	文题中直接点明游的时间、地点，明确交代夜游的原因、同伴以及内容，在景观描写中融入复杂的情感。

  学生若要完成上述情境任务，则需要在充分了解写作背景的基础上，根据文言文凝练的文字展开丰富的联想与想象，或根据提示查找相关资料，以便进入诗文的意境，感受山川风物之灵秀，体会作者寄寓其中的情怀。学习《小石潭记》后进行课外阅读，了解"永州八记"超越前人单纯描写山水形貌的散文形式，开创了山水游记的新体例，写出了"以我观物，故物皆著我之色彩"的"有我之境"的特点。① 而《记承天寺夜游》这篇游记要素完整，可以为阅读《湖心亭看雪》做好铺垫，帮助学生感知明末清初游记发展的稳健与成熟，以及作品情、景、意俱佳的特点。

  这一阶段借助四个不同年代的游记作品进行游踪、景物、情感三要素的比较，梳理游记要素在不同时期的展现度和完整性，特别是捋清古代游记散文中景物和情感从统一到合一，最后到同一的形而上的逻辑演变。在理解概念和原理的基础上，学生内心真正接受了要做一个纯粹欣赏者的要求。启发学生从时间、地点、频率、观察视角、身心投入程度等方面熟练地制订游览计划，并在学习或生活的间隙，自主地走进自然，亲近自然，把自然山水当作朋友，逐步培养高雅的审美情趣。

（三）典型的现代游记（5课时）

  第三阶段的游记学习任务群是典型的现代游记，以"江山多娇，万千锦绣"为微课程主题，整合了统编初中语文八年级下册第五单元的《壶口瀑布》和三篇课外阅读。这些文章都是作者真实游览后所记录的内容，在体例和要素上有许多

---

① 高胜利，郭晓芸. 贬谪文化视域下的柳宗元山水游记创作——以《永州八记》为例[J]. 湖南科技学院学报，2022（01）：30—34.

相通之处。

在这一阶段根据学生已有的游记学习经验以及与游记建立的深度联结，设计如下情境任务：真正的游览要身心合一，请你追寻作者的足迹和视角，完成游览手记的填写。游览手记的项目包括观察地点和角度、景物名称和特点、情感类型等。学生阅读、填写，并归纳游记的阅读方法：通过定位时空的方法梳理清楚游踪，即圈出表明时间推移、地点转换、视角变化的关键词，并追踪目之所及，运用看、听、思、悟等多种方式体验活动，多角度审美，概括景物的特点，辨析作者"所感"的类型是观景时的直接体验，还是由景物引发的感想，抑或由景物引发的理性思考。

这个过程不仅让学生进一步明确要素的概念，还帮助学生深入理解概念之间的联系，即所知是物质性要素、所见是实践性因素、所感是思想性要素，通过三者构成游记这个整体。同时，使学生明确游记无骨不立、无肉不丰、无魂不活，"所感"出彩才能赋予山水情义[①]，并在生活中把"游"转化成一种有意识的活动，及时发现并介绍身边的不同景观，或与研学实践活动相结合，真实开展"自然生态考察、中华文化寻根、红色足迹寻访"等不同主题的游览。先确认自己当时独特的情感状态，再选择最佳的观察点，观景或摄影。在记日记或写游记时，都要相应地先确定作品的"魂"，再有目的地选景，营造独特的意境，最后用传神的语言来塑造作品的"形"。

（四）风格各异的游记（5 课时）

最后一个阶段的游记学习任务群是风格各异的游记，微课程主题为"山水名胜，各美其美"，以统编初中语文八年级下册第五单元的《在长江源头各拉丹冬》《登勃朗峰》《一滴水经过丽江》这几篇风格独特的游记作品为主，迁移应用游记阅读方法和游记写作方法。本阶段的教学可以设计如下的情境任务：学校拟开展主题研学活动，请以小组为单位，阅读游记作品，并从中选择其中一篇作为研究文献，拟写研学主题学习单。主题学习单需设计研学地点简介、最佳研学季节和路线、小组感兴趣的主题、预设成果等栏目，经学生阅读游记后，小组合作填写主题学习单并展示。在此过程中，学生应用典型游记中习得的方法自主阅读，筛

[①] 尤炜. 教出游记的人文价值与文体特点——略谈统编语文教材八下第五单元的教学[J]. 语文教学通讯，2019（17）：7—10.

选关键信息,其中研学地点简介要围绕"在哪里、是什么、有什么、怎么样"等区域独特性进行概括。最佳研学季节和研学路线与作者的游踪密切联系,小组最感兴趣的主题需要学生在感知作者见闻的基础上进行提炼。主题的选择必然受作者情感和写法的影响,因此需要在选择、赏析语言的过程中加以阐释,感受文章丰富的言语形式。

  主题单设置的项目内藏着游记基本要素,它们与研学生活经验紧密联系,这有助于学生和"游""记"建立一种新型的关系。最终,学生在日常生活中会主动地发现美,学习不同的表现手法,逐渐养成写日记、晒朋友圈、制作美篇等形式记录游览的见闻和感受的习惯。在主题研学活动中,学生还能从不同的资源中筛选自己感兴趣的问题,将其转化为课题进行深入的研究,创造出包括游记在内的各种物化成果,如图文结合的海报、展板、手册的设计与制作,甚至开展视频剪辑与配文的游记创作。在活动结束后,引导学生开展研学总结汇报,学生需要对自己和他人的各类作品进行评价,并据此修正和完善等,从而满足语文生活的真实需要。

  以统编教材的游记作品开展的大单元教学,主要围绕认知、情感、意志三个维度,有目标、有计划、有组织、有行动、有反馈地逐阶段开展。但在实际操作中,受儿童的身心成长规律和核心素养形成规律的影响,学生个体存在差异,意志力强弱各不同,因此每一个阶段都出现延迟现象。虽然新生活课堂立足于改造生活,但实际上,改造生活是一个长期的习惯问题,不是一次性问题,也不是单一学科的问题。要让学生从生活的原点出发,经由语文学习,再螺旋上升至原点的上方。①

  综合观之,还需不断探寻学生的认知规律、学科本质特征,还有待多学科共同努力,多实践"行心创"生活课堂,才能真正实现关键能力、核心价值观和必备品格的核心素养的完全落地。

---

  ① 王涛. 让课堂与生活关联,成长同参与共生——初中语文八年级下册第四单元大单元教学建构[J]. 教育科学论坛,2022(01):48—54.

第四节 "行心创"生活课堂的跨学科教学设计

"行心创"生活课堂说到底是生活课堂，最终是培养学生的生活力、生活关系和生活方式。"行心创"生活课堂亦是学科教生活的课堂，其中，生活是综合的、具体的，而学科是分科的。既然是生活课堂，要培养学生的生活力、生活关系和生活方式就必然需要进行跨学科教学，聚合分科的学科，对综合的生活主题开展跨学科的教学设计。

一、跨学科教学与"行心创"生活教育之间的关系

可以说，跨学科教学与"行心创"生活教育之间存在密切的关系。"行心创"生活教育是指在学校教育中注重培养学生适应、理解和处理现实生活的能力和素养的教育形式，主要培养学生的生活力、生活关系和生活方式。而跨学科教学则是一种教学模式，旨在通过融合不同学科的知识和技能，帮助学生解决实际问题并积极应对现实生活中的挑战，因此也可以更好地培养学生的生活力、生活关系和生活方式。具体来说，在以下几个方面，跨学科教学对落实"行心创"生活课堂具有较好的促进作用。

（一）跨学科教学为学生提供实践性的生活学习经验

跨学科教学重视学生在真实情境中进行探究和实践，在解决实际问题的过程中，学生能够将所学的知识和技能运用到生活中。这样的学习体验使学生能够更好地理解和应用所学的内容，培养实践能力，帮助他们适应和理解现实生活。

（二）跨学科教学培养学生的生活综合思考能力

跨学科教学要求学生从多个学科的角度来分析和解决问题，使他们形成综合思考的习惯。这种综合思考能力有助于学生在面对生活中的复杂问题时，能够从多个层面、多个角度进行思考和判断。

（三）跨学科教学注重学生在生活中实际应用能力的培养

跨学科教学注重学习与生活实际应用的结合，帮助学生将所学的知识和技能

应用到实际生活中。通过实际应用的过程，学生能够更好地理解学科知识的实际意义，从而培养解决实际问题的能力，并提高生活适应能力。

总之，跨学科教学强调学科之间的整合和关联，通过跨越多个学科的内容，培养学生的综合素养。这种综合素养不限于学科知识，还包括解决问题的能力、创新思维（指向生活力）、沟通合作的能力（指向生活关系）、良好的生活习惯（指向生活方式）等，这正是"行心创"生活教育所追求的目标。可见，跨学科教学与"行心创"生活教育密切相关。跨学科教学通过整合不同学科的知识和技能，培养学生解决实际问题和应对生活挑战的能力，促进学生的生活综合素养和生活实践能力的发展，进而实现生活教育的目标。[①] 同时，跨学科教学也为学生提供了与生活紧密联系的学习经验，帮助他们更好地应对现实生活中的各种情境和挑战。

二、"行心创"生活课堂视域下的跨学科教学的内涵

跨学科教学是基于认识问题和解决问题的现实必要而进行的跨越学科边界、整合相关学科知识与方法，实现认知拓展建构和有力解决问题的行动。[②] 跨学科教学强调学科间的相互渗透和综合应用，旨在培养学生的综合思维能力、创新能力和解决问题的能力。"行心创"生活课堂视域下的跨学科教学的内涵是指基于生活目标，在教学过程中将不同学科的知识和技能有机结合起来，运用"行知创""行情创""行意创"分别解决认知、情感、意志等现实问题，以培养学生的综合素养。跨学科教学通过打破传统学科之间的界限，促进学科之间的交叉融合，使学生能够综合运用多学科的知识和技能解决问题，从而培养跨学科思维和学科整合能力。其内涵可以概括为以下几个方面。

（一）以学生的生活为中心

"行心创"生活课堂视域下的跨学科教学特别强调以学生的生活为中心，将学生的实际生活经验作为教学起点，通过激发学生的兴趣和好奇心，使他们能够主动参与学习过程，并将所学知识应用于实际生活中。跨学科教学提供了一个整合不同学科知识的平台，帮助学生从多个角度去思考和分析问题，培养他们的生

[①] 王爱伦. 基于项目化学习，探究"快乐读书吧"教学 [J]. 教学管理与教育研究，2021（18）：26—27.

[②] 胡庆芳. 中小学跨学科教学的追问与思考 [J]. 基础教育课程，2023（14）：4—9.

活综合思维能力。

（二）培养学生生活力

"行心创"生活课堂视域下的跨学科教学注重培养学生的生活力，还包括各种思维能力，如逻辑思维、批判性思维、创造性思维、辩证思维等关键能力。跨学科教学提供了不同学科交叉融合的机会，激发学生思维的多样性和灵活性，培养他们的综合分析和解决问题的能力，继而培养学生的生活力。

（三）培养学生生活关系

"行心创"生活课堂视域下的跨学科教学注重培养学生的生活关系，如个体与集体的关系、个体与社会的关系等等。跨学科教学鼓励学生之间进行合作学习和互助，通过小组活动、项目探究等形式，使学生能够在学科交叉中有效地与他人沟通、合作，培养他们的情感智能和社交能力，继而培养学生的生活关系。

（四）塑造学生生活方式

"行心创"生活课堂视域下的跨学科教学鼓励学生进行项目探究、实验设计等实践活动，以培养学生的意志能力。跨学科教学强调实践与应用，通过实际操作和实践探究，培养学生解决问题和自主学习的能力，激发学生的学习动力和创造力，继而塑造学生的生活方式。

综上所述，"行心创"生活课堂视域下的跨学科教学注重以学生生活为中心，培养学生的生活力、生活关系和生活方式。通过整合不同学科知识，激发学生的思维多样性和灵活性，培养学生的生活综合分析和解决问题的能力，同时注重学生的生活情感智能和生活社交能力的培养。通过生活的实践与应用，培养学生解决生活问题的能力和自主学习能力，塑造学生未来科学的生活方式。可以说，该视域下的跨学科教学的最终目标是培养学生的生活创造力和创新能力，为他们未来的成长和发展奠定坚实基础。

三、跨学科教学的类型

（一）学科角度的跨学科教学类型

跨学科教学有不同的划分方法，若从学科角度，可以有以下三种跨学科教学模式。

一是"主学科＋"的跨学科教学模式。在某个主导学科的基础上，结合其他学科进行教学。例如，在语文学科教学中，可以选取"食物"作为语文生活主题，结合体育、音乐、美术和科学等学科的内容，探究食物的文化背景、营养成分、制作方法等。这种模式注重主学科的延伸和拓展，通过其他学科的补充，丰富了教学内容和学生的学习体验。

二是"多学科"的跨学科教学模式。在某个生活主题上，多个班级或年段同时进行教学，各学科紧密配合，共同探究问题。例如，针对"环境保护"这一生活主题，学校可以组织多个年级的学生进行环境调查、制订环保计划、开展科学实验等活动，同时涉及语文、数学、科学、社会等多个学科的知识和技能。这种模式强调不同学科之间的整合与协作，促进学科之间的交流和互动。

三是"全学科"的跨学科教学模式。以学校培养目标为中心，通过精选多个生活主题，进行全年段、全班级、全学科参与的课程化跨学科教学。这种模式在整个学校范围内推行，确保学生在各个学段都能接触到跨学科教学的内容。例如，学校可以设计一门"生命探索"课程，通过多个生活主题，如健康、环境、传统文化等，将语文、数学、科学、社会、艺术等学科的知识有机整合起来，培养学生的批判思维、解决问题的能力和创新意识。

（二）学习方式角度的跨学科教学类型

若从学习角度，比如从学习方式来看，不是侧重学科，而是侧重跨学科后以怎样的学习方式进行"教"与"学"，则可以分为项目式跨学科教学、研究性跨学科教学和探究性跨学科教学。

1. 项目式跨学科教学

项目式学习是一种以项目为核心的学习方法，学生通过参与一个真实的项目来获取知识和技能，并解决实际问题。[1] 在项目中，学生需要跨学科整合知识和技能，从不同学科角度去思考和解决问题。例如，学生可以选择开展社区环境改善的项目。在这个项目中，他们可以通过调查、分析和规划等方式，了解社区环境问题产生的原因以寻求解决方法，并制订行动计划。这个项目涉及语文方面的调研报告和宣传材料撰写，数学方面的数据统计和分析，科学方面的环境污染原理和治理方法，美术方面的宣传海报设计和制作等。通过这样的项目式学习，学生能够将学科知识应用于实际情境中，培养综合运用知识的能力和项目管理的

---

[1] 陆宗钰. 项目式学习在初中化学复习课中的实践与思考［J］. 试题与研究，2023（17）：194—196.

能力。

2. 研究性跨学科教学

研究性学习是一种由学生主导的学习方式，学生选择一个感兴趣的主题进行深入研究，并从多个学科角度进行探究。例如，学生选择"食物与健康"作为研究主题。在这个主题下，学生可以从语文方面阅读相关的文献和书籍，进行文献写作；从数学方面分析食物成分和热量等数据；从科学方面了解食物的营养价值和消化吸收过程；从生活技能方面学习健康饮食计划的制订和实践等。通过这样的研究性学习，学生能够深入探究自己感兴趣的主题，培养批判思维和解决问题的能力，同时学会综合运用多个学科的知识。

3. 探究性跨学科教学

探究性学习是一种强调观察、实验和探索的学习方式，通过让学生亲自参与实际操作过程和实验来发现问题的答案，培养他们的探究精神和科学思维。例如，学生开展植物生长的探究实验。在实验中，学生可以观察并记录植物的生长情况、产生变化的原因和影响因素，并进行对比和分析。这个实验涉及数学方面的测量和统计，科学方面的植物生长原理和环境因素，信息技术方面的数据处理等。通过这样的探究性学习，学生能够培养科学思维和实验技能，提高观察和分析问题的能力，同时学会综合运用多个学科的知识。

这三种跨学科的学习方式都注重学生的主动参与和实践操作，强调跨学科整合和解决问题能力的培养，有助于学生全面发展和掌握实际应用的能力。其实，跨学科教学的两种分类可以结合起来：就是"主学科＋"的跨学科教学模式也可以分为三种"教"与"学"的方式，即"主学科＋"的跨学科项目式教学模式、"主学科＋"的跨学科研究性教学模式和"主学科＋"的跨学科探究性教学模式。

四、跨学科教学的案例

(一)"主学科＋"跨学科教学模式的案例

在跨学科教学的"主学科＋"模式中，以下所介绍的是以语文或数学为主学科，可以与其他学科进行跨学科教学的例子。

第一个是语文＋数学的跨学科教学。在学习长篇小说时，可以结合数学进行人物数量统计和分析。学生可以通过阅读小说，了解每个章节中出现的人物和他们的关系，然后使用数学方法制作人物关系图表，计算并比较不同阶段出现的人物数量。

第二个是语文＋科学的跨学科教学。在学习科普知识时，可以运用语文写作技巧撰写科普文章。学生可以选择某个科学主题，如天文、物理或生物等，通过阅读科普资料，收集相关信息，并运用语文写作技巧，撰写科普文章，讲解相关科学知识。

第三个是数学＋科学的跨学科教学。在学习物理力学时，可以结合数学中的运算和图表辅助进行实验数据的分析和解释。学生可以进行简单机械实验，测量和记录数据，然后使用数学中的平均值、标准差等概念进行数据分析，并通过图表形式展示出来。

第四个是数学＋艺术的跨学科教学。在学习几何学时，可以结合艺术进行几何形状的绘制和设计。学生学习几何形状的性质和特点后，运用绘画和设计技巧进行艺术作品创作，如使用几何图形组合创作抽象画或设计建筑模型等。

以上这些只是示例，跨学科教学的可能性非常广泛，可以根据具体的学科和教学内容设计更多的跨学科教学活动。通过跨学科教学，不仅能够加深学生对学科知识的理解，还能培养学生的综合思维能力、实践能力和跨学科沟通合作能力。

（二）"多学科"跨学科教学模式的案例

1. STEM教育（科学、技术、工程、数学）

通过综合运用科学、技术、工程和数学知识，培养学生的创新思维和解决问题的能力。例如，学生可以设计和制作一个简单机器人，其中涉及科学（机械原理）、技术（编程）、工程（设计和制作）与数学（测量和计算）等知识。

2. 文化探究

结合语文、思政、历史和地理，帮助学生了解不同文化之间的联系和影响。例如，学生可以选择一个国家或地区，研究其语言、社会结构、地理环境等，并通过写作、演讲或展示来分享他们的研究成果。

3. 历史与艺术

将历史、艺术和文学结合起来，帮助学生深入理解历史时期的文化和艺术发展。例如，学生可以选择一个历史时期，探索该时期的艺术风格、文学作品和历史事件，并通过艺术创作、文学分析等方式表达对历史的理解。

4. 环境可持续发展

结合生态学、经济学和政治学，探讨环境问题和相关解决方案。例如，学生可以研究某个地区的环境问题，了解其生态系统的状况，分析经济和政治因素对环境的影响，并提出可持续发展的建议和方案。

5. 健康与营养

将生物学、化学和营养学相结合，培养学生的健康意识和科学素养。例如，学生可以研究不同食物对身体的影响，分析其中的营养成分和化学反应，并通过科学实验和饮食调查来提升对健康饮食的认识。

以上这些只是示例，"多学科"跨学科教学模式具有多样性，可以根据不同的学科和教学内容，设计更多的跨学科教学活动。通过"多学科"跨学科教学，学生能够综合运用各学科的知识和技能，从而提高综合素养和解决实际问题的能力。

（三）"全学科"跨学科教学模式的案例

这类"全学科"跨学科教学模式是基于整个学校围绕全学科服务学校的培养目标所开展的，并非每个主题教学都由全学科参与。例如，某小学培养目标为"'阳光、开拓、勇敢、传承、勤劳'的五好少年"，可以形成的跨学科生活主题系列见表 6-7。

表 6-7　培养目标与各年级跨学科教学的主题设计

培养目标	各年级跨学科教学的主题
阳光	一年级：美好学校 二年级：美好生活 三年级：我的同学 四年级：勇敢面对 五年级：积极心态 六年级：阳光人生
开拓	一年级：奇妙探索 二年级：多彩世界 三年级：思维拓展 四年级：探索历史 五年级：科技进步 六年级：未来创新

续表

培养目标	各年级跨学科教学的主题
勇敢	一年级：小小勇士 二年级：勇往直前 三年级：勇敢表达 四年级：勇者之旅 五年级：勇敢决策 六年级：挑战自我
传承	一年级：传统文化 二年级：家庭传承 三年级：国家传承 四年级：文明传承 五年级：环保传承 六年级：文化传承
勤劳	一年级：努力学习 二年级：动手实践 三年级：勤俭节约 四年级：职业规划 五年级：劳动与收获 六年级：奋发向前

下面再以"阳光"这个目标维度为例，各年级、各主题的跨学科教学建议见表6-8。

表6-8 "阳光"目标维度下的各年级、各主题的跨学科教学建议

目标维度	年级	主题阐述	跨学科教学建议
阳光	一年级	美好学校（特征阐述）：培养学生积极向上、乐观开朗的个性，通过创设美好的学校环境和组织丰富的活动，促进同学之间的友谊和合作。	语文：编写描写美好学校生活的短篇故事，鼓励学生进行朗读和讨论。 数学：实地测量教室的尺寸，计算图书馆可以容纳多少本书。 音乐：学生合唱一首歌曲，表达对美好学校的期望。 美术：学生绘制理想学校的草图，并加入自己的创意元素。 科学：学生进行简单的学校植物探究实验，观察不同条件下植物的生长情况。

续表

目标维度	年级	主题阐述	跨学科教学建议
	二年级	美好生活（特征阐述）：培养学生热爱生活、感受美好的能力，通过规划健康的饮食和采取正确的生活方式，建立积极的生活态度。	语文：阅读描述美好生活的文学作品，进行角色扮演并创作小故事。 数学：通过拟定预算和购物清单规划一天的健康饮食，培养理财能力。 音乐：学习并演奏一首表达美好生活的音乐作品。 美术：绘制自己心目中理想的家庭场景，表达对美好生活的向往。 科学：观察天气变化，了解气候对日常生活的影响，并绘制天气预报图。
	三年级	我的同学（特征阐述）：培养学生团结友爱、互相帮助的品质，通过加强同学间的交流和合作，建立良好的班集体氛围。	语文：撰写有关同学之间友谊的故事，进行朗读和展示。 数学：设计一个统计问卷，调查同学们的兴趣爱好，并通过图表进行数据分析。 音乐：合唱一首歌曲，表达对同学们友谊的珍视。 美术：运用素材创作一幅描绘同学间友谊和合作的艺术作品。 科学：查阅和分享关于同学身体健康的知识，提醒大家关注健康生活的方式。
	四年级	勇敢面对（特征阐述）：培养学生勇于面对困难、克服困难的勇气，通过开展勇敢表达的活动，鼓励学生积极参与，培养他们的自信心和解决问题的能力。	语文：阅读并讨论与情绪管理、友谊和积极心态相关的文学作品。 数学：通过收集和整理数据，比较不同年龄段学生的压力水平。 音乐：学习并演奏一首能表达情绪和有益心理健康的音乐作品。 美术：运用色彩表达不同情绪，并通过画作展示情绪管理技巧。 科学：研究并分享关于心理健康和应对压力的知识，提供解决问题的方法。

续表

目标维度	年级	主题阐述	跨学科教学建议
	五年级	积极心态（特征阐述）：培养学生积极向上、乐观的心态，通过自我认知、目标设定和勇于探索，增强他们的自信心和成就感。	语文：阅读和讨论激励人心的文学作品，鼓励学生分享自己的梦想和目标。 数学：通过制订学习计划，帮助学生培养自我管理和坚持不懈的能力。 音乐：学习并演奏一首表达积极心态的励志音乐作品。 美术：运用绘画表达积极心态和自我肯定，并通过作品进行展示。 科学：研究和分享关于积极心态和个人成长的知识，鼓励学生互相支持和激励。
	六年级	阳光人生（特征阐述）：在小学阶段的尾声，培养学生积极的人生观、健康的价值观，通过规划未来生活，为他们的成长奠定坚实的基础。	语文：研究伟大人物的生平事迹，并进行个人汇报或小组展示。 数学：利用数据和图表展示人口增长与资源利用的关系，提倡可持续发展。 音乐：学习并演奏一首表达对生命和自然敬畏的音乐作品。 美术：观察和描绘大自然中的美丽景象，表达对生命的热爱和感激之情。 科学：学习人体系统，了解人体结构与功能。

跨学科教学为学生提供了多样化的学习体验和认知视角，能够更好地满足现代社会对人才培养的需求。"行心创"生活课堂正是这样一种跨学科教学方式，旨在通过培养学生的综合素质和创新能力，最终形成学生的生活力、生活关系和生活方式。它将不同学科的知识融入一个主题或项目中，鼓励学生在跨学科背景下进行思考、合作和创造。

第七章 "行心创"生活课堂的设计案例

本章将向大家介绍"行心创"生活课堂的设计案例,其中包含学前阶段、小学语文、数学、道德与法治、科学,以及初中物理、高中历史等。这些设计案例主要涵盖了"行知创""行情创""行意创"三种生活课堂的教学设计,有单一课时课,也有单元整体设计课、专题复习课,旨在为实践者提供初步的实践参考。有的案例是严格按照模板设计的详案,有的案例则减少了某些设计模块,如省略教材和学情分析,减少心理图式的设计等。这些案例仅仅作为参考,而非标准,况且这种生活课堂应该是与时俱进的,也不该在一开始就定了标准。

在具体实践中,教师可以更加灵活地融入自己的设计,如在"行知创"生活课堂,可以先学会设计问题和概念环节,然后慢慢学会设计原理环节、技术环节,最后进行作品环节的设计。对"行情创""行意创"生活课堂也是如此。

案例一:学前《画小蝌蚪》教学设计

课题	《画小蝌蚪》(1课时)	
案例信息	幼儿园中班;设计人:周志平。	
教学目标	基础目标	1. 对观察小动物有初步的认识。 2. 练习添画蝌蚪的头、尾巴。 3. 认识黑色,体验黑色与其他颜色的差别,感受不同画笔的作画特点,巩固棉签画的方法。

续表

教学重难点	生活力目标	1. 学会观察小动物，形成一定的生活观察能力。 2. 对画作有初步的审美意识，能有初步表达感受的能力。	
	生活关系目标	对观察小动物产生初步兴趣，喜欢小蝌蚪。	
教学重难点	重点	体验黑色与其他颜色的差别，感受不同画笔的作画特点。	
	难点	对画作有初步的表达感受能力。	
教学准备	生活经验：幼儿有画棉签画的经验，有用其他画笔作画的经验。 物质材料：黑色颜料（可能需要黄色、绿色、红色等颜料）、棉签（可能需要毛笔、水彩笔等）、小毛巾、画好蝌蚪身体的画纸，以及小蝌蚪的图片、视频、儿歌。		
教学过程	活动、组织过程		建议时间
经验阶段	活动1：用儿歌（或视频，有实物也可以）引出小蝌蚪："小蝌蚪，小蝌蚪，黑黑脑袋细尾巴，游来游去找妈妈。"		2分钟
概念阶段	活动2：观看小蝌蚪的图片，了解小蝌蚪的结构特征，让幼儿表达对小蝌蚪的感受、情感和绘画的设想等。		5分钟
原理阶段	活动3：通过增减和对比让学生理解、感知小蝌蚪的特征，如去尾巴，改变身体颜色，改变身体形状等。		3分钟
技术阶段	活动4：学画小蝌蚪。 　　每人一张画纸，将棉签（或其他笔）、黑色颜料（或其他颜料）放在桌子中间供幼儿选择；部分幼儿可根据需求帮助其选择。教师引导幼儿思考如何用棉签（或其他笔）画小蝌蚪的头和尾巴。		10分钟
作品阶段	活动5：幼儿独立创作，可将幼儿作品摆放在一起进行欣赏，鼓励幼儿大胆发言，先表达自己的作画设想，再评价他人的画作。 活动6：收拾绘画用品，组织幼儿洗手。		5分钟

　　点评：学前教育阶段，幼儿园可以开展这样的教学设计，本案例是一个25分钟左右的中班绘画案例。案例运用"行知创"生活课堂模式的五个环节，逐步引领幼儿园小朋友从感性认识小蝌蚪，到能够用棉签画小蝌蚪，最后呈现出作品。本案例可以换成用毛笔、水彩笔进行绘画，也可以用轻泥捏，但都要做好概念和原理阶段的设计，帮助幼儿学会观察小蝌蚪，将观察到的认识转化为技术和作品，初步形成自主作画和欣赏画作的能力。

案例二：小学语文《秋天》教学设计

课题		《秋天》（2课时）
案例信息		人教版小学语文一年级（上）；设计人：周志平。
教学目标	基础目标	1. 认读秋、气、了、树、叶、片、大、飞、会、个等十个生字和木字旁、日字旁、人字头三个偏旁。 2. 练习"了""子""人""大"四个生字。 3. 学习"天气、树叶、天空、大雁"等概念，重点建构"秋天"的概念。 4. 学习"一片片……""一会儿……一会儿"等句式，并造句。
	生活力目标	1. 能够注意到季节变化，观察季节的特征。 2. 能够对秋天进行谈论。 3. 能够向父母或伙伴介绍秋天。
教学重难点	重点	1. 学习"天气、树叶、天空、大雁"等概念，重点建构"秋天"的概念。 2. 学习"一片片……""一会儿……一会儿"等句式，并造句。 3. 能够通过观看视频、回忆、小组讨论等，谈论季节和季节变化的相关经验。
	难点	1. 基于对秋天的印象和课文的学习，构建本课的心理图式，并在小组中谈论秋天。 2. 能够回到家里向父母介绍秋天，谈论自己生活中的秋天。
预习设计		1. 认读秋、气、了、树、叶、片、大、飞、会、个。 2. 练习"了""子""人""大"四个生字。 3. 初读课文，提出一个你最想解决的问题。
教学准备		1. 有关春夏秋冬季节的图片或短视频（含介绍性语言）。 2. 关于秋天的10张以上图片。 3. 图片思维导图。 4. 本课PPT，用于讲解字、词、句。

续表

教学过程	劳力过程——活动、组织过程	劳心过程——思考和心理图式	时间
经验阶段	活动1：播放季节图片、季节短视频等，鼓励学生谈一谈他们的发现，小组交流并汇报。 活动2：播放秋天相关的视频或图片，鼓励学生发现或提出问题，选择两名学生进行发言。	1. 小组汇报后，老师画出学生交流的有关季节的经验思维导图，如春天的绿柳、夏天的荷花、秋天的稻子、冬天的雪。 （思维导图：季节——冬天、春天、秋天、夏天） 2. 在以上所说的思维导图中，进一步完善秋天的特征，如天气、植物、动物等信息。 （如果学生不认识字，可以采用图片思维导图的形式，用PPT呈现）	15分钟
概念阶段	活动3：学生读课文，鼓励学生找出不懂的字或词并请教同桌，如果同桌也无法解答，请认真听老师的朗读。 活动4：老师范读，在读的过程中强调哪些地方需要注意。老师讲解字、词、句，重点引导学生学习"秋天、天气、树叶、天空、大雁"等词语并注意这些词语特点，此处可以结合练习。重点学习"一片片……"这个句式并模仿。 活动5：鼓励学生说出自己的发现，以及画本课的思维导图。	1. 老师将重难点字词列出。 2. 老师记录学生的发现，完善前面的思维导图，并构建本课详细的秋天相关的思维导图。 （思维导图：秋天——气候、动物、植物、景物、其他（人））	25分钟

			续表
原理阶段	活动6：研究秋天的特征，并对比春天等。 （展示春天的图片或视频）	老师完善并写出秋天的天气、植物和动物等的特征，指出有这些特征说明是秋天来了！相应地完善春天的思维导图。 子主题—冬天 天气凉了——气候 树叶黄了、落下来——植物　　　　春天　天气 天空那么蓝、那么高——景物　季节　　　植物 一群大雁往南飞——动物　　　秋天　　景物 其他　　　　　　　　　　　　　　　　动物 　　　　　　　　　　　　　　　夏天	15分钟
技术阶段	活动7：研究"一会儿……一会儿"这个句式，探讨这篇文章是怎么写的，尝试向同桌介绍这篇文章或介绍秋天。	引领学生注意一个季节的特征，如天气、植物、动物等特点。体会如何用"一会儿……一会儿"的句式写变化。	10分钟
作品阶段	活动8：进一步播放秋天相关的视频或图片，鼓励学生补充秋天的天气特点、植物的特点以及天空、鸟或其他动物的特点。 活动9：向同伴介绍秋天。	老师引领学生进一步完善秋天的思维导图。 （学生补充秋天还有收获等）	10分钟
作业设计	基础性作业	练习"了""子""人""大"四个生字。	5分钟
	实践性作业	结合课文向父母或长辈介绍秋天，并请父母或长辈录音。	

点评：本课是小学语文中有较多文字的一课，设有五个环节，各环节可以安排1~2个活动，体现了劳力过程。而劳心过程是指学生心智的变化，这里主要是指认知维度的心智变化，本课借助思维导图来呈现这种变化。本课从生活力角度进行设计，但也可以从生活关系角度进行设计。

首先，从学生日常生活中的季节观察入手，如果学生说得不充分，可以借助图片或视频为学生提供经验素材。

其次，聚焦"秋天"主题概念。"秋天"是主题概念，不是语文要素的概念。主题概念是具体生活力的培养基础，而语文要素的概念是学科生活力的培养基础。本课并没有特别主张要学语文要素的概念。聚焦"秋天"主题概念，就会将天气、树、天空等概念一起学习，这些概念要进一步归纳为气候、动物、植物、景物等学科概念。这样可以让具体生活经验与学科概念紧密连接。同时扩展秋天相关的思维导图，从而进入生活哲学层面，就可以进一步拓展至人、事、物。

然后，聚焦"秋天"概念。让秋天进入到季节这个大的范畴中进行原理教学，构建思维导图，让学生意识到描写秋天的这篇短文里面的写法也可以用来写其他季节，如春天、夏天等，写的时候也可以从人、事、物等方面展开。

再次，聚焦技术。引导孩子们走进生活，观察不同季节的气候特征、动物特征、植物特征、景物特征、人的特征等，以及在此基础上形成的事……这有利于培养学生的日常生活力。

最后，聚焦作品阶段。从语文角度来看，这篇短文可以培养学生按顺序、逐个方面表达的能力，如向长辈介绍秋天，先介绍天气，然后选择这个季节的典型动物、植物等进行介绍。

案例三：小学语文《童话故事新编》教学设计

课题		《童话故事新编》（2课时）
案例信息		人教版小学语文四年级（下）；设计人：周志平、蒋伟（福州市鼓楼区第五中心小学）。
教学目标	基础目标	1. 学生掌握故事、童话故事、新编、寓意、情节的有趣（一波三折）、情节的生动（各种描写）等概念。 2. 学生掌握新编故事的原理（思维导图）和技术（设计和写作程序）。
	生活力目标	学生学会新编故事，掌握改编故事的基本原理和基本方法，形成编故事的生活力。
教学重难点	重点	学生初步掌握新编故事的原理（思维导图）和技术（设计和写作程序）。
	难点	学生掌握改编故事的基本原理和基本方法，形成编故事的生活力。

续表

教学建议	若是整体单元教学：一、经验阶段为 5 分钟；二、概念阶段只要复习就好；三、原理阶段也是复习；四、技术阶段要现场训练；五、作品，即现场训练成果。
教学准备	PPT、学习单。
教学过程	活动、组织过程
问题阶段	1. 听故事：《新乌鸦喝水》。 2. 交流听后的感受。 3. 产生重编故事的需求。
概念阶段	1. 什么是故事？（开头、过程、结局；过去、未来等发生的事情，带有寓意性的事） 2. 同学们读过哪些类型的故事？（科幻故事、历史故事、童话故事、寓言故事……） 3. 童话故事有什么特点？（动物能说话，有人的思想；想象丰富、奇妙；故事情节完整，有开头、过程、结局；蕴含一定的道理，角色体现真善美……）
原理阶段	1. 形成一个表格，讲透新编的"新"体现在哪里、"编"什么，以及故事中的角色、矛盾等。（通过回忆前面学习的文章进行提炼） |	开头	过程	结局	寓意
---	---	---	---	---
《龟兔赛跑》	开门见山	有角色：主人公 写生动：对角色、场景的描写，对话描写，细节描写，心理描写或修辞手法 写有趣：一波三折	都赢（喜剧）	真善美
	环境描写		都没赢（悲剧）	
	主体叙述开头		一方赢一方输（悲喜剧）	
《狐假虎威》					 2. 明确新编故事的"新"体现在哪里，"编"什么，怎么"新编"。（设计、写） 3. 理解"一波三折"的内涵。

续表

技术阶段	1. 商讨出编故事的步骤。（设计：由结尾至开头；写作：从开头至结尾） 2. 填写"一波三折"任务单里的具体步骤。 **"一波三折"任务单** 班级：_____ 姓名：_____ 同学们拿起铅笔，在情节地图中，先设计故事的结局，填写在最后一个方框中，再来设计故事的情节。要求在情节的展开中，至少设计三次起伏摇摆，比如设计故事主人公遇到有关困难、不顺、意外的事件，以及解决它们的相应办法，即情节展开的三次上坡、三次下坡。情节中的每个事件，用小标题概括。 （图示：第一次困难情节、第二次不顺情节、第三次意外情节；开始如何？、第一次解决方法、第二次解决方法、第三次解决方法；寓意如何？、结局如何？） （1）设想结局，每个小组选择一个。 （2）推测多种故事情节的可能性（可能遇到的困难、发生的情况），选择有趣、有意义的情节。 （3）从乌龟、兔子两方来分析所产生结局的原因。 （4）分角色写情节：在什么场景，遇到什么问题，会说些什么，心里想些什么，如何解决出现的困难，以及在此过程中的心理变化。
作品阶段	1. 学生现场练习情节描写，只写波折过程，用时8分钟。需注意要有对话描写、角色描写、场景描写、心理描写等。 2. 点评6分钟，可选择有波折但不生动的一个案例和既有波折又生动的一个案例进行点评。

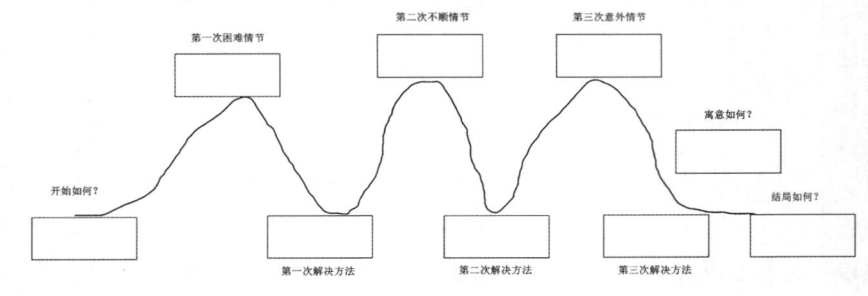

续表

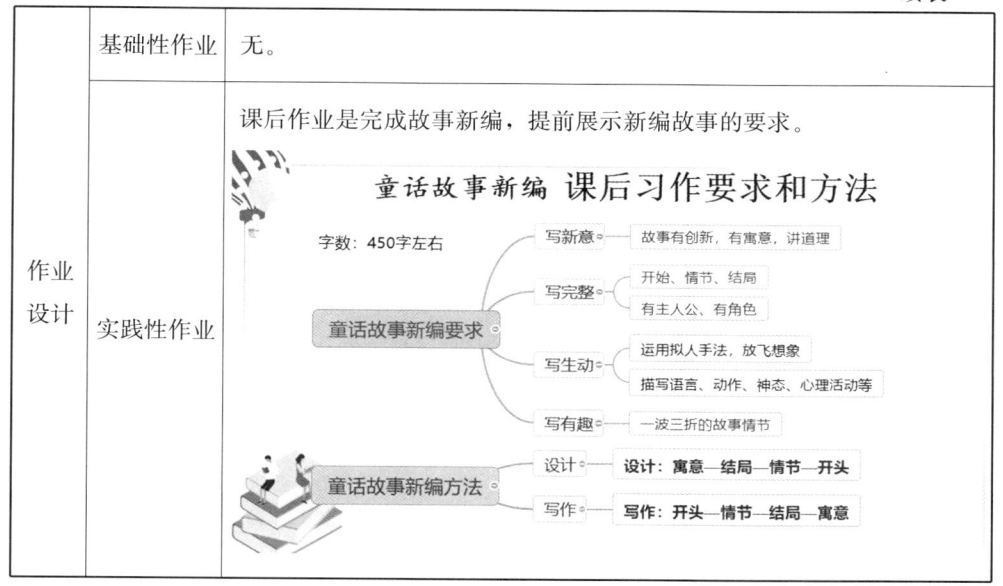

作业设计	基础性作业	无。
	实践性作业	课后作业是完成故事新编，提前展示新编故事的要求。 **童话故事新编 课后习作要求和方法** 字数：450字左右 童话故事新编要求： - 写新意——故事有创新，有寓意，讲道理 - 写完整——开始、情节、结局；有主人公、有角色 - 写生动——运用拟人手法，放飞想象；描写语言、动作、神态、心理活动等 - 写有趣——一波三折的故事情节 童话故事新编方法： - 设计：寓意—结局—情节—开头 - 写作：开头—情节—结局—寓意

点评：本课是小学语文四年级下册最后一课的习作课。本案例包含"行知创"五个小环节，围绕什么是童话故事、"新"和"编"等概念逐步推进，让学生了解到新编主要"新"在哪里，"编"在哪里，帮助学生梳理编写的流程并付诸实践，整体设计还是比较清晰的。

案例四：小学数学《位置与方向（二）》教学设计

课题	《位置与方向（二）》（第1课时）	
案例信息	人教版小学数学六年级（上）；设计人：陈爱钦（福州市高新区第二中心小学）、周志平。	
教学目标	基础目标	1. 会用方向和距离描述物体的位置。 2. 在给定的条件下，会计算物体在平面直角坐标系中的位置。

续表

生活力目标		1. 学生在具体情境中初步理解北偏东（西）、南偏东（西）的含义，会用方向和距离描述物体的位置，初步感受用方向和距离确定物体位置的合理性。 2. 引导学生探索并体验用方向和距离描述物体位置的过程，进一步培养学生的观察能力、识图能力和有条理地进行表达的能力，发展其空间观念。
考点		会用方向和距离描述物体的位置。
教学 重难点	重点	用数学语言精确描述位置与路线，理解位置的相对性。
	难点	理解位置的相对性。
预习 设计		课前测试（根据需求选择） 　　要求：用你们认为最简洁、准确的方式描述 A 号船的位置，并写在下面的横线上。 （图：坐标系，原点为"灯塔"，向上为"北"，A 点位于第一象限） （小提示：本图上的 1 厘米表示实际距离为 3 千米哦！） 　　A 号船在＿＿＿＿＿＿＿＿＿＿＿＿＿＿＿＿＿＿＿＿＿＿＿＿＿＿＿＿ ＿＿＿＿＿＿＿＿＿＿＿＿＿＿＿＿＿＿＿＿＿＿＿＿＿＿＿＿＿＿＿＿＿＿。
教学 准备		PPT、导做案。

续表

教学过程	劳力过程——活动、组织过程	劳心过程——思考进阶过程
经验阶段	活动1：回忆之前所学的相关知识点，体会确定位置的学习目标。 　　我们之前已进行了三次学习，一年级时得用一个要素——上下、前后、左右，或第几个等概念来描述位置；三年级认识东西南北，能用方向和距离两个要素来描述位置；五年级会用数对来表示位置，今天我们又将怎样确定位置呢？ 　　一艘船在海上遇险，急需营救，灯塔上的工作人员发现了，你能根据工作人员的指示找出这艘船吗？茫茫海面相当于一个巨大的平面，一艘船只是上面的一个小点。要想确定这艘船的位置相当于在这个平面上确定这个点的位置。	回顾已学的知识经验，联系新旧知识，提出生活问题。 　　在把实际海面想象成一个平面时，感受数学源于生活，又不同于生活的意义，体验生活问题的数学化过程。
概念阶段	活动2：掌握确定位置的三个核心概念。 　　师：每位同学都拿到了一张海面的平面图，观察一下发给你的学习单，有没有看到灯塔，这个灯塔就是观察员所在的位置。你要根据观察员发出的信号找到故障船所在的位置，明白了吗？ 　　（1）播放第一条语音信息：北偏东。 　　师：我们一起来听一下观察员发出的语音信号。（播放第一条语音信息：北偏东） 　　师：这个时候我们只听到了这样一个语音信号，根据这个信号可以知道船的什么？	1. 给每个学生一张导学单，通过三次给出的信息，让学生在平面图上画出船的位置。 　　（1）北偏东（面）。 　　（2）30度（线）。 　　重点指导：测量时以哪条边为0度。 　　（多媒体演示）

	续表
生：方向。 师：那这艘故障船可能在哪儿？请你在图上画画看。（组织学生交流） 板书：定方向；多媒体显示北偏东闪烁。 （2）播放第二条语音信息：30度。 师：我们在原来的基础上又听到了一个信息，请你在图上画画看，这个时候故障船的位置又可能在哪儿？这个信号又让我们知道了船的什么？（组织学生交流，请学生使用量角器量出30度） 板书：量角度。 （3）播放第三条语音信息：距灯塔15千米。 师：这个时候如果我们只听到了这样一个语音信号，那这艘故障船可能在哪儿？通过这个信号我们知道了船的什么？请你在图上画画看。（组织学生交流） 学生甲：我大概猜测一下，之前的提示告诉我们1厘米表示实际距离为3千米，所以15千米就应该画5厘米。 学生乙：无数种。这无数种都集中在一个以灯塔为圆心，5厘米为半径的圆上。 板书：算距离。 （4）引导学生初步归纳、概括出确定位置需要的方向、角度、距离三个要素，并梳理这三个概念。	（3）15千米。 某海域平面图 3千米 船在灯塔的北偏东30度距离15千米处。 2. 学生在一步步操作和交流中，初步感受确定位置所需要的：明方向、量角度、算距离这三个要素。

续表

	（5）引导学生准确运用刚才学的三个概念汇报遇险船的位置。 接着教师为学生提供更多的素材，以帮助学生进一步验证三个要素缺一不可，确保其对三个概念的初步掌握。 师：这个点就是这艘船的位置。你们看，如果我们只知道方向，就只能确定这艘船在某个面上，加上角度后，就能在面中确定它在某条线上，最后知道距离就能找到这个点。这是不是就验证了三个条件缺一不可？不，还不全面，还涉及定观察点，可见要考虑的一共有四个要素。	3. 学生在一步步操作和交流中，初步感受确定位置所需要的：定观察点、明方向、量角度、算距离这四个要素。
原理阶段	活动3：为什么确定位置要以南北为基准？ （1）多媒体展示坐标的起源。 我们所学习的位置是坐标思想在小学的渗透。战国时代的石申所著的《石氏星经》详细记录了恒星的位置，其背后蕴含了坐标系统的思想。可见，我国很早便已孕育了坐标思想的雏形，真是了不起！1637年，笛卡尔出版《方法论》，其中附录的《几何学》里阐述了平面坐标方法以及变量思想，这是首次比较系统地描述坐标。笛卡尔想到坐标方法的过程还有一个小故事呢！同学们若感兴趣，课外可自行去了解一番。	1. 独立测量后描述A船位置，通过对原理的挖掘，知道确定位置需要建立在坐标系上，因此，对于确定位置又要增加一个要素，同时通过观察，理解为什么以南北为基准。

续表

今天我们把海平面看成平面，但实际上地球是圆的，如果是一架在空中飞行的飞机又将如何描述呢？ （2）在确定位置时要以南北为基准。 有几艘巡逻船刚好在附近海域，你能描述出 A 船的位置吗？拿出导学单，多媒体展示 A 巡逻船（在灯塔的北偏西35 度距离 10 千米处），你该怎样描述它的位置？学生独立操作后交流：为什么描述时要以灯塔为参照点？结合学生的回答板书。 板书：观测点。 教师可提问：你是怎么测量出度数的？以哪边为基准？学生可能回答：量出多少度就是北偏多少。 B 巡逻船也在海面上，你能找出 B 船的位置吗？（在灯塔的南偏西 45 度距离 18 千米处）可以怎么描述？ 出示语音：你知道吗？在确定位置时要以南北为基准。据研究表明，地球每天都在自西向东进行自转，地球外核的电子随地球的自转产生电流效应，从而形成磁场，磁场的方向是南北向的，其中 N 极对着地球的北极，S 极对着地球的南极。根据这样的原理，我国祖先利用指南针来辨别方向。但在生活中，我们尽量选择度数小的方式来描述位置，比如东偏南 30 度。	

		续表
技术阶段	活动4：确定位置的步骤是什么？ 刚才我们都是以灯塔为观测点进行描述，如果不是从灯塔上看，还能不能这样描述呢？比如，这时故障船的水手也看到了灯塔，他要向船长报告灯塔的位置，如果你是水手，你该如何汇报？ 学生自主操作后汇报交流。现在观测点还是灯塔吗？看来观测点很重要，只有确定了观测点，才能描述具体位置。 定好观测点后，我们可以在观测点上画纵轴和横轴，这样方便定出方向，然后测量角度，计算出距离。 因此，通过描述灯塔的位置，变换观测点，学生掌握确定位置的基本方法：一是选择观测点；二是确定方向；三是测量角度；四是计算距离。	2. 通过描述灯塔的位置，变换观测点，学生掌握确定位置的基本方法：一是确定观测点；二是画坐标系（南北基准）；三是定方向；四是测角度；五是算距离。
作品阶段	活动5：能运用今天所学的知识解决以下这些问题吗？ 天气预报显示台风到达A市后，将改变方向，向B市移动。受台风影响，C市将产生暴雨。B市位于A市的北偏西30度，距离A市200千米处。C市在A市的正北方，距离A市300千米处。 （1）请你描述台风目前的位置。 （2）请你在图中标出B市、C市的位置。 （3）台风中心到达A市后，移动速度变成每小时40千米，几小时后将到达B市？	在实际应用题中，确定位置的技术路线是：一是确定观测点；二是画坐标系；三是定方向；四是测角度；五是算距离。
作业设计	基础性作业	课后练习或校本作业。
	实践性作业	在校园或家里对某个小地标进行距离和方位的描述。

点评：在小学数学中，确定位置从简单到复杂有不同的方法。先是利用方位来确定位置，如前后、左右，然后是用数对来确定位置，最后是用坐标系来确定位置，这都是在平面上确定位置。本教学设计依然体现"行知创"生活课堂中的五个教学环节。在坐标系上确定位置会涉及几个重要概念，如观测点、坐标系、方向、角度、距离等，相关的操作实践包括：一是确定观测点，二是画坐标系，三是定方向，四是测角度，五是算距离，如此就能完成位置的确定。

这堂课具有典型性：一是涉及多个概念。二是多个概念构成了体系，而且顺序不能随便打乱，故而能构成解决问题的技术——确定位置。

"行知创"生活课堂最终的目的是培养生活力。因此，教师在本课的作业设计上，尤其是生活实践性作业设计上，应该指向学生的日常生活，如在校园或家里对某个小地标进行距离和方位的描述。

案例五：小学道德与法治《小水滴的诉说》教学设计

课题	《小水滴的诉说》（第1课时）
案例信息	人教版小学道德与法治二年级（下）；设计人：杨娜青（厦门市集美区窗内小学），修改人：周志平。
教材分析	本课承接一年级下册"我和大自然"单元中人与自然的关系视角，关注日常生活中时时离不开的水，全然不同于仅仅把水当作一种可利用的资源的做法，而是将水看作生命的重要组成部分，是与生命休戚与共的存在。通过"小水滴"的歌唱与遭遇不幸后的诉说，激发学生爱惜水的情感，构建人与水的良好关系，有创意地引导学生珍惜水、节约水。
学情分析	二年级的孩子年龄小，生活经验少，因此他们在实际生活中可能只知道平时用的水是一拧就有的自来水，不明白地球上的水资源是有限的，地球上的水是很宝贵的，也很少留心水资源目前的污染状况，珍惜水资源的价值观有待建立。综上所言，我们需要教育学生养成日常节约用水的生活习惯和保护水资源的法律意识，让学生集思广益，想想生活中个人节约用水的具体方法有哪些，并且还可以引导学生留意国家在实际生活中有哪些创造性节约用水的做法，渗透从小科学用水的理念。

续表

教学目标	基础目标	1. 理解并树立水很珍贵的价值观。 2. 增强珍惜水资源的意识，懂得节约用水。 3. 了解水是生命之源，了解我国的水资源状况。
	生活关系目标	1. 初步体会水与人类的关系。 2. 初步体会水与自己的关系。
教学重难点	重点	让学生体验水的珍贵和来之不易。
	难点	了解水资源的缺乏情况，引发学生共情。
预习设计	无。	
教学准备	教师：课件、体验教具。 学生：蓝色蜡笔、涂色格子。	
教学过程	活动、组织过程	
情绪阶段	情绪环节——小水滴的诉说 师：今天有一位神秘的朋友来到我们的课堂，它要让你们听听它的声音，然后猜猜它是谁？ 【播放水滴声】 生：（全体齐喊）是小水滴！ 师：看来你们对水很熟悉，一听就猜出来了。没错，就是小水滴。 【出示课件：配音版小水滴】（师引导大家跟它打招呼） 师：小水滴今天来到这儿可是有很多话想跟大家诉说呢！你们愿意听吗？ 生：愿意。 师：那今天我们就一起来学习第9课——《小水滴的诉说》。（板书课题） 【展示课文和播放配音诗歌】 师：你们同意小水滴说的话吗？为什么小水滴说它是地球的血液，是生命的源泉？从课本上找找答案。 生看课本，师指名交流，进一步引导想象：如果没有水，那我们的世界会是什么样的呢？（展示插图） 【再次听小水滴的诉说】 师：你们听出了小水滴想告诉我们什么了吗——"我很珍贵"。（板贴）	

续表

阶段	内容
价值阶段	价值环节——了解水的来之不易 师：孩子们，小水滴这么珍贵，你们平时在生活中什么时候会用到它呢？（小组讨论，指名回答） 师：看来我们的衣食住行都离不开水，那让我们再来想想，平时做什么事是不需要用到水的呢？（自由交流） 【出示 A4 纸和 10 升的水桶】 师：大家刚才都说写字时不需要用到水，但你们可知道生产一张纸实际上可能需要用掉 10 升的水呢？ 【展示生产一片面包、一碗大米、一件衣服、一双皮鞋分别所需要的用水量】 师：原来吃的、穿的、用的，每件东西的生产过程都离不开水啊！孩子们，小水滴告诉我们这些真相是想让我们知道——"我很珍贵"。（板贴）
共情阶段	共情环节——懂得水的稀少 【展示地球仪，用手旋转】 师：孩子们，你们看地球上有陆地和海洋，谁占的面积比较大呢？ 生：海洋。 师：是啊，都说地球是三分陆地七分海洋，确实是如此啊。 小明：这些水我们都可以用吗？（有咸水、淡水） 师：咸水、淡水谁比较多呢？ 学习活动：给咸水涂颜色。 （小水滴揭示答案） 师小结并指出：海岛上的"珍惜每一滴水"中的"水"指的是"淡水"。（解决了小明的问题） 【出示板贴的小水滴，进行形象展示】 【展示我国城市缺水情况图】（让学生总体了解全国缺水地区较多） 小水滴：小朋友，你们所在的地区缺水吗？（播放新闻） 师：像我们这里一样定时供水的城市有多少呢？如果我们现在不定时供水，你会有什么样的感受？（引导学生总结"水很珍贵"） 师：现在我们来看看严重缺水地区的生活情况具体是什么样子的。请同学们看课本上的内容，哪一句话让你觉得缺水？ 【播放视频】（小水滴带大家走进缺水的西北，看看一个同龄的孩子的生活环境） 师：看完了视频，你有什么感受？（第三次板贴：我很珍贵） 师：你们想帮助她吗？准备怎么帮助她？（指名交流）

续表

联结阶段	联结环节——怎么帮 师：单凭我们个人是很难帮助他们的，但是我们的国家把每个地区的生活情况都放在心里，大家知道什么是"南水北调工程"吗？ 【播放南水北调相关视频资料】 师：现在你们觉得我们能帮上他们吗？怎么帮？	
关系阶段	关系环节——人类与水的关系、自己与水的关系 师：孩子们，学到这里，我想问问大家，你们认为人类与水应该形成怎样的关系呢？ 生：人类应该爱护水资源。水是生命之源，是哺育人类的珍贵"乳汁"。 师：那么在日常生活中，我们应该怎么节约用水，你能想出几个节约用水的好办法？	
作业设计	基础性作业	无。
	实践性作业	在日常生活中，我们应该怎么节约用水，你能想出几个节约用水的好办法？

点评：本教学设计对模板进行了简化，如去掉了劳心过程的心理图式，去掉了课堂学习过程中的记录。生活关系主要是培养人与自然的关系、人与社会的关系、人与家庭的关系、人与自己的关系等等。本课所讲的人与水，是人与自然关系中的一种，所以应该采用"行情创"生活课堂的教学模式。

本课是"行情创"生活课堂的教学设计案例，课堂呈现了五个教学环节，即情绪、价值、共情、联结和关系。在实践中，教师可以根据具体情况进行补充和改进，比如联结环节就增加了"怎么帮"，使得共性的教学环节有了个性。本节课最终是要培养学生正确建立人与水的关系，让学生感受到水的珍贵，主动形成节约水、爱护水的价值认知和行为表现。一定程度上，教师可以引导学生对人与自然的关系进行新的思考和共情。

案例六：小学科学《空气》教学设计

课题		《空气》（第 1 课时）
案例信息		人教版小学科学二年级（上）；设计人：周志平。
教学目标	基础目标	1. 认识到空气是一种物质，知道空气能够占据空间。 2. 用实验方法证实空气占据空间，在科学事实的基础上进行预测和解释。
	生活方式目标	养成与他人合作的良好习惯，形成尊重事实、实事求是的科学态度，初步感受科学认识事物的方式——预测、实证和解释。
教学重难点	重点	知道空气与其他物质一样，能够占据空间。
	难点	自主设计实验，证实空气确实占据空间，并在实验的基础上进行预测和解释。
预习设计		无。
教学准备		课件、水槽、玻璃杯、塑料瓶、小球、纸巾等。
教学过程		活动、组织过程
需求阶段		活动 1：微课预学——空气占据空间的演示实验。 1. 让学生提出学习的困惑。（逐步引导学生提出空气是否占据空间这一问题） 2. 明确学生的学习需求。
目标阶段		活动 2：让学生为"证实空气确实占据空间"设置实验目标。 1. 引导学生自主学习，然后小组分享收集到的有关空气的知识，并进行总结归纳。 2. 展示最具代表性的几个实验，全班一起分析、讨论。 3. 最后让学生为"证实空气确实占据空间"设置实验目标。 （1）空气中是否有物质？ （2）空气占据空间如何证实？

续表

计划阶段	活动3：设计"证实空气确实占据空间"的实验方案。 1. 通过讲解覆杯实验操作和小球上浮实验操作的注意事项，引导学生分小组设计实验方案。 2. 讨论所使用的器材和相关设计的原理。 3. 讨论实验的步骤和可能出现的现象。
执行阶段	活动4：开展实验验证空气确实占据空间。 1. 小组合作，自主探究。 2. 小组汇报实验结果。教师指导学生使用"占据""空间"两个词来描述实验过程。学生通过分析自己小组的实验现象，领会空气占据空间的实验结果。
习惯阶段	活动5：汇报和评价。 1. 通过展示学生收集到的有关空气占据空间在生活中的运用事例，让学生思考空气在生活中还能够有哪些运用？ 2. 反思并自主评分，让学生通过反思养成良好的课堂学习习惯，同时也通过自评表（表1）的形式让学生学会总结知识。 表1　科学生活方式评价表 | 评价项目		学生自评
---	---	---
学习态度	材料准备	☆☆☆☆☆
	上课纪律	☆☆☆☆☆
	上课积极性	☆☆☆☆☆
生活力	提出问题的能力（猜想和假设的能力）	☆☆☆☆☆
	制订计划、设计实验的能力	☆☆☆☆☆
	观察能力	☆☆☆☆☆
	实验操作能力	☆☆☆☆☆
	数据解读能力	☆☆☆☆☆
生活关系	倾听发言	☆☆☆☆☆
	采纳意见	☆☆☆☆☆
	参与活动	☆☆☆☆☆
	合作态度	☆☆☆☆☆
生活方式	科学的责任	☆☆☆☆☆
	科学的态度	☆☆☆☆☆
	科学的认识方式	☆☆☆☆☆	 3. 畅谈收获：让学生总结这堂课的收获，包括学会了哪些知识、技能，产生了什么感受。

作业设计	基础性作业	无。
	实践性作业	无。

点评：本课是"行意创"生活课堂的设计案例，采用的也是简案，方便一线教师根据已有的教学习惯进行改进。"行意创"生活课堂是由五个环节组成，即需求、目标、计划、执行和习惯，各个环节都有相关的操作。这样的课堂适合项目式学习、实验学习等，因为它们都涉及计划和实验过程，最后通过自我评价等反思方式巩固学习成效和习惯。

"行意创"生活课堂最终是培养学生的生活方式。学生的日常生活很丰富，就其生活内容来说，有课堂听讲、自主学习、家庭生活、交际生活等。那么怎样的生活方式是最佳的呢？当然是能够深刻反映其需求（马斯洛需求层次理论）、目标（堪当民族复兴重任的时代新人）、计划（自我管理时间）、执行（做事有标准和步骤）和习惯（反思、评价、复盘等）的生活方式。这样的良好生活方式，才有助于学生更好地学会做事和做人。

案例七：小学语文《我的伯父鲁迅先生》教学设计

课题		《我的伯父鲁迅先生》（第2课时）
案例信息		人教版小学语文六年级（上）；设计人：周志平。
教学目标	基础目标	理解并掌握对话概念。
	生活力目标	学写对话。
教学重难点	重点	发现写对话的五条规律。
	难点	面对现实对话场景，尝试进行对话写作。

续表

预习设计	1. 阅读教材。根据教材找出对话的特点，画出对话的思维导图，结合经验和相关知识补充思维导图。 2. 录制一段身边多人对话场景。 3. 试着用文字描述这段多人对话场景。		
教学准备	1. 收集学生的思维导图。 2. 收集学生的录音实例。 3. 准备写作素材。		
教学过程	劳力过程——活动、组织过程	劳心过程——思考和心理图式	时间
经验阶段	活动1：展示学生的思维导图，播放实例录音，引导学生进行小组交流并汇报，鼓励学生谈发现，谈问题。	1. 小组汇报后，让学生完善本课的思维导图，进一步对实例进行分析并补充到思维导图中，形成关于对话的问题链。（问题链是以下教学的重要依据） 2. 学生发现对话中有句号、问号、冒号和逗号。有的对话内容在前面，提示语在后面，如："'哪一点不像呢？'伯父转过头来，微笑着问我。他嚼着东西，嘴唇上的胡子跟着一动一动的。" 　　有的提示语在中间，如："'你不知道，'伯父摸了摸自己的鼻子，笑着说，'我小的时候，鼻子跟你爸爸的一样，也是又高又直的。'"	10分钟
概念阶段	活动2：让学生发现对话中涉及的五个概念并画出心理图式。	1. 学习"对话的情境语""对话的内容""对话的提示语""对话的标点符号变化""对话要分段"五个方面的内容。 2. 上述学习内容梳理清楚后要进一步完善心理图式。	10分钟

续表

原理阶段	活动3：去掉"提示语"和"说明情境"的词语或者不分段，看看对话是否还清晰。	学生发现对话需要具备"对话的内容""提示语变化""分段""标点符号变化""说明情境"五个要素。	10分钟
技术阶段	活动4：阅读文本，发现写对话的五个技术要点：（1）对话的内容；（2）对话的提示语变化；（3）对话的分段；（4）对话的标点符号变化；（5）对话的情境语。	写对话的五个要点： （1）对话的内容 （2）对话的提示语变化 （3）对话的分段 （4）对话的标点符号变化 （5）对话的情境语	5分钟
作品阶段	活动5：根据学生情况，选择以下内容进行训练。 训练一：在已学过的课文中找到对话部分，研究每条对话是否符合上述规律。 训练二：听写一段对话，能够正确使用标点符号。 训练三：听一段对话，能够赋予对话情境，丰富对话的提示语。 训练四：自己设计一个情境，并设计对话内容。 训练五：根据原理和技术对课文的对话进行创新与改造。	写对话，并补充对话的心理图式。	10分钟
作业设计	1. 翻阅课本或课外书，进一步研究对话特点，发现更多的规律；可以进一步模仿优秀文学作品的表达方式来描写对话。 2. 根据发现，继续补充并完善对话的心理图式。		

点评：本课是"行知创"生活课堂的设计案例，侧重培养学科生活力，也就是学科的核心能力，这里是指有关写对话的能力。之所以是学科生活力，而不是学科的某种能力，就在于培养写对话能力是针对现实中的对话场景，如超市排队时两个人的对话，同学闲聊时的对话，家庭成员的对话，等等。本课较好地通过"问题（经验）—概念—原理—技术—作品"五大环节完成教学，又规范地应用了本书的设计模板，将劳力和劳心两个过程分开设计。劳力过程是以一件件活动来推进教学，若是问题教学模式，可能就会以一个个问题为节点来推进教学，或以一个个重要知识点为节点来推进教学，这里的教学设计是体现"做"中心，因此是以活动来推进教学的。对于劳心方面，也就是画心理图式。心理图式源于思维导图，是学生课堂上的笔记，其核心是这堂课的概念关系图或原理图。对于这个关系图和原理图，学生可以根据自己的心理认知进行补充和扩展，因此每个学生的心理图式都可以是不同的，教师应尽可能地鼓励学生发挥其创造性。在此阶段培养起来的心理图式很可能会成为学生未来解决各种问题的内在心理结构。

案例八：初中物理《浮力》单元教学设计

课题	《浮力》单元教学
案例信息	人教版初中物理八年级（下）；设计人：许芙蓉（福建教育学院）、周志平。
教材分析	《义务教育物理课程标准（2022年版）》指出："通过实验，认识浮力。探究并了解浮力大小与哪些因素有关。"本节课属于课程标准中的"运动和相互作用"主题，是"机械运动和力"中的内容。本节课既是"力""力和运动""液体压强"的延伸、升华及综合应用，又为后续学习阿基米德原理及物体浮沉条件等奠定理论基础，具有承上启下的作用，在教材中占据着重要地位。本节课还对学生认识相关浮力现象、生产技术和科技前沿技术等有着广泛的现实意义。

续表

学情分析		学生已经会分析物体的受力情况，会使用弹簧测力计，具备初步的实验观察和操作能力，掌握了"力""力和运动""液体压强"的相关知识和规律，知道物体的平衡条件并能进行简单计算，对控制变量法和转换法的物理思想也较为熟知，生活中学生也有一定的浮力感性认识。这一阶段的学生有很强的学习欲望，但由于学生的综合分析能力和抽象思维能力仍较为薄弱，可能对于浮力的概念、产生原因及影响因素存在错误的前概念，加上本节课对学生而言仍较为抽象且复杂，因此需要教师科学引导。
教学目标	基础目标	物理观念、科学探究：经历"观察现象—提出猜想—实验验证—交流评价"的科学探究过程，提升科学探究能力，同时感受浮力，认识浮力方向。能总结提炼浮力特点，进而建立浮力概念；会利用浮力描述并解释生活中的相关物理现象。 科学思维：通过理论推导，领悟物理现象从直觉到类比分析、抽象概括的思维方法；通过实验发现重的物体不下沉、轻的物体不上浮，学会透过表面现象看问题，提高质疑和创新能力。 科学态度与责任：了解浮力在生产生活中的应用，认识物理来源于生活又服务于社会的科学本质；通过浮力概念的建立过程，认识物理学是人类对自然现象的描述、解释及高度的凝练总结；通过实验探究过程，认识物理概念是建立在实验研究的基础上，养成尊重事实、严谨认真的科学态度，同时培养学习物理的热情和兴趣，养成与他人合作、共享成果的态度和习惯；通过浮力的案例分析，提升安全意识和创新意识。
	生活力目标	1. 会用弹簧测力计测量物体所受浮力的大小。 2. 会在现实生活场景中分析浮力现象。 3. 能基于浮力原理，设计并制作相关的作品。
	心理图式目标	画出心理图式。
教学重难点	重点	1. 构建浮力概念。 2. 掌握称重法测量浮力的大小。 3. 了解浮力的应用。
	难点	1. 理解浮力产生的原因。 2. 理解阿基米德原理。

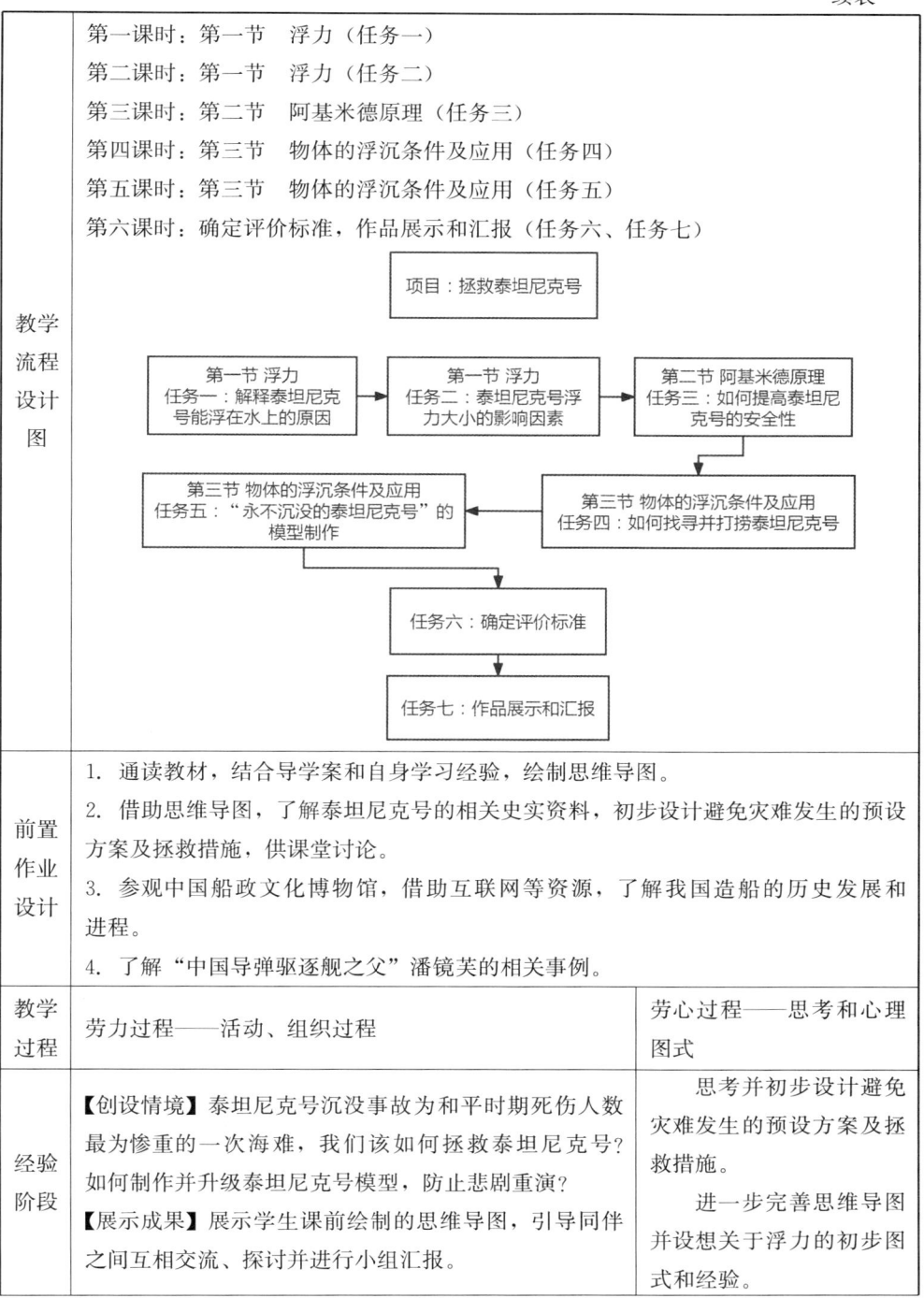

续表

教学流程设计图	第一课时：第一节 浮力（任务一） 第二课时：第一节 浮力（任务二） 第三课时：第二节 阿基米德原理（任务三） 第四课时：第三节 物体的浮沉条件及应用（任务四） 第五课时：第三节 物体的浮沉条件及应用（任务五） 第六课时：确定评价标准，作品展示和汇报（任务六、任务七） 项目：拯救泰坦尼克号 第一节 浮力 任务一：解释泰坦尼克号能浮在水上的原因 → 第一节 浮力 任务二：泰坦尼克号浮力大小的影响因素 → 第二节 阿基米德原理 任务三：如何提高泰坦尼克号的安全性 第三节 物体的浮沉条件及应用 任务五："永不沉没的泰坦尼克号"的模型制作 ← 第三节 物体的浮沉条件及应用 任务四：如何找寻并打捞泰坦尼克号 任务六：确定评价标准 任务七：作品展示和汇报	
前置作业设计	1. 通读教材，结合导学案和自身学习经验，绘制思维导图。 2. 借助思维导图，了解泰坦尼克号的相关史实资料，初步设计避免灾难发生的预设方案及拯救措施，供课堂讨论。 3. 参观中国船政文化博物馆，借助互联网等资源，了解我国造船的历史发展和进程。 4. 了解"中国导弹驱逐舰之父"潘镜芙的相关事例。	
教学过程	劳力过程——活动、组织过程	劳心过程——思考和心理图式
经验阶段	【创设情境】泰坦尼克号沉没事故为和平时期死伤人数最为惨重的一次海难，我们该如何拯救泰坦尼克号？如何制作并升级泰坦尼克号模型，防止悲剧重演？ 【展示成果】展示学生课前绘制的思维导图，引导同伴之间互相交流、探讨并进行小组汇报。	思考并初步设计避免灾难发生的预设方案及拯救措施。 进一步完善思维导图并设想关于浮力的初步图式和经验。

		续表
概念阶段	任务一：解释泰坦尼克号能浮在水上的原因 【活动1】认识浮力 　　教师可以先向学生展示一些与浮力相关的图片，例如在浩瀚大海上航行的轮船、湖面上的天鹅，以及上浮或下沉的潜水艇等等，让学生对浮力有大致的认识，从而激发他们的好奇心与求知欲。 分组实验1：探究重的物体是否一定下沉，轻的物体是否一定上浮。教师可以设计实验与学生一同探究该说法的正确性。例如，A物体的体积为0.1 m³，B物体的体积为0.01 m³，A物体比B物体重。在确保水深足够的情况下，将两个物体投入水中会产生什么情况，引导学生积极思考并进行小组交流。 分组实验2：利用同一块橡皮泥设计实验，进一步探究。 演示实验：在杠杆两端分别悬挂两个相同的物体，使之处于平衡状态。将其中一个物体用手向上托起，打破杠杆平衡，将另一个物体放入液体中，发现杠杆重新平衡。引导学生观察实验现象，发表观点并进行交流。得出的结论是物体在液体中会受到一个向上的托力。	"下沉和上浮的状态取决于质量""下沉的物体不受浮力"是多数学生存在的错误前概念和图式。通过改变橡皮泥的形状，证明物体在水中的状态与质量无关，从而转变了学生的错误认知。让学生经历实验探究过程，明确浮力的方向是竖直向上。由此建立浮力的概念，解释泰坦尼克号能漂浮的原因。
	【活动2】浮力方向 教师追问：这个力是竖直向上还是斜向上？ 演示实验：容器装满水，将细线的一端固定在容器底部，另一端系着乒乓球。 得出结论：发现即使容器底部细线的倾斜角发生变化，绑着细线的乒乓球始终是竖直向上。 【活动3】建立概念 　　组织学生基于实验现象、生活经验及事先预习完成的思维导图，总结这个力的特征并建立浮力的概念。 【活动4】解释任务一 　　播放泰坦尼克号从行驶到最终下沉的电影片段及动画模拟视频。 　　初步解释泰坦尼克号浮于水面的原因。小组讨论并上台发言交流。	浮力定义：浸在液体或气体里的物体，受到液体或气体竖直向上托的力称为浮力。 浮力的方向：竖直向上。 　　结合所学，解释泰坦尼克号能漂浮在水面及最后下沉的原因，完善浮力概念的心理图式。

续表

原理阶段	任务二：泰坦尼克号浮力大小的影响因素 【活动1】探究浮力的影响因素 分组实验：利用盛有部分水的容器、盐、鸡蛋，结合先前的相关实验，探究浮力的影响因素。 小组汇报：浮力与液体密度有关。 演示实验：将力传感器固定于铁架台，用抽水泵控制物体浸没在液体中的深度，观察此过程中示数的变化。 得出结论：物体的浮力与其浸没在液体中的深度有关。	得出浮力大小可能与液体的密度、物体的体积等有关。
	【活动2】测量浮力大小，初步感受浮力产生的原因 分组实验：用弹簧测力计测量钩码浸没水中后所受到的浮力大小。 自主设计实验方案及表格，参考如下： | 空中和水中的受力分析示意图 | 物理量 | 数值 | |---|---|---| | | 钩码的重力 | $G=$ | | | 钩码浸没水中后弹簧测力计的读数 | $F_{拉}=$ | | | 钩码受到的浮力 | $F_{浮}=$ | 得出结论：用称重法测浮力，了解浮力产生的原因。	记录实验数据。 思考弹簧测力计测量浮力大小的原理图。 结合所画的受力分析示意图，思考浮力产生的原因。
	【活动3】不同状态辨析——浮沉条件 学生实验1：通过改变液体密度，让物体处在该液体中的不同位置。 学生实验2：在同一液体容器中，通过改变密闭塑料瓶的水量，实现其在该容器中的不同位置。	学生理解浮力、漂浮、悬浮、下沉等概念及其之间的关系，同时进一步理解浮力大小的影响因素。
	【活动4】浮力产生的原因 实验演示：用演示仪演示浮力从无到有的本质过程。 视频演示：播放在太空舱里浮力消失实验的视频。 归纳总结：浮力是由于上下表面的压力差导致。 【活动5】解释原因 小组讨论：解释泰坦尼克号下沉的本质原因。	理解并形成浮力产生原因的原理思维图式。

		续表
技术阶段	任务三：如何提高泰坦尼克号的安全性 【活动1】探究浮力大小的实验——阿基米德原理 分组实验：设计实验方案，进行实验操作。 （图：弹簧测力计实验装置 A、B、C、D，对应 F_1、F_2、F_3、F_4） 数据记录： 单位：N | 次数	物体所受的重力	物体在水中时测力计的读数	浮力	小桶和排开水所受的总重力	小桶所受的重力	排开水所受的重力 | |---|---|---|---|---|---|---| | 1 | | | | | | | | 2 | | | | | | | | 3 | | | | | | | | …… | | | | | | | 数据处理得出结论：阿基米德原理指出浸在液体中的物体所受的浮力，其大小等于被物体排开的液体所受的重力。	理解并掌握影响浮力大小的因素及阿基米德原理。
	【活动2】浮沉条件 小组活动：根据浮力公式得出浮沉条件。 【活动3】解决任务三 小组活动：基于阿基米德原理，结合查阅的相关资料和数据，研讨、设计提高泰坦尼克号安全性的方案并分享交流。	漂浮：$F_{浮}=G_{物}$ 上浮：$F_{浮}>G_{物}$ 悬浮：$F_{浮}=G_{物}$ 下沉：$F_{浮}<G_{物}$ 进一步完善浮力大小与排开液体所受重力的关系的心理图式。

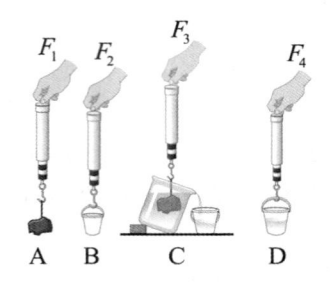

续表

作品阶段	任务四：如何找寻并打捞泰坦尼克号 【活动1】制作"孔明灯"，释放求救信号 播放素材：中国古代孔明灯的发明、制作与用途；介绍第一个氢气球诞生的故事。 分组实验：利用塑料袋、酒精灯自制孔明灯。 【活动2】自制潜水艇模型，找寻泰坦尼克号 演示实验：探究鱼能上下浮动的原因，展示鱼鳔模型。 分组实验：用塑料瓶、透明胶带、螺母、塑料管、容器和水等，制作一个潜水艇模型。 任务五："永不沉没的泰坦尼克号"的模型制作 【活动1】制作"永不沉没的泰坦尼克号"的模型 　　制作泰坦尼克号的模型可以是一个有趣且富有创造力的活动。以下是一种可能的步骤和指南。 1. 材料：纸盒或塑料盒（作为模型的基础）、纸板或厚纸、剪刀、胶水、颜料或彩色铅笔、尺子等。 2. 步骤： (1) 根据泰坦尼克号的实际尺寸设计一个等比例模型，可以在网上找到泰坦尼克号的相关资料。 (2) 使用纸盒或塑料盒作为模型的基础。将纸板或厚纸剪成与盒子相匹配的尺寸，作为模型的底部和侧边。使用胶水将纸板或厚纸贴到盒子上。 (3) 根据泰坦尼克号的图纸或照片，用纸板或厚纸制作泰坦尼克号的各个部分，如船体、烟囱、船桥等。使用剪刀剪出所需的形状，然后使用胶水将这些部分贴到模型上。 (4) 用颜料或彩色铅笔给模型上色时，可以参考泰坦尼克号的照片或电影，使其看起来更加逼真。 (5) 在模型的底部添加一些重物，如石头或金属，使其保持稳定，不会轻易翻倒。 (6) 最后，可以添加一些额外的部件，如旗帜、名字、乘客和船员的人偶等，使模型更加生动和有趣。	

3. 提示：在制作过程中，请注意安全使用剪刀和胶水等，不要将模型放在高温处或接触水，以免损坏。制作完毕后，可以将模型作为一件精美的工艺品放在书桌上或展示柜中进行展示。

任务六：确定评价标准

依据《中国造船质量标准》及自主造船过程体会，共同研究、商定作品评价标准并开展相关研讨。

1. 理解和掌握泰坦尼克号能够漂浮的原因：泰坦尼克号作为一种巨型船只，是根据阿基米德原理来设计并建造的。这个原理指出，一个物体在流体中会受到一个向上的浮力，这个力等于物体排开的流体的重力。泰坦尼克号的船体设计就是为了最大程度地利用这个原理，以实现漂浮和稳定。

2. 了解影响浮力的因素：船只的浮力主要取决于其体积和形状，以及船体材料的密度。同时，环境因素，如海水的温度、盐度和深度等也会影响浮力。研讨这些因素如何影响泰坦尼克号的浮力，对于理解其沉没的原因至关重要。

3. 理解并分析泰坦尼克号的沉没原因：泰坦尼克号的沉没原因非常复杂，包括人为错误、设计缺陷、船速过快等。研讨这些因素如何相互作用并导致这场悲剧，是防止未来类似事故的重要一环。

4. 探讨船只安全性的方法：通过对泰坦尼克号沉没原因的深入理解，可以找到提高船只安全性的方法。这包括改进船只设计、提高船员素质、加强安全管理等多个方面。

任务七：作品展示和汇报

在完成对泰坦尼克号的漂浮原理、影响浮力的因素以及沉没原因等方面的研讨之后，学生将进行5～7分钟的作品展示和汇报，充分展示他们对泰坦尼克号的研究成果，并提出一个与所学知识相关的、防止未来海难发生的建议或策略。展示应包含以下内容：

续表

	1. 对泰坦尼克号沉没事故的背景和事实进行简要介绍。详细阐述泰坦尼克号能够漂浮的原理以及影响其浮力的因素。 2. 分析泰坦尼克号沉没的具体原因，可以包括人为错误、设计缺陷、环境因素等。 3. 根据研讨的结果，提出一些提高船只安全性的具体建议或策略，可以包括船只设计改进、船员培训和管理、航海规则的完善等多个方面。 4. 对提出的建议或策略进行可行性分析和讨论，解释它们如何在实际环境中应用并防止类似的海难事故发生。 　　在汇报结束后，将进行观众提问和发表意见的环节。最后，教师将对每个小组的展示进行简要的点评和建议。这将帮助学生更好地理解和掌握泰坦尼克号的相关知识，同时也能提升他们的研究和表达能力。	
板书设计	浮力 阿基米德原理：大小　　方向：竖直向上 沉浮条件： $\rho_{液} > \rho_{物}$　$F_{浮} = G$　漂浮① $\rho_{液} > \rho_{物}$　$F_{浮} > G$　上浮② $\rho_{液} = \rho_{物}$　$F_{浮} = G$　悬浮③ $\rho_{液} < \rho_{物}$　$F_{浮} < G$　下沉④ 求解浮力： ①压力差法　$F_{浮} = F_{向上} - F_{向下}$ ②称重法　$F_{浮} = G - F$ ③平衡法　$F_{浮} = G_{物}$ ④阿基米德原理　$F_{浮} = G_{排} = m_{排}g = \rho_{液}gV_{排}$ 拯救泰坦尼克号 浮力产生原因　$F_{浮} = F_{向上} - F_{向下}$	

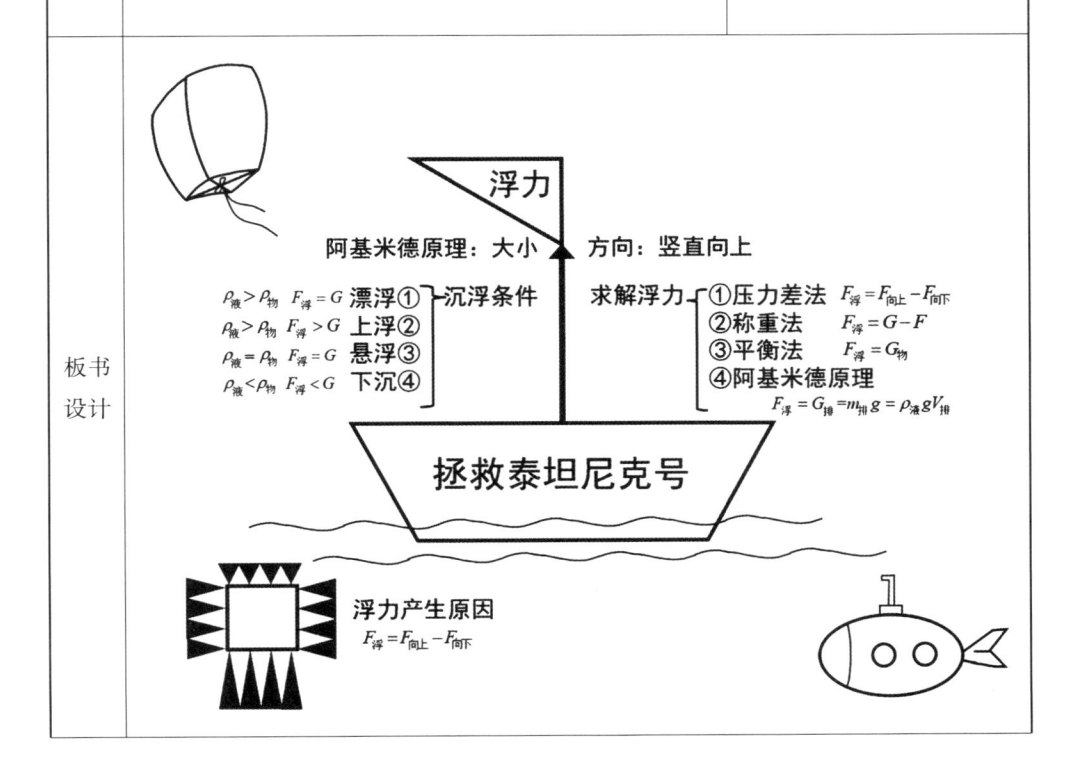

续表

作业设计	1. 利用学过的知识或借助身边的资源，设计实验方案，以确定和求出浮力的方向及大小。 2. 解释泰坦尼克号能行驶的原因及最后沉船的原因。 3. 利用浮力相关知识，思考如何实现在水中自救。 4. 利用浮力相关知识，解释"飞屋环游"的可能性。

点评：本教学设计主要围绕浮力的相关概念展开，探究浮力的影响因素，用弹簧测力计测量物体所受浮力的大小以及浮力产生的原因等。由于教学内容涉及众多概念和原因分析，相关练习题又是易错的，所以这也是"行知创"生活课堂较适合的一个教学设计。本课严格遵循"经验（问题）—概念—原理—技术—作品"流程，各个环节也都在劳力和劳心两个方面进行设计，体现了主观世界和客观世界的互动性。同时整个单元设计又渗透着项目学习的理念，以项目化形式开展任务，最后呈现作品，并进行评价与展示。

案例九：高中历史《三国两晋南北朝的政权更迭与民族交融》专题复习教学设计

课题	《三国两晋南北朝的政权更迭与民族交融》（第2课时）
案例信息	部编版高中历史高一（上）；设计人：严立新（龙岩市长汀县新桥中学）、周志平。
教材分析	本节概述了政权更迭的历史脉络，从统一到分裂，从分裂到统一，在常态—变态—常态交替的背后，是历史环境、政治、经济、文化等的内在历史逻辑、内在的概念和规律在作用着，这让学生看到了民族融合在历史发展中的必然性和意义，培养学生的民族认同感，使其初步理解"人类命运共同体"的内涵。 本节涉及的核心概念是政权更迭、历史脉络和民族融合；上位概念是"人类命运共同体"（但不要求掌握）；而子概念有很多，包含地理环境、政治方面、经济方面、文化方面等相关概念，具体如下：

续表

		1. 地理环境：从公元二百年到五百年全球气候发生变化、中国北方地区寒冷气候出现更早、草原上的民族向南移动、北方族群侵入南方、南方人口结构变化。 2. 政治方面：政权更迭、政治制度；选官制度、皇权政治、士族与皇权共治、中枢和藩镇的对立；三股社会力量：权臣篡位、宗室叛乱、士族专权。 3. 经济方面：刀耕水耨、精耕细作；南方灌溉、防洪、运河等水利工程不断修筑；北方汉人南迁、江南地区的开发、重心南移。 4. 文化方面：科技持续领先世界；南北文化差异明显，但走向交融；儒、释、道三教共同发展，玄学产生；文学承上启下，丰富多彩。 5. 民族融合：五胡内迁、胡人汉服、汉人胡食、胡汉交融、迁都城、改籍贯、变官制、改汉姓、写汉字、与汉族士族通婚。
教学目标	基础目标	1. 了解三国两晋南北朝政权更迭的历史脉络。 2. 认识三国两晋南北朝时期的制度变革与创新、民族交融和区域开发的新成就。
	生活力目标	1. 通过画时间轴，梳理三国两晋南北朝政权更迭的历史脉络，初步掌握"政权更迭的历史脉络"核心概念。（结合预习完成） 2. 培养时空观念：知道这一时期的时间跨度与地理区位，读懂相关的历史地图信息。（结合预习完成） 3. 唯物史观、史料实证：分析三国两晋南北朝时期的区域开发和孝文帝改革；体会和平、稳定的社会环境是经济发展的重要保障；体会人民群众是历史的创造者。 4. 深入理解地理环境、制度（政治、经济、军事等）、经济和生产力的变化、外部威胁、内部社会力量变化、文化的变化在历史脉络中的原理关系。 5. 学科生活力目标：掌握历史脉络的分析法——列表、画时间轴、比较等。（在此技术和方法上，可以再拓展）
	生活关系目标	1. 认识民族交融对统一多民族封建国家的意义，培养民族认同感。（家国情怀） 2. 深入构建家国情怀与学科生活关系目标：民族交融—多元一体—民族认同感（文化）—家国情怀（对祖国的深情大爱）—人类命运共同体。

续表

教学重难点	重点	掌握历史脉络的分析法——列表、画时间轴、比较等。（在此技术和方法上，可以再拓展）
	难点	深入构建家国情怀与学科生活关系目标：民族交融—多元一体—民族认同感（文化）—家国情怀（对祖国的深情大爱）—人类命运共同体。
预习设计		找出三国两晋南北朝中处于单一政权统治的时期。
教学准备		PPT、学习单等。
教学过程		活动、组织过程
经验阶段		若以波浪类比古代专制官僚政治运作的起伏轨迹，则秦汉是一个波峰，其时帝国的规模、制度的进步和管理的水平，都处于古代世界前列；魏晋南北朝陷入低谷时期：帝国动荡、分裂，在体制上也出现变态、扭曲。 ——据阎步克《波峰与波谷》整理 请学生绘制并优化"三国两晋南北朝"相关的时间轴，优化后要体现出统一到分裂再到统一的变化趋势，并对南北对峙等重大事件进行标记。 通过梳理政权更迭的历史脉络，结合史料进行自学或互学，分析环境、政治、经济和文化相关的内容。
概念阶段		围绕历史脉络的几个维度，即政治、经济、民族、文化、环境等进行深化，由此展开对历史脉络概念的理解和分析。 （一）政治之变 史料解读（一） 材料1：（注：西晋依靠的是曹魏的高官及子弟）司马氏决意重用皇子宗王，令其在外督军事，在朝任要职，……其弊端显示于"八王之乱"。 ——阎步克《波峰与波谷》 材料2：（元）帝初镇江东（注：司马睿在建康重建晋朝，史称东晋），威名未著，（王）敦与从弟导等同心翼戴，以隆中兴。时人为之语曰："王与马，共天下。" ——《晋书·王敦传》

续表

任务1：依据材料说明，魏晋南北朝在体制上的"变态"表现在哪里？

①权臣篡位：<u>曹丕篡汉、司马炎代魏称帝</u>。

②宗室叛乱：<u>西晋末年的八王之乱</u>。

③士族专权："<u>王与马，共天下。</u>"

（这是造成分裂的三股社会力量，统一前、统一后，以及未来这三股力量是如何被封建王朝化解的？统一趋势是如何不断在政权更迭中加固的？）

任务2：指出"王与马，共天下"的本质。

士族与皇权共治，是一种在特定条件下出现的<u>皇权政治</u>的变态。

史料解读（二）

材料1：孝建（宋孝武帝）、泰始（宋明帝），主威独运，空置百司，权不外假。

——《宋书》卷九四《恩幸传序》

材料2：（南朝）次等士族的势力业已转化为皇权，中枢和藩镇总是控制在皇室手里。门阀士族人物虽然还可能兴风浪于一时，形成政局的暂时反复，但是严格意义的门阀政治是确定不移地一去不返了。

——田余庆《东晋门阀政治》

任务：阅读材料与教材，结合史实说明"波谷—变态"的冰山之下，是否也蕴含着"常态—回归"的潜流？请找出材料中的史实根据。

史料解读（三）

材料1：三纲者，何谓也？谓君臣、父子、夫妇也。

——《白虎通·三纲六纪》

材料2：汉末魏晋时期，经学之风的深刻影响对社会秩序和人伦纲常造成了重大破坏。

——韩东育《关于汉末魏晋世风的历史考察》

任务：阅读材料与教材，指出影响"社会秩序和人伦纲常造成了重大破坏"的因素。

权臣篡位、宗室叛乱、士族专权破坏了三纲五常。

（二）经济之变（格局之变）

材料1：长江流域原本"刀耕水耨"的原始耕垦方式逐渐得到改变，……越来越注重<u>精耕细作</u>。<u>东晋政府鉴于江淮地介南北之间，适宜在水稻收割后安排三麦</u>

续表

（旱作物）的种植，以济匮乏，于是下诏："……投秋下种，至夏而熟，继新故之交，于以周济，所益甚大。"

——徐巨攀《汉唐时期农耕区拓展研究》

任务1：依据材料1概括六朝南方农业发展的表现。

①农耕面积扩大；

②作物品种增加；

③技术、方式改进与产量提高。

材料2：（东晋）百许年中，无风尘之警，区域之内，宴如（即安定）也。

——《宋书·沈昙庆传·史臣曰》

材料3：北人相继南移，同时携来高级栽培技术，南方灌溉、防洪、运河等水利工程不断修筑，富源也不断开发，始终江南的经济力量趋于壮胜。

——摘编自邹纪万：《魏晋南北朝史》

任务2：依据材料1、材料2、材料3，概括江南开发的原因及影响。

（1）原因：

①江南雨量丰沛，气候较热，土地肥沃，自然条件优越；

②江南战争相对较少，社会秩序安定；

③北方汉人南迁，带来先进的生产技术、经验和丰富的劳动力资源；

④南北方劳动人民的辛勤努力；

⑤统治者实行了一些有利于生产的政策。

（2）影响：

①江南地区的开发，为经济重心南移奠定了基础；

②促进了我国古代社会的发展进程，为国家的统一和繁荣奠定了基础。

小结：经济重心南移的进程。

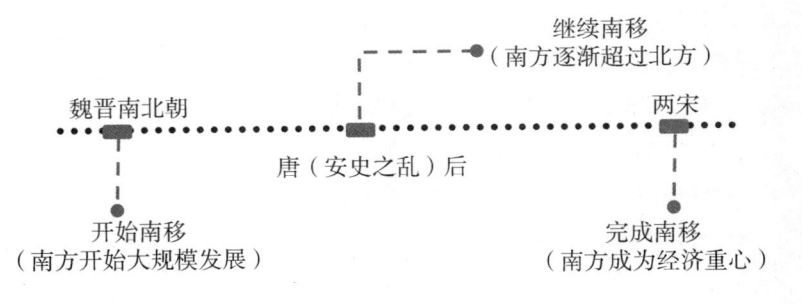

```
                              继续南移
                           （南方逐渐超过北方）
                        •━━━━━━━━┓
                        ┆        ┆
    魏晋南北朝            ┆        两宋
    ●━━━━━━━━━━━━━━━━━━━┻━━━━━━━━●
    ┆        唐（安史之乱）后            ┆
    ┆                                ┆
    开始南移                         完成南移
   （南方开始大规模发展）            （南方成为经济重心）
```

续表

(三)民族之变

1. 北方胡汉交融

(1)少数民族的内迁

汉末,西北部的匈奴、鲜卑、羯、氐、羌不断向汉地迁移,史称"<u>五胡内迁</u>"。五胡在北方建立了许多政权,总称"<u>十六国</u>"。

族群冲突加剧,魏晋南北朝时期的<u>政治分裂动荡</u>。但另一方面,"裔不谋夏,夷不乱华"的传统民族观发生了变化——"胡人汉服""汉人胡食"的现象普遍,<u>胡汉逐渐交融</u>。

(2)孝文帝的全盘汉化

```
   前秦皇帝苻坚         孝文帝拓跋宏        隋文帝杨坚
   汉化和戎—前秦崩溃—全盘汉化—六镇之乱—隋多元一体
      4世纪              5世纪              6世纪
```

任务1:结合历史材料,指出孝文帝是如何推动鲜卑汉化的。

<u>点拨:通婚后产生的后代是具有汉族和少数民族双重血统的。相较于西晋、东晋十六国时期,民族交融从外部形态上深入到血缘中,真正实现了"你中有我,我中有你"。正是基于此,从三国两晋南北朝到隋唐时期,北方少数民族与中原汉族交往、交流、交融,南方少数民族与南迁的中原汉族交往、交流、交融,形成了全国范围的民族大交融。中华民族共同体意识进一步凝结,国家统一的趋势愈发明显。</u>

任务2:依据下列材料,指出孝文帝改革的影响。

(南朝陈庆之曰)自晋宋以来,号洛阳为荒土,此中谓长江以北,尽是夷狄。昨至洛阳,始知衣冠士族,并在中原。礼仪富盛,人物殷阜。

——(东魏)杨炫之《洛阳伽蓝记》

南北朝后期,南北双方关系出现了明显的变化。……尽管全国尚未实现统一,但北人不再因民族压迫而南流,各地对统一文化的认同感也日趋强烈。

——袁行霈《中华文明史》

从北方十六国的胡汉交融到北魏孝文帝的全盘汉化,民族交融的深度与广度不断加强,增强了各民族对中华民族与文化的认同感,为隋唐的统一与繁盛奠定了基础。

续表

2. 南方蛮汉交融

在荆州蛮区："荆蛮旧俗，少不敬长。"北周荆州刺史长孙俭"殷勤劝导，风俗大革"。

在雍州蛮区："蛮俗，婚娶之后，父母虽在，即与别居……（薛）慎乃亲自诱导，示以孝慈……于是风化大行，有同华俗。"

在湘州蛮区："蛮左……不营农业。（郭）彦劝以耕稼，禁共游猎。民皆务本，家有余粮。"

——张泽洪《魏晋南朝蛮、僚、俚族与汉族的融和》

任务3：阅读材料，分析南方蛮族生产生活方式之变的原因。

①三国时期，吴蜀两国加强对南方地区的治理；

②北人南迁与江南经济开发。

3. 历史的"回归"

任务4：结合所学，分析魏晋南北朝的历史之"变"中蕴含着哪些回归的因素。

政治：发动为实现统一的战争，并多次出现短暂或局部的统一。

经济：江南开发推动南方农业进入精耕细作的时代，南北差距缩小。

民族：南北方都出现了民族交融的局面，推动多元一体格局的复现。

任务5：依据以下材料，概括古代中国人口南迁的两种基本情形及其原因。（地理环境）

大概从公元二百年到五百年之间，全球气候发生变化，与以往相比各处都变得更为寒冷，在中国北方地区寒冷气候出现得更早……由于气候改变的关系，草原上的民族慢慢地向南移动；核心地区的汉人，也许因为人口增加，也许因为南方土地肥沃，也慢慢向南移动。……大量的北方族群侵入南方……改变了中国本来的人口结构，同样，中国北方原来的人口在骨牌效应下，也一波一波地不断南侵，改变了南方的人口结构。

——摘编自许倬云《大国霸业的兴废》

情形：北方少数民族迁移到中原地区；中原汉族南迁到南方地区。

原因：北方地区寒冷出现得更早；北方汉人人口增加；南方土地肥沃。

| 原理阶段 | 任务1：概括三国两晋南北朝的时代特征和历史脉络。<br><br>1. 政治上：国家由秦汉的统一走向长期分裂，最后又走向新的隋唐大一统；各民族政权的制度创新为隋唐制度奠定了基础。<br><br>小结：政治之变——破坏了三纲五常。<br>①权臣篡位：<u>曹丕篡汉、司马炎代魏称帝。</u><br>②宗室叛乱：<u>西晋末年的八王之乱。</u><br>③士族专权："王与马，共天下。"<br><br>2. 经济上：江南的开发，为经济重心的南移奠定了基础，南北经济趋于平衡。<br><br>小结：经济重心南移的进程。<br><br>```
                              继续南移
                          （南方逐渐超过北方）
                              ┌──────●
                              │
     魏晋南北朝 ·········●············· 两宋 ·········
         │          唐（安史之乱）后      │
         │                              │
      开始南移                         完成南移
  （南方开始大规模发展）            （南方成为经济重心）
```<br><br>3. 文化上：科技持续领先世界；南北文化差异明显，但走向交融；儒、释、道三教共同发展，玄学产生；文学承上启下，丰富多彩。<br><br>4. 民族关系上：继春秋战国之后再次掀起民族交融的高潮，为统一多民族国家的发展奠定基础。<br><br>从北方十六国的胡汉交融到北魏孝文帝的全盘汉化，民族交融的深度与广度不断加强，增强了各民族对中华民族与文化的认同感，为隋唐的统一与繁盛奠定了基础。<br><br>南北方都出现了民族交融的局面，推动多元一体格局的复现。<br><br>```
   前秦皇帝苻坚      孝文帝拓跋宏      隋文帝杨坚
   汉化和戎—前秦崩溃—全盘汉化—六镇之乱—隋多元一体 ➔
      4世纪            5世纪            6世纪
```<br><br>5. 生态环境上：北方地区寒冷出现得更早；北方汉人人口增加，南方土地肥沃，北方少数民族迁移到中原地区；中原汉族南迁到南方地区。 |

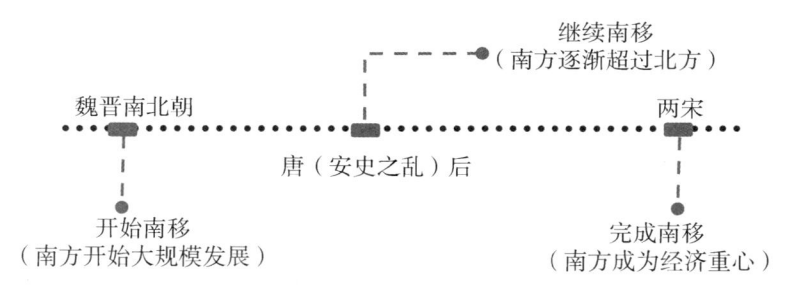

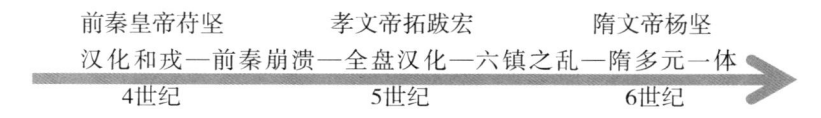

续表

	【设计意图】帮助学生梳理政权更迭的历史脉络，从统一到分裂，从分裂到统一，在常态—变态—常态交替的背后，是环境、政治、经济、文化等因素的内在历史逻辑、内在的概念和规律在作用着，这让学生看到民族融合在历史发展中的必然性和意义，培养学生民族认同感，理解"人类命运共同体"的内涵。
技术阶段	大时空下，历史脉络的分析步骤： 第一步，选择历史某个常态或者变态时期。 第二步，从生态环境、政治、经济、文化等因素出发进行材料和资料的查找，然后分析其发展脉络。 第三步，形成历史脉络分析图，这个图包含政权更迭图、经济变化图、文化演变图等。 第四步，可以以此来进行各种练习，完善上述历史脉络分析图。
作品阶段	任务1：概述大时空格局下的魏晋南北朝的历史脉络。（这个任务就是对历史脉络的细致展开） "大一统"——→分裂动荡，秩序混乱——→重回"大一统" 经济重心在北——→江南开发，南北趋衡——→重心逐渐南移 华夏族群——→交往交流，民族交融——→中华族群扩大 秦汉　　　　　魏晋南北朝　　　　　隋唐
作业设计　基础性作业	1．（2021·湖南高考·3）西晋的占田制、南朝刘宋的占山护泽令均规定，官员可按品级高低占有数目不等的农田、山地，助长了大土地所有制发展。至隋唐，实行均田制，普遍授田。据此可知，西晋至唐（　　）。（经济） A．自耕农数量存在反复　　B．皇权与世族势力互相依赖 C．九品中正制遭到破坏　　D．田制改革目的是开发土地 【考点】古代中国的土地制度——西晋至唐的土地所有制。 【解析】西晋时期官员可占据土地，使土地兼并现象日益严重，自耕农减少。而隋唐时期均田制之下普遍授田，使自耕农数量有所增加，因此反映

续表

	出这一时期自耕农数量存在反复，故选 A 项；官员未必是世族，而且隋唐的均田制是政府将无主的土地授给无地或少地的农民，排除 B 项；材料反映的是土地制度的变化，没有涉及选官制度，排除 C 项；田制改革的目的是维护封建国家的经济基础，保证国家税收，排除 D 项。 2.（2021•福建高考•3）三国时期，孙吴立国江东 59 年，前后四帝共有 18 个年号，如黄龙、赤乌、神凤、天册、天玺、天纪等，而曹魏和蜀汉此类符瑞年号较少。据此可知，孙吴政权（　　）。（政治） 　　A. 推崇天人感应思想　　B. 权力更迭导致年号更换频繁 　　C. 借助年号宣扬正统　　D. 大力削弱儒家思想主导地位 【解析】据材料"黄龙、赤乌、神凤、天册、天玺、天纪……符瑞年号"可知孙吴年号多为吉祥的征兆，意在营造帝王受命上天，体现出借助年号宣扬正统，故选 C 项；天人感应，指天意与人事的交感相应，古人认为天能影响人事、预示灾祥，人的行为也能感应上天，不符题意，排除 A 项；据材料"四帝共有 18 个年号"可知不是因为权力更迭导致年号更换频繁，排除 B 项；三国时期，儒家思想仍处于主导地位，排除 D 项。 3.（2013•北京高考•41）（经济） 东汉后期和唐朝前期黄河流域、长江流域县城数量表（单位：座） | 时间 区域	东汉后期	唐朝前期
---	---	---
黄河流域	765	669
长江流域	342	611	 概述上表反映的县城数量及分布的变化，阐释导致变化的历史原因。（10 分） 【考点】中国古代城市发展。 【解析】此题是数据表格题，考查学生获取信息和知识运用的能力。解答此类试题的方法是看数据，找变化。根据表中数据不难看出数量和分布变化的总趋势在不同时期的增减。注意概括时要从总的变化趋势和局部的变化两个方面归结。"原因"要有机结合所学知识，主要从社会状况、经济发展、经济重心南移等方面归纳。

续表

		【答案】 （1）变化： 从东汉后期至唐朝前期，黄河流域和长江流域县城数量总体有所增加。 东汉后期，县城主要集中在黄河流域，长江流域县城数量较少；唐朝前期与东汉后期相比，黄河流域县城数量减少，长江流域县城数量增加。 （2）原因： ①这一时期，北方战乱频仍，人口大量南迁，黄河流域县城数量减少。 ②人口南迁加速了南方的开发，使南北经济差距缩小，经济重心逐渐南移，南方县城数量增加。 ③隋唐时期，社会安定，经济繁荣，县城总体数量增加。
	实践性作业	从环境、政治、经济、文化等方面分析春秋战国时期（"变态"时期）政权更迭的历史脉络和民族融合的原因。
板书设计	略。	

点评：本课主要是"行心创"生活课堂中"行知创"方面的教学应用。"行知创"生活课堂各环节在这里的教学设计要点包括：第一，经验环节，即以任务为中心（"做"中学），通过梳理政权更迭的历史脉络，结合史料，自学或互学子任务，分析环境、政治、经济和文化相关的内容。第二，概念环节，即形成政权更迭的历史脉络图，关键是形成概念体系。第三，原理环节，即形成政权更迭的历史脉络，从统一到分裂，从分裂到统一，在常态—变态—常态交替的背后，是环境、政治、经济、文化等的内在历史逻辑、内在的概念和规律在作用着，这让学生看到民族融合在历史发展中的必然性和意义，培养学生民族认同感，使之初步理解"人类命运共同体"的内涵。第四，技术环节，即培养历史脉络的分析能力——学科生活力。第五，作品环节，即概述大时空格局下的魏晋南北朝的历史脉络。

"行情创"生活课堂的五个环节教学设计要点：第一，情绪环节，即对国家民族政权的统一、分裂、统一的情绪感受。第二，价值环节，即国家民族的统一的价值分析——民族融合的历史意义。第三，共情环节，即民族认同感和命运共同体的澄清（插入"行知创"生活课堂五个环节）。第四，联结环节，即对新时代的民族融合、人类的民族融合的思考，关注现实生活。第五，关系环节，即

"人类命运共同体"。

"行意创"生活课堂的五个环节教学设计要点：第一，需求环节，即课标、质量评价需求和学生需求。第二，目标环节，即学习目标、概念目标、原理目标和关系目标。第三，计划环节，即学习过程。第四，执行环节，即"行情创"和"行知创"生活课堂环节。第五，习惯环节，即课内作业、课外作业、教学评价反馈效果。

可见，"行意创"生活课堂包含了"行情创"生活课堂，"行情创"生活课堂又包含了"行知创"生活课堂，其内涵是相互嵌套的。

第八章 "行心创"生活课堂与教师成长

"行心创"生活课堂不仅注重学生的发展，也注重教师的成长。可以说，没有教师的心智成长，学生就很难得到真正的发展，就不会有学生体验到真正的"行心创"生活课堂。"行心创"生活课堂不仅是课堂上的，也是生活上的。在这个生活大课堂中，教师通过真实的深度学习、教学而受益，进而逐渐成长起来。教师的专业成长不仅能让课堂更具深度，还能为学生带来更好的教育。教师是学生的引路人和指导者，只有教师具备深厚的教学素养和生活实践素养，才能更好地促进学生成长。因此，"行心创"生活课堂注重教师的自学，帮助他们在教育领域不断成长。

第一节 教师的专业成长

教学的变革，首先要开展教师队伍的变革，最终才能转化为学生群体的变革。要改变教师何其难，但只要把握相关原理之后，也就变得不是太难。促进教师专业成长需要时间，需要身体力行作为前提，因为这种成长不仅仅是心智的成长，还包括身体的成长、"身心创"的成长。原本的概念背景是"行心创"，这里提及"身心创"是因为，就人而言，"行"一刻离不开"身"，"身"一刻离不开"物"（环境，如地球的环境），"行"必然是有"身"和"物"的参与，但我们有时候为了简便就不提"御物行心创"或者"身心创",所以此处有关专业成长的核心思想来源依然是"行心创",只是这里还进一步深入到"心",即心智的成长。要成为"四有"好老师,关键就在于心智的成长。"四有"好老师包括"理想信念""道德情操""扎实学识""仁爱之心"四个方面,这些均是教师"心智"的核心要素。前三者分别属于意志维度、情感维度及认知维度,而这又恰好对应着"知情意"之心,并最终一同凝聚于"仁爱之心"中。

一、人生成长的复利曲线

教师的成长也离不开复利曲线的规律,而且在"行心创"的整体发展中,都渗透了这种规律,体现了人生心智成长的期许样态。人们期许自己的成长能从低起点逐渐到高起点,不论家世背景、条件以及自身身体天赋如何,人的心智成长都是从无到有逐步提升,并逐步迎来人生的高峰(图8-1),但最后都走向人生的终点,随着生命的终结而终结(图8-2)。我们这里的人生成长主要是前半部分,如图8-1所示,当然有人也画出了图8-3的样式,乃至图8-4的样式。其中就出现一条"成本线"的概念(图8-3),此图来自李笑来《财富自由之路》一书,它告诉我们:"早晚有一天……会跨过那个拐点(或称'里程碑'),然后'扬长而去'。这是复利效应的威力,适用于任何终生成长者。"[①] 只要我们能从当下看到未来,就要与时间做朋友,静待花开,敢于付出时间和成本,跨过成本线,逐渐迎来人生的成长高峰。这里的成长可以是人生的很多方面,如教学能力、演讲能力、口语能力、某种技能学习能力等,只要是这类学习,都会有一个初期成长慢,逐渐跨过成本线,迎来快速成长的阶段。在成本线下,付出大于收获,这个阶段大家容易放弃,如果遇到好老师,就可以快速跨过这个摸索阶段,突破拐点,迎来人生的高峰。此阶段一过,投入小于收获,就会沉浸其中,越摸索越有兴趣,越有兴趣越摸索。若是不知道路径,则也会在一定阶段迎来人生的高原(如图8-2所示,走不了多远就迎来了高原),而非高峰,这就像一些人,往往水平达到一定阶段就停止前进,突破不了高原阶段,而高原阶段也是付出大于收获的阶段。在教师成长的过程中,将会不断迎来这样的小高原。

---

① 李笑来. 财富自由之路[M]. 北京:电子工业出版社,2017:11.

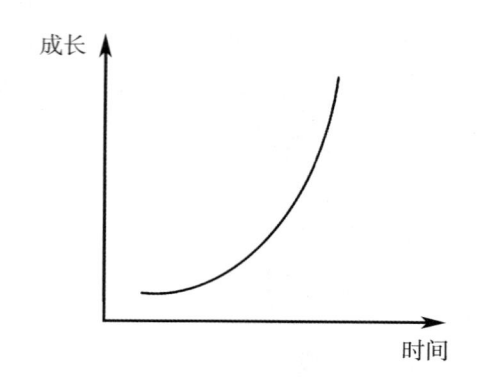

图 8-1 期许的人生成长样态

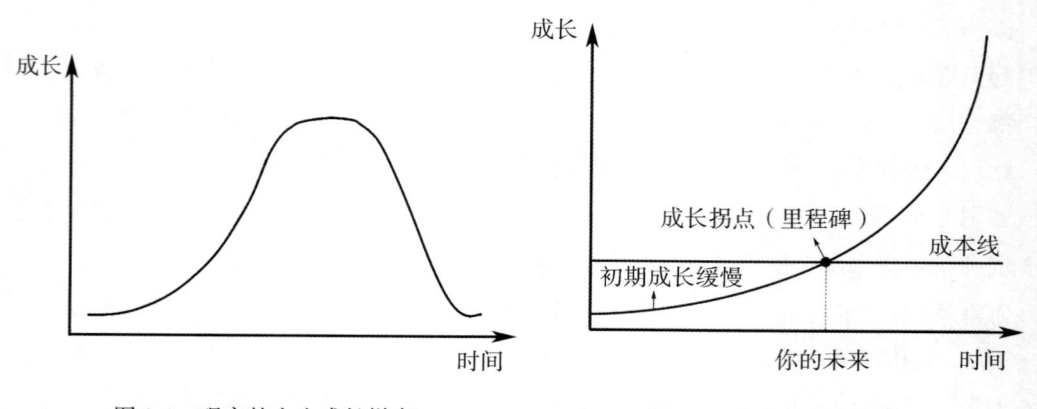

图 8-2 现实的人生成长样态

图 8-3 人生的成本线①

图 8-3 呈现的就是复利模型。《好好学习》的作者通过对复利数学公式的解读，把一个数学模型转变成一个我们认知世界的工具，人脉、投资、个人成长的背后都在应用复利模型，教师的专业成长也同样适用。

复利效应可以使未来增值，把它应用在工作中就是怎样使自己不断获得成长，最终迎来人生的高峰，其中的关键是要找到使自己成长的复利模型的成长率。

在教师成长中，其成长的路径就是学习，这里的学习是广义上的学习，是指专业阅读、实践或向同行和专家等的学习，努力积累经验，拓展知识面，确保持续获得成长，这些不同的成长方式都会影响我们的成长率。不同的人采用不同的

---

① 李笑来. 财富自由之路 [M]. 北京：电子工业出版社，2017：2.

方式，成长率就不同，成长高峰也就不一样。如果每天进步一点点，如 0.01，利用复利公式计算可知 365 天就进步 37.78，坚持每天进步，积累起来就能获得巨大成长。然而，如果我们每天成长千分之一，利用复利公式计算结果为 1.44，但现实还会因为人变老了，身体素质下降，记忆力不足等，导致思维水平降低而抵消部分成长，成长处于逆水行舟的状态，这就是高原现象。千分之一的成长会被抵消，可能变成了万分之一的成长，复利公式的计算结果仅为 1.04，这样可能十年都没有太大的变化。

再具体谈谈复利效应与教师成长。首先，教师要在生活和工作中发现能够引起复利效应的事件，如早起专业阅读、锻炼身体、每日的教学反思（复盘）、专业写作、课题研究等等。其次，尽可能逐渐提高做这件事的标准（但也要有限度）。最后，尽最大可能提高这件事情重复发生的次数，或者让之形成习惯。如此积累，每个教师都将迎来跨越"里程碑"之路。接下来，将给大家解密哪些是成长中的重要复利事件，它们的先后顺序如何，以及怎样组合会更好。

二、二次曲线原理和教师成长的五次跳跃

现实中，大多数人之所以未能实现类似复利模型的成长轨迹，部分原因在于复利曲线中还包含了另外的原理，即二次曲线原理。二次曲线最初主要应用于研究企业的业务增长和模式发展，此后，也应用在教育研究中。查理斯·汉第在他那本非常具有启发性的《充满吊诡的年岁》一书中提出"斯格模德曲线"（图 8-4）。他以此曲线指出："不断成长的秘诀，就是在第一条斯格模德曲线走下坡之前，开始一条新的曲线。开始第二条曲线最正确的时间是 A 点，因为在 A 点有时间、资源和精力，可以在第一条曲线开始下降之前，帮助新的曲线度过它起初的探索期和可能会产生的错误。"[①]

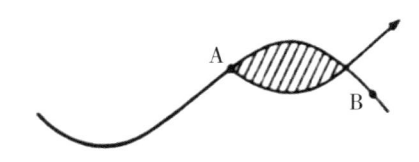

图 8-4 斯格模德曲线

---

① 蒋惠琴. 开启"斯格模德曲线"的第二线——关于"成熟期"教师再发展的思考[J]. 江苏教育，2013（43）：36-38.

大部分人的一生只有一条曲线，慢慢上升到中年期，然后急剧下降进入退休期。查理斯·汉第建议，最好在第一条曲线还在上升的时候，就开始另一条新的曲线，理想的人生应该是由一系列重叠的曲线组成。[1]

也有研究者如李海林先生根据"斯格模德曲线"以及日常的研究，认为一个优秀教师至少需要经历两次成长。一个教师要走向成功，仅有第一次成长是不够的，起决定性作用的是第二次成长。当前教师成长遇到的瓶颈，不是第一次专业成长，而是第二次专业成长。某一些方式和途径，对教师第一次专业成长是有效的，但对第二次专业成长则效果不大，甚至无效。[2]

一般来说，根据"斯格模德曲线"的启示，会认为第一条曲线上升期的教师（第一次成长期的教师）是"成熟期"教师，[3] 通常教学都还不错，但容易停止而进入"高原期"。"高原期"本是教育心理学中的一个概念，指的是在学习或技能形成的中后期，往往会出现进步的暂时停顿或下降的现象。[4] 在曲线上表现为保持一定的水平而不上升，甚至有所下降，但在"高原期"之后，又可以看到曲线的继续上升。这种"高原期"现象在教师的专业成长过程中普遍存在。处在"高原期"的教师，专业发展停滞不前，好像很难再上一个新的台阶，找不到前进的动力，从而影响教师专业的成长。

一般来说，从教龄上来看，"成熟期"教师快的五年就会出现上述情况。在学校位于中间层次的教师，包括已经进入"高原期"的教师，他们对学校的发展作用不容小觑。认识到这一点，有利于我们关注不同年龄层次、不同发展需求的教师。那么如何避免这类教师产生职业倦怠，打破教师发展的"高原期"瓶颈，以及如何开启"斯格模德曲线"的第二线？下面我们将继续阐述这一系列问题。

现在让我们研究一下图8-5。该图中的三条斜直线是复利模型中的成长斜率，教师成长的阶段性就体现在斜率的不同。然而，为何一个教师的成长斜率会不同呢？

---

[1] 蒋惠琴. 开启"斯格模德曲线"的第二线——关于"成熟期"教师再发展的思考[J]. 江苏教育，2013（43）：36—38.

[2] 蒋惠琴. 开启"斯格模德曲线"的第二线——关于"成熟期"教师再发展的思考[J]. 江苏教育，2013（43）：36—38.

[3] 蒋惠琴. 开启"斯格模德曲线"的第二线——关于"成熟期"教师再发展的思考[J]. 江苏教育，2013（43）：36—38.

[4] 时克芳，钱兵. 浅析教师专业发展中的"高原现象"[J]. 继续教育研究，2004（01）：80—82.

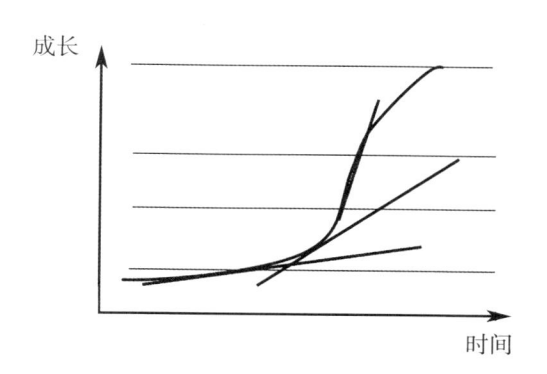

图 8-5　教师成长的斜率

一个优秀的教师，在以下三个方面必居其一，要么他的认知比较优秀，能够更好地解读教材，上出有深度的课；要么他的情感比较优秀，与学生的关系好，学生喜欢听他的课，能让学生爱上他所教的学科；要么他的意志力比较优秀，能够精细安排学习任务，督促学生训练到位，循序渐进地把学习搞好。当然，如果能同时居其二就更好，居三者则最佳。

教师的优秀最终会外显，目前比较成体系的外显是职称与荣誉。比如，县级、市级和省级，甚至国家级，都有教育家型教师、卓越教师（名师）、学科带头人、骨干教师，他们的水平肯定不同，但代表了一种成长的升级方向，见图 8-6。但不同层级的教师因其环境、成长等，其升级往往发生在本级系统内，比如县级以下学校的大多数教师能成为县级名师已是其成长的高峰了。

名师成为教育家型教师（文化力）
学科带头人成为卓越教师（名师）（主张力）
骨干教师成为学科带头人（科研力）
优秀教师成为骨干教师（教研力）
新教师成为成熟新秀教师（教学力）
成为新教师（自学力）

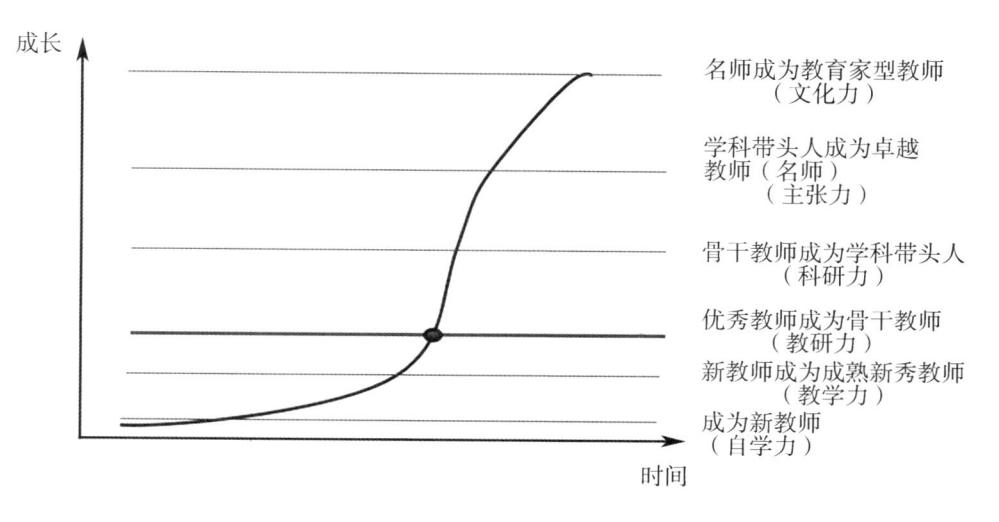

图 8-6　教师成长的阶段性特征

从图 8-6 中可以看出，①任职前（自学力）：自学力包括自主管理力和学习力。其中学习力方面包括阅读、见习能力。②初入职（教学力）：教学。③骨干教师（教研力）：主题教研。④学科带头人（科研力）：课题研究。⑤名师（主张力）：论文写作、名师讲座传播（教学思想、主张形成）。⑥教育家型教师（文化力）：教育家精神培育、教育思想的形成。

每个教师的发展阶段，都要有一系列的"力"作为主导。相对于某个层级的教师，他们的升级背后，影响斜率的是各种"力"是否形成。也就是说，在任职前，其作为要以教师为职业的人，依靠学习力走上了岗位。进入教师行业，前五年，其通过提升教学力而逐渐成熟，迎来了第一条成长曲线的高峰。也就如笔者所画的教师成长曲线（图 8-7），一个教师入职后会有多次成长，在教学力、教研力、科研力和主张力方面有所突破，如此才逐渐成为真正的名师，而要成为教育家型教师还需要文化力的突破。

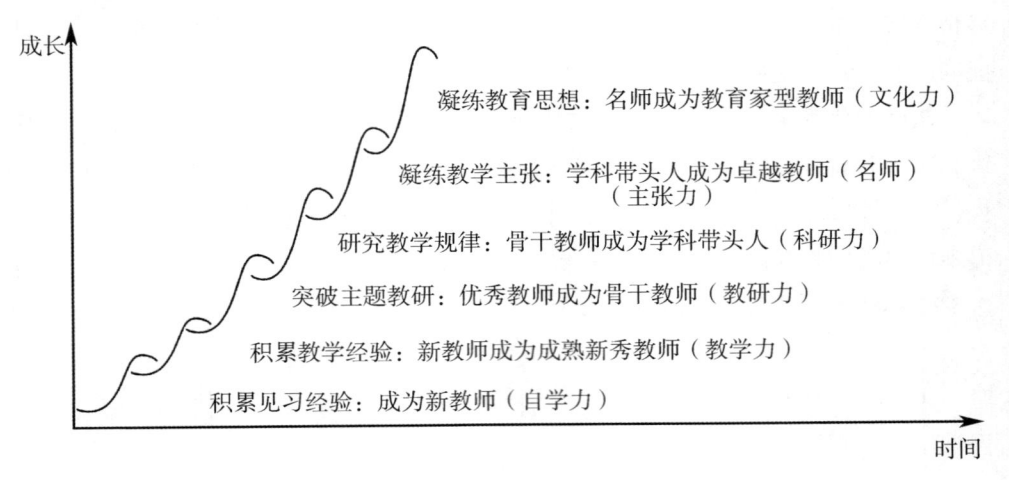

图 8-7　教师成长曲线

三、教师成长进阶中的能力划分

接下来笔者将综合地探讨这六条曲线、五次进阶的关键，也就是自学力怎么升级成教学力，教学力怎么升级为教研力，教研力怎么转向科研力，科研力怎么转向主张力，主张力又怎么升级为文化力。通常一些教师因为平台而获得一种环境上的推进力，从而发生角色转换，如五年后，教师技能成熟，教学能力出众，被选为骨干教师，从而有机会在教研中担任副主任或主任之职。因为这样的角色使得他研究教学问题比其他"成熟期"的教师更用心，从而成长得更快。当其从教研主任变成了教学副校长，负责学校教学工作时，要求其跳出自己的学科视野，进入到对教学规律的揭示中，进行普遍性规律的研究，从而提升科研力。在这个过程中，有的教师成为学科带头人，学科带头人需要开展课题研究，也需要写论文，慢慢地其也能撰写符合时代潮流的教科研文章，成为合格的学科带头人。有的学科带头人进一步成为名师培养人选，开始凝练自己的教学主张，教师就在这一个个阶段中逐渐成长起来。

然而，普通教师又该如何改变自己的成长命运？也就是如何能够自主把握自己的成长曲线，实现主动进阶。对此，笔者的建议是哪怕外在并没有相应的职务和平台给予的环境上的成长和推进力，也应看到改变自己的成长曲线，主动作为。

（一）自学力：成为新教师

要成为一名合格的老师，不仅需要取得教师资格证，还要在教师招聘中顺利通过，这一过程的确体现了一定的自我管理能力和学习能力，即自学力。随着入职时间的增加，教师的管理能力和学习能力还需要进一步提升，这才能不断实现后续的教学力、教研力、科研力和主张力的突破。

（二）教学力：从新教师到新秀教师

教学力是指应对课堂教育教学的能力，包括课前备课能力、课堂现场的应对能力，以及课后的作业批改、试题编制能力等。一个新入职的教师，在初入课堂时，需要大量地积累经验，如设计教学、实施课标、实践教学方法和策略、管理课堂纪律、布置作业、处理学生不交作业的问题、批改作业、引导学生订正作业、开展考试、评价考试、处理师生关系、处理家校关系等等，这些都是一个初入职的教师要在短时间里学习的内容，通过积累经验逐渐掌握与熟练。大量的备课、磨课、试讲、修正等活动都在最初的五年中发生，这个时候教师的教学力逐渐丰富，同时也不断提升了管理力和学习力。五年左右，教师逐渐对教学驾轻就熟，对于周围教师和一些名师的教学，也渐渐可以看懂其中的门道，此后教师将形成一种适合自己的教学方式，慢慢变成了一个胜任型教师，加上课堂效果也还不错，就有机会获得教坛新秀等荣誉。可是这个时候，成长曲线的"高原期"已经来临。

（三）教研力：从优秀教师到骨干教师

教研力是指以真实的教学问题为研究对象进行经验的探索和总结，以及对良好教学经验的反思的能力。美国著名的教育心理学家波斯纳提出了教师成长公式，即"经验＋反思＝成长"，教师的成长离不开教师成长公式所揭示的规律。至今人们引用这个公式主要是为了说明"反思"对教师成长的重要性。实际上，经验、反思都是教师成长的两个重要方面，经验是反思的基础，那么经验包括什么？反思又意味着什么？

首先，经验应该包括两个方面：一是实践所产生的经验；二是学习他人的经验。其实这两者又可以认为是直接经验和间接经验。其次，反思意味着基于经验（直接或间接）进行的整合、变形、创新、推想，即构建。因此所谓的教师成长，其实是实践性经验、继承性经验和反思构建、推想相互作用下的结果。①

教研力执行的这个过程通常是教师经验汇集的过程，中国的教师受益于这种成长模式，通过授课、共同研讨、课例式总结、经验汇集、发现和分享，促进教学的改进，不断培养和提升教师的教学能力。

那么，普通教师如何提高教研能力？首先需要明确教研能力所包含的内容。从认知维度来看，需要提升对经验的分类能力，能够识别各种经验之间的关系，区分好的经验和不好的经验，同时还要能够根据个人和同事的不同情况选择适合的经验。除此之外，更优秀的教研能力还需要通过阅读和学习名师的经验来获得。但新秀教师要真正成为骨干教师，还需要在学科领域的一些专题教研上形成初步的概念思维，并且要跳出经验主义陷阱，方能提升引领同伴成长的能力。

无论采用何种方法，这个阶段最好形成每次上课后都对教学经验进行复盘的习惯，对教学经验进行概念化的抽象思考。这将有助于提高教师的教学能力，不仅能解决自身经验不足的问题，还可以与其他教师进行交流互助，解决同事经验不足的问题。

（四）科研力：从骨干教师到学科带头人

科研力和教研力的重要区别是，科研力也从经验的问题出发，但却是研究概念。我们将经验转化为问题或者经验本身，一旦用语言表述，内部就是大量的概

---

① 周志平，邹开煌. 活的乡村教师——农村教师自我成长的三种学习方式 [J]. 福建教育学院学报，2012（06）：39—42.

念，但通常教师对这样的经验和问题理解的都是经验本身，而不是概念。

骨干教师成长的突破点就是从经验思维到概念思维，进而形成初步的原理思维。比如教研中，教师在探讨如何进行大单元教学设计，此时，大多数教师可能会各抒己见，说自己怎么做，但很少教师会"概念化"地思考，如"为何要开展大单元教学，提出的课改背景是什么""什么是大单元，大单元教学本质是什么""大单元和单元的区别是什么""大单元教学设计与课时教学设计的区别是什么""大单元设计的目标怎么确定"等。一旦教师要琢磨这些概念，他就会发现这些概念并非那么清晰，他要去查文献，要与公共话语对接，在这个过程中，一些教学的基本原理，内在的、底层的奥秘就可以逐渐呈现。倘若从不思考概念，那简直连理性思考都不算，只是一种思索，而不是思维。

所以科研力的核心是概念力，其次是原理力，这是认知维度的发展。也就是说，科研力的建立，跨过了教研力这条曲线的核心，即从善于总结经验到善于研究概念，通过概念的澄清，而统领经验，深化经验。所谓想得透，又做得到，那就是理实相生。

当科研中的概念积累足够多时，往往可以通过课题研究来进一步提升与总结。课题研究通常会要求研究者进行专业文献阅读，开展系统的学习，进行非常正式的概念研究，那么概念之间就会发生关联，逐渐形成本质联系，从而呈现出规律和原理的面貌。

（五）主张力：从学科带头人到卓越教师（名师）

科研力的更高表现是提出一个新概念的能力——主张力，并且研究这个新概念，发现这个新概念的规律，找到这个新概念的实施路径。当然对教师而言，一般的新概念提出往往不够，还需要一个系统的概念提出，也就是教学主张。这个教学主张又由若干新概念或已有概念组成，从而构成一个新系统，这就是概念系统，这个概念系统符合一定的规律和原理，能解决当下教学问题，促进教育教学发展且符合时代趋势。

从学科带头人到卓越教师（名师），是形成主张力的阶段，也是成就名师的阶段。只有凝练了切实可行的教学主张，才能算是真正的名师。而有了教学主张，怎么能真正有名，这就是传播的问题。撰写学术名论文、名专著和开展名讲座等都是一些传播的方式，通过名徒弟传播也是其中一种。一般来说，有名气，就是指受一定范围群体的认可。撰写有关教学主张的专著，应该是一个由内心自发的过程，这个过程更加在乎主张的阐述和实践。如果说科研力是问清楚是什么和为什么，那么传播就是搞清楚如何做，还能怎么做，要做成什么样的问题。主张力侧重解决技术和产品问题，是要达到让教学主张真正能够落地和可操作的技术思维。所以名师往往建立工作室，传播自己的主张，让自己的主张变成课例，在课例中实现技术化、案例化、产品化等等。

（六）文化力：从卓越教师（名师）到教育家型教师

文化力，即通过文化的传播和影响，实现教育目的和教师自身发展的能力。教育家型教师之所以与卓越教师（名师）不同，关键在于其教学主张的进化——由单一学科的教学思想升华为普遍的教育思想。这种转变，不仅仅是理论上有所扩展，还开始体现出了教育哲学和教育原理的深度，在认知思维上，更是达到产品思维的高度。

让我们一起深入探讨一下"文化力"的概念。文化力，是一种软实力，它源于文化的积淀和传承，通过文化的力量来影响人、塑造人，即以文化人。在教育领域，文化力主要体现在教师对学生心灵的熏陶和影响。卓越教师（名师）通常具有深厚的学科知识和教学技巧，他们能够通过生动的课堂讲解和独特的教学方法，激发学生的学习兴趣和潜能。然而，要成为教育家型教师，仅仅依靠这些是不够的。教育家型教师的文化力，不仅体现在对学科知识的精通上，还体现在对教育哲学和教育原理的深刻理解上。他们不满足于单一学科的教学思想，而是将教育视为一个整体，从宏观的角度去审视和思考教育问题。他们的教育教学思想，不再局限于某个学科的知识传授，而是扩展到教育的各个方面，包括教育理念、教育目标、教育内容、教育方法等。这种思想的升华，使得他们的教育教学更具普遍性，也更具深度。

从卓越教师（名师）到教育家型教师的升华，关键在于内在认知思维达到产品思维的高度，具体表现在文化力的形成和发展上。只有当其教学主张进化为教育思想，某个学科的教学思想进化为普遍的教育思想时，教育家型教师的情感才能真正建构良好关系，复盘习惯才能形成，文化力才可能真正产生。这种文化力将成为他们影响学生、推动教育发展的强大动力。

当然，自学力、教学力、教研力、科研力、主张力等还是偏向于认知维度。一个教师的成长，不仅仅包括认知维度，还有情感维度和意志维度。也就是说，教师专业发展的成长曲线无形中蕴含了心智的发展和提升，即教师的每一个成长进阶，心智发展都是紧密相随的。

四、教师成长进阶中的心智特征

根据前文所述，教师的成长曲线还需要将"情"和"意"纳入这样的体系当中。基于已有的教师分层理论和教师培训的相关文件，教师可分为：新教师、教坛新秀、骨干教师（学科带头人）、卓越教师（名师、专家型教师）、教育家型教师等。其背后"知情意"层级的差异，即在理想信念上的差异、道德情操上的差异、学识扎实度上的差异，就是不同教师层次差异的根源。表 8-1 是不同教师成长的层次在"知情意"三个维度上的表现。

表 8-1　教师成长的五个层次在"知情意"三个维度上的表现

教师成长的层次	扎实学识（行知创）	道德情操（行情创）	理想信念（行意创）
新手（新教师）	经验（问题）：具有初步的教学经验，但不够丰富；能发现教学的基本问题。	情绪：对教育教学的日常实践具有正常的情绪反应，能识别自己的不良情绪。	需求：教育教学的底层需求；有成为人民教师的需求和动机。
熟手（新秀）	概念：善于总结教学经验，能将教学与新课标等概念关联起来，形成初步的概念意识，但教育教学概念还不清晰。	价值：能发现教育教学的美好和价值；能看到不同学生的差异，因材施教；能从日常教育教学失误中吸取教训。	目标：具有初步的职业蓝图，思考为谁培养人，培养什么人，怎样培养人，且教育信念较明确。
骨干教师（学科带头人）	原理：能够把握教育教学基本规律，需要学习教育家的教育理论；能够应用理论支撑自己的教学经验，以成为教学科研的高手。	共情：关心弱势学生群体，注重公平。	计划：能够规划好自己的职业生涯，明确自己的成长路径。

续表

教师成长的层次	扎实学识（行知创）	道德情操（行情创）	理想信念（行意创）
名师（卓越、专家型教师）	技术：形成自己的教学主张和风格；教学流程清晰，教师观、学生观、课程观、教学观等明确；掌握先进的教育信息技术。	联结：关爱学生，乐于奉献，善于欣赏学生，并将全身心投入教育事业。	执行：明晰自己的人生蓝图，有坚定的理想信念和强烈的使命感，知行合一。
教育家型教师	产品：拥有先进的教育教学理念，形成了自己的教学思想，教学思想有一定影响力并且有传承人开展实践、推广，形成教育或教学学派，可进一步构建系统的教育教学理论。	关系：构建了教育教学体系，具有仁爱之心、使命感，甘于献身教育事业。	习惯：为人民服务，牢记使命，知信行的理想信念，对教育具有信仰，能形成为信仰奋斗的动力机制，并持之以恒。

教师若要进一步超越教师的属性，成为教育家，不仅要符合"四有"好老师的要求，还要达到"知情意"三个维度的最高级，即具有仁爱之心，胸怀天下、以文化人的追求和勤学笃行、求是创新的态度。也就是说，教育家在"四有"好老师的基础上，还需要顶天能"弘道"，立地能"躬耕"。

从表 8-1 可以看出，认知的提升往往伴有情感的升级，如果在教研的过程中，教师不能识别不同教师经验背后和知识背后的价值立场和视角的差异，那么他就不会看到自身经验的不足，就不会进入概念的思维，就不会去探索那个本质的东西。然而揭示一个东西的本质，就是概念，概念就是对客观事物的本质反映。如果教师不愿意将个体与公共融合，而是自以为是，过于相信经验，那他们的科研能力就不可能得到进一步提升。有的教师甚至讨厌理论，讨厌讲概念，觉得这些很虚，然而这些"虚"却是科研力的重要基础。为了认知能力的提升，教师必须要学习形式逻辑，这是因为形式逻辑是认识客观世界的辅助工具，是论证思想和表达思想的必要工具。[①] 仅仅这样还不够，还需要学习辩证逻辑和批判性

---

① 金岳霖. 形式逻辑 [M]. 北京：人民出版社，2006：11—12.

思维。

与此同时，若要促进情感维度的升级，教师可以学习心理学，如卡伦·霍妮的神经症相关的理论，突破人际关系的对抗、亲近和逃避，从焦虑、敌意中走出来。若要促进意志维度的升级，则可以通过阅读王阳明、曾国藩、陶行知、毛泽东等的名人传记，从而提升自我的理想设定与意志力。正如习近平总书记指出："正确理想信念是教书育人、播种未来的指路明灯。"[1] 教师的成长不能只满足当下的需求，还要有理想和目标，只有树立一定的职业和事业的理想，他们才会变成有计划、有规划的人。

在教师成长的进阶过程中，每一条曲线都是对能力的不一样要求，这就告诉教师，不能只在一条曲线、一种能力上下功夫，要有意识地发展不同能力，而这种意识其实受到他的情意、理想、职业感、价值观和对理论的认识等的影响。

五、教师专业成长的"行心创"生活教育过程

那么，教师到底应该如何成长呢？这里笔者给出了一般性的路径。那就是先从自我管理开始，即自我管理（早起＋锻炼＋人生目标梳理＋每日计划复盘）—专业阅读（阅读＋知识体系）—教学主张假设（教学主张＋人生蓝图）—教研写一体化（教研＋科研＋写作）—名师型教师的教学传播（写书＋讲座＋培养徒弟）—教育家型教师（传播教育教学文化）这样的一系列路径。其中"自我管理（早起＋锻炼＋人生目标梳理＋每日计划复盘）—专业阅读（阅读＋知识体系）—教学主张假设（教学主张＋人生蓝图）"主要是完成从经验到概念的阶段，也是完成从情绪到价值的阶段以及从需求到目标的阶段。而"教研写一体化"主要是完成原理探索阶段，也是完成共情阶段和计划阶段。"名师型教师的教学传播"则是完成技术和丰富技术阶段，这使得技术得到反复淬炼，也是完成联结阶段和执行阶段。最后是"教育家型教师（传播教育教学文化）"，即完成产品阶段，也是完成关系阶段和习惯阶段。

其中值得一提的是早起。早起可以为人生提供更多可使用的时间。现在的一线教师非常忙，倘若不早起，一旦工作日走进学校，往往事务缠身，就没有时间

---

[1] 习近平. 做党和人民满意的好老师——同北京师范大学师生代表座谈时的讲话（2014年9月9日）[N]. 人民日报，2014-09-10（002）.

来完成自己的日常阅读与写作积累，也就停留在低层次的经验成长上。一个人要想早起，必须将自己的人生目标作为动力。正如坚持了二十多年早起的"青创繁星"的创始人张萌所说："可以说没有人生目标，早起就压根不重要，即使偶尔早起，也不知道自己要做什么。刷刷朋友圈，回回信息，翻几页书或干脆回去睡一个回笼觉，这样的早起肯定是无法持久的。"①

第二节　教师的阅读素养

当下教师阅读越来越受关注，许多教师身体力行地将阅读落到实处。然而在与广大教师接触、交流中，笔者发现中小学教师很多都缺少概念意识、能力，阅读中经常无法理解"概念"，更无法将理论和自己的教育教学相结合进行思考，导致了不少教师的论文深度不足，经验总结的文章偏多。这在一定程度上反映了教师比较缺乏阅读能力，且更可能的是他们缺少阅读力。阅读力并不等同于阅读能力，阅读能力是能够从阅读中获取信息的能力，而阅读力是持续让教师发挥这种能力的一种素养。在核心素养时代，中小学教师面临着阅读价值观、阅读的品格（习惯）和阅读力的系统建设的问题。

一、重新发现阅读

要清楚"什么是阅读力"，其实还需要从"阅读是什么"开始理解。但"阅读是什么"，又取决于"书是什么"。一个教师只有明了读书是读什么，才会真正爱上读书。

笔者认为，中小学教师对阅读是有误解的，归根结底是中小学教师对书有误解。笔者在与一些中小学教师交流中发现，他们往往认为书是一种工具，是知识的来源，书可以解决问题，可以扩展知识面，书也可以是一种娱乐。这些看法有

---

① 张萌. 人生效率手册：如何卓有成效地过好每一天［M］. 长沙：湖南文艺出版社，2019：5.

的是关于书的性质，有的是关于书的作用和价值。但他们很少思考这样的一个问题：书是怎样来的？

大家眼中的书，都是书形成之后的形态，而真正的书，是包含它形成的过程。读书，不仅仅是读书的最终呈现，还应该读出书的形成过程。这里笔者想用一个冰山模型来作类比。冰山之上是我们看到的书，冰山之下是书的形成基础，如承载冰山的水是书形成的背景或环境。读书不仅仅要读"冰山之上"的内容，还要读出"冰山之下"的内容。这就是书中没有直接讲，但支撑书中内容的深层智慧。一个读者，深入到书的内核中去读书，才是真阅读。这种真阅读，更具体说是借助书的核心概念，进入到原理中去读，能读出书的原理，才能真正促进人的精神发育。

二、中小学教师从阅读到阅读力的三重困境

如果说阅读是对书的深入读、本质读，那么就必须要求教师具有阅读力。所谓的阅读力，就是持续产生这种阅读能力的素养，包括对阅读的价值取向、阅读的习惯和阅读的能力。由于教师阅读力的形成并不容易，因此，笔者觉得有必要围绕这三个维度进行一些探讨。

不少中小学教师的阅读价值取向偏于经验借鉴。所谓的阅读价值取向，其实就是阅读的方向，即教师认为阅读什么才是有价值的。中小学教师读书多半是寻求怎么做，奔着解决问题去的。他们看书，就想看看别人遇到某个问题是怎么做的，这就是经验借鉴的价值取向，读书只是用来弥补他们实践经验的不足。真正的阅读，当然也需要借鉴别人怎么做，但更应该构建教师的理念世界，学会读概念和原理，在读怎么做之前，先明白做什么（概念），为什么要做（原理）。

对于阅读习惯而言，若要形成，意味着需要持续的时间投入。很多教师之所以没有形成阅读习惯，是因为投入了阅读时间，而产出却不多。一方面，许多教师只是为了寻找做法和案例才读书的，但大多数书并不会告知可以直接使用的方法和策略。在如此投入和产出不成正比的情况下，教师就可能会放弃阅读。另一方面，一些教师发现别人通过读书变优秀了，他们也重拾阅读，但是读不了几天又放弃了。这是因为读书越多、越深，就会发现学问越大，越需要投入大量的时间，如果每天只投入一丁点时间，便犹如杯水车薪，要等待质变，可能要数年甚至数十年的阅读积累。

如果说阅读的价值取向是一个转向问题，阅读的习惯是一个持续问题，那么阅读能力的困难在于很多教师根本不清楚阅读需要怎样的能力。能力是一个程度问题，到底怎样算是有阅读能力，阅读能力应该有多少，阅读过程中又该如何深化，对于这些问题，许多教师都想得不够深入。

三、从教师成长角度看中小学教师阅读力的三个发展维度

（一）从教师成长方向中看教师阅读力的价值维度

教师之所以对阅读的价值维度看得不够真切，笔者认为，主要还是教师没有看透阅读在其专业成长中应是用于解决概念能力和原理能力的构建。大量的专业书都是由概念构成的，一些教师看到这样的书就避开，但要写论文又没有理论支撑，十分矛盾。对教师而言，要从优秀教师发展到骨干教师、学科带头人，甚至名师，不仅仅要经验丰富，实践优秀，还要能归纳实践的规律，甚至形成自己的教学主张。而教师的教学主张就是由概念、原理和具体的技术、做法构成，所以不从阅读中去获取建构概念和发现原理的能力，那么教师的阅读就失去了真正的价值，书读得再多，也只是吸收别人的经验、做法，而无法建构出自己的教学主张。

（二）从教师成长阶段中看教师阅读力的习惯维度

从教师的专业成长阶段也可以说明教师阅读力的习惯维度。比如，入职前阶段，其身份多是学生，这个时期是阅读力发展的黄金时期，学习好的学生可以认为其阅读力还不错。初入职阶段，教师在教学中会遇到各种问题，模仿前辈或向书本学习也是常事，阅读力和教学力逐渐得到发展。这个时候阅读力主要是围绕教学问题而发展，阅读是有针对性的。慢慢地，随着教师的不断成长，一些教师能力突出而成为优秀教师乃至学校的骨干教师，这个时候他们从解决一些常见的教学问题，到逐渐开始解决一些关键问题、一些制约教学的核心问题，课题研究便成为关键需要，阅读力逐渐与科研结合起来，从而使阅读有了深度。随着时间积累，一部分教师成为学科带头人，其阅读力又一次发生重大变化，从阅读解决教和学的问题，到进入学科的本质进行阅读的复杂探究，阅读的专业性更强。如此数年后，也只有少部分教师能进入名师行列，建立自己的名师工作室，形成自己的教学主张。由此可见，阅读不仅仅是自身成长，还在于如何传播，阅读在传播力的加持下保持其深度的同时，也实现了扩展。

可以说，阅读伴随着教师专业成长的各个环节，是教师成长的持续动力。教师要持续成长，就应该养成阅读习惯。在教师成长的每一个阶段，阅读的特点都发生了变化，因此阅读的习惯也要相应调整。比如，在一个教师成为优秀教师之后，他若不能围绕一些关键教学难题进行阅读，只是读一些娱乐性书籍、一些教学随笔，可能也会成长，但很难有重大突破，科研和论文也都难出成果，最终就无法成为名副其实的学科带头人，其成长不仅失去了平台，还会失去动力。

（三）从教师成长质量中看教师阅读力的能力维度

对一些教师而言，他们最关心的还是阅读力的能力维度。从教师成长的质量来看，制约一个教师的阅读能力也有好几个方面。成长要有质量，阅读的层次就不能低，这就是阅读高度；阅读的面就不能窄，这就是阅读的丰度。

其一，阅读的高度——书的层次。读书是有层次的，有些层次的书读得再多，也不如读一两本高一个层次的书，其往往能带来更为显著和快速的成长。笔者认为，从书的思想深度和概念深度出发，书可以分为以下五个层次。

一是娱乐小说类书籍。这类书通常思想深度和概念深度都要靠读者自己去领悟，但大部分读者是奔着放松和娱乐的心态去读的，读完也就翻过去了。这类书籍若是用心读，教师是可以从中悟出教育性的人生哲理的，但是，更多教师是将这些书籍作为消遣之用，因此这类书中的启迪性智慧也不容易迁移到教育教学之中。二是经典文学、经典名著。这类书有一定的思想深度和概念深度，读者也常看，但因为是经典，读时需要耐心，要有悟性，否则也不容易读懂。三是专业书籍。专业书籍的阅读往往是围绕一个学科门类展开的，学科教师通常会围绕自己所属学科或者大学科进行专业阅读，大多数教师也会选择这类书籍作为阅读的主要层次。四是思维类书籍。一些教师在追求更高阶段的成长过程中会发现，读本专业的书籍可以帮助自己吸收和借鉴别人的经验，但是要真正有所创新，就要弄懂、弄通人类是怎样思考的，探明知识和理论是怎么产生的。因此，教师为了能够提出自己的教育教学主张，就要多读思维类的书。五是哲学类书籍。对于这类书籍的阅读，很多教师一时还会觉得不需要，但是真正的优秀教师都绕不开要读哲学，将教育教学上升到哲学的高度进行思考，又从哲学的高度再回到教育教学等实践层面去理解，所得到的融通性阅读成果是难以言表的。比如，笔者平日主要是读专业性、思维类和哲学类的书。读哲学，笔者认为从读哲学史开始比较容易切入，读哲学史要画一个长长的列表，将哲学史上罗列的重要哲学家从时代背景、简介、世界观、价值观、方法论、后世影响等维度进行整理，如此就能看出哲学是怎么演进的。当然，真正的高手其阅读是不限对象的，读什么都能读出智慧，这个另当别论。

其二，阅读的丰度——知识表（树）。一般来说，教师读书比较具有零碎性。然而，优秀教师却能够从建构自己的知识表（树）或者概念相关图出发，从打造自己的知识体系的高度去读书。根据自己的思想和想法画一画概念图（表），画的过程就是教师认识自己精神世界的过程，这么一画就容易知道自己的知识树的缺漏，如此一来，教师也就有了读书的方向。有时读书并不是阅读量的问题，而是需要在知识树中弥补各自的缺失，从而让自己的精神世界成长得更好。笔者多次听到教师说："你教我怎么做，你读了什么书，能推荐几本书给我看吗？"笔者想说的是，任何人都有一棵自己的精神知识树要浇灌、培育，树要成长，一定要土壤肥沃，持续给予养分，教师读书要根据自己的需要去吸收知识、概念，因此读书的丰度是因人而异的。总之，教师在阅读过程中应画一棵属于自己的知识树，才知道自己要读什么书，具体见下一节的"教师的知识结构"。

其三，阅读的深度——原理读书法。教师读书也存在有关读书深度的问题。一般教师读书往往是在经验层面上进行，主要关注书本能教给他哪些实用的方法，如读一些案例，从案例中模仿一些做法并用于实践。这类阅读还停留在浅层次，缺乏对阅读内容深层次的思考。善于读书的教师，往往能够有不一样的读书方法。这里，我们谈谈原理读书法。读书要到一定深度，往往需要读到原理层面，要读到原理层面，就必须基于问题和概念读书——这本书讲了哪些重要概念，这些重要概念解决了什么核心问题，这些重要概念构成了什么重要原理。在读书过程中，多这样去问一问、读一读，才能读出书里深层次的东西，读出书背后的内容。比如读《陶行知教育文集》，这是由一篇篇文章组成的书，可以围绕生活教育的形成背景、主要内容、核心概念、原理、实践案例和当代价值去阅读，形成知识表或思维导图，并尽力找到陶行知教育思想的原理。对于一些书中无法解决的问题，可以读陶行知的其他文章或别人的研究文章加以思考与解决。

其四，阅读的专度——站在一个巨人的肩膀上。读书，真正的读书人，是要站在一个巨人的肩膀上，而不是站在书上。笔者常常跟一些教师分享，要找到自己的学习榜样，读他所有的书，站在他的肩膀上思考，人生虽然短暂，但站在榜样的肩膀上阅读，就足以让我们比大部分人读得更有高度。读书帮助人的成长，吸收百家的确也没错，但若时间不够，专攻一家一派也未尝不可。笔者在哲学领域就专读了黎鸣的系列著作；在心理学方面专读了卡伦·霍妮的系列著作；在教育学中主要研读了陶行知的系列著作。读他们的书还需要将其放到历史长河中，才能点面结合地读出体系来。

其五，阅读的速度——知识地图。有没有快速读书的方法呢？其实也有，这方法结合了大物理学家费曼的学习法，他的读书法包括概念（concept）、教给别人（teach）、评价（review）、简化（simplify）四个步骤。这里可以这么操作：第一步，选择一个专题，购买与专题相关的书籍5~10本。第二步，在集中的时间内连续、快速地读完，并构建思维导图（概念）。第三步，对这些书进行复述（相当于教给别人），讲不出来就重读，用时半天。第四步，不断丰富画出的知识地图，再简化知识地图，用时半天。这样下来，虽然用时不长，但却可以获得其中大部分的核心知识和信息，由于有复述和知识地图，又能更快地丰富自己的原有知识表，不失为一种高效、快速的读书方法。

然而，从学习金字塔中知道，阅读不是最有效率的学习。实际上，阅读也不是万能的，但对教师的成长而言，没有阅读却是万万不能的。在教师成长过程中，应该以阅读作为教师专业成长的基础和动力，综合教学实践、研究、写作和讲学（传播）这些更有深度的学习方法，促进自身更好、更快速地成长。其中，关于研究和写作将在本章第五、六节论述。

第三节　教师的知识结构

教育改革的关键是教师的成长，教师成长的关键是教师的学识增长。习近平总书记强调，做好老师，要有扎实学识。[①] 教师"要有扎实学识"，就需要有扎实的知识结构。目前学者对教师知识结构已有一定的研究。舒尔曼认为新教师知

---

① 习近平. 做党和人民满意的好老师——同北京师范大学师生代表座谈时的讲话（2014年9月9日）[N]. 人民日报，2014-09-10（002）.

识结构包括学科、学科教学法、课程三部分知识。① 顾兴义编写的《教师的知识结构》一书中提出了教师合理知识结构的三个层次，即"基础文化知识、科学知识、技术知识"②。叶澜等提出未来教师的知识结构具有多层次复合的结构特征。这种知识结构最基础的层面是关于当代科学人文方面的基本知识；第二层是教师的学科专业知识和技能；第三层是教师在教育科学方面的知识。③ 林崇德教授团队认为教师要胜任教学必须具备四方面的知识："本体性知识、条件性知识、文化性知识、实践性知识。"④ 冯建军教授也提出四层次知识结构："学科的专业知识、通识文化知识、教育理论知识、教师个人实践性知识。"⑤ 这些研究，一方面反映出随着时代变化，教师知识结构的要求有所增加；另一方面也反映出人们对这些知识结构之间的关系和性质的认识越来越明确。新时代，教师有新的育人定位。在新时代背景下，传统的教师知识结构研究已无法适应教师"扎实学识"的新要求。那么，怎样的教师知识结构可以更加符合新时代对教师的新要求呢？本节拟进一步研究教师的知识结构，尝试提出新的教师知识结构来回应这个时代问题。

一、教师知识结构的新要求

在文化强国的大背景下，教师的工作实际上就是文化工作，每个教师只有具有塑造自身文化、知识生命的能力，才能真正具有"塑造灵魂、塑造生命、塑造人"的能力，而这种能力的核心就是提出教育教学主张。

（一）教学主张知识：教师知识结构的第五层级

所谓的教学主张包含教师的理想、信念、情感、意志和教育价值观等，是教师对教学经验的理性升华和概括化的认识，对教学实践具有鲜明的指向功能。余文森教授提出："真正优秀的教师不仅要提出教学主张，更要围绕教学主张开展

---

① 王英. 从专业化发展角度看教师知识结构的合理建构 [J]. 教学与管理，2013 (15)：41—44.

② 顾兴义. 教师的知识结构 [M]. 广州：广东教育出版社，1993：55.

③ 王英. 从专业化发展角度看教师知识结构的合理建构 [J]. 教学与管理，2013 (15)：41—44.

④ 辛涛，申继亮，林崇德. 从教师的知识结构看师范教育的改革 [J]. 高等师范教育研究，1999 (06)：13—15.

⑤ 冯建军. 从教师的知识结构看教师教育课程的改革 [J]. 中小学教师培训，2004 (08)：3—6.

系统的研究。"① 教学主张通过塑造教师自身的灵魂、生命,进一步让教师胜任"塑造灵魂、塑造生命、塑造人"的工作。

首先,从实践逻辑来看。当前,为了帮助中小学名优教师有效突破优后发展的困境,真正实现职业生涯的可持续发展,有的教师培训单位提出了以"凝练教学主张"为主题的中小学名优教师培养的理论框架和实践模式,开展了凝练教学主张的理论研究和实践探索,成功地培养了一批批名师。这一实践有效地证明了教学主张是教师的一种新知识,是可以被学习、培训、研究和实践的。

其次,从理论逻辑来看。教学主张是继前述研究者提出四个教师知识结构(实践性知识、本体性知识、文化性知识、条件性知识)后所形成的第五层知识。教师形成前四种知识结构之后,在继续追求卓越的基础上,找到"教成什么样"的知识,即找到自己的教学主张。教学主张是一种概念体系,也是一种知识形态,应该成为教师新的知识结构。教师的教学主张知识属于教师的创造性知识(见表8-2)。随着教育教学改革的发展,新时代教育教学创新已不仅仅是专家的事情,也是每一位教师的事情。教师在原有的实践性知识的基础上,产生直接的创造性知识这一现象是客观存在的。虽然还不是普遍存在,但这应该成为教师专业成长的追求,尤其应该成为优秀教师成长为卓越名师的必然追求。优秀教师追求卓越,必然要形成自己的教学主张,而要研究教学主张,这种研究应包括"对教学主张的概念和内涵进行界定、对教学主张的理论基础和依据进行说明、对教学主张的具体观点和内容进行阐述;也包括教学主张的教材化、教学化、人格化研究"②。

最后,从历史逻辑来看。依据教师实际知识结构形成的时间,教师在中小学求学阶段主要学习自然科学、社会科学等通识知识。在师范教育阶段主要学习学科专业、教育教学和心理学理论知识,在实习期掌握部分教学技能和教学实践知识。新教师到优秀教师这个阶段,主要是在教学实践中形成理论基础上的教学技能、教学实践知识。成为优秀教师之后继续追求成为卓越名师,教学主张知识才会形成。这里按照历史逻辑将教师知识结构进行划分,见表8-2。

---

① 余文森. 专业成长的重中之重:围绕教学主张作研究 [J]. 新教师,2018 (12):1.
② 余文森. 教学主张:名师专业发展的生长点 [J]. 中国教师,2015 (19):19—21.

表 8-2　教师的新知识结构层级

层级	实践逻辑	理论逻辑	历史逻辑
顶层	教学主张知识	创造性知识	成为优秀教师之后
第四层	教学技能、教学实践知识	实践性知识	新教师到优秀教师之前阶段
第三层	学科专业知识	本体性知识	师范教育阶段
第二层	教育教学、心理学理论知识	文化性知识	师范教育阶段
底层	自然科学、社会科学和人文科学通识知识等	条件性知识	中小学阶段＋全龄教师阶段

综合以上三种逻辑，教学主张能够将教师的各种知识变成学识，各种学识在教学主张指向功能之下达到理实相生的效果，构成一个知识结构，即知识树（表）。知识结构是一个整体，能够像一棵树一样不断长大，这样教师学识才能扎实，所以说教学主张知识应该成为教师知识结构的第五层级。

（二）何为教师的新知识结构

原有教师的四个知识结构很容易被人们认为是四个象限的知识结构，现在教师的知识结构分五层，它是怎样的一种新结构呢？大家很容易想到的是金字塔结构，底层的知识量要求大，且知识量会随着层级提高逐层递减。然而这是不准确的，顶层教学主张的知识量确实要求少且精，甚至很多教师没有，但实际上教师第四层级所要求的知识量是很庞大的，因此这个结构不像金字塔，况且金字塔结构不能体现生长性，难以将新知识结构适应良好的生命力展现出来，为此在这里提出新知识结构的理想假设（见表 8-3）。

表 8-3　教师的新知识结构（一）

层级	教师的知识类型
顶层	教育教学主张知识
第四层	教育教学技能、教学实践知识 课改理论与实践知识

续表

层级	教师的知识类型
第三层	教育学科专业知识
第二层	教育教学理论、心理学理论等知识
底层	自然科学、社会科学和人文科学通识知识以及哲学通识、元认知知识

底层，即底层结构，是教师在义务教育求学阶段所要夯实的基础通识知识，在教师后续的生涯中，其也将成为其他层级知识的养料。第二层，这部分知识一般教师都具备，每个师范教育阶段的教师都要选定某个专业进行学习，差别仅在于知识掌握了多少。第三层，这部分主要是教师的专业发展方向的知识，其知识结构主要关于教育学和心理学。第四层，这是教师所从教的具体学科的实践知识。教师往往会围绕具体的学科方向进行阅读和实践，积累知识和实践经验。顶层，这部分代表个人领域的创新知识，既有教育教学主张理论方面的知识，又有理论与实践相统一的知识中的精华。

二、教师新知识结构的构建路径

教师新知识结构的构建是可视化的，比如可以绘制知识表等进行直观展示。这一过程通过三种学习，即继承性学习、实践性学习和构建性学习来不断丰富、更新之前的知识结构。

（一）明确成长方向，找到知识目标

若缺乏成长的知识目标和方向指引，知识表将难以发挥其导向作用。新知识结构最重要的一个作用——给予教师一个成长的内驱力。一些教师不知道自己的目标在哪里，这里有一个方法——榜样法。一张知识表要长成什么样，有的教师自己想不明白，也说不清楚，但自己的榜样是谁，教师总能说出一二，这就为构造知识结构表提供了可能。

榜样法是从榜样人物中去找到教师想要发展的方向，从而推导出知识目标和相关的阅读需求的一种方法。榜样法的具体操作可以是"7个人物法"[①]，这里的7个人物可以是很遥远的榜样，也可以是身边1~2年能追赶上的榜样。找到这

---

① 张萌. 人生效率手册：如何卓有成效地过好每一天[M]. 长沙：湖南文艺出版社，2019：6.

些榜样,并投射在自身的教育教学工作中,由此作为一种发展方向,我们就知道自己倾向什么,应该增加什么知识,读什么书,知识目标就逐渐清晰了。

(二)罗列知识清单,填充知识结构表

清单法是指在画知识表之前,教师应该先整理出已读过的书和拟读的书,再将相关信息填入表格中(表8-4)。表8-4是在表8-3的基础上再增加两列,一列是已读过的书和已获得的知识结构,另一列是拟读的书和拟获得的知识结构、知识概念。将信息按不同的知识结构或层级填入,这样可以更清楚地罗列出知识结构的组成部分。

表 8-4 教师的新知识结构(二)

层级	教师的知识类型	已读的书和已有的知识结构	拟读的书和需要建构的知识结构、知识概念
顶层	教育教学主张知识		
第四层	教育教学技能、教学实践知识 课改理论与实践知识		
第三层	教育学科专业知识		
第二层	教育教学理论、心理学理论等知识		
底层	自然科学、社会科学和人文科学通识知识以及哲学通识、元认知知识		

(三)继承性学习,丰富知识结构表

继承性学习主要是指通过阅读并继承前人优秀的间接经验、理论等知识而进行的学习方式。正如"新教育"所倡导的那样应"无限相信阅读的力量","如果没有教师的阅读,就没有教师的真正意义上的成长和发展"。[①] 学习多学科的历史知识,学习哲学和教育史知识,都是很好的继承性学习方式。无论教师的知识结构是哪种类型,都要多读书,照着知识的层级不断地向上读,这样知识表才能丰富起来。基于教师知识表的构建,每一位教师都应该描绘一张属于自己的知识蓝图,有了这样的蓝图,人生的蓝图才能以间接经验为基础。倘若教师能画出自己的知识蓝图,也就知道自己要读什么书,久而久之就可以通过继承前人学问从而丰富自己的知识体系。

---

① 朱永新. 新教育(2014年修订版)[M]. 桂林:漓江出版社,2014:105.

（四）实践性学习，检验知识结构表

实践性学习就是在实践中获得知识，其是"行心创"的学习方法中的一种，这种方法要求教师在实践经验中总结、提炼出概念、价值（意义）和目标，能够围绕概念进行验证和理论思考，发现规律，产生共情，进行规划，构建策略，联结人脉，专注执行，最终创造出新的模式。比如，有以"教"为中心的课堂，就有以"学"为中心的课堂。在以"学"为中心的课堂里，教师不仅要积累经验，而且要围绕"学"对学生（学情）、学科、学习等"学"的概念、价值和目标展开研究，找到这些概念之间的关系，形成关系模型，进而找到学生"学"的价值和意义等，从而构建实践的策略。学情决定了学习内容的选择，学情也决定了学生的学习方法，但为了不断提升以"学"为中心的课堂效果，最终还要通过改进学生的学习力来改变学情。

（五）构建性学习，完善知识结构表

构建性学习不是单独存在的，而是渗透在继承性学习和实践性学习的过程中。也就是说，知识不能凭空被构建，必须在学习别人的基础上或者自己实践的基础上进行构建，也可以通俗理解为构建性学习是一种理实相生的学习。之所以要单独提出这种学习，就是要让大家从本能地应用构建能力，提升到自觉地应用构建能力。比如，读书会有收获，所谓"读书百遍，其义自见"，实践也会有收获，毕竟"实践出真知"，但这都是对构建能力的本能应用。自觉地应用构建能力，则可以让教师在读书过程中更好地理解书的意图，在实践的过程中也能更快地发现和总结实践的规律。通常构建性学习与教师储存的思维模型、知识模型有关，这些模型可以帮助教师快速整理所获得的知识素材和经验素材。

毫无疑问，知识本身只是教师成长的一个维度，教师成长中的理想信念、道德情操等是否也存在某种结构，仍有待探究。当前对教师新知识结构的探索只是一个开始，未来这种知识结构理论如何应用于教师培训、师范教育及教师培养等方面，还有许多更具体的问题和策略有待进一步探索。

第四节　教师的教学主张

从上一节可知，笔者将教师的知识分成五个层级，并且可以建立一个知识表，使得知识以概念的方式构成一个层级体系，其中的教学主张是一种新型知识结构，那么教师的这种主张型知识有什么特点，又应该如何把它梳理出来呢？

一、教学主张的价值

在国内，专注于研究教学主张的专家及其发表的相关文章数量尚不算丰富。近年来，教师教育领域的专家比较关注这个研究方向和研究主题。2015 年，余文森教授就在《人民教育》上撰文《教学主张：打开专业成长的"天眼"》，其指出教学主张的四个重要价值：一是教学主张是教师从优秀走向卓越的专业生长点。优秀教师在专业上有两个基本特征："有经验""有思考"。二是教学主张是名师的"第三只眼睛"[①]。从实际来看，具有成熟的教学主张不仅是名师的教学特质，而且也是教师教学深度、高度的基础和保证，可以有效防止教学同质化和平庸化。名师与普通教师的区别不在于一节课的水平高低、效果好坏，而在于教学的整体风貌、气质、格调，这一切背后的决定因素就是教学主张，就是这只"天眼"！三是教学主张是名师发挥专业影响力的核心因素和有力凭借。一个优秀教师可能经验丰富、教学有方，可能拥有高级教师、特级教师的头衔，可能获得了各种荣誉，但是若在专业上缺乏自己的教学主张，没有专业精神和学术追求的归宿，他很难产生专业和学术上的影响力。四是专业成长的重中之重：围绕教学主张作研究。真正优秀的教师不仅要提出教学主张，还要围绕教学主张开展系统的研究，这才是优秀教师不断在专业上成长的核心，也是我们培养优秀教师的重中之重。

在笔者看来，教学主张的核心是从经验思考到概念思考，对概念、价值观和

[①] 余文森. 教学主张：打开专业成长的"天眼"[J]. 人民教育，2015（03）：17—21.

自身开展系统化的研究，这种研究无形中要使教师深入历史当中：一是教学主张的观念史、教育教学的发展史；二是自身的教学实践也要有前沿性、独特性或者说个性。要完成这样的一种教学主张建构，就必须从初步的个体教学特征和观点，到系统化、科学化和规范化的教学去演进，对此，读书、研究和实践就少不了。

笔者认为，教学主张是教师"行心创"生活教育的必然要求，也是完善教育教学精神世界的必然要求，同时教学主张还是教师人生蓝图的核心组件和人生目标的凝练表达。

二、教学主张的内涵

那么，什么是教学主张？李建军在《教学主张：教师专业发展的内在维度》中下了一个定义，他认为："主张是一种包含了人的认识实践活动的主体意向，体现了人类思维活动的能动性和目的性，渗透了人的意志和愿望。"[1] 结合教学活动的特殊性，他指出教学主张是教师在自身的教学实践中产生的。教师运用自己的理性思维直面教学现象和问题，或探究其发展规律，或尝试进行合理的解释与说明，进一步将自己的发现和体验用理性的方式描述出来，并在此基础上提炼出个人对于教学的见解和观点。[2]

从这样的定义中可以看出，教学主张最后的呈现是一种见解和观点，但实际上教学主张是"行心创"的产物。"行"是教学行动。"心"是"知情意"的统一。其中，"知"方面是教师的理性思维，是其个人对教学的见解和观点；"情"方面包括教师的教育价值观以及教育教学的关系建构；"意"方面包含教师个人教育教学理想、教育使命和实践流程等。而"创"就是教学主张的最后形态，它应该是一种系统化的主张、实践的模式和教学成效的综合表现。

因此，从"行心创"生活教育的角度来看，教学主张是教师在教育教学中运用自己的理性思维，对教育教学现象和问题探寻普遍发展规律，阐明背后的价值立场，能够实现自己理想的系统化、科学化和规范化的见解与观点。由此可见，

---

[1] 李建军. 教学主张：教师专业发展的内在维度 [J]. 教育理论与实践，2009（08）：34—35.

[2] 李建军. 教学主张：教师专业发展的内在维度 [J]. 教育理论与实践，2009（08）：34—35.

教学主张应具备三个特点。

一是系统化。该特点体现在将某个主张概念进行系统化演绎，可以在某个学科的教学目标、教学环节、教学组织、教学评价、教学内容中展开，如本书的"行心创"生活课堂。

二是科学化。教学主张的系统阐述有其来源，有其趋势，有理论依据，有原理支撑，有实践检验。其反映的是进步，而不是陈旧；是实践，而不是猜想。

三是规范化。主要体现在教学主张是按照一定的规范化进行表述的，能够通过学术论文、课例、示范课、个案、专著等形式进行有效传播。

三、构建教师教学主张的方法与路径

（一）梳理框架

笔者曾经为几位名师梳理过教学主张，梳理过程一般需要 3～5 个小时，但这只是完成教学主张框架的梳理。从他们的经验出发进行梳理，为了了解他们的教学主张通常需要问一系列的问题：

1. 你的教学主张大概是怎样的？
2. 你想实现怎样的教学理想？
3. 你在教学中常用到哪些观点或教育理论？
4. 你平常是怎么教学的？有没有较统一的步骤？
5. 你的教学创新点在哪里？能不能用一个词来概括你的教学主张？
6. 你的教学主张能否解决你的教学问题？与课程标准相联系，若是教学主张不够理想，你觉得你还需要解决哪些问题？

上述这些问题，教师最好能用文字形式进行表述。当然也可以通过采访的方式，录音后整理成文字。除了这样，教学主张还需要教师平常的课例、教学设计、课堂录像等。这是因为，有的优秀教师面对这样的提问，往往不知道说什么，因此需要通过上述这些材料来更全面深入地了解一个教师的教学风格和特点，然后再专门为其梳理他的教学主张。

在获取了上述材料之后，就可以按照表 8-5 进行资料的完善。

表 8-5 教学主张要素资料搜集

要素	内容
需解决的问题	这是首先要关注的，每一个教学主张的提出都是为了解决问题，这个问题具有时代性，所以必须与学科的课程标准和当前课程改革前沿相对接。
提出的背景	需要了解教育工作会议和最新的、相关的教育政策文件，这样就有了时代背景。当然也要从个人的实践背景出发，二者相互对接，将个体与公共紧密结合。
教学主张的概念表述	找到一个差不多的概念，对其进行定义，包括内涵、特征、相关概念的区分及其创新之处。
理论基础	要从前人的研究历史和实践历史中看到有关这个教学主张提出的缘由和基础，并将自己的教学主张纳入历史脉络中。
教学目标	教学主张要达成怎样的育人目标，目标应该分点写。
学科观	该教学主张体现了怎样的学科特征，是否反映了学科本质。
学生观	怎么看待学生，可以罗列一些与学生观相关的观点，如认为学生是能够自主学习的。
课程观	怎么看待课程，可以罗列一些与课程观相关的观点。
评价观	如何在实践中评价这个教学主张的成效，可以罗列一些相关的观点。
教学观	可以罗列出该教师教学的一些基本观点。
教学流程	具体怎么展开和实践，列出流程。
案例	几个相关的教学设计、视频录播课。
总结与反思	得出什么结论，还缺什么资料。

值得注意的是，一些教师虽然优秀，教学成效不错，但其教学主张依旧比较陈旧，其教学的方式方法并没有什么创新，只是因为做得比较认真。对于这样的教师，笔者并非不愿帮其梳理出一个教学主张，而是他本来可能就在践行某种教学主张，而且是已经很有年头的教学主张。因此，这样的教师需要的是进一步进行专业阅读，打开视野，更新自己的教学主张，重新开展自己的新一轮理实相生的实践。

（二）思想比较

上述资料的搜集，并不意味着教学主张就成形了，这仅仅是一个开始。这个时候，有经验的专家能识别该教学主张好不好，能否代表一种新趋势，是不是别人重复提出的,有没有体现教师的学科特征和自身个性特征等要素。

所以这里就有一个比较的问题,即不同的教学主张经过比较是存在差距的。为什么教育家和教学名师是这样的教学主张,而我却不是?从个人的教学观点、教学设想到教学主张,往往都要通过比较才能够看出好与不好,也才能够坚定信心并找到需要改进的地方。这种比较可以是横向比较,即跟众多名师进行比较,此时比较既是一种鉴别,也是一种吸收。通过比较,可以吸收好的教学观念并内化和升华为自己的观点(见表8-6)。

表8-6 个人与教育家和教学名师关于教学主张的比较

要素	个人的教学主张设想	教育家的教学主张——以生活教育为例	教学名师1的教学主张	教学名师2的教学主张
教学目的		手脑双挥的人		
教学主张核心观点		"做"中学、"做"中教		
教学主张的价值观		师生心心相印,做真人,做主人		
教学流程		行知行		
教学策略		共学、共教、共修养;在劳力上劳心;生活工具主义		
师生关系定位		艺友关系		
名称		生活教育		

(三)定位转型

一旦教学主张有了初步概念,即有了定位,这时就要做好主张的表达。首先是文本的表达。其次是通过阅读专业书籍和相关论文,对主张的内容和细节进行完善,尤其要做好概念和原理的研究。最后是定位转型,要定位自己是一个名师、一个研究型教学专家。教学主张的形成为何必须依赖身份的转变?对很多人来说,我为什么要有教学主张?这是因为自上而下地改变身份定位、角色定位,才能改变我们的价值观,才能让我们产生要不断创新的冲动。一旦你有了教学主张,你对自己的身份和角色定位就要开始发生变化,如作为一个研究型的教师,要不断研究自己的概念及概念的原理(概念的相关概念)、实践主张(技术),不断丰富自己的研究成果(作品),这就是一个理实相生的过程。

(四) 理实相生

1. 理与实的内涵

教学主张是理实相生的，然而教学主张的设想却是属于"理"的。我们先来探讨一下所谓的"理"。"理"可以理解为概念，其复杂程度因人而异。对于许多人来说，"理"可能是一个难以理解的概念。然而，我们的教育基本原理都是基于"理"的。为了更好地理解"理"，教师应该再细读一些关于教育基本原理的书籍，并将其放在书桌旁边，以便随时查阅。

"理"的显著特性是什么呢？"理"涵盖了概括性与抽象性，且具有概念性，而非一个具体存在的实体。相反，"实"则指的是实物、实例、实验或者个体，乃至更直观的事物。这个概念的特性是，它们或是可触碰的，或是可感知的。例如，我们可以看、可以摸、可以接触的事物，它们可被视为实物的表现。而"理"则是抽象的，虽然你无法直接看到它，但它可以通过具体的事物进行展示。

比如谈及"健康"，健康的概念如何被我们所发现？我们看到的只是健康的表象，是健康的映射。那么，最终观察结论该如何定义健康？我们可以将这种观察的结论抽象化，这种抽象后的概念便是健康。又如说到"活泼"，这个孩子表现得十分活泼，活泼只是一种理念，表现在这个孩子的各种行为上。同时，活泼也是一种概念，是对这种形象的概括，是对这种现象的抽象化表述。

2. 理与实相生的关系

我们再来深入探索一下"理"与"实"之间的内在联系，这有助于更好地理解这两者。请注意，这里的"理"是指普遍概念，"实"则是一匹具体的马。因此，马是"理"，因为这个普遍概念涵盖了众多具体的马。即使是白马，它也偏向"理"，因为它也是一个概念。实际上，"理"与"实"是相互关联且相互依存的。"理"中蕴含"实"，"实"中也蕴含"理"。现在，让我们在脑海里构想一匹具体、真实的马。如果你亲眼看到一匹马，这匹马肯定是有颜色的，它有一定的重量，有一定的大小，它跑得快还是慢都是确定的。这匹马肯定有某种归属，且必定在某个特定的地方。所以，对于真实的马来说，它的特性和属性非常多，并不只是张三的白慢母小马（图 8-8），它可能具有很多修饰词。事实上，语言中的大多数词汇都是相对的，真实的马其实具有无穷多的特性和属性。因此，理实相生，它们是如何相互关联的呢？请大家结合图 8-8 细细思考、品味。

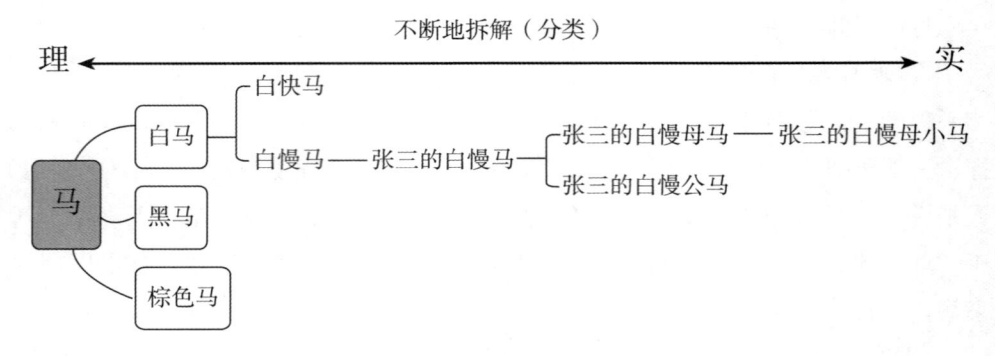

图 8-8 理实相生（图一）

我们再以"健康"为例，《3~6岁儿童学习与发展指南》中"健康"的概念是指人在身体、心理和社会适应方面的良好状态。对于幼儿阶段的儿童而言，他们身体的发育和机能的发展尤为迅速，这也是他们建立安全感和乐观心态的关键阶段。在此背景下，幼儿的健康体现在他们拥有良好的身体状态、开朗的情绪、强健的体魄、协调的动作、良好的生活习惯以及基本的生活能力。这些是幼儿身心健康的重要指标，更是他们在其他领域学习和发展的基础。

具体来说，健康被细分为与年龄、性别、身高和体重相关的具体指标。以某个具体的小男孩为例，如果他的身高处于该年龄段的正常范围，那么在身高这个方面，他被认为是健康的。然而，每个小朋友都有其独特的身心特征，如体重、情绪、适应性和平衡能力等，因此每个小朋友的健康状况都是独特的。

总体而言，健康是一个综合性的概念，不仅仅要关注身体方面，还要关注包括心理和社会适应等其他方面。每个小朋友的健康状况都是基于其个人的身心特征和适应性等多个因素的综合评估的结果。

健康的理念与现实之间的联系就是这样建立的，当"理"拆解到一定程度就是"实"（见图8-9）。这种联系为我们提供了一个重要的启示。例如，当我们撰写一篇关于幼儿园微课程的论文时，我们提出了一个理论，这个理论是基于实际情况。因此，我们需要将理论转化为可操作的实际应用，这就是研究的过程。研究是一个拆解的过程，即将复杂的概念拆解成更小的部分，以便更好地理解和解决实际问题。

```
不断地拆解（分类）
理 ←——————————————————————→ 实
```

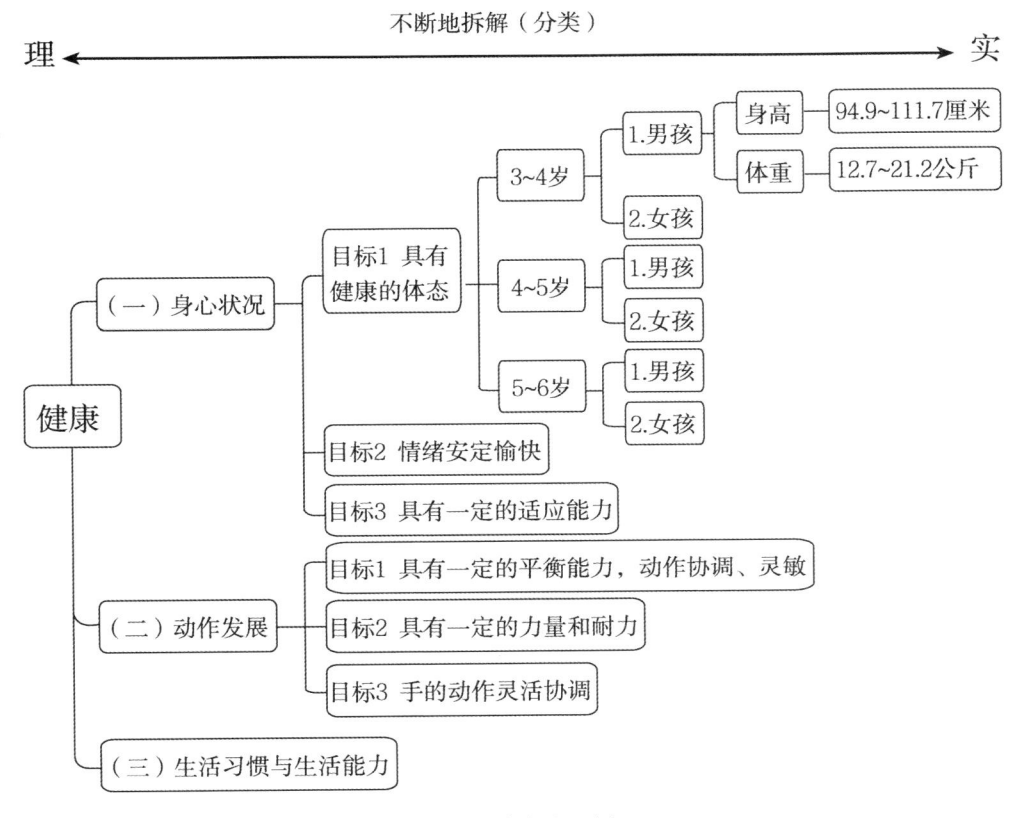

```
                                    ┌─3~4岁─┬─1.男孩─┬─身高─94.9~111.7厘米
                                    │      │       └─体重─12.7~21.2公斤
                                    │      └─2.女孩
                    ┌─目标1 具有────┤
                    │  健康的体态    ├─4~5岁─┬─1.男孩
          ┌(一)身心状况              │      └─2.女孩
          │         │               │
          │         │               └─5~6岁─┬─1.男孩
          │         │                       └─2.女孩
          │         ├─目标2 情绪安定愉快
健康──────┤         └─目标3 具有一定的适应能力
          │
          │         ┌─目标1 具有一定的平衡能力，动作协调、灵敏
          ├(二)动作发展─┤─目标2 具有一定的力量和耐力
          │         └─目标3 手的动作灵活协调
          │
          └(三)生活习惯与生活能力
```

图8-9 理实相生（图二）

3. 研究的内涵

在此，我们一同来品味这个字——研。"研"字由"石"和"开"两部分组成，这意味着它被理解为将事物分开，拆解开来，也就是说，深入研究或分析是我们理解事物的过程。若将事物拆解到不能再被拆解时，意味着研究工作的初步完成。

因此，我们所说的研究，实际上就是学会如何拆解事物。平常阅读往往也是抓住一个概念，在阅读过程中建构其关联，这个过程有可能就是作者拆解概念的过程。我们需要明白，事物的拆解是按照特定的分类进行的。比如马，在拆解过程中可以根据颜色、速度、公母、大小等特征进行分类。这种分类的原理来源于书本中获得的知识（范畴），因此，可以按照这些特征、原理或范畴进行拆解。例如，如果你是幼儿园的教师，你可以根据年龄（如3~4岁、5~6岁）对幼儿进行分类。正因为你是幼儿园的教师，所以你会按照这些特征对孩子们进行分类。因此，这个分类源于教育基本原理，而这些原理又会表现为一些范畴，它包含在实际的教育过程中。

需要强调的是，教师需要理解教育基本原理的重要性，掌握一些范畴，这是研究的前提。比如，研究课程时，课程本身也是按照一定的课程基本原理进行分类的，如课程目标、课程内容、课程实施、课程资源、课程评价等都是教育基本原理中课程论的基本范畴。

4. 从理到实的演绎思维

演绎思维就是从抽象到具体，从一般性的原理出发，根据某些逻辑规则或科学分类规则，推导出特殊、个别或具体的知识。

教师会遇到大量的新观念、新理念、新思想，这些理念、看法等是怎么应用到实践中的？如何指导实践？怎么与实践相联系？

步骤一：先按逻辑规则或科学分类的规则理解"理"，拆解"理"。

步骤二：拆解到不能再拆解，就逐渐接近特殊、个别或具体的"实"（如图8-10所示）。

步骤三：设计实践进行验证。

```
核心素养
├── 物理观念
│   ├── 物质观念
│   ├── 运动和相互作用观念
│   └── 能量观念
│       ├── 势能观念
│       │   ├── 重力势能 $E_p = mgh$
│       │   ├── 弹性势能：物体由于发生弹性形变而具有的能
│       │   └── 电势能
│       ├── 机械能观念
│       ├── 动能观念
│       └── 热能观念
├── 科学探究
├── 科学思维
│   ├── 模型建构
│   │   ├── 函数模型
│   │   ├── 方程模型
│   │   ├── 原理规律模型（杠杆原理、牛顿第一定律等）
│   │   └── 图形模型
│   ├── 科学推理
│   ├── 科学论证
│   └── 质疑创新
└── 科学态度与责任
```

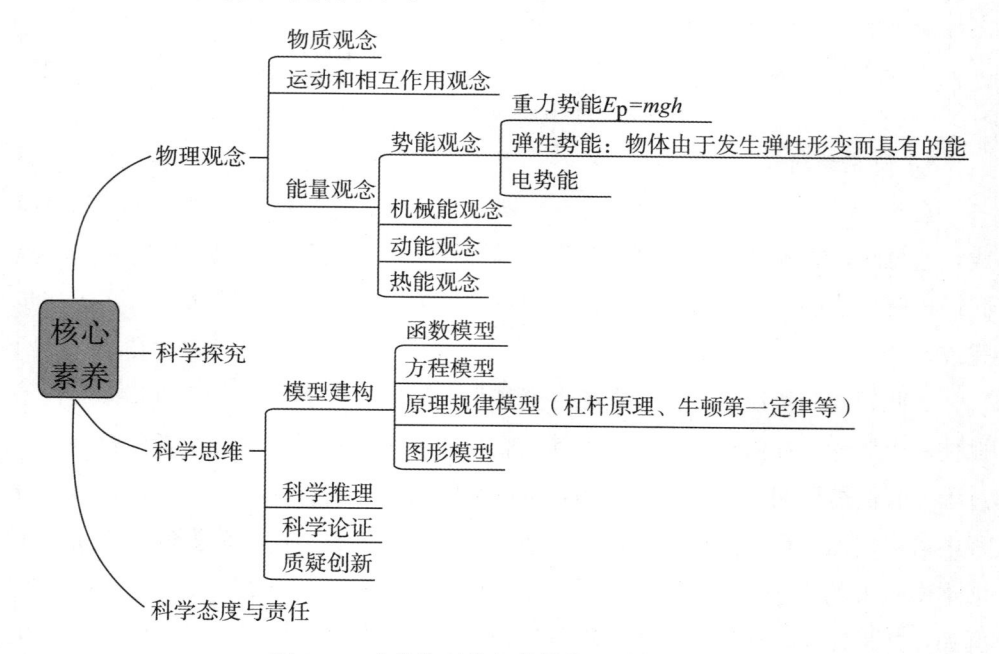

图 8-10　中学物理核心素养从理到实的演绎

以中学物理核心素养为例，可以将核心素养进行拆解，分为物理观念、科学探究、科学思维和科学态度与责任。再以其中物理观念为例，进一步拆解，比如物质观念、运动和相互作用观念、能量观念。再以能量观念为例，则可拆解为势能观念、机械能观念、动能观念、热能观念等。势能观念还可以再细分下去，如重力势能、弹性势能和电势能。如此就要到具体的某章某节的教学中去了。在这个过程中，若是教师要写核心素养相关的论文，他可以只写培育物理观念相关的问题，举的实例可以是重力势能等教学案例。

5. 从实到理的归纳思维

归纳思维是从个别事物而后推及一般，使认识不断抽象。归纳就是从个别到一般的思维，抽象过程是一个科学归类的过程。

步骤一：先按科学归类的规则抽象、归纳出"理"，综合"理"。

步骤二：个别的、具体的事物或者经验经过一次次归纳，科学归类综合到不能再综合，就逐渐接近一般的"理"（如图 8-11 所示）。

步骤三：对"理"进行内涵解读。

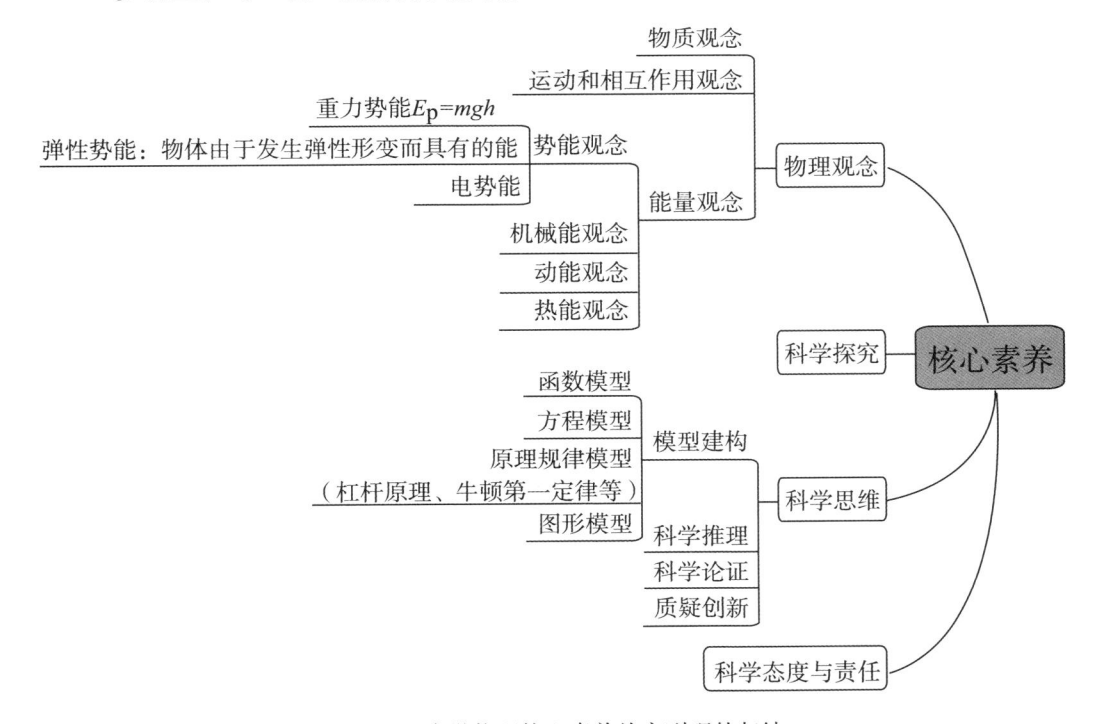

图 8-11 中学物理核心素养从实到理的归纳

综上所述，在明确了"理实相生"和"研究"的内涵的基础上，再掌握从理到实的演绎思维和从实到理的归纳思维，也就获得了理实相生的全部能力。有了这个能力，教师就获得了将自己的教学经验转化为教学主张，以及将自己的教学主张转化为教学经验的能力。在这种理实相生的思维模式下，个人的理论水平和实践能力都可以不断上升、不断发展。

（五）作品输出

具备理实相生的能力，意味着拥有了两方面的作品输出能力：一方面是理论的输出能力。这需要特别注重积累丰富的案例、深入剖析理论文章，以及记录自己的感想和思考。此外，尝试撰写一些小论文也是锻炼理论输出能力的好方法。随着教学主张的不断丰富，可以进一步撰写具有深度的论文和专著，不断推动理论作品的输出。另一方面，实践的输出能力也是必不可少的，如公开课、讲座和培训等。这些实践活动是传播教学主张、展示知识和技能的重要途径。通过开设公开课，可以与他人分享自己的经验和见解，从而帮助他人解决问题。讲座和培训则能更深入地探讨特定主题，向参与者提供实用的技能和知识。

最后回到"行心创"的角度，整个教学主张的梳理和形成，其作品形态的输出就是"创"，而理实相生，就是"行"与"心"的相生。

第五节　教师的教学研究

什么是研究？对一线教师来说，还是太抽象。研究可以简单理解为分析或者拆解。研由"石"与"开"组成，可以简单理解为用石头砸开，石头代表工具，开代表方向，总之就是要将研究对象（某物、事）展开、拆开、拆解等，这就是研究的初级形态。一个主题，若不是很了解但想研究，最简单的方法就是从不同方面，用不同的工具、方法对这个主题对象进行拆解。那么该怎么拆？我们要先从确定主题出发。

一、确定教学研究的主题

在备课、讲课等过程中，都容易发现要研究的主题。一般主题包括两个方面：客体和内容。客体是对象，也就是研究对象，内容就是研究对象的具体内容。比如，在语文低段的备课中涉及认字教学，"小学生低段认字教学"就是一个主题，"小学生低段写字教学"也是一个主题，"小学生低段语文联系上下文理解"还是一个主题。很明显主题由两部分构成，对研究对象和研究内容的双重把握才能较好地确定主题。通过对主题的确定，才可以帮助我们明确想研究什么。很多时候，教师不知道要研究什么，论文写作飘忽不定。有的教师会一次研究多个主题，有的教师研究的主题过大，不适合以一篇论文的体量去探讨。只有明确主题，才能更好地明确写作对象和写作内容。研究主题，并非不可拆，我们可以设想一个研究主题，如"课堂上学生的学习兴趣激发"，然后将这个主题拆解成：研究对象——课堂上的学生；研究内容——学习兴趣；研究的问题——课堂上如何激发学生的学习兴趣。其实，"研究主题＝问题＋研究对象＋研究内容"，搞清楚这些，主题就清晰了。

（一）找到感兴趣的研究对象

研究对象是科学研究过程中要认识的客体，[1] 是科学研究的逻辑起点，也是学术论文选题的原点。一个完整的研究对象是由限定词、研究单位和研究维度三个部分构成的。[2] 其中，限定词是对研究对象范围的框定，包括时间、程度、范围、情境等限定；研究单位就是研究对象中最核心的要素，通常有人、事、物、理和模式五种研究单位；研究维度也可以称为研究角度，是研究单位的具体研究角度和问题的表述，通常放在研究单位最后，比如农民工是研究单位，其研究维度可以有农民工的"生育意愿""城市融入"和"身份认同"等。[3] 若要进行分析，必须得有研究对象，我们的研究总是从某个研究对象出发，再根据这个研究对象产生问题。但人们通常以为是先有问题，甚至不清楚问题里还有一个研究对象。

---

[1] 吴元樑. 科学方法论基础（增补本）[M]. 北京：中国社会科学出版社，2008：7.
[2] 郭泽德. 写好论文 [M]. 北京：清华大学出版社，2020：17.
[3] 郭泽德. 写好论文 [M]. 北京：清华大学出版社，2020：17—28.

对一线老师来说，研究对象是具体的，可以感知的，属于日常经验的范畴，比如教育教学中的学生、课堂、教材、作业、课程标准、复习、考试、教师成长、学生学习、学校管理、班级管理等等。这些研究对象往往还比较大，可以进一步缩小范围，比如学生可以缩小到小学生、低段学生，学生学习可以进一步研究学生的学习情况、学习力等等。

在缩小范围方面有两种方法：一种是拆解法，一种是限定法。拆解法，就是把研究对象进行拆解。比如课堂，可以拆解成课堂的不同阶段。但一般的研究对象可以采用限定法，通过增加限定词来缩小范围，比如小学生、大学生、数学课堂、语文课堂、数学作业、语文作业、课堂作业等等。

一线教师要尽快确定自己的研究对象，并对自己的研究进行聚焦。一个老师的研究对象可以很多，可以是学生、课堂、教材、作业、考试等，但这些研究对象往往只是切入点，未来一定会从这个研究对象延伸到其他的研究对象。

对教师来说，大家面对的研究对象都差不多，因此论文的创新往往不在这。

（二）确定研究问题

接下来就是要确定研究问题，很多时候教师并不能很好地界定研究问题，但可能会有一些经验性的做法也可以倒推出问题。常见的确定研究问题的方法有以下几种。

1. 经验总结法

在实际的经验感受中，从研究对象所呈现的现象中发现问题，并不断进行提炼。这个比较好理解，比如你喜欢研究学生，在教学中发现自己对解决学生的学习能力方面的问题很有经验，你就可以提出"如何在某个学科中提高学生的学习力"等问题。当然，与学生相关的问题有很多，你可以从日常现象中去观察，如学生思想、学习态度、学习方法、道德、情感、行为习惯、人际交往、家庭关系、同学关系、师生关系、对学习的恐惧和焦虑等。仅就学生而言，这就是一个很大的研究方向，完全可以继续拆解。

2. 策略倒推法

这种方法就是通过一些应对策略，从而倒推研究的问题。有时候，教师会觉得自己在教育教学中有许多表现不错的地方，那么可以根据自己的这种实际策略来倒推出问题。比如你对引导学生上课做笔记有较好的方法，这就是在解决学生如何既能听课，又能做好笔记以及笔记应该怎么使用等问题。

3. 调查总结法

通过问卷或其他调查方式来发现问题。有些问题是模糊的，需要通过调查比较才能发现，这就是通过一定的调查来总结问题的方法。

4. 逻辑推演法

通过一定的逻辑分析提出研究的问题。此方法的前提是有一套自己的思想，能够对研究对象进行一种逻辑拆解，根据已有的研究情况，找到研究对象的研究空白点。

5. 趋势分析法

通过分析某种研究主题的研究趋势来确定问题。这种方法需要阅读一定数量的参考文献、政策文件等资料，通过对已有研究的对象的问题进行初步判断，借助资料来确定这个研究对象未来的研究趋势。

6. 问题套路法

任何一个研究对象都可以提出"是什么""为什么""怎么想到的""怎么做""还能怎么做""在哪里做""什么时候""目的是什么"这八个问题，根据实际情况确定哪些问题还不清楚，就应该重点研究。

(三) 提炼研究内容

对主题的创新，还可以体现在研究内容上。比如研究对象是课堂，可以研究课堂的模式、课堂的流程、课堂的教学方法、课堂的教学策略等。在问题中往往可以看到我们的研究内容，但研究内容依然需要拿出来分析，研究内容依然是借助拆解来细化和创新的。对某些研究内容，如核心素养，在研究初期这个主题内容就经常出现在论文中，但一两年后，一般就要拆解核心素养，开始研究某个学科、某一个核心素养的培养方法，等到这些也研究差不多了，人们又开始研究核心素养相关的其他内容，因此创新研究主题的研究内容十分重要。

(四) 校准研究主题

前三步解决后，就要对研究主题进行校准，通常是将研究对象和研究内容输入到知网中进行关键词查找，看一看其他研究者就这样的研究主题写了什么，如果写的人多，就少写，或者不写，还可以再换研究主题，俗称换方向。

我们还可以按华东师范大学李政涛教授经常在讲座中提及的方法来校准主题：1. 抓重大会议（全国教育大会、每年教育部工作会议等）；2. 抓政策文件（"双减"、《中国教育现代化2035》、国家标准、国家方向等）；3. 抓学科标准；

4. 抓顶级期刊（《中国教育学刊》《课程·教材·教法》《中小学管理》等，查看近2～3年来的目录、选题、视角和语言风格）；5. 抓全国和省级课题；6. 抓学科前沿（各个学科代表人物与名师的研究方向、他们发表的代表性论文、出版的代表性著作、申报的课题以及上过的课等）；7. 抓年会论坛。若一个研究主题与上述某些研究方向相近或相似，都是可以的。

二、探索研究视角

有了上述的研究主题，也只是有了"实"，还缺乏"理"，即研究视角。任何观点及观点组成的理论，都是在某种视角下产生的。研究主题有很多种，研究视角是拆解研究主题的重要前提，因此如何找到研究视角是研究的另一个关键。对中小学教师而言，互相之间研究主题都很相似，不论是研究对象还是研究内容都差不多，自然研究问题也就差不多。大家的实践都是相似的，课程改革需求、前沿需求也都一致，那么要产生不一样的研究结论和有创新又科学的选题，则往往要从研究视角出发。

常见的研究视角有理论的、新理念的、概念的、地域的、背景的等等。一般教师都要熟悉各种研究视角，一方面是让自己融入学术共同体，另一方面也是提升个人的认知水平。

三、构建研究框架：找到视角与主题的逻辑关系

当然，研究视角与主题的逻辑关系并不容易找到，那么这时要运用文献来解决理论材料匮乏的问题。研究的核心在于找到研究的视角与主题之间的概念联系，而实际上概念的联系往往不是直白的，如A（视角）与B（主题）的联系，通常要通过拆解A（视角）与B（主题），并进一步分析来获得。下面以笔者审过的一篇文章的框架为例，其中的深度学习（视角）和小学语文复习策略（主题）就需要找到视角和主题的逻辑关系。

【案例链接】

原有框架

深度学习视角下的小学语文复习策略[①]

——以统编版四年级下册"概括文章主要内容"期末复习为例

一、梳理结构地图,促复习要素"深"联想

二、创设趣味情境,促复习活动"深"体验

三、设置变式问题,促复习知识"深"加工

四、构建作业超市,促复习内容"深"迁移

五、聚焦核心素养,促复习效果"深"评价

新修改的框架

深度学习视角下的小学语文复习策略

——以统编版四年级下册"概括文章主要内容"期末复习为例

一、深度学习的内涵及其在语文复习中的价值

("深"联想、"深"体验、"深"加工、"深"迁移、"深"评价只是看上去像深度学习,其实并没有经过精准概念界定,需在这里完善)

二、深度学习五步式复习策略

(一)梳理结构地图,促复习要素"深"联想

(二)创设趣味情境,促复习活动"深"体验

(三)设置变式问题,促复习知识"深"加工

(四)构建作业超市,促复习内容"深"迁移

(五)聚焦核心素养,促复习效果"深"评价

三、结语

在新框架中,要求阐述"深度学习"为何被拆解成五个方面,同时"复习"也被拆解成复习要素、复习活动、复习知识、复习内容和复习效果五个维度。这种拆解背后的合理性是什么?解决了这个问题,才是解决"理"——深度学习与"实"——复习策略相生的核心,有了这个才能有其合理的框架。当然,真正要写出来,还需要在这个框架下进行理论和实践的验证,以文献和实践的案例来支

[①] 作者是集美实验小学江滨老师。

持这样的理实相生是合理且正确的。

四、开展文献、实践等研究

(一) 用文献研究法查找理论材料

从上述案例中,我们可以看到深度学习是理论部分,要厘清它的内涵,它如何与复习拆解后的要素一一对应,还需要对深度学习已有的研究进行梳理与总结。为了界定深度学习的内涵,新的内涵还要与所拆解的复习的各方面契合,否则就会出现视角与研究主题不匹配的问题。

(二) 用实践研究法获得策略材料

当框架确定后,也就对实践提出了迫切要求。从一般的基础教育教学研究来稿看,"单纯理论的文章显得枯燥,同时没有实践做验证,不可信;而单有实践的文章,显得浅薄,同时没有普遍的指导意义"[①]。

【案例链接】

有这么一个具体的指导案例:

一位小学老师请教笔者,希望笔者能指导她写一篇论文,其论文谈的是"陶行知教育思想在学生自主复习教学策略的渗透"。论文经过几次指导和修改后仍不理想,根本就是"拍着脑袋写出来的"。在前几次的指导中笔者跟作者说,写作是"教研写一体化"的,文章得在"做"中研究和撰写。她说,她以为论文只是写呢!后来笔者就直接指导她怎么在"教"中研究。于是,问她一些"教"的情况,如学生在自主复习过程中有什么问题。她说,学生往往只是学习字、词、句,而不喜欢阅读复习,也不知道如何复习。笔者对她说,这估计是避重就轻,作文复习得少,这是复习不全面的问题。她又说复习中学生的兴趣不足、主动性不够。

据此,通过上述教学情况,就可设计出这样一个研究表格——学生自主复习计划表(表8-7)。

---

① 赖一郎. 关键在于理论结合实际 [J]. 福建教育学院学报,2005 (03):127.

表 8-7　学生自主复习计划表

姓名		性别		学号	
班级		学科			
复习项目	复习要点	时间安排	复习情况检查		
			自主复习	合作复习	教师指导复习
字词复习					
阅读复习					
作文复习					
重点难点复习					
查缺补漏复习					
备注					

这位小学老师根据这个计划表实践了一段时间，积累了一些案例经验，从中发现效果，边做边研究。在研究之后，她再去写论文也就写出来了，后来论文也顺利发表。

从本质上说，教师的教学研究是一个"行知创"的过程。教师借助教学这个"行"，发现自己的研究对象、研究问题和研究内容，通过"知"，也就是运用视角、理论材料研究，实现"行""知"之间的实理相生，最后去"创"，通过做好课题研究，写出论文，反哺教学创新。

第六节　教师的论文写作

教师该如何在备课、讲课和评课中找到要写的论文选题，并积累写作素材呢？工作中，笔者参加过一些备课、听课和评课活动，总能发现其中有大量的选题是适合来写论文的。那么教师为什么发现不了选题，即使有了选题，也不知道如何架构，架构了又觉得深度不够、理论不够，有了理论又怕自己借鉴太多，变成抄袭。总之，在写学术论文的过程中，教师似乎总感觉寸步难行，最后就导致写作能力不足，到了真要写的时候，只好硬着头皮胡乱写上一篇，有的甚至找人代写。现在评职称仍然需要发表论文，对大多数教师而言，这是相当头疼的事情，做了很多，也有很多感想，但就是写不出来，或者写出来总感觉不好。这方面的原因主要有两个：一是没有接受写论文的教育。我们从小学到高中所写的文章可能不算少，但是专业论文的写作训练实在没有。即使上了大学，大学语文教师也很少教学术论文写作。毕业后成为教师，要写学术论文了，但初次写的多是感想、感悟、经验总结、工作报告、教育叙事之类的文章，写作经验不足。二是不了解不同级别论文的特点。很多教师对论文的概念还停留在提出问题、分析问题和解决问题上，他们对不同级别的论文特点不太了解。我们可以把不同级别的论文分为三类：第一类是随笔、感悟、经验类文章，主要谈自己做了什么，有什么想法，如何做的，等等。其字数一般在 1000～5000 字之间。第二类是普通期刊论文，有摘要、关键词、引言、正文、参考文献等等，一般字数在 3000～10000 字之间。第三类是核心期刊论文，相对更规范，研究的主题更大，前沿性也更强，并且要求内容要更科学，还需具备创新和价值，一般字数在 5000～20000 字之间。

一、教学论文写作的本质

一般教师会认为，论文写作就只是写，那是错的，也有人认为论文写作的本质应该是研究，这依旧是错的。真正的教育教学学术论文的写作是"教研写一体化"的。没有"教上研"和"教上写"的学术论文写作是缺少生命力的，更谈不上真正的教学创新。

（一）教研写一体化

教师平时写论文，通常是怎样的呢？教师都有"教"，从"教"到"写"，将"教"的经验"写"出来，就是"教写一体化"，但这样的论文质量并不高，这是因为从"教"到"写"中间还要一个"研"，应该是"教—研—写"一体化（见图 8-12）。从"写"出发，作者写着写着，就会发现材料不足，研究不足，还得再"研"和"教"。此外，"教研写"三者的关系还可以如图 8-13 所示，这幅图表示，对"教"而言，不是什么都要研究，对"写"而言，不是什么研究都可以写成论文。

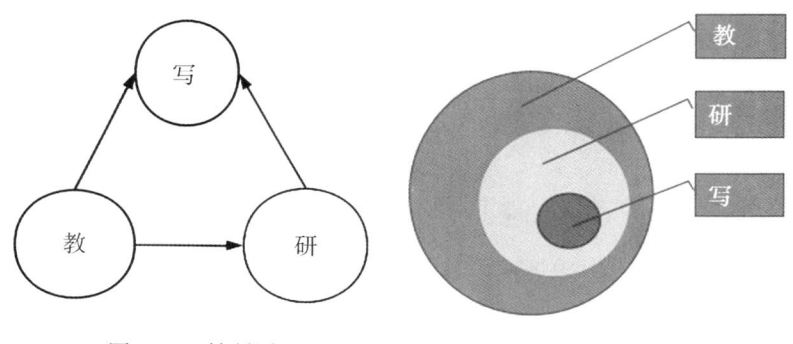

图 8-12 教研写　　　　图 8-13 教研写的关系图

在教育领域，教师需要不断探索新的教学方向和研究新的教学方法，创新教学内容，以推动自身教学的改革。教师也需要关注教育改革的进展和新的教育理念，以适应不断变化的教育环境和需求。此外，教师的专业成长还需要从"教"的层面提升到"研"和"写"的层面，以实现其专业性的提高。

在写作方面，论文的撰写需要充分考虑研究的创新性和科学性，并且要具有传播价值。只有经过科学的研究和论证，论文才能体现教师的专业性并突出其研究成果。因此，从"教"的层面提升到"写"的层面，也是普通教师向专家型教师发展的必经之路。

在实际论文写作中，教师需要考虑"教"的层面、"研"的层面和"写"的层面。对于学术期刊来说，其对不同阶段的教师的写作要求是相似的，不会因为教师是刚入职或者从教多年而设定不同的标准。因此，教师在写作时需要将自己定位为专家型的教育科学研究工作者，以严谨的态度进行研究和写作。

总之，教师需要不断提升自己的专业素养，以实现"教研写一体化"，从而更好推动自身的专业成长。

（二）"教研写一体化"是"行知创"式的解决问题模式

教师日常解决问题的方式往往是经验式和模仿式，即"经验—模仿—对策"的模式。然而，这里倡导的是"经验—理论（原理）—对策"的模式。

"经验—理论（原理）—对策"的模式在解决问题方面倡导的是经验世界要通过理念世界来达到人造世界。教师的"教"就是经验世界，教师的"研"就是理念世界（良心世界的认知部分），教师的"写"在这里就是人造世界。更深入一步看，其实"教研写一体化"就是"行知创"（见图 8-14）。

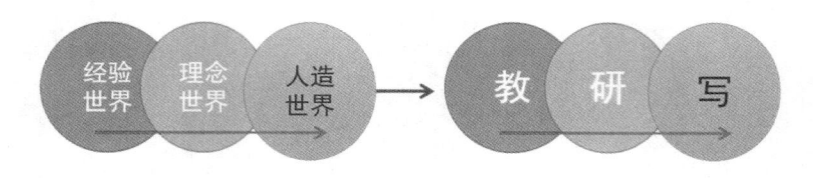

图 8-14　三个世界与"教研写一体化"的关系

因此，就论文写作本质来说，教师的论文写作就是要实现"教研写一体化"。在这个过程中，最难的就是教师的教育教学研究。关于怎么开展教学研究，前面已经进行了阐述，这里就不再赘述了。

（三）"教研写一体化"是共性、公性和个性的融合

接下来进一步理解"教研写一体化"。首先，"教"是由共性、公性和个性统一的。所谓共性就是一种理性、类性，公性就是一种社会性、集体性，个性就是个体性。比如你的"教"和你同事的"教"是有个性差异的，你们学校教师的教法可能跟别的学校教师的教法也是有差别的，这称为社会性差别，也称为集体与集体的差异。但是不管有怎样的差异，教学既是科学又是艺术。说它是科学，是因为它具有共性、规律性。说它是艺术，是因为它也有那种差异性。

其次，"研"是由共性和公性统一的。当个人想法变成公共的想法，这个时候"研"就转化为公性，那会有什么表现呢？一方面，要对个性的想法或者你独有的观点开展一些文献调查，看看有没有建立在别人的基础之上，即你研究的主题跟别人研究的主题有什么关系，不要自己觉得研究得很有创新性，结果一查，别人早就研究过了。因此，这里的公性体现在教师要去开展文献调查，将研究建立在别人的基础之上，使得研究具有一定的继承性，同时又具有前沿性、创新性。另一方面，如果你想研究的主题已被别人研究透了，那你的态度应该是学习而不是继续研究。所以研究和学习要分开，你若没有新的主题，你就应该继续学习。当然，如果你想研究的主题别人虽然也有研究，但你们研究的角度不一样，你确定把别人的研究了解透彻了，确认自己的研究角度确实是别人没有研究过的，这个时候你也可以继续研究。

最后，学术论文的"写"往往偏于共性。它要将具体的、经验的内容上升到一般的规律、原理上再呈现出来。哪怕是以某个学校或个人实践为例，也要从具体的经验上升至一般的原理。有人可能会说，写论文这么难，怎么可能把具体的经验变成一般的原理。这在前面已经讲过，就是从"实"到"理"的一种归纳，

把具体变成一般就是一个归纳的过程。该怎么去归纳？其实就是"行知创"，即先从经验当中总结一些概念出来，对这些概念开展一定的研究就可以找到规律（原理），它是有路径、有方法的（技术）。

二、优秀的教学论文的特征

（一）教学论文与教学案例、教学随笔、教学反思的区别

教学案例阐述的是真实、典型且含有问题的事件。其基本组成元素包括背景、主题、细节、结果、评析。对教学案例而言，其中最重要的是评析。评析案例所反映的主题和内容，包括教学的指导思想、过程、结果，相关的利弊得失，以及作者的看法与分析等。此外，还可以进一步揭示事件的意义和价值，不一定是理论阐述，也可以是就事论事、有感而发等。

教学随笔主要是写对教学中某一点体会最深的心得。它的主要特点是题目小、篇幅短、层次和结构比较简单[①]，其内容涉及面比较窄，写作材料便于收集、整理和使用。教学随笔要写得好，首先要善于捕捉题材，成功的题材、失败的题材都可以。其次要锤炼题材，平时要注重积累相关理论，学会从理论角度去认真解读题材。最后要注意立意要新，列举事例要具体生动，要做到小中见大，文章结构可多样化。

教学反思是针对教学思考的文章。教学反思可以写成功之处，写不足之处，写教学巧思，写学生创新，写再设计……在写教学反思的过程中，教师借助行动研究，不断探讨和解决与教学目的、教学工具以及自身方面相关的问题，不断提升自身教学实践的合理性，不断提高教学效益和教科研能力，从而促进自身专业化发展。

教学论文和上述三者既有区别也有联系，教学论文一般是建立在上述三者的基础上，同时还拥有自己的特征，如教学论文往往要解决某一个问题，论证某一个观点，等等。

（二）优秀教学论文的七个特征

在开始论文写作之前，必须先知道什么是优秀的论文。笔者在给一线教师开设论文写作的主题讲座过程中，常会向教师发问：你心中的优秀论文有哪些特

---

① 钱明明. 中小学教师写作新视点［J］. 上海教育科研，2010（12）：64—65.

征？这里依据经验和对相关文献的总结，得出以下教育教学领域中优秀教学论文的七个特征。

第一，有明确问题意识。有好的问题才能有好的主题，因此问题的质量直接关系到论文的质量。现在很多期刊对论文的要求越来越高，甚至一些普通刊物都采用核心期刊论文的审稿标准。然而，作为基础教育类学术期刊的编辑，笔者在审稿过程中经常发现许多论文缺乏明确的问题意识，文章往往只是简单阐述某个概念的意义，对于概念的内涵和相关问题缺乏深入探讨。作者缺乏对研究对象和内容的全面了解和深入思考，不知道应该研究什么和能够研究什么。因此，明确的问题意识是撰写优秀论文的必要前提。

第二，主题创新有价值。主题包括研究对象和研究内容。其实很多时候主题创新有价值是很难实现的，那要怎么做呢？由于教师的研究对象通常就是教育教学对象，往往跟别人一样，研究内容跟别人也相差无几，因此一般是通过缩小主题，拆解主题，将大主题变小等方式来创新主题，提升价值。

第三，切入视角有新意。选题不仅仅包括主题，选题还包括问题、视角，所以在此特别强调切入视角，即研究某事物得从一定的视角去研究。可能有些教师会说为什么研究一个东西得有视角，没有视角就不行吗？其实是不行的。你认为没有视角，事实上也是有视角的，只是你没有去反思你的视角是什么。但凡你要有观点，它必定是基于某些视角而产生的。比如，今天的天气很冷，你的视角是什么？你为什么判断今天天气是冷的？你说身上感觉冷了，这是以你的感受作为视角进行判断并得出的观点。你说这杯水很烫，这个时候也在以嘴巴或者手的抓握感受来说明很烫。因此，在教学论文的撰写中应注重视角的切入并保持新颖性。

第四，写作框架较合理。一个合理的写作框架能够清晰地展现研究思路，使得读者易于理解和接受。在构建写作框架时，我们需要从某个特定视角出发，汇集一系列相关的观点，并将它们有机地组织起来，从而形成一个紧密联系的核心框架。这个过程实际上也是对观点进行论证和提炼的过程。需要注意的是，此时的观点都还只是假设，需要进一步论证。

第五，材料类型较丰富。这些材料应该具有权威性和可信度，能够多角度地支持论文观点。在研读这些材料时，我们需要细心推敲，深入理解，以便在论文中恰当地运用它们。

第六，论证方法有说服力。这些方法应该经过理论验证和实践检验，确保其具有可信度和有效性。在运用这些方法时，我们需要确保数据的采集和处理过程是规范的，方法的实施和应用是准确的，从而增强论文的说服力。

第七，语言格式很规范。论文的撰写需要参照各期刊的要求，确保论文的语言准确、清晰、简练，格式符合规范。可以下载近期刊发的相关期刊文章进行比较和参考，以便更好地掌握论文的写作规范。

总之，优秀的教学论文应具有上述七个方面的特征，即明确的问题意识、主题创新有价值、切入视角有新意、写作框架较合理、材料类型较丰富、论证方法有说服力、语言格式很规范。当然，也不是说一下子七个方面都能做得很好，但至少第一、第二、第四这三个方面先做好，即重视问题意识，重视主题的创新，重视写作框架的合理性。否则，整个论文就不合格了。

（三）教学随笔、普通期刊论文和核心期刊论文的区别

笔者将教学随笔、普通期刊论文和核心期刊论文在上述这七个方面进行了一些比较，见表 8-8。相比其他两者，教学随笔式的经验型文章在这七个方面就比较差。比如你今天上出了一堂好课，你想把反思写一写，把相关经验记下，这个时候你可能就没有问题意识，可能所记的东西也不是一个很有创新性的主题，记的过程中也缺乏一定的论述视角，写作框架也比较混乱，你洋洋洒洒可能就写了一两千字便把这案例给记下来了，材料也比较单一。像这种经验型的文章，一般在 3000 字以内就写成了。

表 8-8　教学随笔、普通期刊论文和核心期刊论文的比较

论文要素	经验型 1.0 教学随笔	概念型 2.0 普通期刊论文	原理型 3.0 核心期刊论文
问题意识	无明确问题意识	有问题意识，但不够明确	有明确问题意识，具有学术价值
主题创新	主题陈旧	主题有一定的创新	主题创新有价值，值得发表
切入视角	无论述视角	能基于某个视角、概念	切入视角有新意，站位高
写作框架	写作框架混乱	写作框架较合理	写作框架合理，能有利于主题表达

续表

论文要素	经验型1.0 教学随笔	概念型2.0 普通期刊论文	原理型3.0 核心期刊论文
材料类型	材料单一，偶尔引用名言	有引用文献，或有调查，或有实践	文献丰富，古今中外；或有调查，有数据处理，数据量大；或有实践，成效显著
论证方法	逻辑混乱，思辨无力	思辨，或实证，或行动研究	能综合应用思辨、实证或行动研究方法
语言格式	口语化，概念表达不够准确，格式混乱，大量错误	语言基本学术化，写作格式基本正确	熟练掌握期刊论文格式，语言学术化；能够综合应用概念、理论进行问题阐述

普通期刊论文有问题意识，但不够明确。作者往往会有意识地强调自己研究的东西很有价值、很重要，但又并没有变成一个明确问题。该论文主题有一定的创新性。主题是指研究对象和研究内容，这是两个非常重要的概念，尤其是研究内容这个概念，普通期刊论文应该对这个核心概念进行研究。此外，还要考虑切入的视角与合理的写作框架，以及文献引用。引用文献多，说明有认真阅读别人的文章，然后在这个基础上再去写自己的东西。如果一点文献都没参考，往往说明作者写的东西很可能连旧的主题都说不清楚。同时，论文的撰写还需要有一定的思辨性语言，表达要基本学术化，写作格式也要基本规范，这是普通期刊论文所要求的基本高度。

当你发表了几篇普通期刊论文之后，可以去想想发表核心论文的事情。所谓核心论文是指发表在目前学界普遍接受的主要三类期刊上的论文。一是中文社会科学引文索引（CSSCI），它由南京大学发布；二是全国中文核心期刊要目总览，它由北京大学图书馆发布；三是中国人文社会科学核心期刊要览，它由中国社会科学院文献信息中心发布。[①] 要想发表核心论文，你的选题必须是值得发表的、有学术性的、价值站位高的，并且通常要求引用比较多的文献。

---

① 王雨磊. 学术论文写作与发表指引[M]. 北京：中国人民大学出版社，2017：155.

三、论文写作公式与步骤

我们把上述优秀教学论文需具备的七个方面凑在一起，像这样：

论文写作＝1问题＋2主题＋3专业性（视角）＋4材料（论证）＋5类型（框架）＋6方法＋7修改（规范）

它就成为了论文写作的公式，这个公式还可以演变成几个小公式，如"选题公式＝研究主题＋研究问题＋研究视角"，这就是选题的公式，[①] 就选题公式而言，要完成一个好的选题就是要搞清楚研究问题、研究主题和研究的视角。

此外还有：

研究公式＝类型（框架）＋材料＋方法

撰写公式＝类型（框架）＋材料（论证）＋规范

修改公式＝观点＋框架＋材料＋语言（规范）

投稿公式＝杂志特征＋联系方式＋修改

倘若能逐一把上述公式做好，应对普通期刊论文的写作就不算难事。教学论文一般的过程就是根据上述的五个公式逐一完成。首先是选题公式，其次是研究公式，然后是撰写公式，接下来是修改公式，最后是投稿公式，也就是"选题—研究—撰写—修改—投稿"五个步骤。

如果用一个月的时间经历这五个步骤完成论文的撰写，可以这样安排：一周查文献、读文献、定选题；一周读文献、做研究、定框架、细化问题和结构并填充文献资料；一周根据框架写正文，标缺漏，补实践；一周对标期刊，补缺漏，写摘要、参考文献，修改观点与论据等之间的关系，最后投稿。

四、撰写教学论文

要撰写一篇像样的教学论文，前面已对选题、教学研究进行阐述，这里仅就余下几个方面再进行一些说明。

（一）文章结构的搭建和优化

教学论文写作除了要有明确主题外，还一定要有合理的结构。结构对了，文章就成功了一半。通常中小学教师的论文结构有并列式、比较式和递进式，其中

---

① 周传虎. 学术论文写作与发表指南［M］. 北京：中国人民大学出版社，2019：46.

并列式不容易字数写多，递进式可以写得多些。文章各个结构下的内容要与小标题保持统一，观点、证据要充分，证据要能证明观点。结构之间要保持平衡，如引言字数不要分两段以上；内涵、问题、原因分析一般在 500～1000 字；策略等作为主体来写，策略之间要有逻辑递进或者并列关系，不宜想一出是一出；策略要与问题对应；等等。

（二）语言风格要理性和正式

论文的语言不要太感性、太具体化，尽量用理性、正式的语言进行表述。比如将"我"改为"笔者"，将"小学如何做最好的自己"改为"小学教育如何践行'做最好的自己'办学理念策略"。之所以语言要理性化，是希望将经验上升到概念，甚至理论，目的是使个别的经验变成公共的言说。因此，某种程度上整个学术论文的写作可以视为从个别经验的言说变成公共化的理论。基于此，在论文撰写时删除或尽量少用"我想""我们""我认为"等表述；尽量减少情感性表达、排比句式的运用；少出现绝对化、主观化的表达，多体现商榷、可能、也许等语气。

（三）论文各要素要规范

正规的教学论文格式是规范的。它的规范性也反映了作者是否认真研究过论文写作要求。例如标题不要感性化，即使要融入一些感性色彩，也要加一个副标题，以表明研究的对象、范围和研究的内容，甚至是研究的方法。写摘要时应采用第三人称，要摘取文章的核心内容和观点，一般这些核心内容和观点在标题中就体现了，不要引用或者写一些常识性的内容，如"随着社会的发展，教育模式也不断完善，在现代教育的培养下，一批批优秀学子不断涌现，但这只是对于学习成绩而言"等。同时，写摘要应避免出现概述写作过程，如"文章首先怎样，其次怎样，然后怎样"，这不是摘要。此外，尽量引用最新的、专业的、权威的参考文献。写正规论文通常需要参考 10 篇以上的相关领域文献，倘若这个领域真的没有，那再另作考虑。

五、提高论文写作水平的建议

论文不仅仅是写出来的，更多是改出来的。对于要快速成长的教师，写好论文可以从以下几方面进行努力。

第一，研究如何写论文。下载 20 篇左右比较正规的学术论文，对照网络上关于如何写论文的文章开展研究，体会论文是怎么写的。阅读这些论文主要学习其是如何构思，如何搭建写作框架，如何写，如何引用参考文献，等等。

第二，研究论文选题。好的论文是研究出来的。平常有想法就多写下来，写个框架也好，写几段话也好，一旦有一个好的主题就要记下来，加强研究，可以围绕主题多学习，多思考，多记录，多实践，多积累。

第三，动手写上几篇论文并多修改。写论文的时候不要想短时间内就写得好，要先搭框架，然后找材料（下载参考文献），将材料分类，再调整框架、填充内容，提升框架的逻辑性。需注重提升语言表达的流畅度，删除重复、无用、无效的材料，精简语言文字，使得架构平衡、详略得当。

第四，多写随笔。写随笔也要注意以下几个方面：一是明确主题。一篇随笔的主题或者问题要明确，虽说是随笔，但也不可以漫无边际地乱写。随笔是不经意遇到的主题或问题，有了感想就写下来，这不是非常正式的论文，因此一些观点和看法可能很不成熟，但是作为一种记录或者作品，也只能这样。二是积累经验。大多数随笔都会涉及经验，比如产生问题的现实经验，为了说明某个观点的个人经验和体会或者从朋友那听来的经验。其中最好的是个人的经验，要有这个经验，就得擅长观察生活和记录生活。三是文献支持。大多数好的随笔都要靠文献来支持，使得随笔思考的主题和问题有一定的深度，缺少文献也就是缺少对这个问题的广泛讨论。四是逻辑要求。好的随笔，不是随便写的，依靠的是逻辑串联，将一些要素、材料通过一定的逻辑来展现，这既是写作的要求，也是对主题和问题深入认识的要求。差的随笔，通常逻辑性差，作者写完也无法直接给出关于这个主题和问题的明确观点。五是概念高度。随笔要有高度无外乎就是要达到一定的思想境界，而要达到较高的思想境界就应该聚焦于一个概念，达到概念创新的高度是最好的，因为这已上升到原理，已上升到对某种规律、原因的揭示，是对问题的深刻见解。

第五，以"讲"助"写"。"写"有利于思维条理化。每一次写的时候，笔者发现比以前想得更深入，比以前想得更全面。"讲"其实也可以对"写"起到促进作用。"讲"能把意识条理化，但"想"就不是这样子，"想"可以是跳跃的、碎片化的，所以在想的过程中就容易想不清楚、不明白。那么，"写""想""讲"有什么差别呢？"讲"是线性化的，比"想"更有逻辑性。"讲"一定要把点串成线。在串成线的过程中，需要找到各个点之间的关系，否则一定是乱讲。"写"

却是把线变成了面。这是因为在此过程中，是一句话接着一句话往下写，展开的纸上是可以看到前面写出来的内容，可以去调整前面内容的结构、顺序，所以写出来后"线"就变成了"面"，甚至变成了"体"。也就是说，"写"能够促进概念关系更为立体化，至少是平面化。可见"想"比"讲"容易，"讲"比"写"容易，"写"是最难的。撰写论文时，许多人常感到难以为继。这个时候，不妨先"讲"，将录音转化为文字，再通过调整文字的"写"来优化"讲"的内容，从而达到以"讲"助"写"的效果。

六、写论文的另外两种路径

撰写教学论文，除了上述从论文角度出发，借助论文写作公式训练论文写作外，还有另外两条路径，即通过演绎逻辑和归纳逻辑来撰写。

一种是演绎逻辑法。论文写作需遵循科学的思维方法和研究路径。例如，新课标中提出的诸多新理念如何具体落地实施，理论如何与实践相结合，特别是跨学科教学等理念如何落地，这些都是值得我们深入探讨的问题。

在探讨这些问题时，我们需要关注理念中的概念以及所涉及的相关问题研究。科学的研究方法包括提出问题、进行假设、设计实验方案等步骤。在教学领域，具体的实验方案实际上就是设计教学方案。经过实践检验后，如果效果不佳，我们需要对方案进行改进。如果改进后的方案实践效果显著，这就验证了我们的假设和理念，此时便可以着手撰写论文。从这一过程可以看出，论文的产生逻辑首先是对学科或新课标理念的认知，接着形成问题，再通过方案、假设将其付诸实践进行检验，最终形成理论到实践的验证过程。这是一种演绎逻辑，即从理论到实践的过程。

另一种是归纳逻辑法。一线教师在实践中形成的独特感悟和认知，可以通过归纳与提炼为论文写作提供思路框架。例如通过对教学理念的思考和研究，形成自己的教学理念，并探讨其与其他理念的关系，这是撰写论文的重要途径。这一过程是从实践到理论的归纳过程。

综上所述，一线教师撰写论文的逻辑主要有两种：演绎逻辑和归纳逻辑。从一堂好课到一篇好文，它们都具有理实相生的特点。因此，在深入探索好课中的理念并据此设计好课的过程中，我们需要关注理论与实践两个方面，从而更好地解构和开展教学研究。

参考文献

一、专著

[1] 习近平. 习近平谈治国理政 第四卷［M］. 北京：外文出版社，2022.

[2] 中共中央马克思恩格斯列宁斯大林著作编译局. 马克思恩格斯文集 第一卷［M］. 北京：人民出版社，2009.

[3] 习近平. 习近平谈治国理政 第二卷［M］. 北京：外文出版社，2017.

[4] 陶行知. 陶行知全集 第一卷［M］. 成都：四川教育出版社，1991.

[5] 陶行知. 陶行知全集 第二卷［M］. 成都：四川教育出版社，1991.

[6] 陶行知. 陶行知全集 第三卷［M］. 成都：四川教育出版社，1991.

[7] 陶行知. 陶行知全集 第十一卷［M］. 成都：四川教育出版社，1991.

[8] 卫兴华，赵家祥. 马克思主义基本原理概论［M］. 北京：北京大学出版社，2008.

[9] 金林祥. 20世纪陶行知研究［M］. 上海：上海教育出版社，2005.

[10] 曾春海，叶海烟，尤煌杰，等. 中国哲学概论［M］. 长春：吉林出版集团有限责任公司，2009.

[11] 孙中山. 建国方略［M］. 北京：中国长安出版社，2011.

[12] 胡晓风，等. 陶行知教育文集［M］. 成都：四川教育出版社，2007.

[13] 毛泽东. 毛泽东选集 第一卷［M］. 北京：人民出版社，1966.

[14] 瞿葆奎. 教育基本理论之研究（1978－1995）［M］. 福州：福建教育出版社，1998.

[15] 郭少榕，周志平. 均衡·优质·活力：基于差异的学校教育微观公平

理论与实践［M］．厦门：厦门大学出版社，2021．

［16］陈锋．初中科学概念教学范式的创新研究［M］．上海：上海教育出版社，2017．

［17］人民教育出版社，课程教材研究所，中学语文课程教材研究开发中心．义务教育教科书教师教学用书（语文八年级下册）［M］．北京：人民教育出版社，2017．

［18］顾兴义．教师的知识结构［M］．广州：广东教育出版社，1993．

［19］朱永新．新教育（2014年修订版）［M］．桂林：漓江出版社，2014．

［20］加涅，韦杰，戈勒斯，等．教学设计原理（第五版修订本）［M］．王小明，庞维国，陈保华，等译．皮连生，审校．上海：华东师范大学出版社，2018．

［21］中共中央马克思恩格斯列宁斯大林著作编译局．马克思恩格斯全集第二十卷［M］．北京：人民出版社，1971．

［22］黑格尔．逻辑学（上卷）［M］．杨一之，译．北京：商务印书馆，1966．

［23］《哲学研究》编辑部．逻辑学文集［M］．长春：吉林人民出版社，1979．

［24］扈培杰．源动力教育法［M］．南昌：江西高校出版社，2020．

［25］冯建军．教育学基础［M］．北京：中国人民大学出版社，2012．

［26］中共中央马克思恩格斯列宁斯大林著作编译局．马克思恩格斯选集第三卷［M］．北京：人民出版社，1972．

［27］中共中央马克思恩格斯列宁斯大林著作编译局．马克思恩格斯选集第四卷［M］．北京：人民出版社，1972．

［28］何萍．马克思主义哲学史教程［M］．北京：人民出版社，2009．

［29］周传虎．学术论文写作与发表指南［M］．北京：中国人民大学出版社，2019．

［30］王雨磊．学术论文写作与发表指引［M］．北京：中国人民大学出版社，2017．

［31］吴元樑．科学方法论基础（增补本）［M］．北京：中国社会科学出版社，2008．

［32］郭泽德. 写好论文［M］. 北京：清华大学出版社，2020.

［33］黎鸣. 影响世界历史的三个犹太人——千年的三个天才［M］. 石家庄：河北人民出版社，2002.

［34］格拉宁. 奇特的一生［M］. 侯焕闳，唐其慈，译. 北京：北京联合出版公司，2016.

［35］张欣武，刘卫华. 刘亦婷的学习方法和培养细节［M］. 北京：作家出版社，2004.

［36］陈海贤. 幸福课：不完美人生的解答书［M］. 南昌：江西人民出版社，2017.

［37］孙瑞雪. 完整的成长——儿童生命的自我创造［M］. 北京：世界图书出版公司北京公司，2010.

［38］黎鸣. 人性与命运［M］. 北京：中国档案出版社，2006.

［39］度阴山. 知行合一王阳明：1472—1529［M］. 北京：北京联合出版公司，2014.

［40］张宏杰. 曾国藩传［M］. 北京：民主与建设出版社，2019.

［41］叶奕乾，孔克勤，杨秀君. 个性心理学（第四版）［M］. 上海：华东师范大学出版社，2016.

［42］阿尔弗雷德·阿德勒. 生命的意义［M］. 欧阳瑾，译. 北京：台海出版社，2018.

［43］林崇德，杨治良，黄希庭. 心理学大辞典［M］. 上海：上海教育出版社，2003.

［44］朱小蔓. 情感教育论纲（第3版）［M］. 南京：南京师范大学出版社，2019.

［45］郭元祥. 生活与教育——回归生活世界的基础教育论纲［M］. 武汉：华中师范大学出版社，2002.

［46］李笑来. 财富自由之路［M］. 北京：电子工业出版社，2017.

［47］张萌. 人生效率手册：如何卓有成效地过好每一天［M］. 长沙：湖南文艺出版社，2019.

［48］王国轩，张燕婴，译注. 论语·大学·中庸［M］. 北京：中华书局，2010.

[49] 教育部课题组. 深入学习习近平关于教育的重要论述 [M]. 北京：人民出版社，2019.

[50] 张世珊. 辩证逻辑学 [M]. 北京：北京师范学院出版社，1988.

[51] 金岳霖. 形式逻辑 [M]. 北京：人民出版社，2006.

[52] 宋锦添. 人生学导论 [M]. 北京：中国人民大学出版社，1990.

[53] 中共中央马克思恩格斯列宁斯大林著作编译局. 马克思恩格斯全集 第十九卷 [M]. 北京：人民出版社，1963.

[54] 波果斯洛夫斯基，科瓦列夫，斯捷潘诺夫，等. 普通心理学 [M]. 魏庆安，等译. 北京：人民教育出版社，1981.

[55] 吉姆·阿弗莱莫. 通往卓越之路：像冠军一样思考、感受和行动 [M]. 曾琳，译. 北京：北京时代华文书局，2021.

[56] 魏书生. 好学生　好学法——魏书生谈学习方法 [M]. 桂林：漓江出版社，2017.

[57] 魏莉. 马克思主义基本原理十讲 [M]. 北京：人民日报出版社，2021.

[58] 尤瓦尔·赫拉利. 人类简史：从动物到上帝 [M]. 林俊宏，译. 北京：中信出版社，2017.

[59] 习近平. 决胜全面建成小康社会　夺取新时代中国特色社会主义伟大胜利 [M]. 北京：人民出版社，2017.

[60]《马克思恩格斯列宁哲学经典著作导读》编写组. 马克思恩格斯列宁哲学经典著作导读 [M]. 北京：人民出版社，高等教育出版社，2012.

二、期刊及其他

[1] 周志平. 倡议建立"生活教育学"[J]. 生活教育，2014（03）.

[2] 张荣伟，黄慧娟. 回眸与展望：世纪之初的中国基础教育变革（三）——我们在做些什么 [J]. 校长阅刊，2006（05）.

[3] 李霞. 马克思主义生活哲学的多重意蕴 [J]. 山东社会科学，2012（10）.

［4］杨楹．马克思主义生活哲学的当代价值［J］．三明学院学报，2010（01）．

［5］杨楹．论马克思生活辩证法的理论个性及其当代在场［J］．学术研究，2014（07）．

［6］陈忠．马克思生活哲学的三重内涵——马克思"原点语境"中的"生活哲学"［J］．社会科学战线，2005（06）．

［7］马拥军．生活哲学的对象和方法［J］．哲学研究，2004（05）．

［8］张贤裕．生活哲学：高等教育哲学新视野［J］．现代教育科学，2012（11）．

［9］李文阁．生活哲学的复兴［J］．哲学研究，2008（10）．

［10］周志平．陶研服务中国基础教育发展的着力点——从教育公平与质量的角度探究［J］．生活教育，2016（23）．

［11］周洪宇．核心素养的中国表述：陶行知的"三力论"和"常能论"［J］．华东师范大学学报（教育科学版），2017（01）．

［12］邹开煌．从陶行知"核心生活力"谈发展学生核心素养［J］．生活教育，2017（05）．

［13］冉浩，涂怀京．陶行知"生活力"思想与当下"核心素养"观：交错与拓辟［J］．南京晓庄学院学报，2018（02）．

［14］邵朝友，韩文杰．学科核心素养与核心素养的关系辨析——基于学科核心素养逻辑起点的考察［J］．教育发展研究，2019（06）．

［15］邵朝友．学科素养的国际理解及启示［J］．教育理论与实践，2016（20）．

［16］葛洪波．审美视野下的古代游记散文阅读教学［J］．语文建设，2022（03）．

［17］张文静．不为朋友圈，古人的游记跟今天有何不同［N］．中国科学报，2021-11-04（006）．

［18］王立群．游记的文体要素与游记文体的形成［J］．文学评论，2005（03）．

［19］胡庆芳．中小学跨学科教学的追问与思考［J］．基础教育课程，2023（14）．

［20］王英．从专业化发展角度看教师知识结构的合理建构［J］．教学与管

理，2013（15）．

［21］辛涛，申继亮，林崇德．从教师的知识结构看师范教育的改革［J］．高等师范教育研究，1999（06）．

［22］冯建军．从教师的知识结构看教师教育课程的改革［J］．中小学教师培训，2004（08）．

［23］郭春芳，张贤金，陈秀鸿．教学主张的专业发展意义及其主要特征［J］．福建基础教育研究，2017（07）．

［24］余文森．专业成长的重中之重：围绕教学主张作研究［J］．新教师，2018（12）．

［25］余文森．教学主张：名师专业发展的生长点［J］．中国教师，2015（19）．

［26］刘伟．实践：理论的历史实现形态——对理论与实践之间关系的探究［J］．理论月刊，2014（03）．

［27］秦金亮．精神分析心理治疗理论的超越——霍妮神经症焦虑理论初探［J］．山西师大学报（社会科学版），1992（02）．

［28］余文森．教学主张：打开专业成长的"天眼"［J］．人民教育，2015（03）．

［29］钱明明．中小学教师写作新视点［J］．上海教育科研，2010（12）．

［30］赖一郎．关键在于理论结合实际［J］．福建教育学院学报，2005（03）．

［31］王爱伦．基于项目化学习，探究"快乐读书吧"教学［J］．教学管理与教育研究，2021（18）．

［32］陆宗钰．项目式学习在初中化学复习课中的实践与思考［J］．试题与研究，2023（17）．

［33］蒋惠琴．开启"斯格模德曲线"的第二线——关于"成熟期"教师再发展的思考［J］．江苏教育，2013（43）．

［34］时克芳，钱兵．浅析教师专业发展中的"高原现象"［J］．继续教育研究，2004（01）．

［35］周志平，邹开煌．活的乡村教师——农村教师自我成长的三种学习方式［J］．福建教育学院学报，2012（06）．

［36］盖萍．把立德树人作为教育的根本任务［J］．课程教育研究，2015

（01）.

[37] 谢丛尚. 饮食习惯与慢性病相关性研究综述［J］. 中国初级卫生保健，2022（11）.

[38] 周志平. 生活教育当代化与新生活教育探索［J］. 生活教育，2014（19）.

[39] 周洪宇. "生活·实践"教育的要义、意蕴与实施［J］. 宁波大学学报（教育科学版），2022（03）.

[40] 周洪宇. 继承与发展：从生活教育到"生活·实践"教育［J］. 宁波大学学报（教育科学版），2021（03）.

[41] 习近平. 在知识分子、劳动模范、青年代表座谈会上的讲话（2016年4月26日）［N］. 人民日报，2016-04-30（002）.

[42] 习近平. 做党和人民满意的好老师——同北京师范大学师生代表座谈时的讲话（2014年9月9日）［N］. 人民日报，2014-09-10（002）.

[43] 周志平. 我的生活我做主——大自我生活教育引论［J］. 福建陶研，2011（01）.

[44] 周志平. 生活哲学与新生活教育探索［J］. 生活教育，2015（09）.

[45] 周志平. 给予儿童完整的世界——论儿哲教育的新时代使命［J］. 福建教育学院学报，2019（10）.

[46] 孙绍振. 郦道元《三峡》：壮美豪情、秀美雅趣、凄美悲凉的三重奏［J］. 语文建设，2013（07）.

[47] 高胜利，郭晓芸. 贬谪文化视域下的柳宗元山水游记创作——以《永州八记》为例［J］. 湖南科技学院学报，2022（01）.

[48] 尤炜. 教出游记的人文价值与文体特点——略谈统编语文教材八下第五单元的教学［J］. 语文教学通讯，2019（17）.

[49] 王涛. 让课堂与生活关联，成长同参与共生——初中语文八年级下册第四单元大单元教学建构［J］. 教育科学论坛，2022（01）.

[50] 李建军. 教学主张：教师专业发展的内在维度［J］. 教育理论与实践，2009（08）.

[51] 习近平. 坚持中国特色社会主义教育发展道路　培养德智体美劳全面发展的社会主义建设者和接班人［N］. 人民日报，2018-09-11（001）.

后　记

2010年8月，我到福建省陶行知研究会从事陶研专职研究工作，成为全国陶研界少数在职且专职陶研的工作者。曾任第六届中国陶行知研究会理事，现兼任中陶会实验学校分会副秘书长、福建省陶行知研究会副秘书长、华中师范大学国际陶行知研究中心"生活·实践"教育共同体福建中心副主任兼秘书长。

自2014年11月以来，我在陶研界倡导生活教育当代化，倡议新生活教育探索，获得时任中国陶行知研究会会长朱小蔓、常务副会长周洪宇、副秘书长朱建人等陶研专家肯定。2015年5月，我组建中陶会实验学校分会新生活教育（网络）研究团队，并于2016年、2017年暑假开展生活教育和行知青年教师网络研修班。该团体坚持每天在陶研界微信群和QQ群发布"行知早报"，这成为当时陶研界推动生活教育当代化的一股重要的实践力量。然而2017年6月后，我到福建教育学院工作，担任《福建陶研》《福建基础教育研究》等杂志编辑，一度减少对"新生活教育"理论与实践的探索。

我自2014年倡议"新生活教育"以来，至今已十年有余，经历"行知行"到"行—心—创"的理论内核演变，如今已经发展成了"行心创"生活教育。过去多年，我一直将"行心创"生活教育运用在学校办学主张梳理、学校治理体系与治理能力建设、课堂教学、教师论文写作、教师专业成长、教师教学主张梳理、编辑主张凝练等方面，并获得良好的效果。

"行心创"生活课堂是"行心创"生活教育理论的重要组成部分，其概念是不断进化的。最初是生活力课堂（2016年），然后是新生活课堂（2017年），之后是"行知创"生活课堂（2020年），期间还研究了"公平课堂"（2021年），最后才是"行心创"生活课堂（2022年）。"行心创"生活课堂也是一种生活·实践的课堂、微观公平的课堂，即一种以生活为中心、实践（在劳力上劳心的过程）为方式的课堂，这种实践是一种"行心创"的实践，是融通三个世界的实践，此生活也即为生活世界。

这本课堂教学的研究专著，是我探讨马克思主义生活哲学和陶行知生活教育思想后将二者相结合的产物，同时也是近年来将"行心创"方法论运用在中小幼课堂实践的一个产物。作为一名陶研工作者和基础教育研究者，我将自己近些年的思考、实践通过专著这种系统化的方式呈现出来，对此，我也感到很欣慰。

"行心创"生活课堂不仅适用于课堂教学，如果将日常生活的一切都看成课堂，实际上"行心创"的理论、方法和策略也是完全适用的。心智的知、情、意三个维度的辩证发展、逐层升级可以指引我们日常生活和工作，从而提升心智。正如我写完这本书后，才发现"行心创"生活教育更好的使用之处是修心修行，追求心智的自由。

本书有小部分内容曾经发表过，如第一章大部分内容、第二章的第一节、第三章的第一节、第八章的第二节，但选用时都做了修改，其他的内容均是首次发表。本书大量的概念是新创的，这是一个较新的理论必然会面临的问题，这预示着本书肯定有许多不够成熟的地方，如生活力、生活关系和生活方式等概念还有许多研究空间与待完善之处。因此，我期望能有机会再版修订并出相关的案例汇编。

最后，我想要感谢华中师范大学国家教育治理研究院院长周洪宇教授和福建省教育科学研究所基础教育研究室主任郭少榕研究员赐序；感谢福建教育学院党委书记、福建省陶行知研究会会长郭春芳教授，福建省陶行知研究会执行会长林德泉先生和邹开煌教授等对我平时陶研工作的支持和指导；感谢我的硕士生导师涂怀京博士、副教授的指导和鼓励；感谢部门领导徐小敏处长、编审封面题字与日常关心指导，感谢赖一郎副处长、编审对我撰写本书的日常关心和指导。同时也感谢在本书应用到其案例的老师，如杨娜青、黄玲妹、陈爱钦、蒋伟、许芙蓉、严立新等，还有与我合作共同实践"行心创"生活课堂的众多一线校长、老师，如刘旭、林彩珍、李霞美、潘乙平等，感谢林小文、刘火苟、陈燕等同事平日与我的学术交流和探讨，还要特别感谢祝静帆、曾丽红、徐婧等编辑的辛勤付出。在此，也要感谢我的双亲和爱妻，爱妻为此也付出了不少编校精力。

由于时间仓促和个人实践经验与理论水平所限，许多问题还有待进一步深入研究，书中不当之处敬请斧正。

周志平

2024 年 3 月 18 日